HANDBUCH DES GEOGRAPHIEUNTERRICHTS

HANDBUCH DES GEOGRAPHIEUNTERRICHTS

Gründungsherausgeber:
Helmuth Köck, Offenbach

Koordinierende Herausgeber:
Dieter Böhn, Kitzingen; *Dieter Börsch*, Urbar; *Helmuth Köck*, Offenbach

Die Herausgeber der einzelnen Bände:
Dieter Böhn, Kitzingen; *Dieter Börsch*, Urbar; *Wolf Gaebe*, Königswinter; *Helmuth Köck*, Bockenem; *Hartmut Leser*, Basel; *Heinz Nolzen*, Stegen; *Eike W. Schamp*, Frankfurt/M.; *Jörg Stadelbauer*, Freiburg i. Br.; *Wolfgang Taubmann*, Bremen; *Dieter Uthoff*, Stromberg

Wissensch. Redakteur:
Diether Stonjek, Georgsmarienhütte

Mitarbeiter:
Janine Ackermann, Basel; *Klaus Aerni*, Bern; *Volker Albrecht*, Dietzenbach; *Ulrich Ante*, Würzburg; *Gerhard Bahrenberg*, Bremen; *Heiner Barsch*, Potsdam; *Konrad Billwitz*, Greifswald; *Josef Birkenhauer*, Seefeld; *Hans-Heinrich Blotevogel*, Bochum; *Hans Böhm*, St. Augustin; *Dieter Böhn*, Kitzingen; *Dieter Börsch*, Urbar; *Michael Boßmann*, Bonn; *Peter Bratzel*, Stutensee; *Toni Breuer*, Regensburg; *Ekkehard Buchhofer*, Marburg; *Hans Joachim Büchner*, Ingelheim; *Jochen Bürkner*, Göttingen; *Holger Damm*, Osnabrück; *Louis Degen*, Basel; *Birgit Dreyhaupt*, Kierspe; *Edgar Enzel*, Mülheim-Kärlich 2; *Gerd Feller*, Bremen; *Klaus Frantz*, Innsbruck; *Wolf Gaebe*, Königswinter; *Folkwin Geiger*, Merzhausen; *Klaus Gießner*, Eichstädt; *Hermann Goßmann*, St. Peter; *Günter Haase*, Leipzig; *Friedhelm Hädrich*, Kirchzarten; *Roswita Hantschel*, Langen; *Josef Härle*, Wangen; *Marin Hasler*, Bern; *Jürgen Hasse*, Bunderhee; *Günter Heinritz*, München; *Wilfried Heller*, Göttingen; *Lutz Holzner*, Milwaukee; *Manfred Hommel*, Bochum; *Jürg Hosang*, Basel; *Armin Hüttermann*, Marbach; *Hermann Jäger*, Würzburg; *Dieter Jesgarz*, Meckenheim; *Volker Kaminske*, Pfinztal; *Franz-Josef Kemper*, Bonn; *Hans Kienholz*, Bern; *Gerhard Kirchlinne*, Bonn; *Werner Klohn*, Vechta; *Peter Knoth*, Bonn; *Helmuth Köck*, Offenbach; *Brigitte Kugler*, Halle; *Wolfgang Kuls*, Bonn; *Heinrich Lamping*, Frankfurt/M.; *Wolfgang Latz*, Linz; *Hans Dieter Laux*, Meckenheim; *Hartmut Leser*, Basel; *Christoph Leusmann*, Bonn; *E. Lipinsky*, Bonn; *Ulrich Lipperheide*, Bonn; *Jörg Maier*, Bayreuth; *Verena Meier*, Basel; *Rolf Meincke*, Greifswald; *Bernhard Metz*, Teningen; *Holger Möller*, Dresden; *Ingo Mose*, Vechta; *Jürgen Newig*, Flintbek; *Heinz Nolzen*, Stegen; *Wilfried Nübler*, Gundelfingen; *Reinhard Paesler*, Gröbenzell; *Eberhard Parlow*, Basel; *Gert Ratz*, Weingarten; *Theo Rauch*, Berlin; *Wolfgang Reimann*, Niederkassel-Rheidt; *Sybille Reinfried*, Zürich; *Armin Rempfler*, Basel; *Wolfgang Riedel*, Eckernförde; *Hans-Gottfried von Rohr*, Hamburg; *Ursula Rom*, Aachen; *Hans-Jörg Sander*, Königswinter; *Eike Wilhelm Schamp*, Frankfurt/M.; *Ludwig Schätzel*, Hannover; *Daniel Schaub*, Basel; *Irmgard Schickhoff*, Frankfurt/M.; *Konrad Schliephake*, Würzburg; *Karl-Ludwig Schmidt*, Frankenthal; *Wulf Schmidt-Wulffen*, Hannover; *Fritz Schmithüsen*, Baden-Baden; *Kai Schrader*, Basel; *Hermann Schrand*, Münster; *Jürgen Schultz*, Aachen; *Heinz Schürmann*, Hahnheim; *René Sollberger*, Basel; *Dietrich Soyez*, Saarbrücken; *Jörg Stadelbauer*, Mainz; *Dieter Stonjek*, Georgsmarienhütte; *Monika Suter*, Muttenz; *Wolfgang Taubmann*, Bremen; *Dietbert Thannheiser*, Hamburg; *Elke Tharun*, Frankfurt/M.; *Ulrich Theißen*, Dortmund; *Günter Thieme*, Königswinter; *Eckhard Thomale*, Karlsruhe; *Dieter Uthoff*, Stromberg; *Helmer Vogel*, Kürnach; *Karl Vorlaufer*, Düsseldorf; *Stefan Waluga*, Bochum; *Jürgen Weber*, Bayreuth; *H.-J. Wenzel*, Osnabrück; *H.-W. Windhorst*, Vechta; *Klaus Windolph*, Hannover; *Wilfried Wittenberg*, Karlsruhe; *Christoph Wüthrich*, Basel

AULIS VERLAG DEUBNER & CO KG · KÖLN

HANDBUCH DES GEOGRAPHIE-UNTERRICHTS

BAND 12/II

GEOZONEN

Herausgegeben von:
Heinz Nolzen

Verfaßt von:
Josef Härle, Heinz Nolzen, Wilfried Nübler, Herbert Wetzler

AULIS VERLAG DEUBNER & CO KG · KÖLN

Die Deutsche Bibliothek – CIP-Einheitsaufnahme

Handbuch des Geographieunterrichts / Gründungshrsg.:
Helmuth Köck. Koordinierende Hrsg.: Dieter Böhn ... Mitarb.:
Volker Albrecht ... – Köln : Aulis-Verl. Deubner.
Teilw. mit der Angabe Mitarb.: Ulricht Ante ... –
NE: Köck, Helmuth [Hrsg.]; Ante, Ulrich; Albrecht, Volker

Bd. 12. Geozonen / hrsg. von: Heinz Nolzen.
1. Verf. von: Josef Härle ... – 1996
ISBN 3-7614-1619-9
NE: Härle, Josef; Nolzen, Heinz [Hrsg.]

Zu den Autoren

Härle, Josef, Prof. Dr.
Pädagogische Hochschule Weingarten
Nolzen, Heinz, Prof. Dr.
Pädagogische Hochschule Freiburg i. Br.
Nübler, Wilfried, OStD Dr.
Städtisches Gymnasium Ettenheim
Wetzler, Herbert, AOR
Pädagogische Hochschule Freiburg i. Br.

Das vorliegende Werk wurde sorgfältig erarbeitet. Dennoch übernehmen Autoren, Herausgeber und Verlag für die Richtigkeit von Angaben, Hinweisen und Ratschlägen sowie für eventuelle Druckfehler keine Haftung.

Best.-Nr. 8112/2
© AULIS VERLAG DEUBNER & CO KG · Köln · 1996
Einbandgestaltung: Atelier Warminski, Büdingen
Gesamtherstellung: Konrad Triltsch, Graph. Betrieb GmbH, 97070 Würzburg
ISBN 3-7614-1619-9

Inhaltsverzeichnis

1	**Einführender Teil** (*H. Nolzen*)	1
2	**Allgemeingeographischer Teil** (Kurzfassung, *H. Nolzen*)	3
3	**Regionalgeographischer Teil**	5
3.3	*Kühlgemäßigte Zonen*	5
3.3.0	Verbreitung und klimatische Differenzierung der kühlgemäßigten Zonen (*H. Nolzen*)	5
3.3.1	Die Zonen der kühlgemäßigten Waldländer (*H. Nolzen*)	7
3.3.1.1	Verbreitung	7
3.3.1.2	Klima und Gewässer	9
3.3.1.3	Vegetation und Tierwelt	12
3.3.1.4	Relief und Böden	21
3.3.1.5	Agrarökosysteme und Entwicklung der Landwirtschaft in Mitteleuropa	24
3.3.2	Steppen und Wüsten der kühlgemäßigten Zonen (*H. Wetzler*)	33
3.3.2.1	Verbreitung und Strukturmerkmale der Steppen, Halbwüsten und Wüsten	33
3.3.2.2	Winterkalte Feuchtsteppen, natürliche Ausstattung und Bedeutung für die Landwirtschaft	36
3.3.2.3	Winterkalte Trockensteppen, natürliche Ausstattung und Nutzungsmöglichkeiten	48
3.3.2.4	Wintermilde Trockengebiete unter besonderer Berücksichtigung des Pampagraslandes	52
3.3.2.5	Winterkalte und sommerfeuchte Trockensteppen und deren monsunale Beeinflussung	57
3.3.2.6	Winterkalte Halbwüsten und Wüsten, extreme Lebensbedingungen außerhalb der Ökumene	58
3.4	*Boreale Zone (J. Härle)*	63
3.4.1	Ozeanische boreale Zone	65
3.4.1.1	Naturraum	65
3.4.1.2	Nutzung	66
3.4.2	Kontinentale und hochkontinentale Zone	67
3.4.2.1	Naturgrundlagen	67
3.4.2.2	Nutzungsmöglichkeiten	83
3.5	*Polare und subpolare Zonen (W. Nübler)*	98
3.5.1	Abgrenzung, Untergliederung	98
3.5.2	Merkmale des Naturraumes	102
3.5.2.1	Beleuchtungsverhältnisse	102
3.5.2.2	Strahlungshaushalt	103
3.5.2.3	Wärmehaushalt und Lufttemperatur	104
3.5.2.4	Niederschläge und Humidität	105
3.5.2.5	Permafrost	107
3.5.3	Der Mensch in den polaren und subpolaren Zonen	109
3.5.3.1	Leben am Rande der Ökumene	109

3.5.3.2	Urbevölkerung der Subarktis	109
3.5.3.3	Nutzungsmöglichkeiten	117
3.5.4	Rechtliche Stellung der Polargebiete	117
4	**Unterrichtspraktischer Teil**	118
4.3	*Kühlgemäßigte Zonen*	118
4.3.1	Zonen der kühlgemäßigten Waldländer (*H. Nolzen*)	118
4.3.1.1	Themen und Zugriffsmöglichkeiten in der Sekundarstufe I	118
4.3.1.2	Unterrichtsvorschläge	120
4.3.1.2.1	Der Ebersberger Forst – Mischwald mit Augenmaß (Unterrichtsvorschlag bzw. -material für die obere Sekundarstufe I)	122
4.3.1.2.2	Höhenstufen in den Alpen (Unterrichtsstunde für Klassen 5–7)	125
4.3.2	Winterkalte Steppen und Wüsten (*H. Wetzler*)	132
4.3.2.1	Farmprobleme im westlichen Präriegebiet (Unterrichtseinheit für die Klassenstufe 10–12)	132
4.3.2.2	Der Aralsee: ein sterbendes Meer (Unterrichtseinheit für die Klassen 8–10)	140
4.4	*Boreale Zone (J. Härle)*	147
4.4.1	Bedeutung der Borealzone für das Schulfach und die Schüler	147
4.4.2	Untersuchungs- und Beobachtungsmöglichkeiten	148
4.4.2.1	Kontinental-ozeanisches Phänomen	148
4.4.2.2	Boden	148
4.4.2.3	Hochmoore	149
4.4.2.4	Exotische Koniferen	149
4.4.3	Unterrichtsvorschläge	150
4.4.3.1	Kontinentalklima (Klassen 5–9)	150
4.4.3.2	Borealer Nadelwald (Klassen 7–9, 11–13)	154
4.4.3.3	Holzwirtschaft in Schweden mit besonderer Berücksichtigung des Borealgebietes (Klassen 7–9)	157
4.4.3.4	Natur, Nutzung und Gefährdung des westsibirischen Borealgebiets (Klassen 11–13)	162
4.4.3.5	Eisenerz aus Labrador (Klassen 5–7)	166
4.4.3.6	Baikalregion (Klassen 8–10)	169
4.4.3.7	Umweltschäden (Klassen 8–10)	174
4.5	*Polare und subpolare Zonen (W. Nübler)*	178
4.5.1	Leben am Polarkreis: Island Unterrichtshinweise und Materialien für die Sekundarstufen I und II	178
4.5.1.1	Demographische Prozesse in Island	180
4.5.1.2	Wandel der isländischen Fischereiwirtschaft	183
4.5.2	Leben jenseits des Polarkreises – Tradition und Moderne	188
4.5.2.1	„Eskimo spielen" (Orientierungsstufe)	188
4.5.2.2	Die Sami (Lappen) – Rentierhaltung früher und heute (Sekundarstufe I)	189
4.5.2.3	Inuit (Eskimos) im Fertighaus – neue Lebensgewohnheiten und die Folgen (obere Sekundarstufe I und Sekundarstufe II)	190
4.5.2.4	Rohstoffgewinnung in der Arktis und die Folgen (obere Sekundarstufe I und Sekundarstufe II)	196
4.5.3	Menschen in der Antarktis	197
4.5.3.1	Erste Flecke auf der weißen Weste des sechsten Kontinents (obere Sekundarstufe I und Sekundarstufe II)	197

5	**Literatur**	203
6	**Glossar**	211
7	**Register**	220

Gliederung des Gesamtwerkes
HANDBUCH DES GEOGRAPHIEUNTERRICHTS

Band 1: Grundlagen des Geographieunterrichts
Herausgeber *Helmuth Köck*

Band 2: Bevölkerung und Raum
Herausgeber *Dieter Börsch*

Band 3: Industrie und Raum
Herausgeber *Wolf Gaebe*

Band 4: Städte und Städtesysteme
Herausgeber *Helmuth Köck*

Band 5: Agrarwirtschaftliche und ländliche Räume
Herausgeber *Wolfgang Taubmann*

Band 6: Freizeit und Erholungsräume
Herausgeber *Dieter Uthoff*

Band 7: Politische Räume – Staaten, Grenzen, Blöcke
Herausgeber *Jörg Stadelbauer*

Band 8: Entwicklungsräume
Herausgeber *Dieter Böhn*

Band 9: Globale Verflechtungen
Herausgeber *Eike W. Schamp*

Band 10: Physische Geofaktoren (Teilbände I und II)
Herausgeber *Heinz Nolzen*

Band 11: Umwelt: Geoökosysteme und Umweltschutz
Herausgeber *Hartmut Leser*

Band 12: Geozonen (Teilbände I und II)
Herausgeber *Heinz Nolzen*

1 Einführender Teil (*H. Nolzen*)

Zum Aufbau und Gebrauch dieses Bandes (Teilbände 12/I und 12/II)

Für eine weitere Darstellung der Geozonen sprechen trotz Vorliegens jüngerer Abhandlungen zu diesem Thema (*Müller-Hohenstein* (1979), *Bramer* (1985), *Meier-Hilbert/Thies* (1987), *Schultz* (1988)) verschiedene Gründe. Abgesehen von einer Handreichung für Lehrer der Sekundarstufe I (*Meier-Hilbert/Thies* 1987), die zahlreiche Unterrichtsvorschläge und -materialien enthält, aber nur eine knappe Darstellung der fachwissenschaftlichen Grundlagen bietet, fehlt bisher eine am Geographieunterricht orientierte Gesamtdarstellung der Geozonen. Die – ausschließlich fachwissenschaftlichen – Werke der anderen o. g. Autoren bieten u. U. Hilfen bei der fachlichen, nicht jedoch bei der didaktisch-methodischen Unterrichtsvorbereitung. Da sich die Inhaltsauswahl dieser Werke ihrem fachwissenschaftlichen Charakter entsprechend an der fachlich-sachlichen Systematik orientiert, geht sie zwangsläufig weitgehend an den Erfordernissen des Unterrichts – zumindest bzgl. der Sekundarstufe I – vorbei. Band 12 des Handbuches des Geographieunterrichts soll dagegen sowohl eine fundierte Darstellung der für den Unterricht benötigten fachwissenschaftlichen Grundlagen als auch eine Sammlung geeigneter Unterrichtsvorschläge und -materialien bieten. Zu diesem Zweck ist Band 12 wie folgt gegliedert:

1. Der einführende Teil befaßt sich schwerpunkthaft mit der geographischen Zonenlehre (Kapitel 1.2 in Teilband 12/I) und dem Stellenwert der Geozonen im Geographieunterricht (Kapitel 1.3 in Teilband 12/I). Der einführende Teil des vorliegenden Teilbandes 12/II enthält lediglich Hinweise zur inhaltlichen Gliederung und zur Benutzung des gesamten Bandes 12 (Teilbände 12/I und 12/II). Im übrigen wird auf Teil 1 von Teilband 12/I verwiesen.

2. Der allgemeingeographische Teil stellt geozonale Gliederungen der Erdoberfläche nach verschiedenen Kriterien vor und analysiert den planetarischen Wandel wichtiger physischer Geofaktoren bzw. Geofaktorenkomplexe. Einen Schwerpunkt bilden dabei die Klimazonen der Erde. Teil 2 des vorliegenden Teilbandes 12/II beschränkt sich auf eine kommentierte Inhaltsübersicht des in Teilband 12/I enthaltenen allgemeingeographischen Teils.

3. Der regionalgeographische Teil behandelt die einzelnen Geozonen, wobei die im allgemeingeographischen Teil (Teil 2 von Teilband 12/I) analytisch betrachteten physischen Geofaktoren bzw. Geofaktorenkomplexe hier räumlich verknüpft und somit in einer Synthese dargestellt werden. Dabei werden charakteristische Wirkungszusammenhänge von Klima, geomorphologischen und bodenbildenden Prozessen, Vegetation und Tierwelt sowie von anderen Geofaktoren vorgestellt. Im Hinblick auf den Schulunterricht wird insbesondere auf Möglichkeiten der Inwertsetzung des Naturpotentials eingegangen. Somit werden auch vorhandene Entsprechungen zwischen charakteristischen kulturräumlichen Merkmalen der einzelnen Geozonen (z. B. land- und forstwirtschaftliche oder andere Nutzungen, Bevölkerungsverteilung, Siedlungsformen u.a.m.) und deren naturräumlicher Ausstattung herausgearbeitet (geozonaler Mensch-Natur-Bezug). Dabei kann es sich einerseits um Vorteile handeln, die der Landschaftshaushalt der Geozone für bestimmte Inwertsetzungssysteme bietet, andererseits aber auch um Widerstände, die er anderen Inwertsetzungsversuchen entgegenbringt. Das Naturpotential der Geozonen wird somit als Rahmenbedingung („Bühne") menschlich-gesellschaftlicher Entfaltung betrachtet.

Der regionalgeographische Teil (3) und der unterrichtspraktische Teil (4) (s. u.) wurden wegen des großen Umfangs von Band 12 wie folgt aufgeteilt: Teilband 12/I enthält sowohl die regionalgeographischen als auch die unterrichtspraktischen Kapitel über die Tropen und Subtropen, Teilband 12/II die entsprechenden Kapitel über die Kühlgemäßigten Zonen (Feuchte und Trockene Mittelbreiten), die Boreale Zone sowie die Subpolaren und die Polaren Zonen (s. Tab. 1/1).

Besonders hingewiesen sei auf die in Teilband 12/I enthaltene mehrfarbige *Karte der Jahreszeitenklimate der Erde* von *Troll* und *Paffen*. Diese in Band 12/I, 2.1.2 ausführlich besprochene Karte lag der in Band 12 durchgeführten Gliederung der Erde in Geozonen (vgl. regionalgeographische Teile 3 von Band 12/I und 12/II) zugrunde; sie stellt für beide Teilbände eine wichtige Orientierungshilfe dar.

4. Der unterrichtspraktische Teil enthält Unterrichtsvorschläge und -materialien zu den in den Teilen 2 (von Bd. 12/I) und 3 (von Bd. 12/I und 12/II) vorgestellten allgemeingeographischen bzw. regionalgeographischen Inhalten. Teil 4 von Band 12/I behandelt zunächst unterrichtliche Gesamtkonzeptionen in den Sekundarstufen I und II (Kap. 4.0), sodann die Tropen (Kap. 4.1) und Subtropen (Kap. 4.2); Teil 4 von Band 12/II setzt mit den Kühlgemäßigten Zonen (Kap. 4.3), der Borealen Zone (Kap. 4.4) sowie den Subpolaren und Polaren Zonen (Kap. 4.5) fort (s. Tab. 1/1). Entsprechend den Erfordernissen des Erdkundeunterrichts liegt der Schwerpunkt des unterrichtspraktischen Teils bei den regionalgeographischen Themen des Teils 3 von Band 12/I bzw. 12/II.

Bei der Aufteilung von Band 12 wurde sichergestellt, daß beide Teilbände weitgehend unabhängig voneinander benutzt werden können. Insbesondere finden sich unterrichtspraktische Ausführungen (Teil 4) zu allgemein- oder regionalgeographischen Inhalten (Teile 2 bzw. 3) stets in demselben Teilband, in dem auch diese fachwissenschaftlichen Inhalte dargestellt werden. Einzelheiten der Gliederung und Zählweise der Teilbände ergeben sich aus Tabelle 1/1.

Die Teile *5. Literatur*, *6. Glossar* und *7. Register* schließen den Band ab. Die Begriffssammlung des Glossars bietet kurze Erklärungen, kann jedoch verständlicherweise kein Lehrbuchersatz sein. Bezüglich des u.U. benötigten physisch-geographischen Grundlagenwissens und dazugehöriger Unterrichtshinweise wird deshalb auf die bereits erschienenen Teilbände 10/I und 10/II („Physische Geofaktoren") des Handbuches des Geographieunterrichts verwiesen. Sofern im Text Querverweise der

Tab. 1/1: Übersicht über die Teilbände 12/I und 12/II

Aufbau der Teilbände 12/I und 12/II	
Teilband 12/I	Teilband 12/II
1 Einführender Teil	1 Einführender Teil (Kurzfassung)
2 Allgemeingeographischer Teil	2 Allgemeingeographischer Teil (Kurzfassung)
3 Regionalgeographischer Teil	3 Regionalgeographischer Teil (Fortsetzung)
3.1 Die Tropenzone	
3.2 Die Subtropenzonen	
	3.3 Kühlgemäßigte Zonen
	3.4 Boreale Zone
	3.5 Polare und subpolare Zonen
4 Unterrichtspraktischer Teil	4 Unterrichtspraktischer Teil (Fortsetzung)
4.0 Unterrichtliche Gesamtkonzeptionen in den Sekundarstufen I und II	
4.1 Die Tropenzone	
4.2 Die Subtropenzonen	
	4.3 Kühlgemäßigte Zonen
	4.4 Boreale Zone
	4.5 Polare und subpolare Zonen
5 Literatur	5 Literatur
6 Glossar	6 Glossar
7 Register	7 Register

Art: „vgl. Band 10/I, ..." erfolgen, ist damit stets der betreffende Band des *Handbuch des Geographieunterrichts* gemeint.

Jeweils derselbe Autor hat in Teil 3 des Bandes das Kapitel über die fachwissenschaftlichen Grundlagen sowie in Teil 4 das zugehörige Kapitel zur unterrichtspraktischen Umsetzung der fachwissenschaftlichen Inhalte verfaßt. Damit sollte eine möglichst starke Orientierung an den Bedürfnissen des Erdkundeunterrichts erreicht werden. Obwohl alle Autoren für vergleichbare Kapitel einen grundsätzlich gleichartigen Aufbau anstrebten, ist es naheliegend, daß der Aufbau solcher Kapitel dennoch unterschiedlich sein kann. Einerseits kann nämlich ein durchgängig angewandtes, starres Darstellungsprinzip nicht allen Geozonen in gleicher Weise gerecht werden; andererseits erfordert der Erdkundeunterricht weniger eine vollständige, alle Gebiete und Themen gleichermaßen abdeckende Geozonendarstellung als vielmehr die Herausarbeitung unterrichtsrelevanter Schwerpunkte für die einzelnen Geozonen.

2 Allgemeingeographischer Teil
(Kurzfassung *H. Nolzen*)

Vorbemerkung: Der allgemeingeographische Teil 2 ist Bestandteil von Teilband 12/I. Zur Orientierung des Lesers von Band 12/II werden hier lediglich die wichtigsten Inhalte von Teil 2 des Bandes 12/I zusammengefaßt.

Gliederungen der Erdoberfläche nach physischen Geofaktoren

Die Gliederung der Erdoberfläche oder eines Teils von ihr in naturräumliche, kulturräumliche, wirtschaftsräumliche, sozialräumliche u. a. Gebietseinheiten liefert der Fachwissenschaft wichtige Grundlagen für die Aufdeckung und Erklärung von Strukturen räumlicher Systeme. Raumgliederungen, wie sie z. B. in geographischen Karten zum Ausdruck kommen, haben aber auch für die Fachdidaktik große Bedeutung (vgl. Band 12/I, 1.3). Dies gilt insbesondere für globale Ordnungsmuster, wie etwa die Land-Meer-Verteilung, die räumliche Verteilung der Länder der Erde nach ihrem Entwicklungsstand oder für die Gliederung der Erdoberfläche in Klimazonen.

Nahezu alle Naturphänomene auf der Erde gehen letztlich auf die kosmische und/oder endogene Prägung der Geosphäre zurück (vgl. Band 10/I, 2.1). Die endogene Prägung durch großtektonische und geologische Prozesse im Verlauf der Erdgeschichte hat im wesentlichen zur sog. *tellurischen Gliederung der Erde*, insbesondere zur Land-Meer-Verteilung, zu den Höhenunterschieden und den gesteinsmäßigen Differenzierungen an der Erdoberfläche geführt.

Auf die Kugelgestalt und die Bahnelemente des Himmelskörpers Erde (vgl. Band 10/I, 2.1.2 und 2.1.3) sowie auf die ständige Sonnenstrahlung geht die *Gliederung der Erde nach den Strahlungsverhältnissen* zurück. Sie führt zu den solaren oder mathematischen Klimazonen, die auch als Beleuchtungsklimazonen bezeichnet werden (vgl. Band 10/I, 2.3.5). Viele physiogeographische Erscheinungen sind direkt oder indirekt von Strahlungshaushalt und Klima abhängig; sie weisen daher mehr oder weniger breitenkreisparallele Verbreitungsmuster auf. Derartige, dem planetarischen Formenwandel entsprechende räumliche Anordnungen werden auch als *zonale oder zonare Gliederungen der Erde* (vgl. Band 12/I, 1.2) bezeichnet. In diesem Sinne überwiegend zonale Gliederungen der Erde nach physischen Geofaktoren bzw. Geofaktorenkomplexen sind z. B. Gliederungen nach den Klimaten (vgl.

Band 10/I, 2.3.9), nach den Gewässertypen der Erde, nach zonalen Bodentypen (vgl. Bd. 10/II, 2.2.4.2 bis 2.2.4.2.2), nach Vegetationsformationen (vgl. Band 10/II, 2.3.3 und 2.3.3.3) oder nach der gegenwärtigen exogenen Formung des Reliefs (vgl. Band 10/I, 2.2.4).

Wo die natürliche Verbreitung physischer Geofaktoren bzw. Faktorenkomplexe Abweichungen von der theoretisch zu erwartenden zonalen Anordnung aufweist, sind dafür oft die Land-Meer-Verteilung und die Höhenverhältnisse verantwortlich; hier überlagern sich somit zonale und tellurische Gliederung. Ein Beispiel dafür bildet die – dreidimensionale – globale Verbreitung der Vegetation (siehe Band 12/I, 2.4). Außer von der geographischen Breite ist sie u. a. von der Meereshöhe und ihrer peripheren oder zentralen, ost- oder westseitigen Lage auf den Kontinenten abhängig.

Im Rahmen einer Darstellung der Geozonen bieten zonale Gliederungen der Erde nach einzelnen physischen Geofaktoren bzw. Geofaktorenkomplexen Orientierungshilfen und Verständnisgrundlagen. In Teil 2 von Teilband 12/I werden deshalb wichtige zonale Gliederungen der Geosphäre, darunter vor allem die Klimazonen der Erde, dargestellt. Tabelle 2/1 vermittelt eine Übersicht über die in Teil 2 von Band 12/I dargestellten zonalen Gliederungen.

Tab. 2/1: Zonale Gliederungen der Geosphäre (Inhaltsübersicht von Teil 2 des Teilbandes 12/I)

Kapitel in Band 12/I	Inhalte
2.1	**Die Klimazonen der Erde**
2.1.1	Die Klimate der Erde nach *Köppen* und *Geiger*
2.1.2	Die Jahreszeitenklimate nach *Troll* und *Paffen*
2.1.3	Die Notwendigkeit der Zusammenschau effektiver und genetischer Klimaklassifikationen
2.1.4	Die Klimazonen und ihre Charakteristika (Klimagenetische Auswertung charakteristischer Klimadiagramme aus den verschiedenen Klimazonen der Erde)
2.2	**Zonale Gliederungen der Hydrosphäre**
2.2.1	Wasserüberschuß- und Wasserdefizitgebiete
2.2.2	Klimatische Flußtypen
2.2.3	Klimatische Seetypen
2.2.4	Zonale Gliederung des Weltmeeres
2.3	**Die Bodenzonen der Erde**
2.4	**Die Biozonen der Erde**
2.4.1	Vegetationszonen der Erde
2.4.2	Höhenstufen der Vegetation
2.5	**Die klimageomorphologischen Zonen der Erde**

3 Regionalgeographischer Teil

Teil 3 des vorliegenden Teilbandes 12/II behandelt die Kühlgemäßigten Zonen (Kap. 3.3), die Boreale Zone (Kap. 3.4) sowie die Subpolaren und Polaren Zonen (Kap. 3.5). Er bildet damit die Fortsetzung des regionalgeographischen Teils 3 von Teilband 12/I. Dieser stellt in Kapitel 3.1 die Tropenzone und in Kapitel 3.2 die Subtropenzonen dar.

3.3 Kühlgemäßigte Zonen

(Klimazonen III$_{(1-12)}$ nach *Troll* und *Paffen*)

3.3.0 Verbreitung und klimatische Differenzierung der kühlgemäßigten Zonen (*H. Nolzen*)

Diese Zonen entsprechen in etwa den Klimazonen der hohen Mittelbreiten (vgl. Band 10/I, Tab. 2.3.9/2) oder den sog. „gemäßigten Breiten". Sie unterscheiden sich durch typische Jahresmitteltemperaturen zwischen 8 und 12 °C von der anschließenden warmgemäßigten Subtropenzone (Jahresmittel 15–20 °C) und der kaltgemäßigten borealen Zone (Jahresmittel wenig über 0 °C). Die kühlgemäßigten Zonen sind vor allem auf der Nordhalbkugel vertreten und nehmen dort mit Waldklimaten breite Gürtel im Westen und Osten der Kontinente ein (vgl. Abb. 3.3.1/1). Wo in kontinentalen Gebieten die Niederschläge im Jahr auf 450 mm sinken, hört das Waldwachstum auf, und es beginnt der Übergang zur Steppe. Im Inneren der Kontinente werden die Gebiete der Waldklimate deshalb von Gebieten winterkalter Steppen- und Wüstenklimate (vgl. Abb. 3.3.2/1) und von polwärts unmittelbar daran anschließenden borealen Nadelwaldgebieten unterbrochen. Für die Gebiete mit Waldklimaten wird auch die Bezeichnung „feuchte Mittelbreiten", für diejenigen mit winterkalten Steppen- und Wüstenklimaten die Bezeichnung „trockene Mittelbreiten" verwendet. Auf der Südhalbkugel sind die kühlgemäßigten Zonen mit Waldklimaten ausschließlich ozeanischer Ausprägung im andinen Südamerika, in Victoria, Tasmanien und Neuseeland verbreitet (vgl. Abb. 3.3.1/1). In Ostpatagonien und auf der Südinsel von Neuseeland treten sie mit Steppenklimaten auf (vgl. Abb. 3.3.2/1), wobei diese Steppenklimate wegen des geringen Landanteils jener Breiten wintermild sind.

Die Kennzeichnung „gemäßigte Breiten" ist eigentlich nur für diejenigen Teile der kühlgemäßigten Zonen zutreffend, die ein Klima aufweisen, wie es z.B. in Mitteleuropa (Cfb-Klima nach *Köppen/Geiger*, vgl. Band 12/I, 2.1.1) herrscht. „Die hohen Mittelbreiten werden häufig als ‚gemäßigte Breiten' bezeichnet. Das ist eine irreführende Verallgemeinerung aus Jahresdurchschnittswerten oder westeuropäischen Erfahrungen. Tatsache ist nämlich, daß innerhalb der hohen Mittelbreiten weithin die größten jahreszeitlichen Temperaturunterschiede, bezogen auf Meeresniveau, auftreten. Das kann man nicht als ‚gemäßigt' bezeichnen" (*Weischet* 1979, S. 246). In der Tat reichen die Temperatur-Jahresamplituden zwischen den maritimen und den kontinentalen Extremlagen der „gemäßigten Breiten" von weniger als 10 °C bis zu über 40 °C.

Gemeinsames Charakteristikum der kühlgemäßigten Zonen sind ihre Beleuchtungsverhältnisse und der jahresrhythmische Wechsel von positivem und negativem Energiehaushalt (vgl. Band 10/I, 2.3.5 und 2.3.6). Die hohen Mittelbreiten (45–66$^1/_2$°N bzw. S) weisen im Sommer mittelhohe Sonnenstände und lange Tagesdauer, im Winter dagegen tiefe Sonnenstände und kurze Tagesdauer auf (vgl. Band 10/I, Abb. 3.1.2.1/1). Dies führt zu großen strahlungsklimatischen Unterschieden zwischen Sommer und Winter. Bezieht man die Dauer der bürgerlichen Dämmerung in die helle Tageszeit ein, so sind die höheren Breiten den niederen Breiten gegenüber weniger benachteiligt, als man vielleicht erwartet (vgl. Tab. 3.3.0/1 sowie Band 10/I, 2.3.5). Bei wolkenlosem Himmel herrscht während der bürgerlichen Dämmerung eine Beleuchtungsstärke von mindestens 1 bis 2 Lux, worauf die Pflanzen schon reagieren können.

Tab. 3.3.0/1: Tageslängen (TL) und Gesamtdauer der morgendlichen plus der abendlichen bürgerlichen Dämmerung (D) in verschiedenen geographischen Breiten in Stunden und Minuten (Genauigkeit: ±2 Minuten)

Nördl. Breite		0°	20°	40°	50°	60°	68°	90°
21. März	TL	12.07	12.07	12.09	12.10	12.14	12.18	24.00
	D	0.46	0.48	1.00	1.10	1.32	2.02	[1]
21. Juni	TL	12.06	13.25	15.01	16.22	18.53	24.00	24.00
	D	0.50	0.54	1.14	1.42	[1]	[1]	[1]
23. Sept.	TL	12.07	12.07	12.09	12.10	12.14	12.18	24.00
	D	0.46	0.48	1.00	1.10	1.32	2.02	[1]
22. Dez.	TL	12.06	10.53	9.20	8.04	5.52	0.00	0.00
	D	0.50	0.52	1.08	1.26	2.08	[2]	0.00

[1] Dauernd hell, [2] Polarnacht mit kurzer Mittagsdämmerung.
Die Tageslänge ist am Äquator sowie am 21. März und 23. September wegen der Lichtbrechung der Strahlen durch die Atmosphäre einige Minuten länger als genau 12 Stunden.
aus: *Eimern J. van/Häckel H.* 1979, S. 24

In den Sommermonaten erhalten die höheren Breiten wegen der ausgedehnteren Tageslänge teilweise mehr Globalstrahlung als die niederen, wogegen sie im Winter stark benachteiligt sind. An wolkenlosen Tagen werden in Mitteleuropa im Juni bis zu 3300, im Dezember allerdings nur bis zu 400 J/cm^2 · d (*van Eimern/Häckel* 1979, S. 25), d.h. nur etwa $^1/_8$ des Juniwertes, erreicht. Einer ungefähren Verdoppelung der Tageslänge (s. Tab. 3.3.0/1, Werte für 50 °N) entspricht somit eine mehr als achtfache Erhöhung des Strahlungsgenusses. Neben der größeren Tageslänge ist somit vor allem die höhere Sonnenbahn ein wesentlicher Grund für den hohen sommerlichen Strahlungsgenuß (s. Band 10/I, Abb. 3.1.2.1/1). Zum Vergleich: Mit der Energie von 3300 J/cm^2 könnte eine etwa 13 mm hohe Wasserschicht verdunsten.

Anders als bei den ebenfalls durch solche Unterschiede gekennzeichneten Polargebieten treten in den hohen Mittelbreiten *lange Übergangsjahreszeiten* auf. *Frühling* und *Herbst* gibt es in der bei uns bekannten Ausprägung nur in den hohen Mittelbreiten. Dauer und Verlauf der scheinbaren Sonnenbahnen sind der Grund, daß Expositionsunterschiede hier eine große Rolle spielen. „Die Sonne geht (auch im Sommer) um den Berg herum", in den niederen Mittelbreiten und den Tropen dagegen „schaut sie am Mittag über den Berg" (s. Band 10/I, 2.3.5). Die Neigung der Sonnenbahnen gegen die Horizontebene führt selbst im Sommer zu einer relativ langen Dämmerung (vgl. Tab. 3.3.0/1).

Die hohen Mittelbreiten lassen sich grob in *drei große Klimagebiete* unterteilen. Auf den Westseiten der Kontinente stehen sie ganzjährig unter dem Einfluß der zyklonalen Westwinddrift (vgl. Teilband 10/I, 2.3.6.2, 2.3.6.3 und 2.3.7). Daraus resultieren ganzjährige, vorwiegend zyklonale Niederschläge (*zyklonale Westwindklimate der hohen Mittelbreiten* 42–70 °N bzw. 40–55 °S, vgl. Band 10/I, 2.3.9). Bei meridional verlaufenden Gebirgszügen, wie z. B. den Vogesen oder den Anden Patagoniens, führt das Vorherrschen regenbringender Westwinde zu einer scharfen hygrischen Differenzierung zwischen der windzugewandten Luv- und der windabgewandten Leeseite. Die *Kontinentalklimate der hohen Mittelbreiten* im Innern der Kontinente (50–70 °N, nur auf der Nordhalbkugel) sind durch ein sommerliches Niederschlagsmaximum in Form konvektiver Niederschläge und extreme Jahresamplituden der Temperatur gekennzeichnet. Die äquatorwärtige Auslenkung der Westwinddrift (Höhentröge) auf den Ostseiten der Kontinente (vgl. Band 10/I, 2.3.6.2) führt dort ganzjährig zu Kraftlufteinbrüchen. Die damit verbundenen, vorwiegend zyklonalen Niederschläge weisen ein Sommermaximum auf (*außertropisches Ostseitenklima der hohen Mittelbreiten*, 40–70 °N, nur auf der Nordhalbkugel). Auf der Nordhalbkugel weist die Westwinddrift vor den Westküsten der Kontinente meist eine polwärtige Auslenkung auf, wogegen für die Ostküsten die bereits angesprochenen Höhentröge charakteristisch sind. Diese Mäanderschwingungen der Westwinddrift führen im Zusammenhang mit Meeresströmungen (Golfstrom, Kuro Schio, vgl. Band 10/II, 2.1.4.2) dazu, daß Gebiete auf den Westseiten gegenüber Gebieten gleicher geographischer Breite auf den Ostseiten thermisch begünstigt sind (vgl. *Endlicher* 1991, S. 41). Daher erstrecken sich die kühlgemäßigten Zonen nicht parallel zu den Breitenkreisen, sondern weisen in Nordamerika und Eurasien – ähnlich wie die kaltgemäßigte boreale Zone (vgl. 3.4) – eine auffällige „Schieflage" (NW-SE-Kippung) auf (vgl. Abb. 2.1.2/1 „Jahreszeitenklimate der Erde" von *Troll/Paffen* sowie Abb. 2.1.1/1 „Die Klimate der Erde" von *Köppen/Geiger*). Die hygrische Differenzierung der kühlgemäßigten Zonen legt eine Untergliederung in feuchte und trockene (Sub-)Zonen nahe. Demnach erfolgt die Behandlung im folgenden in den zwei Kapiteln 3.3.1 „Zone der kühlgemäßigten Waldländer" sowie 3.3.2 „Zone der winterkalten Steppen und Wüsten".

3.3.1 Die Zonen der kühlgemäßigten Waldländer (*H. Nolzen*)

(Waldklimate $III_{(1-8)}$ nach *Troll/Paffen*. Andere Bezeichnungen: Laubwaldgürtel der gemäßigten Zone, temperierte nemorale Zone, kühlgemäßigte Laub- und Mischwaldzone, feuchte Mittelbreiten, humide kühlgemäßigte Breiten)

3.3.1.1 Verbreitung

Die Zone ist unzusammenhängend (Abb. 3.3.1/1). Charakteristisch ist ihre periphere, d.h. meernahe Verbreitung. Auf der Nordhalbkugel wird die Zone in Nordamerika und Asien durch Abschnitte der kaltgemäßigten borealen Zone bzw. der Zone der winterkalten Steppen- und Wüstenklimate unterbrochen (vgl. 3.3.0). Auf der Südhalbkugel ist diese Zone nur mit relativ kleinen Gebieten, nämlich mit Teilen von Südamerika, Australien und Neuseeland, vertreten.

Abb. 3.3.1/1
Verbreitung der kühlgemäßigten Waldländer

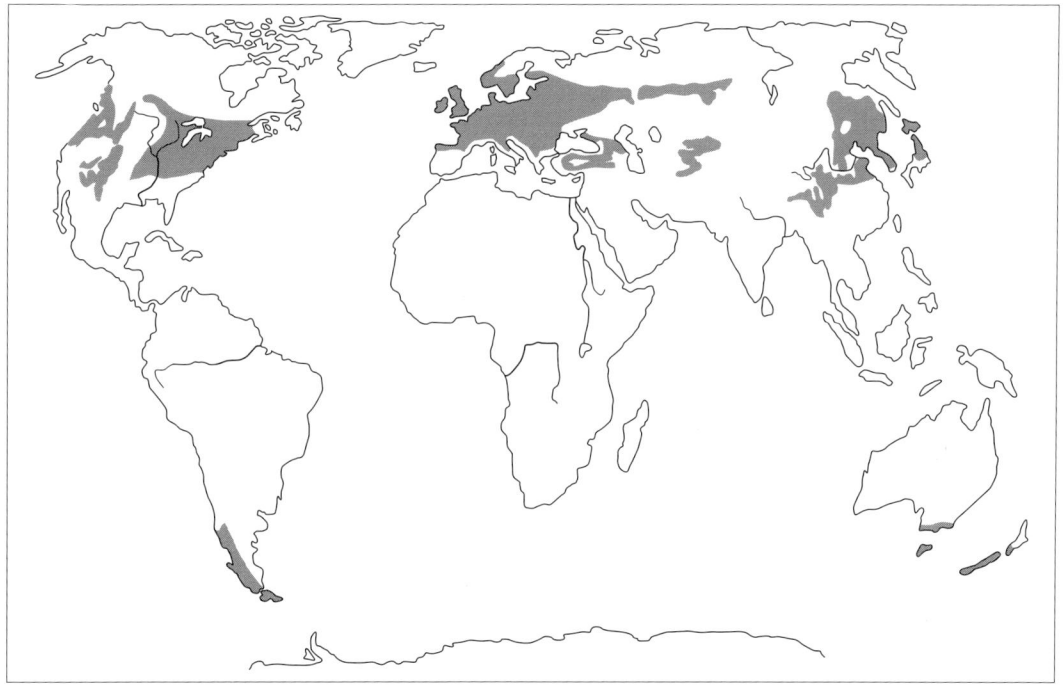

Im einzelnen gehören zu den kühlgemäßigten Waldländern

- große Teile West-, Mittel- und Osteuropas,
- der Norden Chinas und Japans,
- der Nordosten der USA und das anschließende kanadische Gebiet,
- der Nordwesten der USA und das westliche Kanada,
- auf der Südhalbkugel die Südinsel von Neuseeland, Tasmanien und das südöstliche Australien sowie Südchile.

Die hier genannten Gebiete weisen nicht nur hohe Bevölkerungszahlen, sondern auch die weltweit höchsten Konzentrationen an Wirtschaftskraft auf (vgl. Abb. 3.3.1.1/1).
Hofmeister (1985, S. 8f.) stellt – unter Bezug auf Bevölkerungszahlen etwa für das Jahr 1965 – fest, „daß in den Waldländern des kühlgemäßigten Klimas fast ein Drittel der Weltbevölkerung auf einem Zehntel der Festlandsfläche konzentriert ist... Von den drei großen Dichtezentren der Menschheit, nämlich Europa einschließlich der europäischen Sowjetunion, östliche USA/Kanada und Süd-, Südost-, Ostasien fallen die ersten beiden weitgehend, das dritte... teilweise in die gemäßigten Breiten... Eine Auseinandersetzung mit den gemäßigten Breiten ist... weitgehend eine regionale Geographie der wichtigsten Industriestaaten." Im Vergleich zu anderen Geozonen ist die natürliche Ausstattung der kühlgemäßigten Waldländer daher besonders tiefgreifend verändert worden. Dies ist besonders augenfällig am hohen Anteil der landwirtschaftlichen und sonstigen Nutzflächen, die an die Stelle der ehemaligen Laub- und Laubmischwaldgebiete getreten sind. Die heute in Mitteleuropa vorhandenen Wälder entsprechen weder in ihrem Flächenanteil noch in ihrer Zusammensetzung der natürlichen potentiellen Bewaldung. Auf dem Gebiet der Bundesrepublik Deutschland z.B. hat der Mensch in den ver-

Abb. 3.3.1.1/1
Relative Dichte der Weltindustrieproduktion 1964 aufgrund des industriellen Bruttoinlandsproduktes nach *Gächter* 1969 aus: *Hofmeister* 1985, S. 131

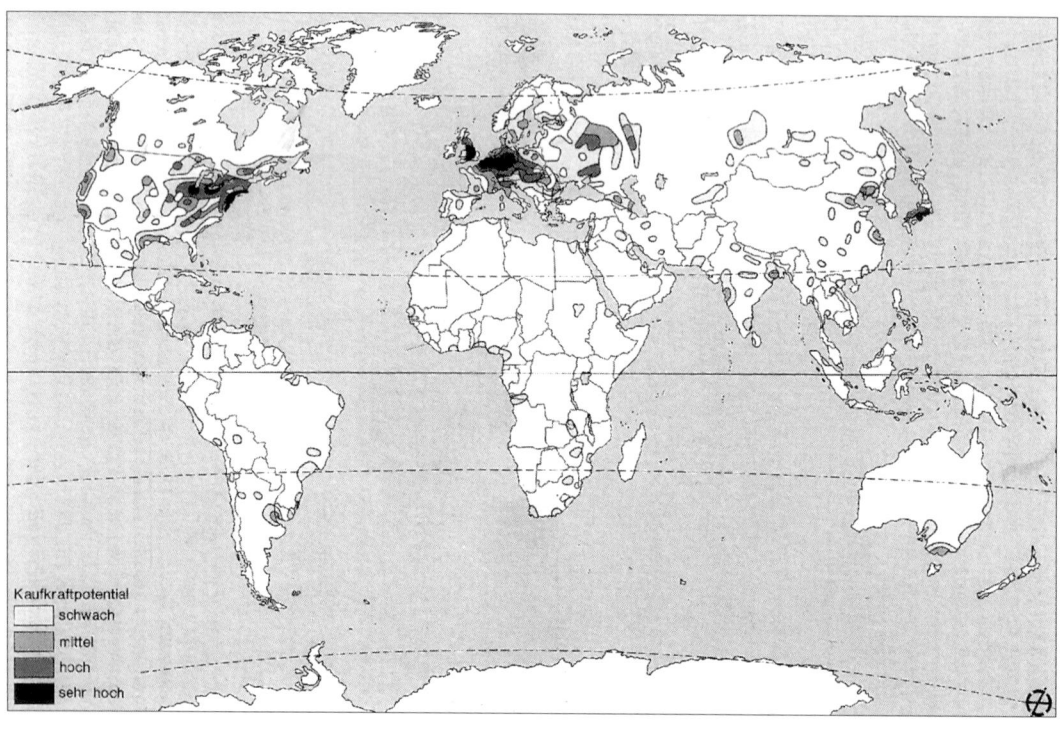

gangenen Jahrtausenden den Waldanteil an der Gesamtfläche von ursprünglich etwa 95% auf unter 30% verringert. Etwa 12% des Gebietes der alten Bundesrepublik Deutschland werden heute für Wohnsiedlungen, Industriebauten, Verkehr und Kommunikation beansprucht. Der Landschaftsverbrauch in der alten Bundesrepublik, der gegen Mitte der achtziger Jahre bei 120 Hektar pro Tag lag, ist mit heute 90 Hektar pro Tag immer noch erheblich (*Bundesumweltministerium* 1992). Die Bezeichnung „Zone der kühlgemäßigten Waldländer" entspricht somit nicht den heutigen Verhältnissen, sondern bezieht sich auf die ursprüngliche bzw. die natürliche potentielle Waldbedeckung dieser Zone.

Die angesprochenen Teilregionen der kühlgemäßigten Waldländer sind für den Erdkundeunterricht von unterschiedlicher Bedeutung. Am ehesten werden im Unterricht die zur Zone gehörenden Teile West-, Mittel- und Osteuropas berücksichtigt, weniger dagegen die anderen nordhemisphärischen und äußerst selten die südhemisphärischen Anteile. Dementsprechend wird in den folgenden Abschnitten schwerpunkthaft der europäische Anteil der Zone vorgestellt.

3.3.1.2 Klima und Gewässer

Zur allgemeinen klimatischen Charakterisierung dieser Zone können folgende Angaben gemacht werden: Die Zone ist immerfeucht; die Niederschläge liegen oberhalb der für das Waldwachstum nötigen Mindestmenge von 400 mm/Jahr (meist zwischen 500 und 1000 mm, davon mehr als 250 mm in der Vegetationsperiode, *Jäger* 1985). Sie sind so ausgeglichen im Jahresverlauf verteilt, daß keine längere Unterversorgung der Vegetation auftritt. Während mindestens 10 Monaten im Jahr übertrifft der Niederschlag die mögliche Gesamtverdunstung. Wenigstens 6 Monate des Jahres weisen eine Monatsmitteltemperatur von +5 °C oder mehr auf. Damit ist auch die für das Wachstum der Laubbäume nötige Wärmeversorgung ausreichend lange gesichert. Die Jahresmitteltemperaturen liegen zwischen 6 und 12 °C.

Im einzelnen weisen die Waldklimate der kühlgemäßigten Zonen erhebliche Differenzierungen auf, die im wesentlichen durch den ganzjährigen Einfluß der außertropischen Westwinddrift (zyklonale Wetterlagen), die Abstufung nach der Kontinentalität, die Lage auf der West- bzw. Ostseite der Kontinente sowie durch das Relief bestimmt sind. Die für Wetter und Witterung der Mittelbreiten ursächlichen Vorgänge der planetarischen Zirkulation wurden in Band 10/I, 2.3.6 und 2.3.7, dargestellt (vgl. außerdem in Teilband 12/I, 2.1.4.7).

Troll und *Paffen* unterscheiden für diese Klimazone allein acht Subtypen von Waldklimaten. Die Abstufung nach dem Grad der Kontinentalität bzw. Ozeanität äußert sich in der Jahresschwankung der Temperatur, der Länge der Vegetationsperiode und der jahreszeitlichen Niederschlagsverteilung. Dies verdeutlicht auch die Klimakarte von Europa (Abb. 3.3.1.2/1), in deren Bereich von Westen nach Osten allerdings nur die Subtypen III_1 bis III_4 von *Troll/Paffen* vorkommen. Zwischen den hochozeanischen (III_1) und den hochkontinentalen Klimaten (III_6) reichen die Jahresamplituden der Monatsmitteltemperaturen von weniger als 10 °C bis über 40 °C. Im hochozeanischen Klima „sind die Winter einerseits so mild, daß selbst immergrüne mediterrane Gewächse durchhalten (Arbutus unedo, Erica arborea, angepflanzt auch Pinien), die Sommer jedoch so kühl, daß arktische Arten vorkommen und das Getreide meist nicht ausreift" (*Walter/Breckle* 1986, S. 3). Demgegenüber kommen im kontinentalen Teil der Laubwaldzone wärmste Monatsmittel von über 20 °C und kälteste unter −20 °C vor.

Für den ozeanischen Bereich dieser Zone führte *Köppen* die Bezeichnung „Buchenklima" (Cfb), für den kontinentaleren den Begriff „Eichenklima" (Dfb) ein (siehe Teilband 12/I, 2.1.1). *Walter* (1986) spricht die Zone der kühlgemäßigten Waldklimate als *temperierte nemorale Zone* (griechisch némos = Hain, Waldung) an.

Die Flüsse sind autochthon und perennierend (vgl. in Teilband 12/I, 2.2.2). Der Jahresgang des Abflusses in dieser Zone ist im ozeanischen Bereich relativ ausgeglichen, dagegen schwankt er um so mehr, je kontinentaler das Klima ist. In Anlehnung an *Marcinek* (1967) unterscheidet *Bramer* (1985) für Mitteleuropa fünf Typen des Abflusses (vgl. Tab. 3.3.1.2/1). Eine differenzierte Darstellung der Abfluß-

Tab. 3.3.1.2/1: Abflußtypen mitteleuropäischer Flüsse

Abflußtyp	Abflußmaximum	Abflußminimum
ozeanischer Tieflandstyp	Januar/Februar	Juni/Juli
kontinentaler Tieflandstyp	März	September
ozeanischer Mittelgebirgstyp	Januar	Juni
kontinentaler Mittelgebirgstyp	April	September
Alpenvorlandstyp	Juli (Hauptmaximum), März (zweites Maximum)	September

nach: *Marcinek* 1967, S. 351–358 und *Bramer* 1985, S. 468, 469

regimes Mitteleuropas erfolgte durch *R. Keller* (1968, mit Karte 1:3 000 000). Obwohl das Sommerhalbjahr, von einigen hohen Mittelgebirgslagen abgesehen, die höheren Niederschläge bringt (vgl. Abb. 3.3.1.2/1), liegt das Abflußmaximum ganz überwiegend im Winterhalbjahr. Dies ist auf die hohe sommerliche Verdunstung, insbesondere die Transpiration der Pflanzen, zurückzuführen (vgl. Band 10/II, 2.1.2 und 2.1.3). Für die Fläche der alten Bundesrepublik Deutschland (Wasserbilanz der Jahre 1931–1960, *Keller* 1978/79) beträgt die Transpiration 371 mm/Jahr (=92 Mrd. m^3/Jahr), der Niederschlag 837 mm/Jahr (=208 Mrd. m^3/Jahr). Somit benötigen die Pflanzen fast die Hälfte des Jahresniederschlages, wobei etwa 75–85% der jährlich transpirierten Wassermenge während der Vegetationsperiode in den Sommermonaten Mai bis Oktober verbraucht werden. Deshalb reichen die sommerlichen Niederschläge in vielen Flußgebieten Mitteleuropas nicht ganz aus, um die Vegetation und den oberirdischen Abfluß zu versorgen. Die Flüsse fallen nur deshalb sehr selten trocken, weil sie von der Grundwasserrücklage aus dem Winterhalbjahr zehren können. Das sommerliche Abflußmaximum

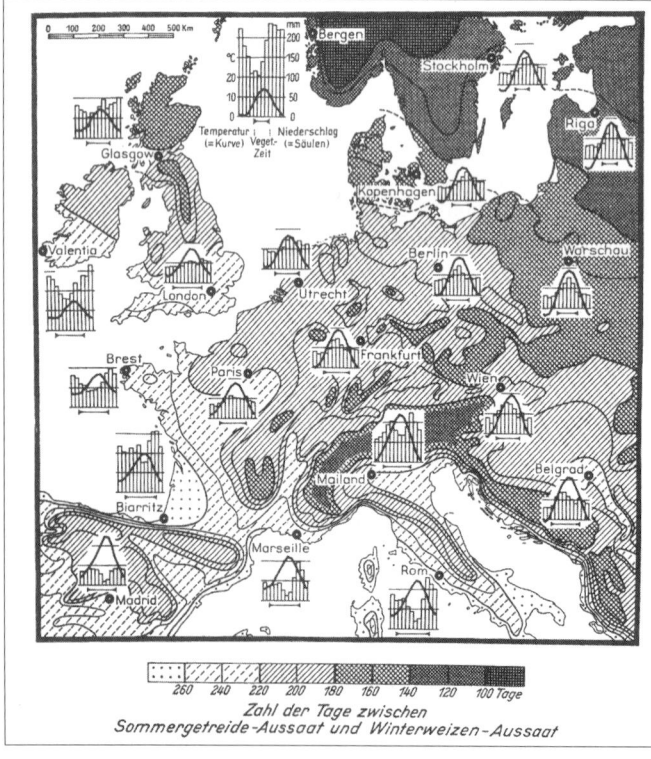

Abb. 3.3.1.2/1
Klima und Vegetationszeiten in Europa: Mittlere Dauer der landwirtschaftlich nutzbaren Vegetationszeiten im Jahr
nach *Brandtner/Schnelle* 1962 aus: *van Eimern/Häckel* 1979, S. 167

Tab. 3.3.1.2/2: Eisführung von Flüssen der kühlgemäßigten Waldländer

Name des Flusses	Beobachtungsort	Dauer in Tagen
Rhein	Köln	21
Donau	Galati	38
Weichsel	Warschau	68
Dwina	Riga	125
Wolga	Kasan	147
Ob	Nowosibirsk	179
Hudson	Albany	72
St. Lorenz-Strom	Quebec	141

nach: *Bramer* 1985, S. 468 und *Hofmeister* 1985, S. 47

im Alpenvorland ist eine Folge der Schnee- und Gletscherschmelze in den Alpen (nivales bzw. glaziales Regime, vgl. Teilband 12/I, Abb. 2.2.2/1).

Während Eiserscheinungen auf den Flüssen und Seen des westlichen Mitteleuropas selten sind, treten sie im östlichen Mitteleuropa und in Osteuropa als Folge der kontinenteinwärts immer strengeren Winter regelmäßig in Form von Treibeis, Eisgang, Eisstand oder Eisstau auf (vgl. Tab. 3.3.1.2/2). „Wie die Isothermen der Wintermonate in Mitteleuropa von Nordosten nach Südwesten verlaufen, so verlaufen auch die Linien, welche die Orte gleicher Eistage (= Tage mit Eis auf dem Gewässer) miteinander verbinden. Weniger als 10 Eistage (im Jahr) werden im Bereich westlich der unteren Ems und der oberen Weser beobachtet. Lediglich die untere Mosel und die Gebirgsstrecke des Rheins zwischen Bingen und Koblenz verzeichnen im Durchschnitt der Jahre etwa 10 Eistage. Der größte Teil des Weser-Systems und das ganze Gebiet zwischen der oberen Weser und der Mulde haben schon jährlich 10–20 Eistage, während sich an der Elbe die Zahl rasch auf über 20 erhöht. Der gesamte klimatisch kontinentale Bereich östlich der Elbe bringt den Strömen mehr als 20 Eistage, und das Gebiet ostwärts der Oder beobachtet im langjährigen Mittel schon mehr als 30 Eistage auf den großen Strömen" (*Keller* 1969, S. 331).

Von West- nach Osteuropa nimmt auch das Verhältnis der Tage mit Eisstand zu den Tagen mit Eisbewegung zu. Auf dem Rhein tritt nur in manchen Jahren für wenige Tage Treibeis auf. Der wegen seines Hochwassers gefürchtete Eisstand kommt nur in strengsten Wintern, meist in Verbindung mit Stauungen auf der mittelrheinischen Gebirgsstrecke, vor. Zwischen 1926 und 1940 betrug die mittlere Dauer der einzelnen Eisbewegungsperiode an der Weser bei Hameln 5, an der Oder bei Frankfurt 7 Tage, die mittlere Dauer der Eisstandsperioden dagegen an der Weser (Hameln) 8, an der Oder (Frankfurt) 40 Tage. Der Eisstand der in die Ostsee mündenden Flüsse beginnt regelmäßig im Rückstaubereich der Flußmündungen. Zwischen 1811 und 1944 wurde im Deltabereich der Memel an durchschnittlich 110 Tagen im Jahr Eis auf dem Wasser beobachtet, davon an 85% der Tage Eisstau und an 15% Eisbewegung (*Keller* 1969).

Eisstau durch zusammengeschobene, aufeinander getürmte Eismassen (Eisversetzung) kann zu beträchtlichen Hochwassern führen, ohne daß Niederschlag gefallen ist. Gefährliche Eisfluten drohen den Unterliegern von Eisversetzungen, wenn die Barriere aus Eis infolge des angestiegenen Wasserdrucks plötzlich zusammenbricht; dann ergießt sich Wasser und Eis in einer verheerenden Flutwelle (vgl. auch M 4.4.3.1/3).

Im Bereich der kühlgemäßigten Waldklimate sind die Sommer warm genug und die Winter hinreichend kalt, daß sich in den Seen jährlich zwei Stagnationsphasen (stabile Wasserschichtungen im Sommer und im Winter) und zwei Vollzirkulationen (bei kurzzeitiger Homothermie von +4°C in allen Wasserschichten im Frühjahr und im Herbst) einstellen. Die Seen sind somit dimiktisch, was günstige Auswirkungen auf ihren Sauerstoffhaushalt und damit auch für ihre Wasserqualität hat (vgl. Teilband 12/I, Abb. 2.2.2.3/1 sowie Teilband 10/II, Abb. 2.1.3.1/4).

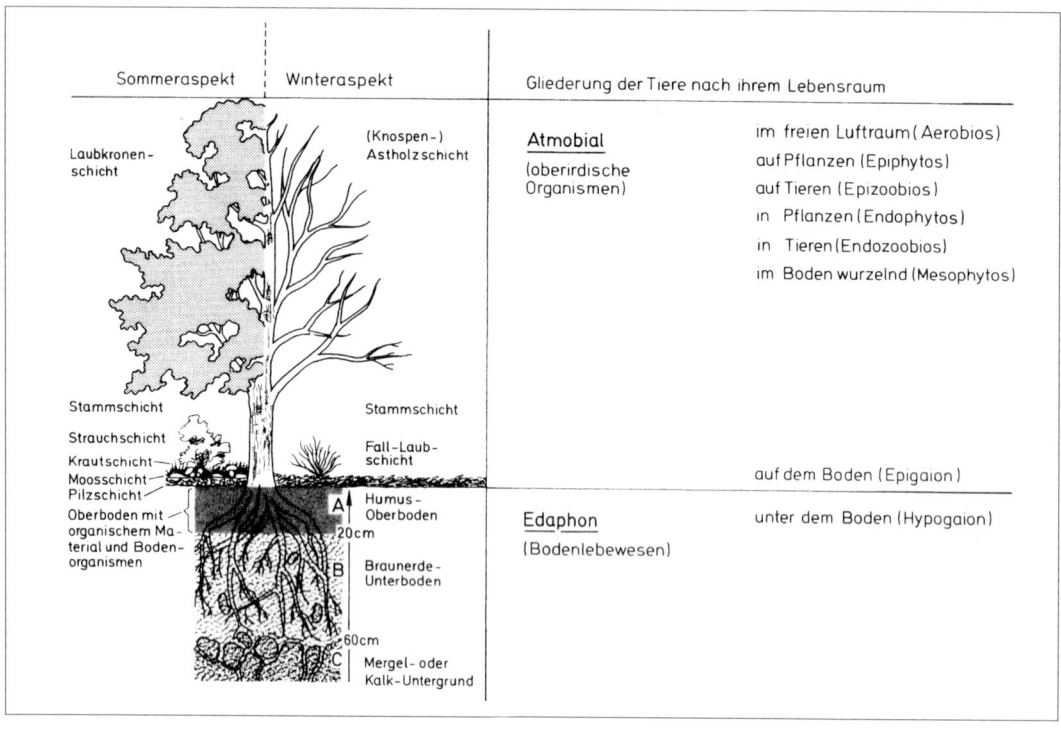

Abb. 3.3.1.3/1
Die unterschiedlichen Schichten im sommerlichen und winterlichen Walde und die Gliederung der Tiere nach ihrem Lebensraum
nach *Schwerdtfeger* 1978 aus: *Walter/Breckle* 1986, S. 36, verändert

3.3.1.3 Vegetation und Tierwelt

a) Ökologische Merkmale

Die natürliche Pflanzenformation dieser Zone ist – abgesehen von den temperierten Regenwäldern (s. u.) und den Höhenlagen der Gebirge (vgl. 4.3.1.2.2) – der sommergrüne Laub- bzw. Laubmischwald. Der Wald ist schichtenartig aufgebaut (Kronen-, Stamm-, Strauch-, Kraut- und Moosschicht, vgl. Abb. 3.3.1.3/1). Im Sommer herrscht im Bodenbereich Lichtmangel, so daß die Hauptentwicklung der Sträucher, Kräuter und Moose in dieser Zeit stark gehemmt ist. Auffällig und – abgesehen von den sommerfeuchten Tropen – vor allem für diese Zone typisch ist der jahreszeitliche Aspektwechsel des Waldes (vgl. Tab. 3.3.1.3/1 und Abb. 3.3.1.3/2 sowie in Band 10/II Tab. 2.3.2.2.2/1). Während der winterlichen Kahlheit der Laubbäume nutzen immergrüne Moose den Lichtreichtum der Bodenschichten. Die Frühlingsblüher (Anemonen, Schlüsselblumen, Veilchen u.a.m.) können mit Hilfe verschiedener Speicherorgane in der Ende April bis Mai schon stark erwärmten Streuschicht rasch austreiben, blühen und fruchten (Frühlingsaspekt). Sie bilden die Ernährungsgrundlage für die jetzt aus dem Boden schlüpfenden Tiere (vgl. Abb. 3.3.1.3/2 und Tab. 3.3.1.3/1). Die kurze Zeit der beginnenden Belaubung wird von den Sträuchern ausgenützt. Erst nach dem herbstlichen Laubabwurf werden die Lichtverhältnisse für Kräuter am Boden wieder günstiger. Vom Wechsel der Jahreszeiten wird auch das Leben zahlreicher Vogelarten (vgl. Tab. 3.3.1.3/1) beeinflußt. In der warmen Jahreszeit finden zwar die Insektenfresser in den sommergrünen Laubwäldern günstige Lebensbedingungen, im Winter dagegen herrscht Nahrungsmangel. Daher sind die meisten Vogelarten gezwungen, mehr oder weniger weit südwärts zu

Tab. 3.3.1.3/1: Hauptaspekte eines Jahres unter mitteleuropäischen Klimabedingungen

Jahreszeit	Monate	Vegetation	Vögel	Arthropoden
Winter	November–März	Winterruhe	Standvögel + Strichvögel + Wintergäste	Winterstarre z. T. Bodenstadium
Vorfrühling	März/April	Frühlingsblumen besonders im Wald	Rückkehr der Zugvögel Revierabgrenzung	Aktivwerden der überwinterten Imagines bzw. Schlüpfen verschiedener Stadien
Frühling	Mai + Anfang Juni	Laubenfaltung der Bäume	Nestbau + Brutzeit	Fortpflanzung
Frühsommer	Mitte Juni– Mitte Juli	Bäume voll belaubt, Boden schattig	Aufzucht der Jungvögel	z. T. Massenvermehrung
Spätsommer	Mitte Juli– Mitte September	Frucht- und Samenreife	Zugvögel brechen auf	noch hohe Dichten z. T. Absterben nach Eiablage
Herbst	September + Oktober	Laubfall	Standvögel, erste Wintergäste	vermehrtes Absterben Beginn Winterruhe + z. T. Bodenstadium

nach *Schwerdtfeger* 1978, *Tischler* 1955 und *Balogh* 1958 aus: *Walter/Breckle* 1986, S. 36

Abb. 3.3.1.3/2
Der Wechsel zwischen unterirdischer und oberirdischer Phase vieler Tierarten und im Vergleich dazu die Hauptumwandlungsphasen des pflanzlichen Materials in ihrem jahreszeitlichen Ablauf
aus: *Walter/Breckle* 1986, S. 62

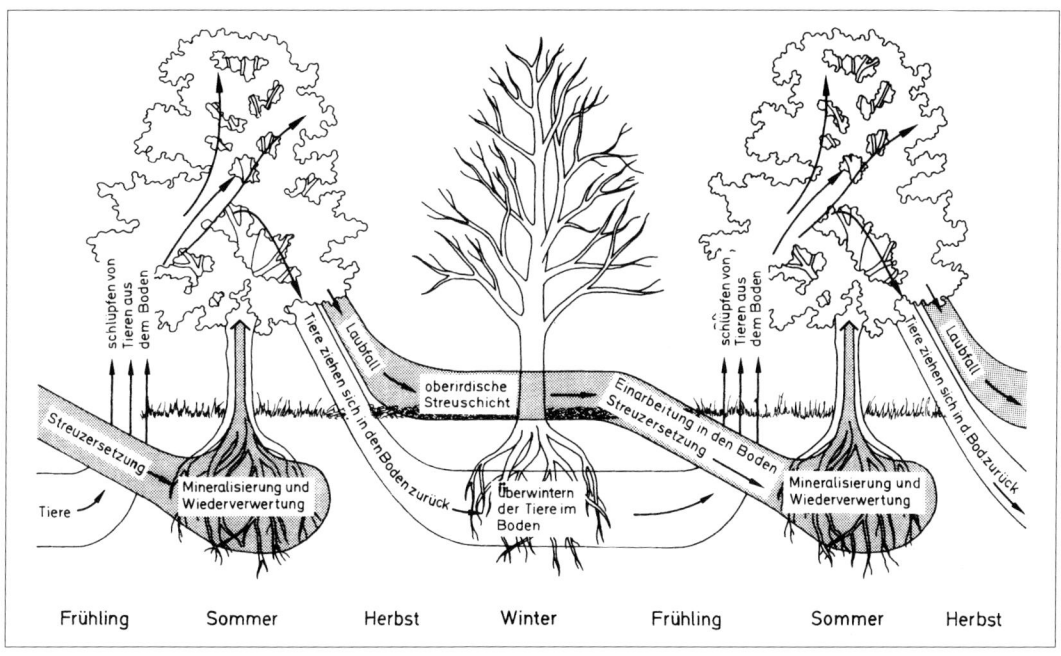

ziehen. Körnerfresser (z.B. die Finken und Ammern) und Greifvögel (Mäusebussard, Habicht, Sperber) können dagegen bleiben. Der auf Insekten spezialisierte Wespenbussard muß nach Süden wandern.

Während der Laubabwurf in den sommerfeuchten Tropen durch die winterliche Dürrezeit bedingt ist, stellt er hier eine Anpassung an die Winterkälte dar. „Das immergrüne Laubblatt ist weder resistent gegen Kälte noch gegen Frosttrocknis, also länger anhaltende Temperaturen unter 0 °C. Prunus laurocerasus (Kirschlorbeer) friert in Mitteleuropa in den Anlagen bei strenger Kälte immer wieder zurück... Der Abwurf der dünnen, sommergrünen Blätter im Winter und der Schutz der Knospen vor Wasserverlusten bedeuten gegenüber dem Erfrieren von dicken immergrünen Blättern eine Stoffersparnis. Voraussetzung ist allerdings, daß die im Frühjahr neugebildeten Blätter eine genügend lange und warme Sommerzeit von mindestens 4 Monaten zur Verfügung haben... Sind die Sommer zu kurz und zu kühl, so treten an die Stelle der Laubbäume die immergrünen Nadelhölzer. Ihre xeromorphen Nadeln erlangen im Winter eine höhere Kälteresistenz und sind bei Eintritt der warmen Witterung im Frühjahr wieder produktionsfähig. Die kurze Vegetationszeit wird dadurch besser ausgenutzt. Während Laubbäume eine Dauer der Vegetationszeit mit Tagesmitteln über 10 °C von mindestens 120 Tagen verlangen, kommen Nadelbäume bereits mit 30 Tagen aus" (*Walter* 1984, S. 223/224). Wo die Winter mild genug für immergrünen Wald sind, ist dieser meist gegenüber dem sommergrünen Wald im Vorteil, da ihm der alljährliche Neuaufbau der gesamten assimilierenden Blattmasse erspart bleibt.

Die *ökologische Leistungsfähigkeit* der Gebiete des sommergrünen Laubwaldes ist wesentlich höher als die des borealen Nadelwaldes (vgl. 3.4.2.1, Abschnitt f). Dies wird vor allem durch die klima- und vegetationsgesteuerten Bodenbildungsprozesse (vgl. auch 3.3.1.4) ermöglicht: Die Böden bleiben ganzjährig feucht und werden im Winter allenfalls für einige Wochen und selten tiefer als einen halben Meter vom Frost erfaßt. Daher bleibt die Bodenfauna im Winter aktiv und erfährt nur eine Verlangsamung ihrer Lebensfunktionen. Dagegen wird die Bodenfauna in höheren Breiten durch intensiven Frost zu einer längeren Winterruhe gezwungen; in niederen Breiten mit regenarmen Sommern führt Bodentrockenheit zu einer sommerlichen Unterbrechung ihrer Aktivität.

Auf der Grundlage von detaillierten Untersuchungen der *Bestandsvorräte und -umsätze von Ökosystemen* der sommergrünen Laubwälder aus 14 europäischen und nordamerikanischen Waldstandorten berechnete *Schultz* (1988, 1990) die im folgenden mitgeteilten Durchschnittswerte und verglich diese mit entsprechenden Durchschnittswerten für drei Standorte in borealen Nadelwäldern. Die jährliche Nettoprimärproduktion pro Hektar (PP_N der Baumschicht ohne Wurzeln in t Trockensubstanz) beträgt für sommergrüne Laubwälder etwa 10 t, für boreale Nadelwälder etwa 1,2 t (vgl. Tab. 3.3.1.3/2). Rund 40% der PP_N entfallen im Laubwald auf die Blattproduktion, was wegen des hohen Mineralstoffgehaltes der Blätter (4,3% in Blättern, 0,6% im Stammholz) 80% des gesamten Mineralbedarfs für die Produktion der Baumschicht entspricht. Demgegenüber wird im immergrünen Nadelwald nur ein Viertel der Nettoprimärproduktion (bzw. knapp 50% des gesamten Mineralbedarfs für die Produktion der Baumschicht) für die Nadelproduktion eingesetzt. Somit verbraucht die PP_N der sommergrünen Laubwälder für jede Produktionseinheit erheblich größere Mengen an Mineralstoffen (Ausnahme: P) als die PP_N der borealen Nadelwälder. Ein ähnliches Bild wenig effizienter Produktionsleistung der sommergrünen Laubwälder ergibt sich, wenn man die *Mineralstoffaufnahme* aus dem Boden (hier am Beispiel des Stickstoffs) mit der PP_N vergleicht: Der Laubwald erbringt pro kg aus dem Boden genommenen Stickstoffs 134 kg PP_N, der Nadelwald dagegen 237 kg PP_N. Berücksichtigt man zudem, daß der Laubwald der kühlgemäßigten Zone erheblich höhere Produktionsraten als der boreale Nadelwald hat (vgl. Teilband 12/I, Tab. 2.4.1/1), so bestätigen diese Ergebnisse die bekannt hohen Ansprüche der Laubwälder an die Bodenfruchtbarkeit. Nach *Schultz* liegen sowohl der Bedarf als auch die Aufnahme von Mineralstoffen des Laubwaldes um das Vierfache (nach anderen Berechnungen des Autors sogar um das 15- bis 20fache) über den entsprechenden Werten des Nadelwaldes. Die große Menge entzogener Nährstoffe wird allerdings zu etwa 80% durch *Mineralstoffrückführung* in Form abgestorbener orga-

Tab. 3.3.1.3/2: Aufnahme, Bedarf und Rückführung von Mineralstoffen in sommergrünen Wäldern der feuchten Mittelbreiten und in immergrünen Nadelwäldern der Borealen Zone

	Aufnahme (kg ha^{-1} a^{-1})		Bedarf (kg ha^{-1} a^{-1})		Rückführung (kg ha^{-1} a^{-1})[1]	
	Sommergrüne Laubwälder	Borealer Nadelwald	Sommergrüne Laubwälder	Borealer Nadelwald	Sommergrüne Laubwälder	Borealer Nadelwald
PP$_N$ (oberirdisch, Baumschicht) bzw. Streufall	10050	1207	10050	1207	5399	322
N	75,4	5,1	97,9	4,7	61,4	2,9
K	50,7	2,1	47,8	2,4	41,6	1,1
Ca	85,0	6,1	55,6	3,1	67,7	3,8
Mg	13,2	0,6	10,4	0,6	11,0	0,3
P	5,6	1,1	7,2	0,6	4,0	0,7

[1] Die Rückführung erfolgt zu einem wesentlichen Teil durch Kronenauswaschung und Stammablauf, insbesondere bei K und Mg.
zusammengestellt nach Zahlen aus *Cole/Rapp* 1981 aus: *Schultz* 1988, S. 207

nischer Substanz (Blätter, Zweige, Äste, Stämme) und Rekretion ausgeglichen, wofür der große Anteil des mineralstoffreichen Fallaubes in der zurückgeführten organischen Substanz ausschlaggebend ist. Die organischen Abfälle (rund 5,4 t je ha und Jahr, vgl. Tab. 3.3.1.3/2) weisen im Durchschnitt 2,5% Mineralstoffgehalt auf. Demgegenüber fallen im Nadelwald jährlich nur ca. 0,3 t Streu je ha (Tab. 3.3.1.3/2), wobei die Nadelstreu mit 1,9% Mineralstoffgehalt außerdem ärmer an Mineralstoffen als die Laubstreu ist. Insgesamt werden im Nadelwald nur 60% der aufgenommenen Nährstoffe zurückgeführt.

Unter Laubwäldern verwest die Streu so schnell (vgl. Band 10/II, 2.2.1.2), daß ihre Streuauflage meistens nur dünn ist. Im borealen Nadelwald laufen dagegen die Zersetzungsvorgänge nur langsam ab, so daß dort trotz der geringen jährlichen Streuanlieferung sehr viel höhere Streuauflagen angetroffen werden. Unter der Annahme, daß Streulieferung und -zersetzung mengenmäßig gleich sind, ergeben sich als Umsatzdauer der Streu von Laubwäldern 4 Jahre und von Nadelwäldern 350 Jahre, wobei die Umsatzzeiten für einzelne Mineralstoffe von diesen Zeitangaben abweichen (vgl. Tab. 3.3.1.3/3). Somit ist der Nährstoffkreislauf der sommergrünen Laubwälder wesentlich kürzer und umsatzstärker

Tab. 3.3.1.3/3: Die Umsatzdauer der Streu und von deren Mineralstoffen in den Feuchten Mittelbreiten und in der Borealen Zone

Ökozone	Waldtyp	Umsatzdauer in Jahren					
		Zahl der Untersuchungen	Streu	N	K	Ca	Mg	P
Feuchte Mittelbreiten	Sommergrüne Laubwälder	14	4,0	5,5	1,3	3,0	3,4	5,8
	Nadelwälder	13	17,0	17,9	2,2	5,9	12,9	15,3
Boreale Zone	Nadelwälder	3	353	230	94	149	455	324

nach *Cole/Rapp* 1981 aus: *Schultz* 1988, S. 208

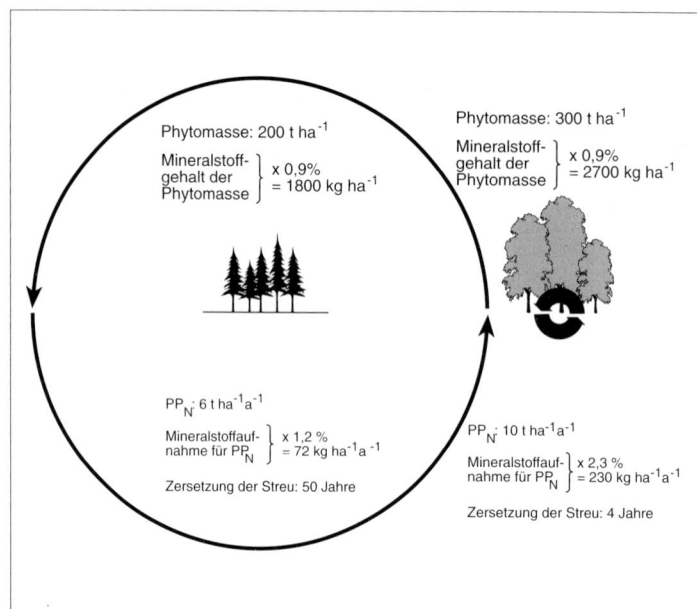

Abb. 3.3.1.3/3
Schema der Mineralstoffkreisläufe in sommergrünen Laubwäldern der feuchten Mittelbreiten und in Nadelwäldern der borealen Zone aus: *Schultz* 1988, S. 212
Die prozentualen Mineralstoffgehalte der Phytomassen sind in beiden Waldformationen ähnlich, jedoch absolut in den Laubwäldern aufgrund der bei Ihnen höheren Phytomassen etwas größer. Viel auffallender ist, daß in den sommergrünen Laubwäldern Aufnahme, Bedarf und Rückgabe von Mineralstoffen wesentlich höher und die Stoffumsätze (hier nur Zersetzung der Streu) viel kürzer als in den borealen Nadelwäldern sind. In der Abbildung wurde ein steady state angenommen, bei dem PP_N gleich den Abfällen und die Mineralstoffaufnahme gleich der -abgabe ist.

als derjenige der borealen Nadelwälder (vgl. Abb. 3.3.1.3/3). „Engpässe in der Nährstoffversorgung treten daher eher in der Borealen Zone auf als unter den anspruchsvolleren Laubbäumen der feuchten Mittelbreiten" (*Schultz* 1990).
Die hohe ökologische Leistungsfähigkeit der sommergrünen Laubwälder macht verständlich, warum der Mensch diese Wälder weitgehend in Äcker und Grünland umwandelte. Es muß als eine besondere Gunst der Natur dieser Geozone betrachtet werden, daß hier – anders als etwa in den Innertropen – die jahrhundertelange landwirtschaftliche Nutzung der gerodeten Flächen im wesentlichen keine Minderung der Ernteerträge zur Folge hatte; vielmehr konnten hier dauerhaft leistungsfähige Agrarökosysteme eingerichtet werden (vgl. 3.3.1.4 und 3.3.1.5).

b) Verbreitung und Artenspektren

Der sommergrüne Laubwald ist von Natur aus dort verbreitet, wo der Winter ziemlich kalt (Januarmittel unter +4 °C), der Sommer aber genügend lang (Vegetationsperiode über 120 Tage frostfrei), warm (Julimittel > 15 °C) und feucht (> 250 mm Niederschlag in der Vegetationsperiode) ist. Diese klimatischen Bedingungen sind in Europa, in Ostasien und im östlichen Nordamerika gegeben. Eine Besonderheit stellen Südbuchenwälder (Nothofagus) mit wintermildem Klima auf der Südhalbkugel, z. B. in Süd-Chile, dar; sie enthalten neben immergrünen auch laubwerfende Nothofagus-Arten, obwohl im frostarmen humiden Klima der jährliche Neuaufbau der gesamten Blattmasse gegenüber immergrünem Wuchs unrentabel erscheint (s. o.).
Der allmähliche Wechsel vom maritimen zum kontinentalen Bereich spiegelt sich in der Artenzusammensetzung der Wälder. Sowohl in Europa als auch in Nordamerika kann ein *maritimes Buchen-* von einem *kontinentalen Eichenwaldgebiet* unterschieden werden. Als Schattenbaumart mit großer Blattmasse und hoher Transpiration ist die Buche auf ausreichende, gleichmäßige sommerliche Wasserversorgung angewiesen. Außerdem benötigt sie für den Aufbau ihrer Blattfülle eine relativ lange Vegetationsperiode.
In Europa (vgl. Abb. 3.3.1.3/4) dominieren im Umkreis des Atlantik Buchenwälder, in denen die immergrüne Stechpalme (Ilex aquifolium) als Charakterart vorkommt. Weiter östlich sind Buche (Fagus silvatica), Hainbuche (Carpinus betulus) und Stiel- und Traubeneiche (Quercus robur, Quercus petraea)

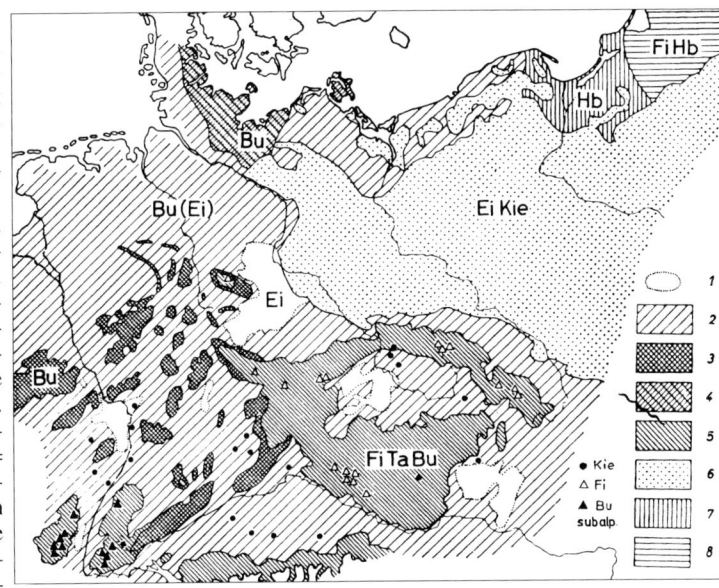

Abb. 3.3.1.3/4
Zusammensetzung der natürlichen Baumschicht der Wälder Mitteleuropas vor Beginn der historischen Zeit (Rekonstruktion auf Grund pollenanalytischer Untersuchungen) nach *Firbas* 1949/52 aus: *Ellenberg* 1978, S. 21
1 = Trockengebiete unter 500 (bzw. 550) mm Niederschlag, mit Eichenmischwäldern und wenig Rotbuche. 2 = Tieflagen mit Rotbuchen-Mischwäldern, z.T. mit starker Beteiligung der Eichen; an der Nordseeküste viel Schwarzerle; dicke Punkte = Kiefer lokal vorherrschend. 3 = niedrige Mittelgebirge mit Rotbuche, meist ohne Nadelhölzer. 4 = Moränengebiete mit Rotbuche, kiefernarm. 5 = Buchenwald-Berglagen mit Tanne und (oder) Fichte (weiße Dreiecke); schwarze Dreiecke = subalpiner Buchenwald. 6 = Sandbodengebiete, in denen Kiefern vorherrschen, z.T. mit Eichen und anderen Laubbäumen. 7 = Laubmischwald mit viel Hainbuche. 8 wie 7 außerdem mit Fichte. Flußauen, Moore und andere Sonderstandorte sind nicht ausgeschieden

etwa gleichrangig vertreten. Im kontinentalen Bereich der Zone ist schließlich nur noch die Stieleiche bestandsbildend. Sie reicht in Schluchtwäldern bis in die Steppen hinein.

Nur für Mitteleuropa seien weitere Edellaubhölzer erwähnt, die je nach Standort in den Laubwäldern auftreten: Esche, Ulmen, Ahorne, Erlen, Linden, Eberesche, Wildobstarten, Birken, Weiden und Pappeln. Ähnlich wie in der borealen Zone besiedelt die Kiefer nährstoffarme Sandböden, z.B. in Norddeutschland oder der Oberrheinebene. Die Tanne ist von Natur aus auf die montane Stufe der Mittel- und Hochgebirge beschränkt, wo sie gemeinsam mit der Buche Bestände bildet. Die heutige weite Verbreitung der Fichte in Mitteleuropa ist anthropogen und beruht auf ihrem forstwirtschaftlichen Wert. Ohne Eingreifen des Menschen könnte sich die Fichte in tieferen Lagen gegen die schattentoleranteren Konkurrenten Buche und Tanne kaum behaupten; sie dominiert erst dort, wo sie aus ihrer gegenüber Tanne und Buche größeren Frostresistenz Vorteile ziehen kann.

Die Karte von *Firbas* (Abb. 3.3.1.3/4) zeigt die natürliche Verteilung der Baumarten in Mitteleuropa vor Beginn der historischen Zeit. Sie belegt, daß in dem damals nur an wenigen Stellen besiedelten Gebiet die Buche (Fagus silvatica) als Baumart vorherrschte. In den für die Buche klimatisch ungeeigneten trockensten, tiefsten Teilen Mitteleuropas (Börden, intramontane Becken) dominierte die Eiche. Auf den Sandböden der norddeutschen Urstromtäler wuchs als häufigste Baumart die Kiefer, an zweiter Stelle die Eiche.

In Nordamerika sind für das Buchenwaldgebiet im Norden die großblättrige Buche (Fagus grandiflora) und der Zuckerahorn (Acer saccharum) charakteristisch, die durchmischt sind von einigen Nadelholzarten. Im Südosten dominieren diverse Eichenarten, wie white oak (Quercus alba) und bur oak (Quercus macrocarpa). Weiter westlich vermischen sich Nördliche Roteiche (Quercus borealis) und Färbereiche (Quercus velutina) mit dem Hickory Carya ovata und anderen Arten dieses Walnußgewächses (Carya alba, Carya oliviformis) zu einem Eichen-Hickory-Wald (*Mitchell, A.* 1981).

Für den ostasiatischen Teil der kühlgemäßigten immerfeuchten Zone ist ein Buchen-Eichen-Ahorn-Wald typisch, der mit vielen Gewächsen durchsetzt ist, die heute in unseren Parkanlagen anzutreffen sind. Zu ihnen gehören u.a. der Götterbaum (Ailanthus peregrina), der Gingko (Gingko biloba), die Gattungen Flieder (Syringa), Gleditschie (Gleditschia) und Zaubernuß (Hamamelis).

In den ozeanischen Feuchtklimaten Europas finden sich im gesamten Küstensaum zwischen der Iberischen Halbinsel und Norwegen sowie in England, Irland und Schottland baumarme *atlantische Heidegebiete* mit äußerst armen und sauren Böden. Sie wurden früher als natürlich angesehen und als Folge der hohen Niederschläge und Windeinwirkung erklärt, sind jedoch Degradationsstadien der früher auch hier verbreiteten Laubwälder. *Walter* (1984, S. 226) weist darauf hin, daß in unbesiedelten, extrem ozeanischen Klimagebieten mit ähnlichen Temperaturverhältnissen und weit höheren Niederschlagsmengen „an der pazifischen Küste von NW-Amerika, im Südwesten von S-Amerika, auf Tasmanien und auf Neuseeland... die unberührten Wälder mit großer Üppigkeit wachsen und keinerlei Anzeichen einer Degradation durch Auswaschen der Nährstoffe zeigen". Die Entstehung und Ausbreitung der atlantischen Heiden geht auf Waldvernichtung zurück, die schon im Neolithikum einsetzte und im Mittelalter sowie in der frühen Neuzeit durch Feld-Wald-Wirtschaft und raubbauartige Holzentnahme große Ausmaße annahm (vgl. Abb. 3.3.1.5/1). *Walter/Breckle* (1986) sehen in dieser Waldvernichtung und ihren Folgen Parallelen zur Rodung des tropischen Regenwaldes: In beiden Fällen konnten üppige Wälder so lange bestehen, wie ihr Stoffkreislauf nicht unterbrochen wurde; erst die Waldvernichtung hat die extreme Auswaschung der Böden und die Ausbreitung anspruchsloser Arten des früheren Unterwuchses zur Folge gehabt. Wo die Heiden heute nicht künstlich, z. B. durch Heidschnucken in der Lüneburger Heide, offen gehalten werden, bewalden sie sich allmählich wieder durch Anflug von Birken- und Kiefernsamen.

An den Westküsten von Nordamerika (zwischen Alaska und Kalifornien), Patagonien, Tasmanien und Neuseeland gedeihen in hochozeanischem Klima (Frostarmut, kältester Monat >0 °C, ständig feucht, Jahresniederschlag 2000–3000 mm, Luvlage) *temperierte Regenwälder*. Es sind Nadel- oder Laubwälder, wobei – anders als sonst in den kühlgemäßigten Waldländern – die Laubwälder keine Fallaubwälder, sondern immergrün sind. Diese „üppigsten und wuchskräftigsten Wälder der gemäßigten Klimazonen" (*Klink/Glawion* 1982) haben einen dichten Unterwuchs und sind reich an epiphytischen Moosen und Farnen. In diesen Wäldern wachsen im nebelreichen Küstenstreifen von Oregon und Nordkalifornien auch die Küstensequoien (Sequoia sempervirens, wegen ihres roten Holzes auch Redwood genannt), die höchsten Bäume der Welt. Viele der alten Bäume sind höher als 90 m (Höhenrekord: 111 m) und haben einen Umfang von mehr als 12 m. Temperierte Regenwälder mit hohen Anteilen von submediterranen Gehölzen (z. B. der Erdbeerbaum Arbutus unedo) wuchsen früher auch an der französischen Atlantikküste sowie an der irischen und englischen Westküste. Diese Gebiete werden heute von atlantischen Heiden (s. o.) eingenommen.

Das *Artenspektrum* der Wälder der kühlgemäßigten Laub- und Mischwaldzone ist in Europa weniger breit als in Nordamerika und Ostasien. Weist Europa nördlich der Alpen rund 50 Baumarten auf, so findet man in Kanada etwa 150, in den USA sogar um die 850, darunter zahlreiche Gattungen, die in Europa auch durch verwandte Arten nicht vertreten sind. So gibt es hierzulande nur eine Fichtenart, in den USA dagegen 7; bei den Tannen ist das Verhältnis 1 zu 9, bei den Kiefern 3 zu 35 und bei den Eichen sogar 3 zu mindestens 60 (*Marcet* 1972).

Die *Artenarmut der Wälder Europas* ist eine Folge der Eiszeiten und des Großreliefs (vgl. Band 10/II, 2.3.1.5.3). Hier verhinderte nämlich die von West nach Ost verlaufende Gebirgsbarriere (Pyrenäen, Alpen, Böhmerwald, Erzgebirge, Sudeten, Karpaten, Balkan und Kaukasus) eine südwärtige Ausbreitung der Bäume vor dem von Norden heranrückenden Eis, so daß viele Arten ausstarben. In Ostasien und Nordamerika dagegen erlaubte das Relief ein Ausweichen der Bäume (Samenausbreitung) nach Süden. Nach der letzten Eiszeit erhielten dort somit die ehemals vergletscherten Gebiete durch Rückwanderung ihre frühere Artenfülle zurück. Als Folge dieser unterschiedlichen Entwicklung haben in China und Nordamerika Arten überlebt, die in Europa längst ausgestorben sind, z. B. Gingko (Gingko biloba) und Magnolie (Magnolia) in China sowie Tulpenbaum (Liriodendron tulipifera) und Mammutbaum (Sequoia sempervirens) in China und den USA.

Viele der in den Eiszeiten in Europa ausgestorbenen Baumarten wurden schon vor mehr als 200 Jah-

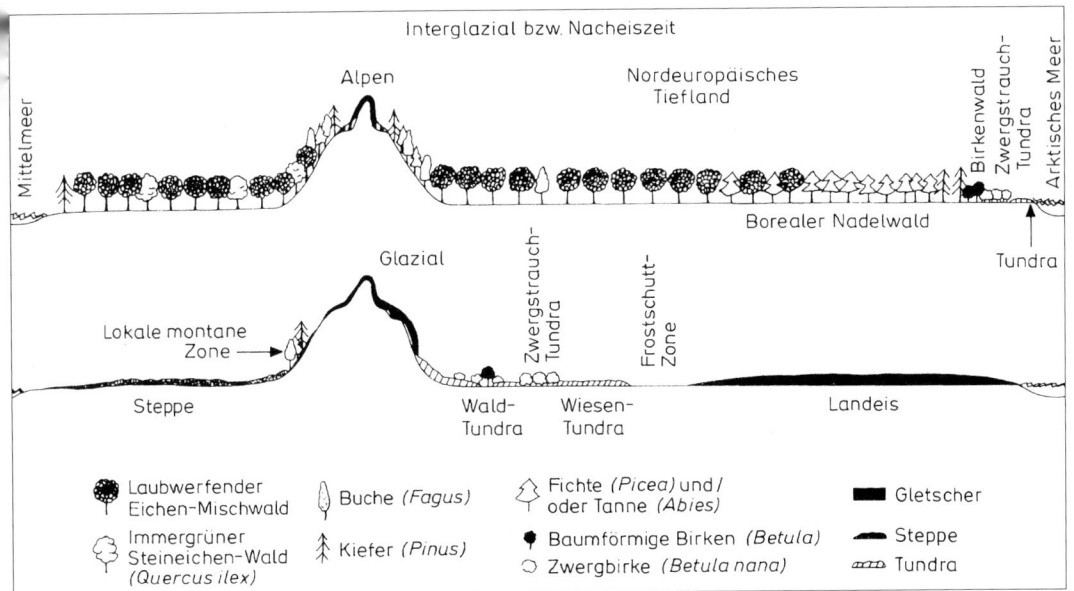

Abb. 3.3.1.3/5
Die Vegetationsgürtel in Europa während der Glaziale und Interglaziale
aus: *Cox/Moore* 1987, S. 251

ren aus ästhetischen Gründen oder Liebhaberei wieder in Europa angesiedelt. In Deutschland setzte der systematische forstliche Versuchsanbau von sog. Fremdländern um 1880 ein. Die größte Verbreitung hat bisher die grüne Douglasie (Pseudotsuga taxifolia B., var. viridis) erreicht, die auch als Douglasfichte oder Douglastanne bekannt ist. Sie stammt von den Küstengebirgen im Westen der USA und liefert einen noch größeren Holzertrag als die Fichte (Picea abies), der „Brotbaum" unserer Forstwirtschaft. Forstwirtschaftlich inzwischen bei uns bewährte Exoten sind auch die Japanische Lärche (Larix leptolepis G.) von der Insel Hondo, die westamerikanische Sitka-Fichte (Picea sitcensis) und die aus dem Osten der USA und von den Großen Seen stammende Roteiche (Quercus borealis M.) (*Marcet* 1972, S. 32 f.). Die Wiedereinbürgerung von Baumarten, die vor den Eiszeiten in Europa vertreten waren, verlief jedoch nicht in jedem Falle problemlos. Ein Beispiel bietet die Verpflanzung der Strobe oder Weymouthskiefer (Pinus strobus L.) nach Europa. Diese wichtigste Nadelbaumart im Nordosten der USA wurde schon im 18. Jahrhundert in deutschen Wäldern angebaut. Ihr Wachstum war hier fast so eindrucksvoll wie das der Douglasie. Der Befall durch den Blasenrost, einen in der Heimat der Strobe unbekannten Pilz, brachte die vitale Weymouthskiefer an den Rand ihrer Existenz. Anders als ihre ebenfalls vom Blasenrost heimgesuchte europäische Schwester, die Zirbe (Pinus cembra), hatte sie über Jahrtausende keine Abwehrkräfte gegen den Pilz entwickeln können (vgl. *Stern* 1979, S. 235).

c) Anthropogene Veränderungen

Die natürliche Vegetation Mitteleuropas vor ihrer Veränderung durch den Menschen bestand vor allem aus Urwäldern (vgl. Abb. 3.3.1.3/4). Bis ins 19. Jahrhundert wurden viele Wälder durch Waldweide (vgl. 3.3.1.5) genutzt, oder sie dienten der Niederwaldwirtschaft, bei der die Bäume im Abstand weniger Jahrzehnte immer wieder gefällt wurden und sich danach durch Stockausschlag erneuerten. Die heutigen Wälder sind nahezu ausschließlich bewirtschaftete Forste, deren Artenzusammensetzung der Mensch bestimmt. Da die Krautschicht der Wälder von der Zusammensetzung und Struktur der Baumschicht abhängt, entspricht auch sie nicht mehr dem ursprünglichen Zustand. Der Waldbau in Deutschland ist auf größeren Flächen noch geprägt von der Aufforstung mit Reinbeständen von Nadelbäumen, die heute rund 35% der Waldfläche ausmachen. Erst bei den Aufforstungen der letzten Jahrzehnte werden wieder verstärkt Mischbestände angestrebt.

In den industrialisierten Ländern der kühlgemäßigten Waldländer sind die Wälder zunehmend durch Umweltgifte gefährdet („Waldsterben", „neuartige Waldschäden"). Damit droht nicht nur eine Minderung ihrer Nutz- und Erholungsfunktionen, sondern vor allem der Verlust ihrer Schutzfunktionen (Wasserspeicherung und -reinigung, Luftfilterung, Erosionsschutz u.a.m.). Die erste gesamtdeutsche Waldschadenserhebung für das Jahr 1991 ergab nur ein gutes Drittel völlig gesunder Bäume. 25% der Bäume sind deutlich geschädigt (Schadstufen 2 bis 4, >25% Nadel- oder Blattverluste), weitere 39% sind schwach geschädigt (Schadstufe 1, 10–25% Nadel- oder Blattverluste). 36% der Bäume haben keine erkennbaren Schäden (<10% Nadel- oder Blattverluste). Die Schwerpunkte des Waldsterbens liegen im Süden und Osten Deutschlands. Laub- und Nadelbäume sind annähernd gleich stark betroffen. Unter den Hauptbaumarten Deutschlands ist die Tanne am stärksten mit einem Anteil von 41% deutlicher Schäden erkrankt. Es folgen Eiche (31%), Kiefer (29%), Buche (28%) und Fichte (23%) (*Bundesumweltministerium* 1992).

Echte Naturwälder bestehen in Mitteleuropa nicht mehr. Allenfalls kann man noch einzelne Waldteile als Urwaldreste bezeichnen. Letztere Anklänge an den ehemaligen Naturzustand der Wälder finden sich noch in den Urwaldreservaten der Alpen (Nationalpark Berchtesgaden), des Bayrisch-Böhmischen Waldes (Nationalpark Bayerischer Wald), der Karpaten und in den höheren Lagen anderer Balkangebirge. Zunehmend wurden in den letzten Jahrzehnten naturbelassene Restflächen (Bannwälder, Schonwälder, Naturwaldzellen bzw. -reservate, Waldschutzgebiete) geschaffen, die zumindest Merkmale der einstigen Urwälder erkennen lassen. Zur Förderung einer natürlichen Waldentwicklung unterbleiben in diesen Gebieten die Forstwirtschaft und anderweitige Nutzungen. „Ihre Flächen sind allerdings in aller Regel in unserer zerstückelten Landschaft viel zu klein, und der Wildbesatz ist einseitig und unnatürlich hoch, so daß die Verjüngung einer artenreichen Baumschicht nicht gewährleistet ist, zumal in aller Regel die Populationspyramide der Konsumenten (Carnivoren) gekappt ist. Viel zu klein sind auch die an sich zahlreichen (über 2000 allein in der Bundesrepublik) Naturschutzgebiete, die in aller Regel nur historisch gewachsene Landnutzungsformen schützen" (*Walter/Breckle* 1991, S. 513).

In Europa begannen die großflächigen Waldrodungen um das Jahr 1000, in Teilen Ostasiens schon wesentlich früher. Obwohl in Nordamerika erst die Europäer die Waldverwüstung einleiteten, kam es auch dort in vergleichsweise kurzer Zeit zur weitgehenden Waldzerstörung. Bereits um 1400, nach der großen mittelalterlichen Rodungszeit, war der Waldanteil Mitteleuropas auf etwa 30% der Fläche geschrumpft (*Mantel* 1965). In den durch Industrie geprägten Räumen, wie z.B. Mitteleuropa oder Japan, wurden die früheren Waldgebiete überwiegend in Acker- und Gartenbauflächen, Wiesen, Weiden oder Forsten umgewandelt. Ein immer größerer Anteil der Fläche scheidet durch verschiedenartige Überbauung und Versiegelung des Bodens (Wohnungsbau, Industriegelände, Verkehrsflächen etc.) ganz aus der land- oder forstwirtschaftlichen Nutzung aus. Die anthropogenen Ersatzgesellschaften lassen eine gewisse Abhängigkeit von den natürlichen Umweltfaktoren erkennen. Dies gilt nur eingeschränkt für manche Intensivkulturen, bei denen die Abhängigkeit der Nutzpflanzen von den natürlichen Umweltbedingungen infolge von Melioration, Düngung, Biozideinsatz, Beregnung, Folienabdeckung, Gewächshausanbau etc. u.U. stark verringert sein kann.

Am deutlichsten ist der Zusammenhang zwischen Ersatzgesellschaft und natürlichen Umweltbedingungen in der standortgerechten Wahl von Baumarten in den Forsten erkennbar. Im wintermilden Europa sind als weitere Ersatzgesellschaften ganzjährig grüne Wiesen und Weiden verbreitet. In Ostasien findet man statt dessen, entsprechend dem Rhythmus des Ostseitenklimas, sommergrüne Hochgras- und Staudenfluren. Auf frisch-trockenen Waldstandorten entwickelten sich bei Beweidung Halbtrockenrasen, auf nährstoffarmen Böden nach Rodung und Nährstoffentzug durch Streunutzung (Plaggenhieb, vgl. 3.3.1.5) die Heidekraut-Heiden.

Die Rodung der Urwälder hat im Bereich der land- und forstwirtschaftlichen Nutzflächen zu einer Fülle verschiedenartiger Standorte (z. B. Hecken, Waldsäume, Kahlschlagflächen, Äcker) und zu einer Vergrößerung des pflanzlichen Artenspektrums geführt (vgl. Abb. 3.3.1.5/1). Damit entstanden auch neue Lebensräume für zahlreiche Kleintierarten. Diese Erhöhung der Artenvielfalt wird ökologisch positiv bewertet. Das reiche anthropogene Vegetationsmosaik wird ergänzt durch Gärten, Parks und Ruderal-(Schutt)-Vegetation in Siedlungsnähe.

Mit der Zerstörung des Waldes verschwanden viele Großtierarten, wie Luchs, Wildkatze, Wolf, Bär, Fischotter und Biber. Andere wurden bereits ausgerottet, z. B. der Auerochse oder Ur (Bos primigenius). Die letzten Exemplare dieses Wildrindes, das die Stammform unseres Hausrindes war, hielten sich bis ins 17. Jahrhundert in Ostpreußen, Polen und Litauen. In Osteuropa hielt sich auch der Wisent (Bison bonasus), die zweite große Rinderart der eurasischen Wälder, am längsten. Aus wenigen, in Zoos erhaltenen Exemplaren, die aus dem Bialowiezer Urwald an der Grenze zwischen Rußland und Polen stammten, gelang es, die Art wieder zu vermehren und auszusetzen. Rothirsch (Cervus elaphus), Reh (Capreolus capreolus) und Wildschwein (Sus scrofa) entgingen nur deshalb der Vernichtung, weil der Mensch sie für Jagdzwecke hegte. Diese Hege hat heute vielfach zu hohe Bestände der genannten Wildtiere zur Folge. In weiten Teilen ihres Verbreitungsgebietes wurden die für den Jäger unliebsamen Konkurrenten Bär (Ursus arctos), Luchs (Lynx lynx), Wildkatze (Felis silvestris) und Wolf (Canis lupus) ausgerottet. In Europa lebt der Braunbär nur noch am Nordrand (Skandinavien) und am Südrand (Balkan, Italien, Pyrenäen) seines ehemaligen Areals. In ähnlicher Weise wurden in Nordamerika die großen Raubtiere Puma, Jaguar, Baribal (Ursus americanus) und Rotluchs in freier Wildbahn stark verfolgt (*Müller, P.* 1976).

3.3.1.4 Relief und Böden

a) Geomorphologische Merkmale

Die Verwitterungsprozesse weisen nur mäßige Intensität auf; im Winterhalbjahr dominiert Frostverwitterung, im Sommerhalbjahr chemische Verwitterung. Oberhalb der Waldgrenze, aber auch bereits in der hochmontanen und subalpinen Stufe der Mittelgebirge (z. B. am 1493 m hohen Feldberg im Schwarzwald) können Kammeisbildungen, Strukturböden und Solifluktion auftreten. Stärkere chemische Verwitterung, deren Ausmaß jedoch in der Regel hinter derjenigen der Tropen zurückbleibt, findet nur in Kalken als Lösungsverwitterung statt. Charakteristische Verwitterungsart der kühlgemäßigten Waldländer ist die Hydratationssprengung (s. Band 10/II, 2.2.1.1.2), die erheblichen Anteil an der Vergrusung anstehenden Gesteins hat; in Gesteinsklüfte eindringendes Niederschlagswasser kann bereits zur Gefügelockerung führen, bevor eine stärkere chemische Umsetzung des Gesteins eingesetzt hat. Für die entstehenden Verwitterungsformen spielen Gesteinsunterschiede oft eine ausschlaggebende Rolle.

Die Abtragungsprozesse werden durch die geschlossene Vegetationsdecke gemindert. Abtragung erfolgt in Form von Hangspülprozessen, Hangkriechen und Rutschungen sowie – im wesentlichen nur in Gebirgen – mäßiger fluvialer Tiefenerosion. In den ursprünglichen, stark bewaldeten Landschaften waren Hangspülprozesse infolge des Erosionsschutzes durch die Vegetationsbedeckung stark gebremst. Die Waldrodung, die im Neolithikum in den tief gelegenen Gunsträumen (Altsiedelland) einsetzte und im Mittelalter auch die erosionsanfälligen Hanglagen der Waldgebirge (Jungsiedelland, Rodungszeit) erfaßte, führte jedoch zu einer starken Zunahme der Denudation. Auf diese anthropogene Bodenerosion sind u. a. die 3–10 m mächtigen Auelehmdecken auf den Talsohlen größerer Flüsse zurückzuführen. Dennoch bleibt die Bodenabtragung in Grenzen, da extreme Starkregen selten sind, die Böden nie ganz austrocknen und allenfalls während kurzer Phasen, z. B. nach Ernte oder Kahlhieb, ohne schützende Vegetationsdecke bleiben. Nur bei einigen Kulturen kann höherer Bodenabtrag vorkommen, so bei Hackfrüchten oder im Weinbau. Weideland ist nur im Steilrelief durch Viehtritt gefährdet.

Die Reliefformen sind im wesentlichen eiszeitlich; zum Teil reichen sie bis in das Alttertiär zurück. Nach Schätzungen *Büdels* (aus *Wilhelmy* 1974, S. 116) ist das Relief der feuchtgemäßigten Waldklimate zu 95–97% durch vorzeitliche Morphodynamik geprägt. Dies kann nicht verwundern, wenn man bedenkt, daß die rezenten morphodynamischen Prozesse der kühlgemäßigten Waldklimate erst seit Ende der Würmeiszeit, also nicht länger als ca. 10000 Jahre, wirksam sind. Charakteristische Vorzeitformen sind glazigene und glazifluviale sowie periglaziale kryogene und äolische Bildungen. Auf Hochflächenbereichen breiter Bruchschollengebirge treten vereinzelt Reste tertiärer Flächenbildung und Restformen tertiären tropischen Karstes auf. Die Hochgebirge zeigen in Höhen oberhalb etwa 2500–3000 m Meereshöhe periglaziale und glaziale Reliefformung (vgl. Band 10/I, 2.2.4.1–2.2.4.6). J. *Büdel* unterscheidet für die feucht-gemäßigte Klimazone mittlerer Breiten die folgenden fünf Reliefgenerationen (nach *Wilhelmy, H.* 1974, verändert):

Erste Reliefgeneration: Rumpfflächenlandschaften als Ergebnis der Flächenspülung im tropisch-wechselfeuchten Klima des Tertiärs (Alttertiär bis Wende Mittel-/Oberpliozän).

Zweite Reliefgeneration: große Hochböden (Trogterrassen) und Pedimente des Oberpliozäns als Übergangserscheinung zwischen dem tertiären Zeitalter der Flächenbildung und den pleistozänen Phasen der Taleintiefung.

Dritte Reliefgeneration: glaziale Abtragungs- und Aufschüttungslandschaften der pleistozänen Kaltzeiten, periglaziale Solifluktionslandschaften im nichtvergletscherten Gebiet; Bildung breiter, sich trotz Aufschotterung infolge Eisrindeneffektes ständig eintiefender Talböden, Ablagerung mächtiger Lößpolster am Fuß und im Windschatten der Mittelgebirge.

Vierte Reliefgeneration: Flußterrassen der pleistozänen Warmzeiten als Ergebnis der Zerschneidung kaltzeitlicher Talböden; Aufschotterung in Flußunterläufen infolge eustatischen Meeresspiegelanstiegs.

Fünfte Reliefgeneration: fluviatiles Relief der Gegenwart, gekennzeichnet durch schwache Um- und Überprägung aller Altformen.

Somit stellt das Relief der feuchtgemäßigten Waldklimate ein Mosaik vor allem von Vorzeitformen dar, deren Formungsmechanismen in zahlreichen klimamorphologischen Zonen der Gegenwart zu finden sind. Dies erschwert die Analyse rezenter Formungsprozesse.

b) Bodentypen

Die Böden der kühlgemäßigten Waldklimate haben sich von Natur aus unter Laub- und Laub-Nadelmischwäldern sowie unter Zwergstrauchheiden gebildet. Die Vielfalt der Klima- und Vegetationsbedingungen und der Standorte intrazonaler Böden führt insgesamt zu einer großen Zahl von Bodentypen (vgl. in Band 10/II Abb. 2.2.4.2.1/1).

Im allgemeinen verfügen die Böden über einen günstigen Nährstoffhaushalt. Einerseits können hier Nährstoffverluste durch die Verwitterung von Restmineralien und organischen Abfallprodukten leicht ausgeglichen werden, andererseits begünstigt das Klima die Bildung der sorptionsstarken Dreischicht-Tonminerale (Illit, Montmorillonit, Vermikulit, vgl. Band 10/II, 2.2.1). Infolge der hohen Kationen-Austausch-Kapazität dieser Tonminerale kann der Boden mineralische Nährstoffe über längere Zeit pflanzenverfügbar halten. Diese Eigenschaft macht es möglich, die Bodenfruchtbarkeit durch regelmäßige Düngung – und weitere Bearbeitungs- und Pflegemaßnahmen – dauerhaft auf hohem Niveau zu halten. Die rasche Zersetzung der Streudecke führt unter Laubwald vorwiegend zu der günstigen, für biologisch aktive Böden typischen Humusform Mull, bei größerer Versauerung, z.B. unter Nadelwald, auch zu Moder. Verwesung, Mineralisierung, Humifizierung und die Vermischung der neu entstandenen Nähr- und Huminstoffe mit dem Mineralboden führen bei vielen Böden zu einem für die menschliche Nutzung dauerhaft günstigen Nährstoff-, Wasser- und Lufthaushalt. Daher konnte sich eine intensive Landwirtschaft entwickeln, die bei entsprechender Düngung Höchsterträge in der Pflanzen- und Tierproduktion erzielt (vgl. 3.3.1.5). Durch ständige landwirtschaftliche, gärtnerische oder forstliche Nutzung sind viele Böden umgeformt worden. Für solche anthropogenen Böden (u. a. Gartenböden, Plaggenesch, Rigosole, vgl. Band 10/II, 2.2.4.4) wurde seitens der *FAO-Unesco* (1988) als Oberbegriff die Bezeichnung *Anthrosole* eingeführt. Nicht alle bodenverändernden Maßnahmen verliefen allerdings erfolgreich. So haben z. B. nicht standortgerechte Fichtenaufforstungen und die Vernichtung der Laubwälder im Bereich der heutigen atlantischen Heiden zu sekundären Podsolierungen geführt (vgl. 3.3.1.3).

Unter den Bodentypen der kühlgemäßigten Waldklimate (vgl. Teilband 12/I, 2.3 sowie Teilband 10/II, 2.2.4.2.1) weisen *Orthic Luvisols* (*Parabraunerden*, Lessivés), ferner *Albic Luvisols* (Fahlerden) sowie *Dystric* und *Eutric Cambisols* (basenarme bzw. basenreiche *Braunerden*) die größte Verbreitung auf. Parabraunerden und Fahlerden bilden sich bevorzugt aus karbonathaltigem, aber auch aus karbonatfreiem Lockergestein. In Mitteleuropa sind sie vor allem in Löß- und Moränenlandschaften verbreitet. In den Randzonen der mitteldeutschen Schwarzerdegebiete sind Parabraunerden aus Phaeozemen durch Degradation hervorgegangen. Während basenreiche Braunerden in Mitteleuropa selten sind, findet man basenarme Braunerden auf ärmeren Ausgangsgesteinen, z. B. in den Mittelgebirgen auf Graniten und Grauwacken oder in den Sandgebieten Norddeutschlands.

Bei den *Orthic Luvisols* (Parabraunerden, Horizontfolge: Ah – Al – Bt – C) befindet sich unter dem durch Huminstoffe dunkel gefärbten obersten Mineralbodenhorizont Ah der schwach humushaltige, an Ton verarmte Mineralbodenhorizont Al (l von lessivé = ausgewaschen). Ihm folgen der tonangereicherte mineralische Unterbodenhorizont Bt und der C-Horizont. In Mitteleuropa kann der A-Horizont (Ah und Al) bis zu 60 cm, der Bt-Horizont zwischen 40 und 400 cm mächtig sein. Lehm-Parabraunerden sind hervorragende Ackerböden und erreichen Bodenzahlen zwischen 50 und 90. Zum Vergleich: Der fruchtbarste Boden Deutschlands, die Schwarzerde der Magdeburger Börde, wird mit der Bodenzahl 100 bewertet (vgl. Teilband 10/II, 2.2.5.7).

Albic Luvisols entsprechen den – im Vergleich zu den Parabraunerden stärker ausgewaschenen – Podzoluvisols oder Podsol-Parabraunerden. Ihr Auswaschungshorizont Al ist weißlich, im Gegensatz zum tiefbraunen Al der Parabraunerde. Der aufgehellte, tonverarmte Oberboden hat in der deutschen Systematik auch zu der Bezeichnung „Fahlerde" geführt. Fahlerden können aus Parabraunerden bei starker Versauerung entstehen. Sie treten deshalb z. B. verstärkt unter den kontinentaleren Klimaverhältnissen Osteuropas im Übergangsbereich zu den borealen Nadelwaldgebieten auf.

Braunerden (Horizontfolge: Ah – Bv – C) besitzen einen dunklen Humushorizont Ah. Ihm folgen der verbraunte mineralische Unterbodenhorizont Bv-Horizont (v = verwittert, Verbraunung durch freie Fe-Oxide aus der Verwitterung eisenhaltiger Minerale) und der C-Horizont. Die Bezeichnung Braunerde bezieht sich auf die braune Farbe des B-Horizontes (vgl. Band 10/II, 2.2.4.2.1 und Band 10/II, Abb. 2.2.4/1). Der typischen Braunerde entspricht in der FAO-Systematik der Cambisol, wobei nach dieser Systematik zu den Cambisols auch Regosole und Pelosole gehören, da der B-Horizont (cambic B) nicht verbraunt zu sein braucht (*Scheffer/Schachtschabel* 1992). Nach ihrer Basensättigung werden *Dystric Cambisols* (Basensättigung < 50%) von den *Eutric Cambisols* (Basensättigung > 50%) unterschieden. Die Eignung der Braunerden bzw. Cambisols für Ackerbau variiert stark. Die nährstoff- und humusreichen (Humusform: Mull) Eutric Cambisols können ackerbaulich genutzt werden. In Hanglagen sind sie allerdings oft so flachgründig und steinig, daß dort nur forstliche Nutzung erfolgt. Auch die weniger fruchtbaren, sauren Dystric Cambisols (Humusform: Moder) tragen oft Wald, z. B. in Nordwestdeutschland. Durch ausreichende Düngung und Zufuhr von Wasser können sie jedoch vielfach in sehr gut nutzbare Ackerböden umgewandelt werden.

Als *hydromorphe Bodentypen* treten in den kühlgemäßigten Waldklimaten *Eutric Gleysols* (basenreiche Gleye) und *Gleyic Luvisols* (Pseudogleye) auf. Letztere sind in Deutschland in Löß- und Geschiebemergellandschaften mit Niederschlägen über 700 mm/Jahr zu finden. Sie nehmen dort bevorzugt die ebenen, zur Stauwasserbildung neigenden Lagen ein und sind oft benachbart mit Parabraunerden auf den Hängen und Gleyen in den grundwassernahen Senken.

Im Übergangsbereich zwischen Wald- und Steppengebieten finden sich *Greyzems* und *Chernozems* (*Schwarzerde*), Böden aus CaCO$_3$-haltigem Lockergestein mit einem A-C-Profil und einem über 40 cm mächtigen – beim Greyzem gebleichten (aufgehellte Aggregatoberflächen, englisch grey = grau), beim Chernozem dunklen – Humushorizont Ah aus Mull. Ausläufer des osteuropäischen Chernozem erreichen in leicht veränderter Form auch regenarme Gebiete Mitteleuropas (Lößböden von Magdeburger und Hildesheimer Börde, Mainzer und Thüringer Becken, Nordböhmen). Diese *mitteleuropäischen Schwarzerden* (FAO: *Phaeozems*) sind meist heller und kalkärmer als die osteuropäischen Chernozems. So beträgt der Humusgehalt im Ah-Horizont mitteleuropäischer Schwarzerden 2–6%, während osteuropäische über 10% erreichen können. Die in Deutschland noch vorhandenen Schwarzerden werden als Relikte eines vermutlich im Praeboreal und Boreal (etwa 8500–5500 v. Chr.) unter kontinentalem Klima in einer Waldsteppe gebildeten Chernozems gedeutet; die Entwicklung des Chernozems endete im Atlantikum (Beginn etwa 5500 v. Chr.), als mit dem Beginn eines warmen, feuchten, ozeanischen Klimas dichte Wälder entstanden (*Scheffer/Schachtschabel* 1992). In den mitteleuropäischen Schwarzerden sind alle Degradationsstufen bis hin zu den Parabraunerden anzutreffen. Sie bilden die fruchtbarsten Ackerböden Deutschlands.

Podzols und *Histosols* (Hochmoore) sind in den kühlgemäßigten Waldklimaten im Grenzbereich zur Podsol-Cambisol-Histosol-Zone, auf quarzreichen Sanden in ozeanischem Klima sowie im Gebirge (z. B. Harz, Schwarzwald, Vogesen, Erzgebirge) vertreten. In Nordwestdeutschland förderte der Mensch die Podsolierung durch die Umwandlung des ursprünglichen Eichen-Birken-Waldes in Nadelwald oder Heideflächen (Plaggengewinnung, vgl. Band 10/II, 2.2.4.4). Die lessivierten, nährstoffarmen *Acrisols* (Horizontfolge: Ah – Al – Bt – Bv) entstanden in Südostaustralien unter feuchtwarmem Klima. Sie sind stark verwittert und entbast und in der Regel stark versauert (lateinisch acris = sauer). In der Tonfraktion dominiert der Kaolinit, was eine entsprechend geringe Austauschkapazität zur Folge hat.

3.3.1.5 Agrarökosysteme und Entwicklung der Landwirtschaft in Mitteleuropa

Vorbemerkung: Die feuchten Mittelbreiten zählen zu den am stärksten durch Land- und Forstwirtschaft umgestalteten Geozonen. An die Stelle der natürlichen zonalen Vegetation sind hier in großem Umfang land- und forstwirtschaftliche Anbauformationen als Ersatzgesellschaften getreten. Wie die ehemalige natürliche Vegetation weisen auch diese Ersatzgesellschaften zonale Merkmale auf (vgl. 3.3.1.1 sowie 3.3.1.3), hat sich doch z. B. die standortgerechte Wahl der Nutzpflanzen (Getreide, Wurzel- und Knollenfrüchte, Futterpflanzen, Baumarten etc.) – von Ausnahmen abgesehen – an den natürlichen Umweltfaktoren, vor allem am Klima, zu orientieren. Dies legt eine Betrachtung der mitteleuropäischen Land- und Forstwirtschaft unter ökologisch-zonaler Perspektive nahe; dabei wird allerdings zu beachten sein, inwieweit die enorm gestiegene Technisierung der Bodenbearbeitung und -nutzung die Bindungen der Agrarwirtschaft an die natürlichen zonalen Umweltfaktoren, z. B. den Energiehaushalt, gelockert hat. (Bezüglich anderer geographischer Aspekte von Land- und Forstwirtschaft vgl. Band 5 des Handbuches „Agrarwirtschaftliche und ländliche Räume".)

a) Die kühlgemäßigten Waldländer, agrarökologische Gunsträume

Die Umwandlung der Naturlandschaft in die bäuerliche Kulturlandschaft ist eine der großen Leistungen der Menschheit. Nicht ohne Grund leitet sich der Begriff „Kultur" vom lateinischen „cultus" (= Arbeit am Boden) ab, denn erst seit der Einführung von Ackerbau und Viehzucht entfiel für den Menschen der Zwang, nahezu seine gesamte Zeit als Jäger und Sammler der Nahrungssuche zu widmen. Allerdings hat die Landwirtschaft in vielen Erdgegenden auch erhebliche Verwüstungen mit sich gebracht. Beispiele für fehlgeschlagene oder gefährdete Landwirtschaft aus verschiedenen Geozonen belegen, daß die Landwirtschaft nur an solchen Plätzen überlebte, wo Klima und Boden es dem jeweiligen Ökosystem erlaubten, solange landwirtschaftliche Nutzungsversuche auszuhalten, bis ein arbeitsfähiges Bewirtschaftungssystem entwickelt war. In den kühlgemäßigten Waldländern war der ökolo-

gische Spielraum für verschiedene, im Verlauf der Geschichte mehrmals verfeinerte Bodennutzungssysteme offenbar bis in unsere Zeit gegeben. Eine Karte der Intensitätsstufen des Anbaus von *Andreae* (1983) zeigt, daß die Zone der kühlgemäßigten Waldländer, ähnlich wie die Zone der winterkalten Steppen, heute fast in ihrem gesamten Raum ein Bereich intensiven Anbaus ist. Die kühlgemäßigte Zone insgesamt stellt etwa die Hälfte aller Flächen mit intensivem Anbau auf der Erde, wogegen ihr Festlandsanteil ohne Wüsten und Halbwüsten nach einer Berechnung von *Paffen* (1980) nur etwa 19% beträgt. Während über viele Jahrtausende die Nahrungsmittelproduktion fast nur durch Ausweitung der bewirtschafteten Flächen vergrößert werden konnte, gelang in den zurückliegenden 150 Jahren eine starke Steigerung der Produktivität. „Auf dem Gebiet der (alten) Bundesrepublik Deutschland erhöhten sich die Ernteerträge je Flächeneinheit im statistischen Mittel im Verlauf der letzten 100 Jahre auf das Dreifache, die Nahrungsmittelproduktion insgesamt auf das Fünffache. Die landwirtschaftlich genutzte Fläche je Einwohner sank dagegen auf ca. ein Viertel" (*Vetter* 1980) (vgl. in Band 10/II, Tab. 3.2.2.2/1). „Waren zu Beginn der industriellen Entwicklung etwa vier Bauern notwendig, um außer ihren eigenen Familien noch eine Familie in der Stadt mehr schlecht als recht zu ernähren, so kann eine bäuerliche Familie heute in den hochentwickelten Industrieländern mehr als 25 außerhalb der Landwirtschaft lebende Familien, bei einem um ein Mehrfaches gestiegenen Pro-Kopf-Verbrauch, ernähren" (*Weinschenk* 1992). Die Steigerung von Produktion und Produktivität erforderte vom Menschen wachsende Eingriffe in den Landschaftshaushalt und immer größeren Aufwand zur Erhaltung des „neuen Gleichgewichtes zwischen Wald-/Forstgebieten und der »Kultur«steppe" (*Walter/Breckle* 1991, S. 515).
Im folgenden sollen am Beispiel Mitteleuropas wichtige Phasen dieser Entwicklung mit ihren Bezügen zum Naturpotential und ihren ökologischen Auswirkungen dargestellt werden.

b) Stufen landwirtschaftlicher Entwicklung bis etwa 1950, Auswirkungen auf den Landschaftshaushalt
Die Einführung von Pflanzenanbau und Tierhaltung, wegen ihrer kulturgeschichtlichen Bedeutung auch „*neolithische Revolution*" oder „*Ackerbaurevolution*" genannt, erfolgte vermutlich vor rund 11 000 Jahren unabhängig voneinander in verschiedenen Regionen der Erde. Eines der Ausbreitungszentren der Landwirtschaft und zugleich Herkunftsgebiet zahlreicher landwirtschaftlich genutzter Pflanzen und Tiere war der „fruchtbare Halbmond" (vgl. *Bick* 1992, *Hopf* 1978), ein sichelförmiges Gebiet, das die hügeligen Randbereiche des südwestasiatischen Gebirgsbogens zwischen Palästina und dem Nordwestiran umfaßt. Von hier aus gelangte die Kenntnis der Landwirtschaft über Anatolien, Griechenland und die Balkanhalbinsel nach Mitteleuropa. Erste Träger der neuen Wirtschaftsform waren hier ab etwa 5700 v. Chr. die Bandkeramiker, benannt nach den bandartigen Verzierungen auf ihren halbkugeligen Tongefäßen. Ausgrabungsbefunde am Niederrhein weisen als Getreide vor allem Emmer und Einkorn, daneben auch Zwerg-Saatweizen und Nacktgerste nach, als sonstige Nutzpflanzen Erbse, Linse, Lein und Borstenmohn. Haustiere waren Rind und Schwein, in geringerem Maß auch Ziege und Schaf (*Bick* 1992).
Die *jungsteinzeitliche Bauernkultur* brachte für Mitteleuropa gravierende Veränderungen des Landschaftshaushaltes, die sich im Wandel der Vegetation (vgl. Abb. 3.3.1.5/1) widerspiegeln. Bei der Betrachtung der Vegetationsgeschichte muß jedoch beachtet werden, daß Änderungen der Vegetation vor allem durch Klimaänderungen gesteuert werden. So war das insgesamt noch recht kalte Würm-Spätglazial (14 000 v. Chr. – 8500 v. Chr.) durch Tundrenvegetation, während zwei wärmeren Zwischenphasen auch durch schütteren Birken-Kiefern-Wald gekennzeichnet. Erst mit dem Beginn des Holozäns (8500 v. Chr.) begann die Nacheiszeit mit steigenden Temperaturen, die während des Klimaoptimums (5000 v. Chr. – 2000 v. Chr.) etwa 2,5 bis 4 °C höher als heute lagen (vgl. Abb. 3.3.1.5/1). Der Zeit des Klimaoptimums entspricht das gehäufte Auftreten von Laubbäumen. Im Anschluß an das Klimaoptimum wurde es kühler und feuchter.

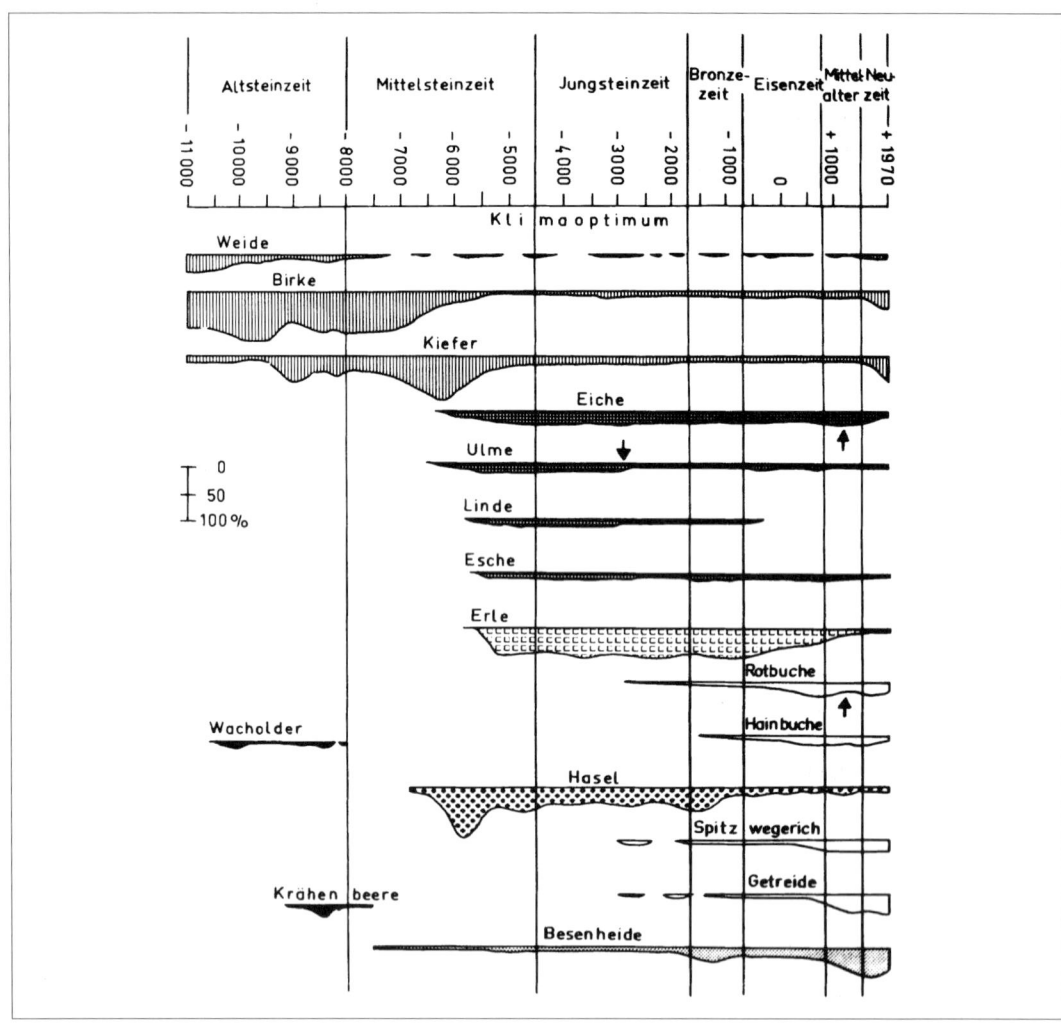

Abb. 3.3.1.5/1
Wandlungen der Ökosysteme in Norddeutschland in den vergangenen 13 000 Jahren im Zusammenhang mit den klimatischen Veränderungen nach der letzten Eiszeit.
Die Temperaturen nahmen nach der Eiszeit zunächst langsam zu, nach einem Optimum mit warmem Klima zwischen 5000 und 2000 v. Chr. sank die Temperatur wieder ab, zugleich wurde es feuchter. Da der natürliche Pflanzenbestand klimaabhängig ist, ergaben sich aus den Klimaveränderungen drastische Wechsel im Aufbau der mitteleuropäischen Ökosysteme. Diesen Wechsel kann man anhand der zu verschiedenen Zeiten im Boden abgelagerten Blütenpollen nachweisen.
Die Pollenhüllen sind sehr widerstandsfähig und erhalten sich vor allem in sauren Moorböden (wohin sie vom Wind transportiert werden) für viele Jahrtausende. Aus den Pollenfunden in verschiedenen Tiefen eines Moores erhält man ein *Pollendiagramm*, indem man für jede Tiefe, die wieder einer bestimmten Zeit entspricht, den prozentualen Anteil einzelner Pollen ermittelt. Hinreichend häufig für dieses Verfahren sind nur die Pollen von windblütigen Pflanzen, bei denen die Übertragung des Pollens (mit den männlichen Geschlechtszellen) auf die weibliche Blüte durch den Wind erfolgt. Die Kurven drücken den prozentualen Anteil der einzelnen Pollensorten zu den jeweiligen Zeiten aus. Man kann daraus auf die Häufigkeit der einzelnen Pflanzenarten schließen. Die Kurve des Spitzwegerichs ist 10-fach überhöht.
aus: *Bick* 1982, S. 12

Die ersten anthropogenen Veränderungen im Vegetationsbild erfolgten durch Waldrodungen für den Getreideanbau. Die Rodung konzentrierte sich dabei auf die von der Buche bevorzugten Standorte mit ihren besonders fruchtbaren Böden (vgl. 3.3.1.3 und 3.3.1.4). Die Umwandlung von Wald in Ackerland bedeutet ökologisch einen so einschneidenden Wechsel, daß von den Tier- und Pflanzenarten des Waldes nur wenige auf den Agrarflächen existieren können. Lediglich Obstgärten, vor allem Streuobstwiesen, haben noch einen nennenswerten Anteil an Arten des Waldes, da sie typenmäßig am ehesten einem strukturell verarmten Wald entsprechen.

Offenbar bestand bei den Bandkeramikern auch erheblicher Holzbedarf für den wiederholt erforderlichen Neubau ihrer Langhäuser, da Bodenfunde auf häufige Verlegung der Siedlungen hindeuten. Dieser Ortswechsel war vermutlich eine Konsequenz der Bodenerschöpfung durch die zunächst düngerlos betriebene Landwirtschaft. Andererseits weist die Wirtschaftsform des Wanderfeldbaus darauf hin, daß die Menschen die – in den feuchten Mittelbreiten guten – natürlichen Regenerationsmöglichkeiten der Agrarökosysteme schon früh zu nutzen verstanden. Den Haustieren diente lange Zeit zunächst nur der Wald als Nahrungsgrundlage, erst später entstanden offene Weideflächen. Der Wald wurde durch die Viehhaltung in mehrfacher Weise beansprucht. Als Weide diente er vor allem für Schafe, Ziegen und Schweine. Für Rinder wird „teilweise eine Art Kralhaltung mit Fütterung im Gehege" (*Bick* 1982) und zumindest im Winter Einstallung angenommen. Dazu lieferte der Wald Futter in Form von frischen belaubten Zweigen und Einstreu in Form von trockenem Astwerk und Laub (vgl. Abb. 4.3.1.2.1/1). Der Rückgang der Ulmen um 3000 v. Chr. („*Ulmenfall*", vgl. Abb. 3.3.1.5/1) weist möglicherweise auf eine erste Überbeanspruchung durch das Schneiteln, d. h. das Abschneiden junger belaubter Zweige für die Fütterung hin. Vermutlich war die Ulme als Futterbaum bevorzugt, weil sie in gesundem Zustand auf Schneiteln mit raschem Wiederaustrieb reagiert. Nicht auszuschließen ist allerdings auch ein krankheitsbedingtes Ulmensterben.

In der *Bronzezeit* nahm in Norddeutschland die für verarmte Sandböden charakteristische Besenheide stark zu (Abb. 3.3.1.5/1), was auf Entwaldung mit anschließender Bodenauswaschung (vgl. 3.3.1.3) sowie auf Überweidung hinweist. Mit dem Beginn des Subatlantikums um etwa 600 v. Chr. setzte unser heutiges gemäßigt-humides Klima ein, das die Rotbuche gegenüber der Eiche begünstigt. Daß dennoch um das Jahr 1000 n. Chr. Eichenwälder zunehmen, Rotbuchenwälder dagegen schwinden, wird auf die mittelalterliche Förderung der Eiche zur Schweinemast (Eicheln) und Nutzholzgewinnung zurückgeführt (vgl. Abb. 3.3.1.5/1). Die *mittelalterliche Rodungszeit* (etwa ab 1000 n. Chr.) macht sich durch einen merklichen Rückgang der Baumpollen bemerkbar. Der Wald wurde in dieser Periode nicht nur zur Gewinnung neuer landwirtschaftlicher Nutzflächen (Zunahme der Getreidepollen, Abb. 3.3.1.5/1) zurückgedrängt, sondern auch durch die zahlreichen Waldgewerbe (Köhler, Bergleute (Grubenholz), Salzsieder, Glasmacher, Holzhauer, Harzer, Pechsieder, Pottascher usw.) stark beansprucht. Der starke Anstieg der Besenheide zu Beginn der Neuzeit wird vor allem auf Plaggengewinnung (vgl. Bd. 10/II, 2.2.4.4) und Schafweidewirtschaft zurückgeführt. Den zunehmenden Einfluß des Menschen auf die Vegetation spiegelt auch das Aufkommen des Spitzwegerich seit der Bronzezeit wider. Diese für Wegränder, Wiesen, Weiden und Äcker typische Pflanze weist auf die Vielfalt neuer Lebensräume für Pflanzen und Tiere hin, die als Folge menschlicher Tätigkeiten den vergleichsweise monotonen Urwald mehr und mehr auflockerten. „Die Zahl der vorkommenden Pflanzen- und Tierarten hat sich von dieser Zeit an bis ins späte Mittelalter hinein durch Zuwanderer gewaltig erhöht. Dieses ist zweifellos eine starke Umweltveränderung, die aber aus heutiger Sicht durchweg nicht negativ, sondern sogar positiv bewertet wird" (*Bick* 1982, S. 11). Erst die Landwirtschaft in der zweiten Hälfte unseres Jahrhunderts hat wieder zu einem Artenrückgang geführt (s. u.).

Als Jäger und Sammler nutzte der Mensch für seine Ernährung lediglich die natürliche Produktion an Pflanzen und Tieren, spielte also bei seinem Nahrungserwerb eine ähnliche ökologische Rolle wie pflanzenfressende und/oder räuberische Tiere. Durch die neolithischen Bauern wurden erstmalig natürliche Ökosysteme in *Agrarökosysteme* umgewandelt, die der Mensch zur Produktion von Kultur-

Tab. 3.3.1.5/1: Formen der Regeneration der Bodenfruchtbarkeit mit fortschreitender industrieller Entwicklung

Stufe 1: Nutzung der natürlichen Regenerationskraft der Landschaft
Beispiele: klassische Feld-Graswirtschaft, klassische Dreifelderwirtschaft, Feld-Waldwirtschaft (Siegerländer Haubergwirtschaft)

Stufe 2: Vorwiegende Verwendung von im Betrieb produzierter Fruchtbarkeit
Beispiele: moderne Feld-Graswirtschaft, Fruchtwechselwirtschaft, traditioneller bäuerlicher Betrieb mit Ackerbau und Viehzucht

Stufe 3: Vorwiegende Verwendung von zugekauften chemischen Düngemitteln, von Pflanzenbehandlungsmitteln und/oder zugekauften Futtermitteln
Beispiele: reiner Ackerbaubetrieb mit einseitigem und intensivem Nutzpflanzenanbau, reiner Viehhaltungsbetrieb (Massentierhaltung: Schweine, Rinder, Hühner)

nach: *Weinschenk* 1992, S. 26, stark verändert

pflanzen und Haustieren gestaltete und deren Organismenbestand, Stoffkreislauf und Energiefluß er regelte. Noch bis in die frühe Neuzeit wurde zur Wiederherstellung der Bodenfruchtbarkeit nahezu ausschließlich die natürliche Regenerationskraft der Landschaft genutzt. Dies geschah im Agrarökosystem selbst durch Brache und Sukzession (vgl. Stufe 1 in Tab. 3.3.1.5/1), zusätzlich wurden auch benachbarte Ökosysteme zugunsten des Agrarökosystems beansprucht (Waldweide, Streu- und Plaggengewinnung, vgl. Abb. 3.3.1.5/3).
Wohl die urtümlichste Form der Bodennutzung bestand in der *Klassischen Feld-Graswirtschaft* (vgl. Abb. 3.3.1.5/2). Dabei nutzte der Bauer den Boden nur wenige Jahre und überließ ihn dann für wesentlich längere Zeit der natürlichen Sukzession zur Regeneration der Ertragsfähigkeit. Die – unter natürlichen Bedingungen durch Anflug von Baumsamen eintretende – Wiederbewaldung brach liegender Äcker wurde mittels Mahd oder Beweidung verhindert, so daß sich die ackerbaulich nicht mehr genutzten Flächen in Grasland umwandelten. Der Bauer mußte bei dieser Wirtschaftsform seine Ackerfläche immer wieder in einen regenerierten Graslandbereich verlegen, was in etwa dem tropischen Wanderfeldbau (shifting cultivation, englisch shift = verschieben, verlagern, vgl. in Teilband 12/I, 3.1) entspricht.
Bei der *Siegerländer Haubergwirtschaft* (Abb. 3.3.1.5/2) wechselten Niederwaldwirtschaft, Feldwirtschaft und Weidewirtschaft. Hauptziel war die Gewinnung von Gerberlohe durch Abschälen von Jungstämmen (Eichen, Birken) und von Holzkohle für die Eisenverhüttung. Nach kurzzeitigem Roggenanbau wurde der aus den Baumstubben wieder heranwachsende Niederwald durch Waldweide und Streuentnahme genutzt.
Bei der seit der Karolingerzeit in weiten Teilen Europas verbreiteten *Klassischen Dreifelderwirtschaft* (Abb. 3.3.1.5/2 und /3) folgte auf zweijährigen Getreideanbau (Sommergetreide, Wintergetreide) ein Brachejahr. Diese Wirtschaftsform nutzte wie die beiden zuvor genannten im wesentlichen natürliche Selbstregelungsprozesse. Die Brache wurde der natürlichen Sukzession überlassen und als Weide genutzt, wodurch die bodenbiologischen Abbau- und Umsetzungsprozesse aktiviert wurden und der Boden seine durch zweijährigen Getreideanbau geminderte Fruchtbarkeit teilweise wiedergewinnen konnte. Eine wesentliche Funktion der Brache lag auch in der Bekämpfung unerwünschter Wildkräuter („Unkräuter") durch Umpflügen sowie in der Entfernung tierischer Schädlinge durch einjährigen Entzug der für die Schädlinge lebensnotwendigen Nutzpflanzenart. Ein Teil der Nährstoffe durchlief einen systeminternen Kreislauf, wenn Kot und Harn von Mensch und Haustier als organischer Dünger verwendet wurden. Nährstoffverluste traten durch Ernte- oder Viehverkauf auf. Sie wurden durch organische Düngung in Form von Stallmist (Kot und Harn mit Stroh, Wald- oder Heidestreu), Jauche und Plaggen ergänzt, wobei ein Teil dieser Stoffe direkt (Wald-, Heidestreu, Plaggen) oder indirekt (Waldweide) aus anderen Ökosystemen stammte. Allerdings war der Ersatz verlorener Nährstoffe oft unzu-

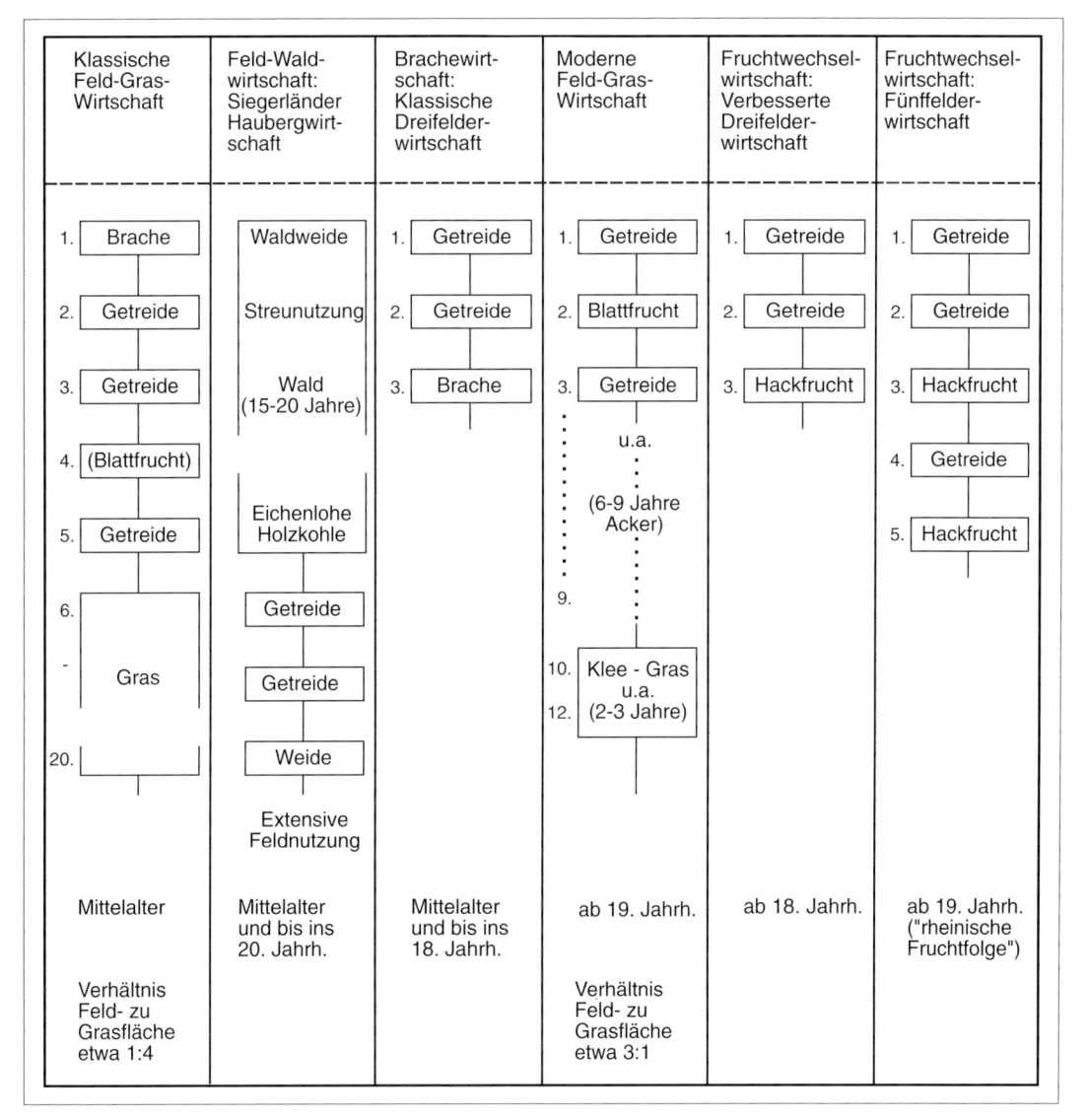

Klassische Feld-Gras-Wirtschaft	Feld-Wald-wirtschaft: Siegerländer Haubergwirtschaft	Brachewirt-schaft: Klassische Dreifelder-wirtschaft	Moderne Feld-Gras-Wirtschaft	Fruchtwechsel-wirtschaft: Verbesserte Dreifelder-wirtschaft	Fruchtwechsel-wirtschaft: Fünffelder-wirtschaft
1. Brache	Waldweide	1. Getreide	1. Getreide	1. Getreide	1. Getreide
2. Getreide	Streunutzung	2. Getreide	2. Blattfrucht	2. Getreide	2. Getreide
3. Getreide	Wald (15-20 Jahre)	3. Brache	3. Getreide	3. Hackfrucht	3. Hackfrucht
4. (Blattfrucht)			u.a.		4. Getreide
5. Getreide	Eichenlohe Holzkohle		(6-9 Jahre Acker)		5. Hackfrucht
6. - 20. Gras	Getreide		9.		
	Getreide		10. Klee - Gras u.a.		
	Weide		12. (2-3 Jahre)		
	Extensive Feldnutzung				
Mittelalter	Mittelalter und bis ins 20. Jahrh.	Mittelalter und bis ins 18. Jahrh.	ab 19. Jahrh.	ab 18. Jahrh.	ab 19. Jahrh. ("rheinische Fruchtfolge")
Verhältnis Feld- zu Grasfläche etwa 1:4			Verhältnis Feld- zu Grasfläche etwa 3:1		

Abb. 3.3.1.5/2
Bodennutzungssysteme in Deutschland aus verschiedenen Perioden
nach: *Bick* 1989, S. 128, 219, verändert

reichend, da die Viehhaltung ihre Aufgabe als Nährstofflieferant wegen der schlechten Ernährung der Tiere selten voll erfüllte.

Die Bebauung der Brache mit Hackfrüchten (Kartoffel, Futter- und Zuckerrüben) ergab als *verbesserte Dreifelderwirtschaft* (vgl. Abb. 3.3.1.5/2) einen regelmäßigen Wechsel zwischen zwei Jahren mit Getreide- und einem Jahr mit Hackfruchtanbau. Die Verbesserung der Bodenfruchtbarkeit durch *Fruchtwechsel* beruht u. a. auf der gleichmäßigeren Ausnutzung des Bodens, dem zeitweiligen Entzug der Nahrungsgrundlagen für tierische Schädlinge (s. o.) und den Vorteilen der Bodenbeschattung durch die großen Blätter der Hackfrüchte. So nutzen die Getreide als Flachwurzler nur die oberste Bodenschicht und entnehmen dort große Mengen Stickstoff, wogegen die Rübe als Tiefwurzler diese Schich-

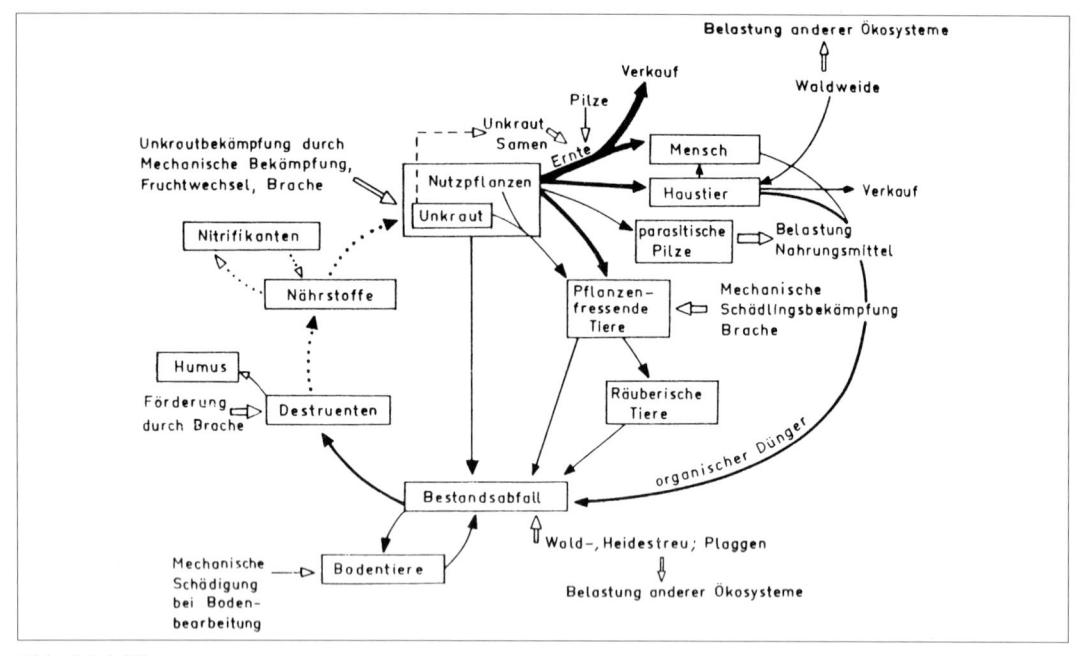

Abb. 3.3.1.5/3
Agrarökosystem „mittelalterliche Dreifelderwirtschaft" mit Einschaltung eines Brachejahres (ohne Anbau, aber mit Beweidung und Bodenbearbeitung). Typische Fruchtfolge: Wintergetreide – Sommergetreide – Brache. Arbeitsenergie von Mensch und Haustieren wird zur Bewirtschaftung des Systems eingesetzt.
aus: *Bick* 1982, S. 25

ten nicht beansprucht. Anbau und Unterpflügen von Hülsenfrüchtlern (Leguminosen, z. B. Klee, Luzerne, Erbse, Bohne, Linse, Lupine), die Luftstickstoff sammeln, dient als sog. Gründüngung u. a. der Anreicherung des Bodens mit Stickstoff. Die Sonnenstrahlung beeinträchtigt das Bodenleben von Getreidefeldern, läßt ihren Boden hart werden und fördert das Unkrautwachstum. Im Schatten der Hackfruchtblätter bleibt der Boden dagegen biologisch aktiv, feucht und unkrautarm. Fruchtwechsel erfolgt heute in verschiedenen Fruchtfolgen (vgl. Abb. 3.3.1.5/2). Allerdings führte er bereits in der einfachen Form der verbesserten Dreifelderwirtschaft zu einem erhöhten Verbrauch an Pflanzennährstoffen. Dieser konnte seit Mitte des 18. Jahrhunderts zunächst durch verschiedene Mineraldünger aus natürlichen Vorkommen (Chile-Salpeter, Kalidünger u. a.), später auch durch industriell hergestellte Mineraldünger (z. B. Thomasphosphat seit 1879, in großem Umfang seit etwa 1920, Ammoniak aus Luftstickstoff seit 1913) gedeckt werden.

Abbildung 3.3.1.5/4 zeigt ein Agraökosystem mit Fruchtwechsel und mineralischer Düngung (N = Stickstoff, P = Phosphor, K = Kalium). Die Brache ist entfallen, benachbarte Ökosysteme werden nicht mehr wie in Abbildung 3.3.1.5/3 beansprucht. Deren ehemalige Beiträge zur Bodenfruchtbarkeit werden nun vom systeminternen Fruchtwechsel, besonders von der Gründüngung, und vom systemexternen Mineraldünger übernommen. Wurde ehedem Energie zur Steuerung des Systems nur durch menschliche Arbeitskraft sowie Zug- und Lasttiere eingebracht, so wird jetzt zusätzlich Energie für die Herstellung und Verteilung des mineralischen Düngers benötigt. „Die Nachlieferung von Pflanzennährstoffen aus dem System selbst verliert im Vergleich zur Zusatzversorgung mit mineralischem Dünger an Bedeutung für die Pflanzen" (*Bick* 1982). Dennoch verwendet dieses Agraökosystem der Stufe 2 (vgl. Tab. 3.3.1.5/1) vorwiegend intern produzierte Fruchtbarkeit, vor allem weil hier die enge Verbindung von Viehhaltung und Bodenbewirtschaftung systeminterne Nährstoffkreisläufe zuläßt. Für *Weinschenk* (1992, S. 41) war die hier dargestellte Landwirtschaft mit Fruchtwechsel und maßvoller

Abb. 3.3.1.5/4 Agrarökosystem um 1925 mit Fruchtwechsel und mineralischer Düngung zum Ausgleich des erntebedingten Nährstoffentzugs und zur Steigerung des Ertrags. Neben der Arbeitsenergie von Mensch und Haustier wird eine Energiebeihilfe eingesetzt, die der Produktion des mineralischen Düngers entstammt.
aus: *Bick* 1982, S. 28

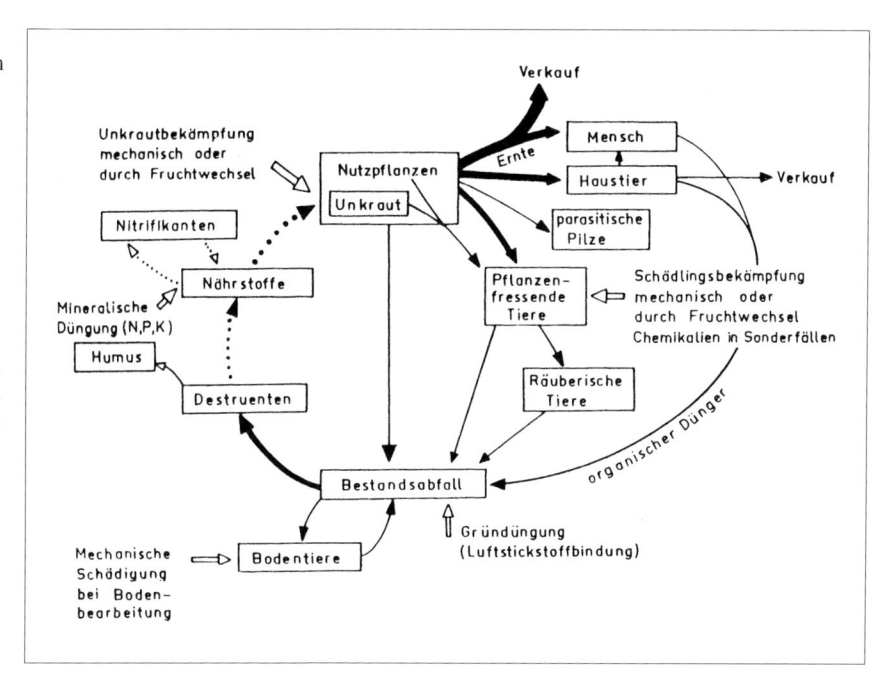

Abb. 3.3.1.5/5
Agrarökosystem mit einseitigem und intensivem Getreideanbau um 1980.
Nur mineralische Düngung, allenfalls Zukauf von Gülle und Klärschlamm. Die Verwendung von Nitrifikationshemmern, die einen Verlust an Nitratdüngern verhindern könnten, stellt eine derzeit (noch?) seltene Praxis dar. Immissionen aus Luftverunreinigungen können die Qualität des Ernteproduktes mindern. Das System wird mit extrem großer Energiebeihilfe betrieben, da Produktion und Verteilung von mineralischem Dünger und Pflanzenbehandlungsmitteln energiebedürftig sind und der Maschineneinsatz fossile Brennstoffe benötigt.
aus: *Bick* 1982, S. 30

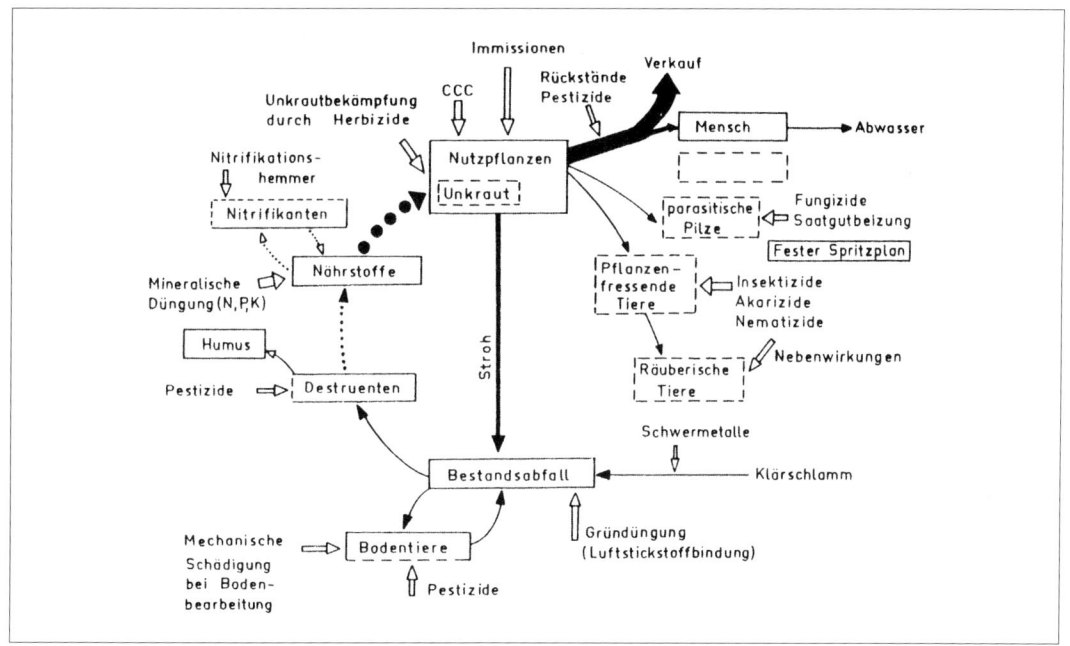

Mineraldüngung „nahezu das Idealmodell einer umweltfreundlichen Landwirtschaft in gemäßigten Klimazonen, die in eine mit anderen Vegetationselementen noch reich durchsetzte Agrarlandschaft eingebettet war".

c) Moderne Agrarwirtschaft, Auswirkungen auf den Landschaftshaushalt

Etwa um 1950 ging die über Jahrtausende betriebene und immer wieder verfeinerte Mischwirtschaft von Ackerbau und Viehzucht durch Einführung des sog. *„konventionellen Landbaus"* für viele Betriebe zu Ende. Weil Mehrkosten in der Landwirtschaft nicht auf die Preise für landwirtschaftliche Produkte umgelegt werden konnten, reagierten viele Landwirte mit einer Vereinfachung ihrer Betriebsorganisation (vgl. *Weinschenk* 1992 sowie Band 5 des Handbuches). Sie spezialisierten sich entweder auf einseitigen Anbau weniger Nutzpflanzen (z.B. Getreide, Zuckerrüben) oder auf Viehhaltung und erzielten durch Einsatz von Maschinen und Chemie erheblich höhere Erträge als zuvor (vgl. Tab. 3.3.1.5/1, Stufe 3). Die Viehhaltung spaltete sich in die flächenabhängige Rindviehhaltung (auf der Grundlage von Dauergrünland mit ergänzendem Ackerbau) und die flächenunabhängige Schweine- und Geflügelhaltung (auf der Grundlage von gekauftem Futter, oft aus Importen), wobei die Betriebsflächen für die Ausbringung der Exkremente aus der Massentierhaltung oft nicht ausreichen. Zwischen 1971 und 1979 nahmen in der Bundesrepublik die Gemischtbetriebe um 65% ab, Veredlungsbetriebe dagegen um 41% zu. *Monokulturen, Flurbereinigung, Intensivtierhaltung, Massentierhaltung, Agroindustrie, „High Tech auf dem Acker", Minderung der Artenvielfalt, „ausgeräumte Landschaft"* sind Schlagworte für eine Landwirtschaft, die „an die Stelle der im eigenen Betrieb produzierten Fruchtbarkeit ... in zunehmendem Maße zugekaufte Ertragssteigerung" treten ließ (*Weinschenk* 1992). *Seymour* (1985, S. 160) bezeichnet die Trennung von Vieh und Ackerland als „das größte Vergehen der modernen Agrarwirtschaft". Waren bei Kulturpflanzenbeständen die natürlichen Gegebenheiten, wie Boden und Klima, auch jetzt noch teilweise in die Stoffkreisläufe der Agrarökosysteme einbezogen (vgl. Abb. 3.3.1.5/5), so wurden nun bei den *künstlichen Hochleistungsökosystemen* (*Schubert* 1991, S. 85), etwa bei Veredlungsbetrieben, sämtliche Komponenten der Stoff- und Energieflüsse vom Menschen gesteuert. Diese Systeme haben jede Fähigkeit zur Selbstregulation verloren und vermögen nur so lange zu existieren, wie der Mensch sie aufrechterhält. Dies belegen Angaben von *Weinschenk* (1992, S. 43 f.): Im Jahre 1986 stammten in den Niederlanden über 40% des gesamten Tierfutters für Veredlungsbetriebe aus Importen (überwiegend aus Südamerika, den USA oder Entwicklungsländern Südostasiens, etwa aus Thailand). In der Bundesrepublik lag der Anteil bei 27%.

Abbildung 3.3.1.5/5 zeigt das Agrarökosystem eines spezialisierten Getreidebaubetriebes ohne Viehhaltung. Die Fruchtfolge ist stark vereinfacht (Gründüngung), 70% der Fläche oder mehr werden mit Getreide bebaut. Da Haustiere zur Nutzung der pflanzlichen Produktion fehlen, erfolgt kein systeminterner Nährstoffrückfluß durch organischen Dünger. Dementsprechend hoch sind die von außen zugeführten Düngermengen (N, P, K, Klärschlamm). Das wegen seiner Monokulturen hochempfindliche System verfügt kaum über eigene Abwehrkräfte gegen tierische und pflanzliche Schädlinge. Deshalb müssen Insektizide (Vernichtungsmittel gegen Insekten), Akarizide (gegen Milben), Nematizide (gegen Fadenwürmer), Fungizide (gegen Pilze), Pestizide (gegen pflanzliche und tierische Schädlinge aller Art) und Herbizide (gegen Unkräuter) eingesetzt werden, oft nach einem festen Spritzplan (vgl. Band 10/II, Tab. 3.2.2.2/1). Nitrifikationshemmer sollen im Boden diejenigen Bakterien abtöten, die den eingebrachten Ammoniumdünger in wasserlösliches, leicht auswaschbares Nitrat umwandeln. Damit die Getreidepflanze den Dünger nicht für übermäßiges Längenwachstum des Halms verwendet und umknickt, werden Wachstumshemmer (z. B. CCC = Chlorcholinchlorid) eingesetzt. Das Agraökosystem der Abb. 3.3.1.5/5 kann nur mittels extrem großer Energiebeihilfen gesteuert werden.

Noch für *N. Krebs* (1952, S. 115) deckten sich land- und forstwirtschaftliche Gebiete der Erde „in hohem Maß mit denen der wildwachsenden Vegetation, weil das beste Können und Wollen der zivilisierten Menschheit nur eine gute Ausnützung der Naturgegebenheiten erstreben konnte". Ob das derzeitige hohe Produktionspotential eine gute, d. h. vor allem nachhaltige Ausnützung der Naturgegebenheiten in den kühlgemäßigten Waldländern darstellt, ist umstritten (vgl. Band 11 des Handbuches). Skeptiker, die eine Zerstörung des Bodenlebens und einen Rückgang der Bodenfruchtbarkeit befürchten, fordern alternative Landbaumethoden. Befürworter verweisen auf die immer noch steigenden Hektarerträge und die Zunahme des Humusgehaltes in den Böden.

3.3.2 Steppen und Wüsten der Kühlgemäßigten Zonen (*H. Wetzler*)

(Steppenklimate $III_{(9-12)}$, ständig feuchte Graslandklimate IV_6, nach *Troll* und *Paffen*)

3.3.2.1 Verbreitung und Strukturmerkmale der Steppen, Halbwüsten und Wüsten

Innerhalb der kühlgemäßigten Zone, einem klimatisch äußerst heterogenen Landschaftsgürtel (vgl. 3.3.0), werden die dort vorkommenden ausgedehnten Steppen, Halbwüsten und Wüsten als trockene Subzone ausgegliedert.
Im Gegensatz zu den Trockengebieten im Bereich der Wendekreise (vgl. Teilband 12/I, 3.2) weisen die Trockengebiete der Mittelbreiten einen markanten Wechsel zwischen einer warmen und einer kalten Jahreszeit auf. Thermisch wird die Grenze zwischen den beiden Gürteln sowohl durch den Verlauf

Abb. 3.3.2/1
Steppen und Wüsten der kühlgemäßigten Zonen, ständig feuchte Grasländer der Subtropen.
Die Verbreitungsschwerpunkte von Steppen und Wüsten der kühlgemäßigten Zonen liegen in den Binnenräumen der Nordkontinente; die Südhemisphäre weist nur geringe Flächenanteile auf.
Das größte zusammenhängende Grassteppengebiet der Südhalbkugel, die ostargentinische Pampa, wird von *Troll* und *Paffen* den ständig feuchten Graslandklimaten der Subtropen zugeordnet. Ökologisch betrachtet, stehen diese Grasländer in enger Verwandtschaft zu den Steppen der kühlgemäßigten Zonen.

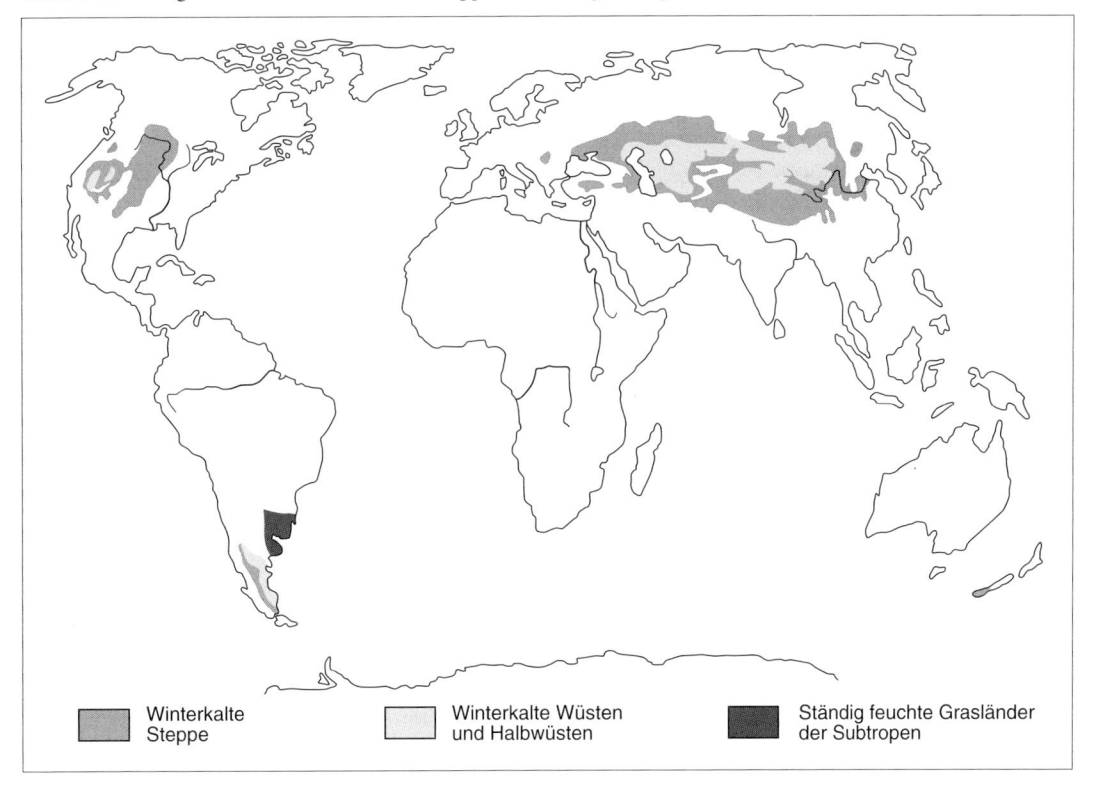

der +5 °C-Isotherme des kältesten Monats als auch durch ein mindestens viermonatiges Temperaturmittel von mehr als +18 °C bestimmt. Die positiven Mittelwerte des kältesten Monats verdeutlichen, daß in den warmgemäßigten Subtropen temperaturbedingte Beschränkungen des Pflanzenwachstums entfallen. Damit wird dort eine ganzjährige Vegetationszeit ermöglicht. In den winterkalten Steppen und Wüsten mit Temperaturmittelwerten des kältesten Monats unter 0 °C ist die Vegetationszeit dagegen mangels Wärme unterbrochen. Die winterliche Abkühlung zwingt selbst in den wintermilden Trockenräumen, in denen im kältesten Monat Mitteltemperaturen von 0 bis +6 °C registriert werden, die Vegetation zur Kälteruhe.

In thermischer Hinsicht lassen sich, entsprechend dem Ausmaß der winterlichen Abkühlung (Temperaturmittel des kältesten Monats unter bzw. über 0 °C), winterkalte von wintermilden Steppen-, Halbwüsten- und Wüstenklimaten unterscheiden.

Bedeutsamer als die thermischen sind für die Trockengebiete die hygrischen Abgrenzungskriterien. Aus ihnen lassen sich die feuchteabhängigen Standortbedingungen für die Entwicklung der Vegetationsformationen herleiten. Der Trockenheitsgrad, der in der hochsommerlichen Dürrezeit zum Ausdruck kommt, läßt sich nur bedingt aus den thermischen Eckdaten ableiten.

Als klimatische Trockengrenze zwischen den humiden Gebieten der Waldklimate der kühlgemäßigten Breiten und den semiariden Steppen gelten Jahresniederschlagssummen von etwa 500 mm bzw. von 250 mm während der Vegetationszeit im Frühling und Frühsommer (vgl. 3.3.0). Im Grenzsaum, d.h. in der Feuchtsteppe, sind noch mindestens sechs Monate humid. Die äquatorgerichtete Trockenheitsgrenze gegenüber den warmgemäßigten Subtropen liegt in Abhängigkeit von der Niederschlagsverteilung bei etwa 200 bis 250 mm und weniger als fünf humiden Monaten.

a) Steppe, Halbwüste und Wüste

Mit dem Begriff „*Steppe*" werden die frostharten, baumfreien Grasfluren der kontinentalen Binnenräume und Übergangsregionen der Außertropen bezeichnet. Sie umfassen die wechselfeucht-humiden bis wechselfeucht-ariden Gebiete, die zwischen den polwärtigen Fallaub-, Misch- und Nadelwäldern sowie den äquatorwärtigen Halbwüsten und Wüsten eingeschoben sind.

Idealtypische Ausprägungen finden sich in den ukrainischen und südrussischen „stepj", die namengebend für diese flächendeckende Gras- und Krautflur waren, sowie in den nordamerikanischen Prärien (französisch pré = Wiese; prairie = Wiesenland, Weide).

Wo sich die weitgehende Geschlossenheit der Grasflur zu einer gleichmäßig verteilten, „diffusen" Vegetation auflöst, finden sich, als ökologische Pufferzone zu den vollariden kontinentalen Wüsten, die mäßig ariden *Halbwüsten*. Ihre Vegetation, überwiegend niedrige Halbsträucher, bedeckt weniger als 50% der Bodenoberfläche und muß sich mit weniger als 100 mm Niederschlag während der Vegetationsperiode begnügen.

Wüsten liegen vor, wenn dieser Wert unter 50 mm sinkt und sich zusammenhängende vegetationsarme oder -freie Flächen einstellen bzw. das Pflanzenleben auf bodenfeuchtere Standorte entlang von Tiefenlinien beschränkt bleibt. Die derart kontrahierte Vegetation (*Walter* 1990, S. 285) erreicht maximal 10% Flächendeckung.

b) Verbreitung von Steppen und Wüsten (vgl. Abb. 3.3.2/1)

Die winterkalten Steppen und Wüsten finden sich vor allem in den kontinentalen Binnenräumen der Nordhemisphäre. So erstreckt sich der osteuropäisch-asiatische Steppengürtel von der ungarischen Puszta bis in die Mandschurei. Ausgedehnte Wüsten bedecken mittel- und zentralasiatische Großräume von der Kaspischen Niederung bis zur Gobi und den hochgelegenen Kältewüsten Tibets. Die nordamerikanischen Steppen oder Prärien der Great Plains erstrecken sich in N-S-Richtung zwischen dem 55. und dem 30. Breitengrad und in E-W-Richtung zwischen dem Mississippi-Becken und dem Felsengebirge. Steppen und Halbwüsten („deserts") kommen auch in den intramontanen Becken und Plateaus der gleichen Zone vor: Großes Becken, Colorado- und Columbia-Plateau.

Auf der Südhalbkugel gibt es vergleichbare Pflanzenformationen als wintermilde Trocken- und Wüstensteppen vor allem in Patagonien und in geringem Umfang in Süd-Neuseeland. Das größte zusammenhängende Grassteppengebiet, die ostargentinische Pampa, stellt demgegenüber eine semiaride Variante der warmgemäßigten Subtropen dar. Im Gegensatz zur zonalen Anordnung der Steppen der Alten Welt und zu deren meridionaler Abfolge im Nordteil der Neuen Welt, zeigen die südhemisphärischen Grasländer eine asymmetrische Anordnung.

c) Ursachen der hygrischen Differenzierung

Die osteuropäischen, mittel- und zentralasiatischen Trockenräume liegen in der außertropischen Westwindzone und werden größtenteils von atlantischen Luftmassen mit Niederschlägen versorgt. Der Einfluß der Westwinddrift nimmt sowohl äquatorwärts als auch kontinenteinwärts ab. In gleicher Richtung wächst die Verdunstungskraft. Die zunehmende thermische Kontinentalität im Innern des Festlandes mit extremen Schwankungen zwischen heißen Sommern und kalten Wintern bedingt eine Zunahme der hygrischen Kontinentalität. Mit dem Niederschlagsdefizit vergrößert sich auch der Ariditätsgrad. Je weiter ein Gebiet vom Atlantik entfernt liegt, desto spärlicher wird es mit Niederschlag versorgt. Dabei ist der Winter niederschlagsärmer als der Sommer. Nur im Sommer wird das Wasser in inneren Kreisläufen rasch genug umgesetzt, um bis in die Binnenräume des Kontinents zu gelangen (vgl. M 4.3.2.2/2). Erschwerend kommt hinzu, daß die sommerlichen konvektiven Schauer nicht nur wenig ergiebig sind, sondern auch höchst unregelmäßig auftreten. Ausgedehnte Wasserflächen, wie jene des Kaspisees, tragen kaum zur Minderung der Trockenheit bei, weil beim Übertritt der kühleren Meeresluft auf die stark erhitzte aralo-kaspische Niederung keine Kondensation erfolgen kann.

Die sommerfeuchten Steppen Ostasiens und Tibets unterliegen einem anderen Niederschlagsregime. Sie gehören zum Einflußbereich vorwiegend zyklonaler Niederschläge, deren Sommermaxima in Verbindung mit der Zufuhr maritim-feuchter Luftmassen des südostasiatischen Sommermonsuns zu sehen sind. Mit zunehmender Meerferne, in Becken- oder in Leelagen gehen auch hier die Regenfälle zurück. Die Aridität der Hochgebirgssteppen Tibets resultiert aus der Verbindung von Kontinentalität und Massenerhebung, die beide eine Wasserdampfarmut der Atmosphäre zur Folge haben.

Im Unterschied zu Eurasien, wo eine ähnlich klimamodifizierende Gebirgsbarriere fehlt, resultiert die Trockenheit der Prärien und „deserts" aus dem Lee-Effekt des nord-südlich verlaufenden Felsengebirges und der vorgelagerten Küstengebirgsketten. Die Aridität nimmt vom Gebirgsfuß der Rocky Mountains nach Osten gegen die Waldzone kontinuierlich ab. Meridional gerichtete thermische und zonale hygrische Gradienten überlagern sich zu einer schachbrettartigen Anordnung kontinentaler Subklimate.

Noch gravierendere Auswirkungen hat die Sperrwirkung der Anden auf die Klimaverhältnisse Ost-Patagoniens. In deren Regenschatten stellt sich ein azonales, orographisch bedingtes Trockengebiet ein, wo entsprechend der Zirkulation ein zyklonales Westwindklima herrschen müßte. Analoge Entstehungsursachen treffen auch für die Otago-Steppe im Windschatten der Neuseeländischen Alpen zu.

d) Phänomen der doppelten Vegetationsruhe

Im Vergleich zum ozeanischen Klima der gemäßigten Breiten sind im kontinentalen Bereich die Sommer heißer, die Winter kälter und die Jahresniederschläge geringer. Zur Winterkälte tritt als weiterer wachstumsbegrenzender Faktor die mangelnde Wasserverfügbarkeit. Während die Winterkälte eine absolute Vegetationsruhe erzwingt (*Troll/Paffen* 1964, S. 21), verursacht die Dürrezeit des Spätsommers eine zweite Mangelzeit. Winterliche Kälteruhe und sommerliche Trockenruhe engen somit die Wachstumszeit auf Frühjahr und Frühsommer ein, wobei hygrisch wirksame Jahreszeiten gegenüber den üblichen thermischen Jahreszeiten an Bedeutung gewinnen. Belastet durch klimatische und edaphische Streßfaktoren wie Kälte, Hitze, Dürre und Salze, verbleiben den Pflanzen der Steppen- und Wüstenbiome nur wenige Monate mit relativ günstigen Niederschlägen (durch die winterliche Rücklage ergänzt), um ihren gesamten Entwicklungszyklus zu durchlaufen.

Im Gegensatz zu den winterkalten und sommerdürren Steppengebieten Nordamerikas und Eurasiens erhalten die wintertrockenen Steppen Ostasiens monsunbedingte Sommerregen. Sie haben, da warme und feuchte Jahreszeit zusammenfallen, einen klaren einphasigen Wachstumsrhythmus.

3.3.2.2 Winterkalte Feuchtsteppen: Natürliche Ausstattung und Bedeutung für die Landwirtschaft

Innerhalb des Vegetationstypus der Steppe (griechisch: Xeropoium von xerós = trocken und póa = Gras, Futter, Grasplatz) werden, in Abhängigkeit von klimatischen und edaphischen Voraussetzungen, mehrere Arten von Steppen unterschieden. Analoge Differenzierungen gelten auch für die nordamerikanischen Prärien. (Die nachfolgend vorgenommene Vegetations-Zonierung lehnt sich an die *Troll/Paffen*sche Gliederung der Jahreszeitenklimate der Erde an, vgl. Band 12/I, Abb. 2.1.2/1.) Da weitverbreitet Löß und Lehm als Ausgangsmaterial für die Bodenbildung und ein überwiegend flachwelliges Relief verhältnismäßig homogene Rahmenbedingungen schaffen, kommt den klimaökologischen Faktoren besondere Bedeutung für die Untergliederung in Subzonen zu. Entsprechend zunehmender Aridität (Grenzwerte sind die Anzahl der humiden bzw. ariden Monate) schließen sich an die kontinentalen Laub- und Mischwaldgebiete die (winterkalten) Feuchtsteppen und daran die (winterkalten) Trockensteppen an, welche schließlich zu den Halbwüsten und Wüsten überleiten.

Den schmalen Übergangsbereich zwischen Wald und waldfreier Feuchtsteppe bildet das Zono-Ökoton der Waldsteppe. Analog wird im Übergangsbereich von Trockensteppe und Halbwüste der Typus der Wüstensteppe ausgesondert. Wegen des hohen Anteils holziger Pflanzen (z. B. Halbsträucher der Gruppe der Wermut-Artemisien) werden Wüstensteppen nicht mehr den eigentlichen Steppen zugeordnet, sondern der Halbwüsten-/Wüstenformation. Steppen sind demnach – abgesehen vom Ökoton der Waldsteppe – die gras- und krautreichen Formationen der semiariden Gebiete der gemäßigten Klimazone.

a) Verbreitung und klimatisches Spektrum

Die winterkalten Feuchtsteppen sind auf die nordhemisphärischen Mittelbreiten begrenzt. Das euroasiatische Verbreitungsgebiet erstreckt sich als bogenförmig einsetzender, geschlossener, durchschnittlich 500 km breiter Gürtel von der Donaumündung/Dobrudscha bis zum Ob (bei Nowosibirsk) und Altai. Er umfaßt die Federgras-Wiesensteppen der Schwarzmeer-Asowschen Niederung, der Krim, des nordwestlichen Kaukasusvorlandes, den Süden der Mittelrussischen Höhen, die Wolga- und Transwolgahöhen, den Norden Kasachstans und den Süden Westsibiriens. Isolierte Biome finden sich in den intramontanen Becken und in unterschiedlichen Gebirgshöhenstufen gleicher Breitenlage sowie als Steppeninseln im Lena-Tal. Die ebenfalls isolierte Feuchtsteppe des Pannonischen Beckens, die ungarische Puszta, ist das am weitesten westlich gelegene europäische Steppenvorkommen.

Das nordamerikanische Verbreitungsgebiet ist mit der Langgras-Prärie (tall-grass-prairie) identisch. Es stellt einen im Zentrum des Kontinents gelegenen meridionalen Streifen dar, dem die östlichen Hälften von Nord- und Süd-Dakota, Nebraska sowie Zentral-Kansas angehören. Die Langgras-Prärie Oklahomas zählt bereits zu den wintermilden Feuchtsteppen. Der östliche Grenzsaum verzahnt sich mit den nur noch in Resten vorhandenen Waldsteppen des Hickory-Gürtels (*Klink/Glawion* 1982, S. 466). Die westliche Begrenzung deckt sich ziemlich genau mit dem 98. Grad westlicher Länge und gleichzeitig mit der 500-mm-Jahresisohyete, deren Lage in etwa die Trockengrenze angibt. (Weniger präzise, aber um so eingängiger wird meist der Meridian 100° westlicher Länge mit der Ariditätsgrenze gleichgesetzt.)

Das Klima der winterkalten Feuchtsteppen wird im wesentlichen geprägt durch die West-Ost-Gegensätze der Kontinente, die zunehmende Kontinentalität mit heißen, trotz relativ hoher Niederschläge trockenen Sommern und strengen Wintern. Bei Jahresniederschlägen zwischen 600 und 400 mm in der eurasischen Wiesensteppe bzw. 800 bis 600 mm in der Langgras-Prärie sind mehr als fünf Monate humid bzw. nival oder subhumid.

Die hohen Sommertemperaturen leiten eine über dreimonatige aride Phase ein, in der neben einer Dürrezeit eine wesentlich längere relative Trockenzeit herrscht, die das Pflanzenwachstum stark beeinträchtigt. Die mittleren Januartemperaturen erreichen Werte von −3 °C in der Schwarzmeersteppe, bis −19 °C in den westsibirischen Steppen, die Julitemperaturen bewegen sich zwischen +22 °C in Odessa und +19 °C in Nowosibirsk. Gegenüber den starken jahreszeitlichen Schwankungen ist die Tagesamplitude der Temperatur geringer. Eine vergleichbar hohe Temperaturspreizung tritt in der Langgras-Prärie auf; die Temperaturunterschiede zwischen wärmstem und kältestem Monatsmittel nehmen meridional von Süd nach Nord zu. Wegen des höheren Strahlungsgewinnes in den südlichen Teilgebieten der Prärie bleiben alle Monatsmittel über 0 °C (wintermildes Feuchtsteppenklima).

Regionale Unterschiede zeigen sich in der Dauer und Mächtigkeit der Schneedecke, die in Richtung auf die Waldsteppe zunimmt und Höhen von 10 bis 60 cm erreicht; allerdings wird der Schnee von Winterstürmen häufig verblasen und umgelagert. Klimaökologisch gefährlich sind plötzliche, unperiodische Kaltlufteinbrüche von Luftmassen polaren kontinentalen Ursprungs (z. B. Cold Waves der USA), wenn sie sich zu Eis- und Schneestürmen entwickeln (Blizzards; Burane (russisch: Schneesturm in der Steppe)).

b) Übergangszone der Waldsteppe

Mit zunehmender Kontinentalität verändert sich sowohl das Vegetationsbild der osteuropäischen und sibirischen wie auch der nordamerikanischen Laubwälder zu einer offeneren Waldsteppe. Die geschlossene Waldfront der Eichenbestände, wie sie im Übergangsbereich von Laubwald zu offenem Grasland vorherrschen, löst sich zu einem Makromosaik aus Eichenwäldern und Wiesensteppen auf (Abb. 3.3.2.2/1).

Mit zunehmender Trockenheit vergrößert sich der Anteil der Steppeninseln zu Lasten des Waldes, bis schließlich nur kleine Waldinseln in „einem Steppenmeer übrig bleiben" (*Walter* 1990, S. 107). Während die Waldzone dank ausreichender Wasserversorgung von Dürrezeiten frei ist, führen Niederschlagsdefizite in der Waldsteppe zu einer Trockenzeit. Die Steppenzone ist kennzeichnenderweise stets von einer Dürrezeit betroffen. Nicht nur die Niederschlags- und Temperaturverhältnisse, sondern auch Relief und Bodenart beeinflussen die Verbreitung der Phanerophyten der Waldsteppe. Im Wettbewerb der Waldbäume und Sträucher mit den Gräsern finden sich Waldareale auf gut drainierten, stärker reliefierten Standorten wie Schluchten, Senken, Flußauen oder an Nordhängen mit geringeren Tanspirationsverlusten. Wiesensteppen bedecken dagegen ebene, wenig durchlässige und relativ schwere Böden.

Bei zunehmender Trockenheit haben Gräser ökophysiologische Vorteile. In humidem Klima sind sie den Bäumen wegen der Beschattung durch das Laubdach als Lichtkonkurrenten unterlegen. In aridem Klima gewinnen sie wegen der besseren Anpassung an Dürreperioden den Wettbewerb.

Während in der Dürrezeit der Wurzelraum der Gräser völlig austrocknet und deren Transpiration gegen Null geht, die Blattmasse abstirbt und nur der umhüllte basale Vegetationskegel überdauert, bedürfen Holzgewächse einer Mindestbodenfeuchte, um den andauernden Wasserverlust über Spaltöffnungen und Lentizellen der Rinde zu kompensieren.

In den Waldsteppen konnte beobachtet werden, daß der Wald unter ungestörten Bedingungen in drei bis fünf Jahren etwa einen Meter gegen die Wiesensteppe *vorrückt* (*Walter* 1991, Bd. 4, S. 350). Dabei dringen unterirdische Ausläufer der dem Waldsaum vorgelagerten Gebüsche in das Grasland vor. Ihre vertikalen Austriebe durchbrechen die Grasnarbe, beschatten und schwächen sie, wodurch diese zunehmend lückenhafter wird. Unter den entstehenden Büschen können Baumsämlinge heranwachsen, welche dann ihrerseits das Buschwerk unterdrücken. Rasch wachsende Pfahlwurzeln erschließen die tieferen Bodenwasserreserven, die insbesondere nach schneereichen Wintern ergänzt werden. Oberflächlich verlaufende Seitenwurzeln konkurrieren erfolgreich um die Feuchte, so daß die sich bildenden Wälder keinerlei Unterholz aufweisen. Mit zunehmendem Alter übersteigt die Wasserentnahme dieser Eichenbestände (Quercus spec.) die gespeicherten Vorräte, und sie sterben in der Regel als 20- bis 30jähriger Niederwald ab.

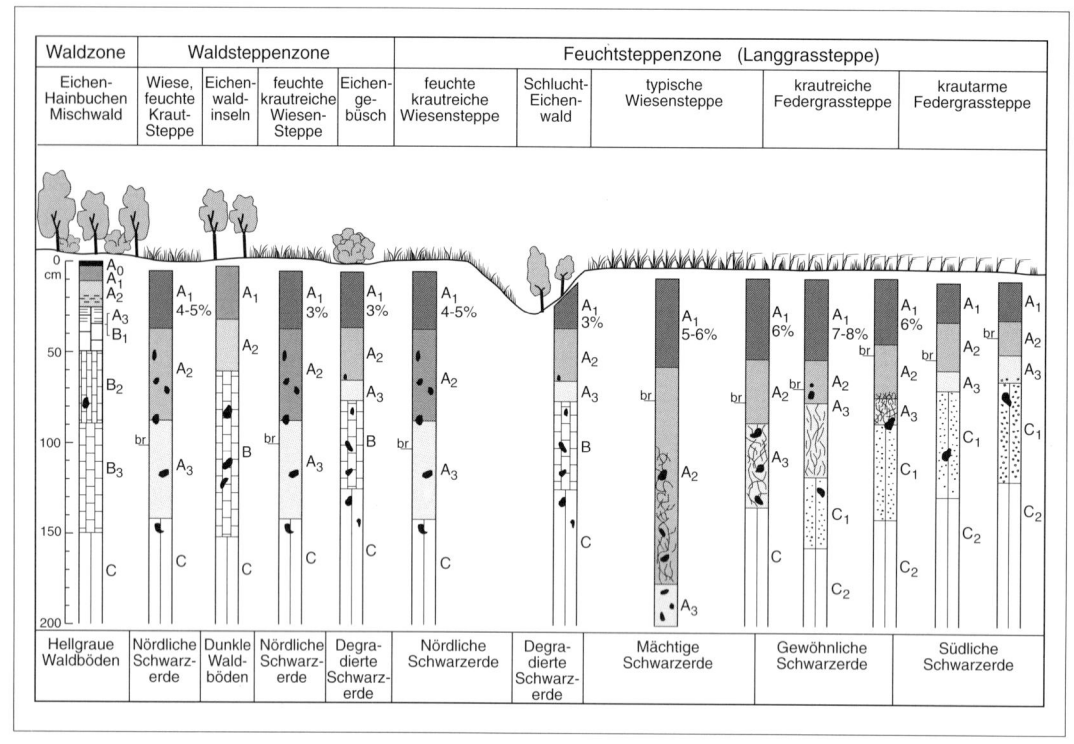

Abb. 3.3.2.2/1
Schematische Darstellung der Zuordnung von Bodentypus und Pflanzengemeinschaft entlang eines NW-SE-Profils durch das osteuropäische Steppengebiet
Datenquelle: *Walter* 1990, S. 264–267; Entwurf: *Wetzler*
Bodenprofile: Prozentzahlen = Humusgehalt des A_1-Horizonts; br = Aufbrausungshorizont; geschlängelte Linien = Pseudomycelien (Kalk); kleine Punkte = Kalkaugen (Bieloglaski); große schwarze Flecken = Krotowinen (alte Zieselgänge)

Länger anhaltende Dürreperioden können schon früher zum Kollabieren der Waldbestände und zur Rückeroberung durch Steppenarten führen oder zur Naturverjüngung des Altbestandes.
Das langsame Vorrücken der nahe der Waldgrenze meist gleichaltrigen Bestände (*Klink/Mayer* 1983, S. 198) wird außer durch die Dürre auch durch natürlich entstandene oder vom Menschen gelegte Feuer unterbunden. Ebenso behindern Großwildherden durch Tritt und Verbiß des jungen Baumwuchses die Waldausbreitung. Die waldfeindlichen Faktoren gewinnen mit Näherung an die Steppenbiome die Überhand: Steppen sind kein potentielles Waldland!
Aufforstungen in den Steppen sind problematisch. Ohne sorgfältige Beachtung der Standortverhältnisse (Bodenart, Grundwassertiefe) und forstliche Pflege sind sie nach einigen Jahren zum Absterben verurteilt. Diese Forderung gilt auch für die Einrichtung von Waldstreifen als Windschutz.

c) Eurasische Federgras-Wiesensteppe
Während das Makromosaik der Waldsteppe aus Laubwald- und Wiesensteppenarealen klimatische Ursachen hat, treten Waldinseln in den Federgras-Wiesensteppen nur noch orohydrographisch bedingt in feuchten Senken oder auf steinigen Hangpartien auf.
Mit Ausnahme dieser Waldinseln zeigt sich die Federgras-Wiesensteppe als die typische Pflanzenformation der Feuchtsteppe, die wegen des vorherrschenden Bodentyps auch als Schwarzerdesteppe bezeichnet wird. Entsprechend dem Feuchtegradienten und der von Nordwest nach Südost zuneh-

Tab. 3.3.2.2/1: Beziehung zwischen Bodentypus und Vegetation

I. Waldsteppenzone

Bodentypus	Vegetationseinheit
Podsolierte Waldböden auf Löß	Laubwälder
a) Hellgraue und Graue Waldböden, frischere und trockenere	Carpineto-Nemoretum, im Osten Nemoretum aegopodiosum and caricopilosum
b) Degradierte Schwarzerde und deren südliche Variante	Gebüschreicher Eichenwald (Quercetum fruticosum) und Eichen-Schlehengebüsch
Schwarzerde	Wiesensteppen
a) Nördliche Schwarzerde	Feuchte, krautreiche Wiesensteppen
b) Mächtige Schwarzerde	Typische Wiesensteppe

II. Steppenzone

Schwarzerde	Stipa-Steppen
a) Gewöhnliche Schwarzerde (nördliche, typische und südliche Variante)	Krautreiche Stipeten (hygro-, meso- und xerophile krautarme *Stipa*-Steppe)
b) Kastanienerde, schwach solonzierte Schwarzerde	Trockene, krautarme *Stipa*-Steppe

III. Wermutsteppenzone

Salzböden	Halbwüstengesellschaften
a) stark solonzierte Kastanienerde	*Artemisia-Stipa*-Steppen
b) Chlorid-Sulfat-Solonchak und Krustensolonetz im Komplex mit Säulensolonetz	Nasse und trockene Halophytengesellschaften in mosaikartiger Durchdringung

nach *Kleopov* 1941 aus *Walter/Breckle* 1986, Bd. 3, S. 163, vereinfacht

menden Wärme und potentiellen Verdunstung resultieren unterschiedlich lange, in der Regel drei- bis fünfmonatige Trocken- bzw. Dürreperioden.

Die klimatische Zonierung spiegelt sich in einer edaphischen Zonierung wider; beiden zusammen läßt sich eine typische Abfolge unterschiedlicher Pflanzengesellschaften zuordnen (vgl. Tab. 3.3.2.2/1).

Die typische Wiesensteppe (mit wiesenartigem Aussehen) erhielt ihren Namen wegen des im Vergleich zu den Gräsern hohen Anteils an Kräutern. Als Wiesensteppe werden sowohl die Steppeninseln der Waldsteppe bezeichnet als auch eine Steppen-Subzone mit hoher und dichter Gras- und Krautvegetation, die sich an die Waldsteppe anschließt. Namengebend für die Federgrassteppen ist der dominante Anteil an Stipa-Arten, den Federgräsern. Die von den Gräsern erreichte Wuchshöhe von 40–100 cm (mit Blütenständen 1–2 m) kommt im Synonym „Langgrassteppe" zum Ausdruck. Wiesensteppen und Grassteppen unterscheiden sich sowohl nach floristischer Zusammensetzung als auch nach ihrem Erscheinungsbild. Die Grenze zwischen Wiesen- und Federgrassteppe fällt dadurch auf, daß „die Federgräser zur Vorherrschaft gelangen und während der Blütezeit die ganzen Flächen durch ihre Grannen in ein Silbergrau färben... Die Pflanzendecke wird durch den Wind ständig in einer leichten wellenförmigen Bewegung gehalten" (*Franz* 1973, S. 134).

Als wichtigste Grasarten der Wiesensteppe sind zarte, breitblättrige Rasengräser wie Aufrechte Trespe (Bromus erectus) und Flaumhafer (Avena pubescens) zu nennen. Häufig sind auch die schmalblättrigen und horstbildenden Feder- und Pfriemengräser (Stipa pennata und Stipa capillata), Steppen- und Furchenschwingel (Festuca-Arten) und Schillergras (Koeleria) (*Klink/Mayer* 1983, S. 199).

In der Federgrassteppe dominieren die harten, xeromorphen Horstgräser, während die heliophilen Kräuter und Stauden wegen des für sie ungünstigeren Wasserhaushaltes und der Lichtkonkurrenz zurückgedrängt werden.

Abb. 3.3.2.2/2
Malakophylle Xerophyte aus dem Steppenreservat Askania nova (südliche Ukraine)
Foto: *Wetzler*

Die Mehrzahl der krautigen Pflanzen gehört zu den Hemikryptophyten. Ihnen folgen mit Tulipa-, Ornithogalum- (Milchstern-) und Crocus-Arten zahlreiche Frühlingsgeophyten sowie teils winter-, teils sommerannuelle Therophyten.

Gemeinsame Eigenschaft all dieser Lebensformen ist die Überwinterung der Erneuerungsknospen an der Bodenoberfläche (Horstbasis; unmittelbar aufliegende Blattrosetten) bzw. im Boden (Zwiebeln), wobei bereits eine dünne Schneedecke vor winterlichem Kältestreß schützt.

Winterannuelle Steppenkräuter schließen im Herbst mit der Bildung von Blattrosetten ihre vegetative Phase ab. Die generative Phase mit Blüten- und Samenbildung folgt nach der Schneeschmelze. Sommerannuelle wickeln ihren Zyklus während des Frühjahrs und Frühsommers ab. Hinsichtlich ihres Wasserhaushaltes gehören die Steppenkräuter zu den an Trockenheit angepaßten Weichblattpflanzen (malakophylle Xerophyten) mit meist stark behaarten Blättern, die wegen ihres hohen osmotischen Spektrums starke Wasserdefizite vertragen (s. Abb. 3.3.2.2/2). Sie wachsen oft polsterartig oder rosettenförmig.

Die etwa viermonatige günstige Wachstumszeit (Optimum an Wärme, Licht, Wasser und verfügbaren Nährstoffen) verlangt eine optimale Ausnutzung des Bodenwassers. Dies wird durch die Ausbildung von drei übereinanderliegenden Wurzelstockwerken ermöglicht. Zwiebelgeophyten und Ephemere durchwurzeln nur die obersten, im Frühjahr rasch erwärmten und schmelzwasserfeuchten Bodenschichten. Das äußerst dichte, stark verzweigte Wurzelsystem der Gräser erreicht eine Tiefe von 0,5 bis 1 m. Die weniger dicht stehenden Wurzeln der Kräuter reichen 1,5 bis 2 m hinab. Stauden und Halbsträucher können mit ihren Pfahlwurzeln in noch tiefere Bodenstockwerke vordringen. Analog zur Wurzeltiefe stellt sich eine zeitliche Abfolge der Blühtermine ein. Der für Feuchtsteppen typische Wechsel von Blühaspekten „ist ein guter Indikator für das im Laufe des Sommers in die Tiefe fortschreitende Trockenerwerden der Böden" (*Klink/Mayer* 1983, S. 199).

Die Intensität des sommerlichen Dürrestresses wirkt sich unmittelbar auf die produzierte oberirdische Phytomasse aus. So ist die Sproßmassenproduktion der Federgrassteppe in feuchten Jahren bis zu neunmal höher als in trockenen bei unverändertem unterirdischem Phytomasseanteil (vgl. Tab. 3.3.2.2/2). Allerdings erhöht sich der unterirdische Anteil in Richtung des arideren Südens: das spärliche Wasserdargebot kann dadurch besser genutzt werden.

Tab. 3.3.2.2/2: Biomasse und Primärproduktion in Steppengesellschaften (Zahlenangaben in $t \times ha^{-1}$ bzw. in Prozent)

	Osteuropa				Zentralasien	
	Wiesensteppe		Federgrassteppe		Wüstensteppe	
A. Phytomasse	23,7	100%	22,0	100%	9,8	100%
oberirdische Sproßmasse	8,0	34%	2,0	9%	1,4	14%
Wurzeln und Rhizome	15,7	66%	20,0	91%	7,4	86%
B. Jahresproduktion = Bestandsabfall						
(Anteil von A)	10,4	44%	8,7	40%	4,2	43%
Sproßanteil (Anteil von B)	3,7	36%	2,0	23%	1,4	33%
Wurzelanteil (Anteil von B)	6,7	64%	6,7	77%	2,8	67%

Datenquelle: *dtv-Atlas zur Ökologie* 1991, S. 92 und *Walter/Breckle* 1983, S. 191

Im Vergleich zur geringen Phytomasse ist die Primärproduktion der Steppen außerordentlich hoch. Begründet wird dies mit dem hohen Anteil kurzwelliger Strahlung, die dank steil gestellter Blätter tief in die Bestände eindringt. Außerdem sind alle Sproßteile photosynthetisch aktiv, was eine höhere Assimilationseffizienz bewirkt. Ein weiterer Grund liegt im gehäuften Auftreten von C_4-Pflanzen bei den Gramineen. C_4-Pflanzen erhöhen bei steigender Lichtintensität ihre CO_2-Aufnahme, haben ein höheres Temperaturoptimum und einen geringeren Wasserverbrauch. Sie sind dort im Vorteil, wo die Sonneneinstrahlung sehr intensiv ist.

In der Ruhephase geben die Gräser nahezu kein Wasser ab. Wenn die Wasserreserven erschöpft sind, setzt gegen Ende der Vegetationsperiode eine Rückverlagerung aller wertvollen Zellsubstanzen und Mineralstoffe in die Wurzeln ein. Dabei verliert das verdorrende Gras kontinuierlich an Futterwert. Die Blätter vergilben von der Spitze bis zur Basis, nur der Vegetationskegel überdauert im Schutz der dürren Halme die Trockenperiode. Die abgestorbene Sproßmasse (standing death) bildet an der Bodenoberfläche den sog. Steppenfilz, eine Streuschicht, die im Frühjahr und Sommer einer starken Zersetzung unterliegt. Die absterbende Wurzelmasse wird von Bodenorganismen in Humus umgewandelt. Wenn zur Blütezeit spätblühender Arten die Dürre einsetzt, werden Aufbaustoffe für Blüten und Samen aus verdorrenden Blättern freigesetzt. Die Samenausbreitung übernimmt in der Regel der Wind (Anemochorie). Klettenfrüchte werden von Steppentieren verbreitet, in deren Fell bzw. zwischen deren Zehen sie sich verhaken (Zoochorie). Eine besonders auffällige und nur in Steppen mögliche Ausbreitungstechnik zeichnet Arten wie Mannstreu (Eryngium), Sichelmöhre (Falcaria) oder Brandkraut (Phlomis) aus. Deren trockene Fruchtstände nehmen eine mehr oder minder kugelige Form an, brechen an der Basis ab und werden als Steppenläufer oder Steppenroller vom Wind über den Boden getrieben, wobei ständig Samen ausgestreut werden (Abb. 3.3.2.2/3).

Nicht nur die Pflanzen, auch die *Tiere der kontinentalen Steppen* müssen sich dem ausgeprägten Wechsel von kalter und warmer Jahreszeit und der Wasserknappheit anpassen. Den diversen Kleinsäuger-Arten des eurasischen Steppenbioms gelingt dies, indem sie Erdbauten anlegen (womit geringere Temperaturschwankungen und relativ hohe Feuchtegehalte der Raumluft verknüpft sind), meist nachtaktiv leben und ihren Wasserbedarf über die Pflanzennahrung decken.

Der Weiträumigkeit der Steppe ist der Lebensformtyp der Läufer mit ihren raumgreifenden Bewegungen besonders gut angepaßt. Darunter finden sich u.a. Huftiere (Rinder, Wildpferde, Antilopen), Nagetiere (Kaninchen, Ziesel), Springer (Springmaus, Springnager). Unter den Vögeln sind die Trappen als Lauftypen echte Steppentiere. Ameisen und insbesondere Heuschrecken sind weitere charakteristische Elemente der Steppenfauna (*Aario/Illies* 1970, S. 119).

Abb. 3.3.2.2/3
Steppenläufer (Trinia spec.) aus der Federgrassteppe.
Links: Photo; mitte: Schema des blühenden Exemplars; rechts: Schema des abgebrochenen kugeligen Fruchtstandes.
Foto: *Wetzler*; Zeichnungen aus: *Walter/Breckle* 1986, S. 178

Das Steppenmurmeltier (Marmota bobak) und die Zieselarten (Citellus spec.) tragen mit ihrer Wühltätigkeit zur Umlagerung und Auflockerung des Bodens bei. Feldhamster, Steppenlemminge und Blindmäuse gehören ebenfalls zu den Bodenwühlern.
Dem Steppenbiom hervorragend angepaßt ist die Saiga-Antilope. Ihre rüsselartig verlängerten Nasenvorräume filtern die Atemluft bei Staub- oder Schneestürmen (*Müller* 1980, S. 230). Die ursprünglich in großen Herden wandernden Saiga-Antilopen (s. Abb. 3.3.2.2/4) wurden bis auf wenige vereinzelte Tiergruppen ausgerottet. Überreste der europäischen Saiga-Population waren nur noch in Kalmykien (unteres Wolga-Gebiet) anzutreffen. (Zur Erhaltung des Bestandes gelang es, die Tiere in Saigafarmen erfolgreich nachzuzüchten und auszuwildern).
Der Feuchtsteppe sind als *zonale Bodentypen* je nach Ariditätsgrad dunkelgraue Waldböden (Phaeozeme von griechisch phaios = schwarzgrau) und Schwarzerden (Chernozeme/Tschernoseme von russisch cherno = schwarz und sem = Erde) zugeordnet. Im Bereich der Waldsteppe treten leicht podsolierte Phaeozeme auf. Sie sind tiefgründig und mineralreich, verfügen über eine hohe Wasserkapazität und gelten als sehr fruchtbar. Unter der Feuchtsteppe finden sich Tschernoseme. Sie entstehen vorzugsweise aus Löß und Mergel und zeichnen sich durch eine optimale biologische Aktivität aus. Das

Abb. 3.3.2.2/4
Saigaantilopen (Saiga tatarica) und Kulanwildesel (Equus hemionus) in der Schwarzerdesteppe
aus: *Haase* 1922, S. 147

A-C-Profil weist einen über 50 cm mächtigen, dunkel gefärbten, krümeligen Mull im Oberboden auf. Dessen organische Substanz liegt z. T. über 10%. Zahlreiche Regenwürmer und Nagetiere arbeiten die alljährlich anfallende Streu in den basenreichen Boden ein und hinterlassen entsprechend hohe Exkrementmengen. Der rasche biochemische und bakterielle Abbau wird während der Dürrezeit und der extrem Winterkälte gehemmt. Dadurch reichern sich noch nicht mineralisierte Pflanzenreste als Humus im Boden an (deutlich sichtbar in den als Krotowinen bezeichneten Nagetierwühlgängen, vgl. Abb. 3.3.2.2/1) und stellen eine beachtliche Nährsalzreserve dar. Die nachhaltige Fruchtbarkeit der Schwarzerdeböden hat zur großflächigen Umwandlung von Steppen in Ackerland geführt (*Bick* 1989, S. 95). Wiesensteppen kommen heute praktisch nicht mehr vor, weil sie fast vollständig in landwirtschaftliche Nutzflächen überführt wurden.

d) Nordamerikanische Langgrasprärie

Die klimatischen Verhältnisse der einzelnen Vegetationszonen des nordamerikanischen Graslandes entsprechen – wenngleich in den Extremen abgeschwächt und unter Berücksichtigung ihrer meridionalen Anordnung – im wesentlichen denen der eurasischen Steppe.

Ihre Feinabgrenzung ist jedoch wegen der komplizierteren pedologischen und morphologischen Situation schwieriger. Hinsichtlich der Böden wirkt sich beispielsweise das uneinheitliche Verbreitungsmuster glazial oder äolisch transportierter Sedimente, tertiärer Tone und Kreidekalke aus (s. Abb. 3.3.2.2/6). Überlagert durch nicht gleichsinnig verlaufende Temperatur- und Niederschlagsgradienten, ergibt sich daraus eine eher schachbrettartige Verteilung der Steppenbodentypen (s. Abb. 3.3.2.2/5. Die Kartogramme verdeutlichen die enge Beziehung zwischen Niederschlag und Verbreitung der Prärietypen sowie deren Abhängigkeit von Höhe, Breitenlage und den Bodenverhältnissen. Die Luftströmungen aus den Ursprungsgebieten der entsprechenden Luftmassen sind für die angegebenen Jahreszeiten typisch. Schwankungen in Intensität und Dauer sind jedoch durchaus möglich und beeinflussen die Stabilität der Boden- und Vegetationssysteme.).

Morphologisch bedingte Differenzierungen ergeben sich durch den ost-westlichen Anstieg des Geländes aus dem Zentralen Tiefland (300 m) über eine deutliche Geländestufe (escarpment) in die Great Plains bis zum Fuß der Rocky Mountains (1200–1800 m).

Wo im Zentralen Tiefland des Missouri-Mississippi-Beckens die nach Osten abnehmenden Niederschläge Jahresmittelwerte von 800–900 mm unterschreiten, gehen die Laubwaldformationen der Buchen-Ahorn- und insbesondere der Eichen-Hickorynuß-Wälder in die Waldsteppenzone (Parklands) über. Lockere Wäldchen, an edaphische und/oder mikroklimatische Gunststandorte gebunden, prägen die Landschaft. Der südlicheren Trockengrenze des Waldes ist eine savannenähnliche Grasflur mit verstreuten Einzelbäumen vorgelagert, die als „Oak Savannah" bezeichnet wird. Vermutlich ist die Oak Savannah das Ergebnis einer Brandsukzession in Waldgrenznähe, weil die bestandsbildende Kletteneiche (Quercus macrocarpa) dank ihrer besonders dicken Borke weitgehend feuerresistent ist (*Klink/Mayer* 1983, S. 202). Inseln offenen Graslandes, die ihrem Erscheinungsbild nach einer krautreichen Wiesensteppe entsprechen, setzen westlich von 87° westlicher Länge ein. Jenseits des Mississippi wächst Wald nur noch als Galeriewald in feuchten Talauen, und die „Parklands" weichen der baumfreien Langgras- oder Hochgrasprärie (tall-grass- oder true-grass-prairie).

Die Waldsteppe, die die geschlossenen Grasfluren im Nordwesten ablöst, findet ihre Begrenzung in einem Saum kontinental getönter Fallaubwälder. Die nemorale Zone keilt in Minnesota und in den südlichen Inneren Ebenen (Interior Plains) Kanadas aus. Die Grenze zur Waldsteppe wird zunehmend von Mischwäldern mit Hemlocktannen (Tsuga spec.) und Zuckerahorn (Acer saccharum) als dominante Arten markiert. Noch kontinentalere Klimaverhältnisse, der Situation in Westsibirien vergleichbar, lassen die kanadische Wald- oder Parksteppe unmittelbar an die boreale Nadelwaldzone angrenzen.

Das isolierte Prairiegebiet am mittleren Peace River im zentralen Westen der Provinz Alberta, zeugt von ehemals größerer Verbreitung des Graslandes nach Norden. Die Ursachen mögen im Einfluß einer

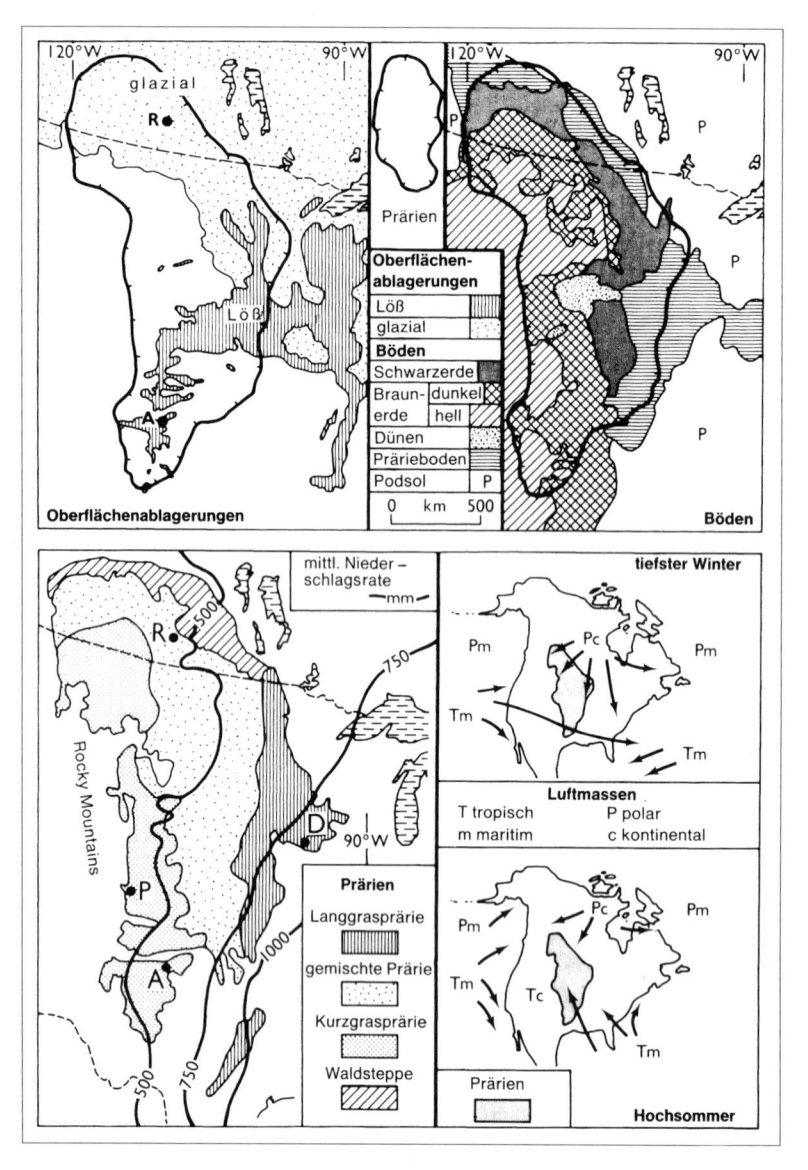

Abb. 3.3.2.2/5
Böden, Bodensubstrat und Klima im Bereich der nordamerikanischen Prärie.
Ein Großteil der nordamerikanischen Prärien entwickelte sich über Löß und glazialem Geschiebelehm. Die Kartogramme verdeutlichen die Verbreitung der typischen Steppenböden und Prärien zwischen 55°N und 33°N (R=Regina, Saskatchewan; D=Des Moines, Iowa; P=Pueblo, Colorado; A=Amarillo, Texas). Weitere Erläuterungen im Text.
aus: *Money* 1982, S. 27

postglazialen Wärmeperiode und im stabilisierenden Lee-Effekt des Felsengebirges zu suchen sein (*Lenz* 1988, S. 78).
Eine regionale Besonderheit im Vegetationskleid der Waldsteppe Kanadas und Nord-Dakotas stellen die zahlreichen Espenhaine dar. Ihr Vorkommen ist an regenfeuchte Senken gebunden oder an die Ufer kleiner Seen, sofern deren Wasser nicht verbrackt ist, wie in der Gemischten Prärie. Im semiariden Klima kann sich in wenig reliefiertem Gelände kein weitverzweigtes oberflächliches Entwässerungssystem entwickeln. Die Niederschläge sammeln sich vielmehr in kleinen Depressionen. Beim langsameren Infiltrieren verdichtet sich der Untergrund durch Verlagerung von Feinmaterial. Die Bodenvolumina werden verringert und die Senken vertieft. Nach dem gleichen Prinzip sind auch in der nördlichen sibirisch-kasachischen Steppe und in der argentinischen Pampa Seenplatten entstanden (*Walter* 1990, S. 278).

Laubwälder, Waldsteppe und Oak Savannah sind heute infolge von Rodung und Umbruch stark eingeschränkt und weitgehend in offenes Ackerland (Mais-Soja-Gürtel mit Klee und Winterweizen des Mittelwestens) umgewandelt.

Die Langgrasprärie ist wie die Wiesensteppe krautreich, besitzt aber eine größere Artenvielfalt. Große floristische Unterschiede treten bei Gräsern und Kräutern zwischen den nördlichen und südlichen Teilgebieten auf. Da weder eine Gebirgs- noch eine Wüstenbarriere die meridionale Ausdehnung der Prärie unterbricht, können tropisch/subtropische Florenelemente aus Süden vordringen, wie z. B. wärmeliebende Gräser (Andropogon (Bartgras), Panicum (Hirse)) oder Leguminosen. Demgegenüber dominieren im Norden frostresistente Steppengräser (Poa (Rispengras), Stipa (Federgras), Festuca (Schwingel)). In Korrelation zum Temperaturanstieg ist im Süden, hauptsächlich in den wintermilden Präriegebieten, der Anteil an C_4-Arten in der Flora bedeutend höher, während im Norden C_3-Pflanzen vorherrschen.

Die Langgrasprärie setzt mit dem 95. Grad westlicher Länge ein. (Die Sonderstellung dieses Meridians wird auch bodengeographisch betont, da er die Hauptbodengruppen der USA trennt: Pedalfers im Osten von den Pedocals im Westen.) Kennzeichnend für diesen Prärietypus ist ein dichter, lückenloser Bestand an Kräutern und Stauden und hochwüchsigen Gräsern. Je nach Relief und abhängigem Feuchtegrad lassen sich in ihr drei Typusvarianten unterscheiden:

Highlandprärie mit 50–100 cm hohem dominantem Andropogon scoparius und sehr hohem Krautanteil

Lowlandprärie mit Andropogon gerardi (big bluestem; 1,5 m hoch (in Blüte 2 m))

Talauenprärie (in nassen Senken) mit dem 2 m hohen (blühend 3 m) Besengras Spartina pectinata (*Walter/Breckle* 1991, S. 352) (s. Abb. 3.3.2.2/6).

Unter den zahlreichen Stauden finden sich Goldrute (Solidago), Sonnenblume (Helianthus), Tragant (Astragalus) und Astern. Nach Westen stellen sich in der krautreichen, von den Bartgräsern beherrschten Hochgrasprärie vermehrt Stipaarten ein. Die Aspektfolge hat außer den Hauptblütezeiten im Frühsommer und im Hochsommer noch einen markanten Herbstaspekt, weil sich die Andropogon-Arten so spät entwickeln. Im Gegensatz zur Steppe findet das „Ausbrennen" im Spätsommer nicht statt.

Mit zunehmender Aridität geht die Langgrasprärie in die Mischgrasprärie (Gemischte Prärie, Mixed Prairie) der Great Plains über, die sich bei 400–500 mm Jahresniederschlag entfaltet. Die Festlegung des Grenzverlaufs zwischen den beiden Steppenzonen bei 98° westlicher Länge entspricht dem Verlauf der klimatischen Trockengrenze, d. h. der 500-mm-Niederschlagslinie. Als Ergebnis reiner Mittelwertsklimatologie entspricht die Festlegung eines definierten Meridians nicht den tatsächlichen

Abb. 3.3.2.2/6
Nordamerikanisches Präriegebiet. Profil durch das westliche Zentrale Tiefland und die Tafelländer der Great Plains.
nach: *Hahn* 1990, S. 257

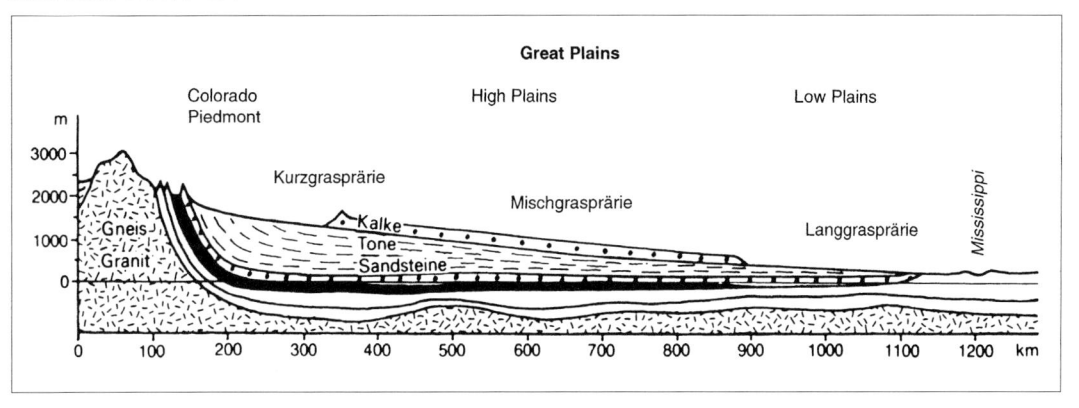

Feuchteverhältnissen. Die Jahresniederschläge weichen stark vom langjährigen Mittelwert ab (Schwankungen von 60–180% in siebzigjährigem Beobachtungszeitraum bei Salina/Kansas (*Küchler* 1972 in: *Walter/Breckle* 1991, S. 348)). Da die Vegetation unmittelbar auf das Niederschlagsangebot reagiert, kann die Mischgrasprärie nicht scharf abgegrenzt werden. Wenn in Regenjahren die hohen Gräser zur Vorherrschaft gelangen, wird die Mischgrasprärie periodisch zur Langgrasprärie; deren Absterben in Dürrejahren führt zum Aspekt einer Kurzgrasprärie. Floristisch stellt die Mischgrasprärie einen Übergang zur Kurzgrasprärie dar mit einem Mikromosaik von Hoch- und Niedriggräsern. Ihre mit 50–100 cm mittelhohe Horstgrasassoziation wird von Andropogon scoparius bestimmt. Die erreichten Wuchshöhen sind indes nicht nur Ausdruck mehr oder weniger günstiger Wachstumsbedingungen, sondern artspezifisch festgelegt.

Der überwiegende Teil der Charakterarten der Feuchtprärie entwickelt in den ganzjährig bis zum Grundwasserhorizont durchfeuchteten Böden ein über 2 m tief reichendes Wurzelwerk. Wie in der Feuchtsteppe werden drei gestaffelte Wurzelstockwerke ausgebildet, was sich positiv auf den Artenreichtum auswirkt. Bei nach Westen abnehmender Durchfeuchtung verringert sich auch die Wurzeltiefe und verkürzt sich die Wuchshöhe. Die hohen Niederschläge von über 600 mm könnten durchaus einer potentiellen Bewaldung entgegenkommen. Aber ohne Ausschaltung der Konkurrenz der Gräser und ohne zusätzliches Wasserangebot während längerer Dürreperioden kann sich der Wald nicht halten. Zwei weiteren waldfeindlichen Faktoren kommt besondere Bedeutung zu: den durch Blitzschlag verursachten Präriefeuern und den Tritt- und Verbißschäden durch weidende Großwildherden. Andererseits sind – neben dem Klima – gelegentliche Steppenbrände und leichte Beweidung notwendige Voraussetzungen für die Entstehung, Regeneration und Erhaltung der natürlichen Prärievegetation. Nach der Einwirkung von Feuer verbessern sich Belichtung, Bodentemperatur und Stickstoffversorgung. Vor den genannten Einflüssen schützen sich die Pflanzen, insbesondere die Gräser, durch phylogenetisch erworbene Anpassungsstrategien. So sind z. B. Gräser durch die in Bodennähe verborgene Lage des Vegetationspunktes geschützt. Einlagerungen von Kieselsäure in der Epidermis reduzieren den Phytophagenfraß. Teilungsbereites Gewebe in den Stengelbasen ermöglicht fortlaufendes Nachwachsen, wenn die Spitzen abgebissen wurden. Mäßiger Verbiß regt (bei günstiger Wasserversorgung) zu verstärkter Photosynthese an, wodurch Verluste ausgeglichen werden können (*Bick* 1989, S. 94) (vgl. Tab. 3.3.2.2/3). Da die Vegetation der Beweidung angepaßt ist, bleibt das Ökosystem unter natürlichen Verhältnissen in optimalem Gleichgewicht. Flächen ohne Beweidung degenerieren aufgrund der Anhäufung von abgestorbenem Pflanzenmaterial. Falls die Streu nicht durch Brand reduziert wird, ist der Austrieb stark behindert. Demgegenüber bringt eine übermäßige Beweidung Selektionsvorteile für gemiedene Arten, führt aber zur Degradierung der Grasflur. Bei zu starker Trittbelastung und wiederholtem Verbiß wird die Grasnarbe zerstört und die Oberfläche freigelegt, wodurch es zwangsläufig zu Deflation und Bodenerosion kommt. Ursprünglich war die Prärie Lebensraum für riesige Herden von Amerikanischen Büffeln (Bison bison) und Gabelantilopen (Antilocarpa americana). Als herbivorer Paarhufer zählt der Bison zu den höchst entwickelten Wiederkäuern, spezialisiert auf rohfaserreiche und zeitweilig rohproteinarme Nahrung (*Bick* 1989, S. 89). Dank der jahreszeitlichen meridionalen Nahrungswanderungen konnten sich die auf etwa 50–60 Mio. Bisons und 15 Mio. Gabelböcke

Tab. 3.3.2.2/3: Ober- und unterirdische jährliche Primärproduktion in $t \cdot ha^{-1}$

Probefläche	Oberirdische Produktion		Unterirdische Produktion	
	unbeweidet	beweidet	unbeweidet	beweidet
Tallgrass Prairie	3,46	4,42	5,42	6,35

aus: *Walter/Breckle* 1991, S. 356 (verkürzt)

geschätzten Wildbestände problemlos ernähren. Die nahezu völlige Ausrottung der Büffel im 19. Jahrhundert bedeutete gleichzeitig den Verlust der Nahrungsgrundlage für die in der Steppe lebenden Indianerstämme. Derzeit leben Bisons mit einer Populationsstärke von ca. 30000 Tieren nur noch in Schutzgebieten. Ihr Biom steht heute dem Getreideanbau und der Zucht von Hereford-Rindern zur Verfügung.

Ebenso wie die Steppen sind auch die Prärien Heimat vieler Nager. Die relative Homogenität des Lebensraumes läßt gemäß dem zweiten biozönotischen Grundprinzip (je einseitiger und extremer die Lebensbedingungen, desto geringer die Artenzahl und höher die Individuendichte) eine artenarme aber individuenreiche Tierbevölkerung zu. Beispielhaft zu nennen sind hier die höhlengrabenden Präriehunde (Cynomys) und die Erdhörnchen (Citellus). Sie sind neben anderen bodenwühlenden Kleinsäugern Nahrung für zoophage Konsumenten wie Silberdachs, Kojote, Klapperschlange oder Eule. Die in Erdhöhlen brütende Eule Speotyto cunicularia (Burrowing Owl) und das Präriehuhn (Tympanuchus cupido) sind typische Vertreter der Vogelwelt in der Prärie. Die Biomasse der Insekten, besonders der Zweiflügler, Grashüpfer, Käfer, Spinnen und Ameisen als Nahrungsgrundlage der Vögel, ist beträchtlich.

Nager und Hasentiere haben ihre Bedeutung nicht nur als Glieder in der Nahrungskette, sondern auch in ihrer Einwirkung auf das Mikrorelief. Durch Umlagerung und Auswurf kalkreichen Substrates entstehen um die Baue kleine Erhebungen, die sich alsbald mit einer kalkholden Flora überziehen. Schmelzende Schneewehen erhöhen die Durchfeuchtung des lockeren Materials und ermöglichen Büschen, bisweilen sogar Bäumen, in die Steppe vorzudringen. Die Erdhügel der Nager sind sehr persistent und prägen das Landschaftsbild auch noch dort, wo die Tiere schon weitgehend vernichtet wurden (*Tischler* 1990, S. 205).

Die Böden von amerikanischer Waldsteppe und Langgrasprärie, Phaeozeme und Chernozeme, entsprechen weitgehend denjenigen der eurasischen Feuchtsteppe. Auch hier spielt bei der Ausbildung des typischen A-C-Profils die Humusanreicherung durch Bioturbation eine wesentliche Rolle. Gute Krümelung, ausreichende Carbonatgehalte, hohe Austausch- und Wasserkapazität sind weitere Voraussetzungen für die hohe potentielle Fruchtbarkeit.

Unter den humid/semihumiden Bedingungen des Zentralen Tieflandes werden die Böden noch stark ausgewaschen. Es bilden sich humose, aber entkalkte, verbraunte und schwach saure Phaeozeme (*Scheffer/Schachtschabel* 1991, S. 457). Die tiefgründigen, dunkelbraunen bis dunkelgrauen Phaeozeme (griechisch phaios = schwarzgrau) entsprechen einer degradierten Schwarzerde und gelten als die typischen Prärieböden (prairie soils oder Udolls). An feuchteren Standorten sind sie oft lessiviert (Luvic Phaeozem) und mit humusreichen Grundwasserböden (Mollic Gleysols) vergesellschaftet. Ihre beträchtliche Produktionskraft hängt auch von der hohen Speicherkapazität ab, derzufolge Niederschlagsdefizite den Pflanzenwuchs weniger stark limitieren (vgl. Band 10/II, 2.3.2.1.2).

Bei zunehmender Aridität unterbleibt die Auswaschung. Statt dessen führt der aufwärtsgerichtete Bodenwasserstrom zur Ausbildung eines Kalkanreicherungshorizontes mit Carbonatausblühungen, Kalkfäden (Pseudomycelien) oder Kalkaugen (russisch Bjeloglaski = weiße Augen) (s. Abb. 3.3.2.2/1). Über ein weites Bodenartenspektrum, zumeist aus der Verwitterung von Mergeln und Löß hervorgegangen, entwickeln sich dank des reichen Bodenlebens tiefgründig humose und äußerst fruchtbare Chernozeme. Die zugehörige zonale Vegetationsformation ist die Gemischte Prärie.

Hinsichtlich ihrer Produktivität kommt den naturbelassenen Prärien der gleiche Stellenwert zu wie den eurasischen Steppen. Trotz unterschiedlichem Artenspektrum aber analogen Lebensbedingungen stehen auch hier Phytomasse und Primärproduktion in direkter Abhängigkeit zur verfügbaren Niederschlagsmenge. Sproß- und auch Wurzelmassen werden in relativ kurzer Zeit umgesetzt (*Schultz* 1988, S. 248), so daß man innerhalb des ca. einjährigen Stoffkreislaufs und Energieflusses von einem quasi-konstanten Gleichgewichtszustand (steady state) des Grasland-Ökosystems sprechen kann.

e) Bedeutung der Steppengebiete für die Landwirtschaft

Sowohl die nordamerikanischen Prärien als auch die eurasischen Steppen sind heute durch den Menschen weitgehend agrarisch umgestaltet. Besonders die Feucht- oder Schwarzerdesteppen sind wegen ihrer hohen Bodenfruchtbarkeit fast vollständig in Ackerflächen mit extensivem Getreidebau umgewandelt. Weizen- und Maisanbau dominieren und ließen die ehemaligen Steppengebiete zu „Kornkammern der Erde" werden. In den früheren Trocken- und Wüstensteppen überwiegt heute eine extensive Weidewirtschaft. Bis zur agronomischen Trockengrenze, die in Abhängigkeit von der potentiellen Verdunstung um Jahresniederschlagswerte von 250–350 mm schwankt, wird Regenfeldbau betrieben. Er kann noch ertragreich, zumindest aber rentabel sein, wenn er sich standortangepaßter Produktionsweisen bedient. Weizen wird als Hauptgetreideart in höchst kommerzialisierten und mechanisierten Großbetrieben erzeugt. Dürrestreß und minimierter Düngereinsatz lassen die Hektarerträge geringer ausfallen, als sie unter Berücksichtigung der arbeitsextensiven Getreide-Brache-Wirtschaft zu erwarten wären. Mit dem Dryfarming-System (Trockenfarmsystem), bei dem mittels Schwarzbrachen die Verdunstung gemindert und die Niederschläge meist mehrere Jahre im Boden gespeichert werden, läßt sich der Wasservorrat erhöhen.

Die heute angebauten Getreidesorten sind vor allem aus Steppengräsern gezüchtet worden und haben ihr Ertragsoptimum unter subhumiden Wachstumsbedingungen. Wie problematisch Bemühungen sind, den Getreideanbau in die ariden Zonen auszuweiten, zeigen die ökologischen Konsequenzen verheerender Dürren in den umgepflügten Trockensteppen der Great Plains und Kasachstans. Aufgrund einiger überdurchschnittlich feuchter Jahre wurden in den Plains immer wieder Gebiete unter den Pflug genommen, die für einen sicheren Weizenanbau zu trocken waren. Wie nie zuvor, kam es während der Dürreperiode von 1934–1941 in der „dust bowl" (Staubschüssel) des Mittelwestens zu katastrophalen Staubstürmen mit verherrendem Bodenabtrag (vgl. 4.3.2.1). „Da der Mensch die ökologischen Grenzen einer Nutzung dieser ariden Räume nicht erkannte bzw. glaubte, sie ignorieren zu können, löste er einen Prozeß fortschreitender Standortdegradierung aus. Solange die Trockensteppe in ihrem Naturzustand belassen und nur extensiv beweidet wurde, konnten ihr Dürreperioden wenig Schaden zufügen. Als der Mensch jedoch ackerbaulich in diesen Raum jenseits der Trockengrenze vordrang und die schützende Vegetationsdecke umpflügte, trocknete der entblößte Boden tiefgründig aus und wurde sowohl durch Starkwinde als auch durch Flächenspülung nach Gewittergüssen abgetragen. Heute zeugen vielerorts die unfruchtbaren ‚badlands' mit tiefen Erosionsschluchten... von der anthropogenen Zerstörung dieses Naturraums" (*Klink/Glawion* 1982, S. 467).

Für die westsibirisch-kasachischen Steppen wurden zwischen 1954 und 1961 großangelegte Pläne zur Neulandgewinnung ausgearbeitet, ohne die in den Great Plains gemachten Erfahrungen einzubeziehen und der Regenunsicherheit Rechnung zu tragen. Unberechenbar auftretende Trockenzeiten und austrocknende Winde, Sommerstürme und Starkregen, ungehinderte Erosion und Bodendegradation, Heuschreckenkalamitäten und Nagetierfraß runden das Spektrum negativer Einflüsse ab und konterkarieren die mit der agraren Inwertsetzung verbundenen Erntehoffnungen.

Von erheblichen Flächenverlusten zeugen auch die in der osteuropäischen Steppenzone verbreiteten Erosionsformen der Owragi und Balki (russisch sing.: Owrag = Schlucht, Erdspalte, Balka = lange Schlucht). Owragi sind 4–20 m tiefe und einige hundert Meter lange Steppenschluchten, die scharf in das schwach reliefierte Gelände eingeschnitten sind. Sie entstehen durch die Erosivkraft großer Wassermengen bei Schneeschmelze und sommerlichen Starkregen. Balki gehen auf periglazial angelegte Trockentäler zurück und werden bei Längen bis 30 km rezent weitervertieft.

3.3.2.3 Winterkalte Trockensteppen: Natürliche Ausstattung und Nutzungsmöglichkeiten

Mit zunehmender Trockenheit gehen die Mischgrasformationen der Feuchtsteppe in die semiaride winterkalte Trockensteppe über. Gräser dominieren, erreichen aber nur noch Wuchshöhen von weniger als 10 bis 40 cm. Ihr intensives Wurzelwerk breitet sich vorwiegend im oberflächennahen Bodenbereich aus und kann deshalb auch geringe Niederschlagsmengen erfassen. Der niederen Wuchshöhe tragen die Benennungen der Trockensteppe als Kurzgrassteppe bzw. „short-grass prairie" Rechnung.

a) Verbreitung und klimatische Kenndaten

In Asien schließt sich die Trockensteppenzone in einem 100 bis 400 km breiten Band äquatorwärts an die Feuchtsteppe an. Kurzgrassteppen umgreifen weiträumig die aralo-kaspische Niederung einschließlich des Balchasch-Gebietes, grenzen im Norden an krautarme Federgrassteppen, überziehen im Osten und Süden die unteren Stockwerke der mittelasiatischen Hochgebirge und finden ihre westlichste Verbreitung in der Mugansteppe (westl. Transkaukasien) und im Anatolischen Hochland. In Nordamerika besteht eine weitgehende Übereinstimmung zwischen der Isohygromene 6 (Verbindungslinie zwischen Orten mit sechs humiden bzw. ariden Monaten) und der Grenze zwischen kraut- und staudenreicher Hochgras-Prärie und Kurzgras-Plains. Die winterkalte short-grass-Formation erstreckt sich zwischen 55°N und 37°N. Südlichere Plains-Areale zählen zu den wintermilden Subzonen. Größere zusammenhängende Trockensteppen liegen im Columbia-Plateau, im Großen Becken und im Colorado-Plateau.

Die klimatischen Rahmenbedingungen wie hohe Globalstrahlung, Kontinentalität mit hoher Jahres- und Tagestemperaturamplitude, Herkunft und Verteilung der Niederschläge etc. entsprechen mit Ausnahme des Ariditätsgrades weitgehend denen der Feuchtsteppe. Bei Jahresniederschlägen von 250 bis 500 mm und in der Regel höheren Sommertemperaturen und größerem Verdunstungspotential sind weniger als sechs Monate humid, aber sieben bis zehn Monate arid oder zumindest semiarid. Die geringen Niederschläge und die ausgeprägte sommerliche Dürrezeit schränken die Vegetationszeit auf das Frühjahr ein, weil durch das zeitliche Auseinanderdriften von thermischer und hygrischer Vegetationsperiode die effektive Wachstumszeit noch stärker beschnitten wird als in der Feuchtsteppe.

Die Great Plains werden besonders stark von Naturkatastrophen betroffen. Im Winter kommt es durch den Vorstoß polarer Luftmassen zu heftigen Schneestürmen. Im Frühjahr beschleunigt die Zufuhr feucht-warmer Luftmassen aus dem Golf von Mexiko die Schneeschmelze und führt zu Überschwemmungen. Wechselnde Wetterlagen lassen häufig Tornados entstehen, und Konvektionstätigkeit am Rand des Felsengebirges führt zu Blitzschlag und Hagelstürmen. Der idealisierte Querschnitt durch die Great Plains (s. Abb. 3.3.2.3/1) zeigt, wie Veränderungen der Klima-, Vegetations- und Bodenbedingungen miteinander verbunden sind. Besonders kritische Veränderungen (Sekundärversalzung des

Abb. 3.3.2.3/1
Ineinandergreifende Umweltfaktoren in den Great Plains
aus: *Haggett* 1983, S. 132 (Erläuterung im Text)

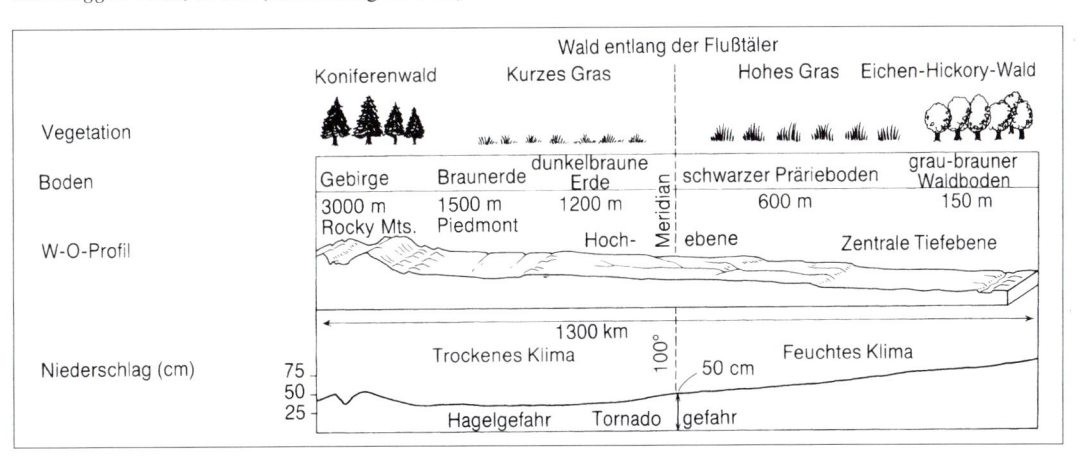

Oberbodens) werden vom Eindringen des Regens in eine Salzschicht im Unterboden verursacht. Diese Schicht liegt im Osten in 1,20 m Tiefe und im Westen in nur 0,20 m Tiefe. Wo die Salzschicht 0,80 m erreicht, bei etwa 98° westlicher Länge, verläuft die klimatische Trockengrenze und mit ihr die Grenze von Kurzgras- und Langgrasprärie.

Bei sehr unterschiedlicher Regenverteilung werden Teile der Plains von Dürren heimgesucht, während andere unter exzessivem Regen und Überschwemmungen leiden (*Caviedes* 1992, S. 381). Die ohnehin unter starkem bioklimatischem Streß stehenden Pflanzen werden durch den Föhneffekt zusätzlich beeinträchtigt: Ostwärts wandernde pazifische Luftmassen gleiten über die Kordillerenketten und wirken sich am Ostrand der Rocky Mountains als heißer, ausdörrender Fallwind (Chinook) aus.

b) Eurasische und nordamerikanische Trockensteppe

Fließende Übergänge von der trockener werdenden Gemischten Steppe in die Trockensteppe Eurasiens zeigen sich in zunehmender Krautarmut und in der Dominanz der Federgräser. Hohe Biomassenanteile an der trockenen Federgrasformation hat das Haarpfriemengras (Stipa capillata), das bis in die Halbwüste vordringt. Dank der Fähigkeit der Stipa-Arten, die Transpiration nicht nur durch Stomataschluß zu regulieren, sondern die gesamte Blattspreite borstenartig einrollen zu können, sind sie gegen Verdunstungsverluste hinreichend geschützt. Noch wirksamere Anpassung an die ariditätsbedingten Belastungen zeigen niederwüchsige xerophytische Büschelgräser der Gattung Festuca (Schwingel). Die geringen Wasservorräte, um die auch andere Kurzgräser wie Agropyron (Quecke) konkurrieren, lassen keine geschlossenen Vegetationsdecken mehr zu, doch der schüttere Bewuchs wirkt sich günstig auf die Besiedelung mit Annuellen, vor allem aber mit perennierenden dürreresistenten Stauden und Halbsträuchern aus. Die kurze Zeit dauernde Durchfeuchtung des Oberbodens können sogar hygrophytische Ephemeren nutzen. Zur Halbwüste hin werden die Gräser sukzessive von Halbsträuchern, insbesondere dem Wermutstrauch (Artemisia spec.), verdrängt; nach und nach geht die Kurzgrassteppe in eine Halbstrauch-Kurzgras-Steppe über.

In der floristisch recht eintönigen Kurzgras-Prärie sind die harten Horstgräser Bouteloua gracilis (Blue Grass, Blue Grama) und Buchloe dactyloides (Büffelgras, Buffalo grass) dominant. Das Büffelgras, das beste Weidegras der Kurzgras-Prärie, bildet lange, bewurzelte, oberirdische Ausläufer (Stolonen). Die Wurzeln dringen aber nur bis zum mittleren Niveau der Bodendurchfeuchtung vor, das, nach Westen ansteigend, bei weniger als 25 cm Tiefe durch den Kalkanreicherungshorizont angezeigt wird.

Der *zonale Bodentyp*, der sich unter der Trockensteppe entwickelte, ist ein kastanienfarbener Boden, der Kastanozem. Er hat als dritter Leittypus der Steppenboden-Zone ebenfalls eine A-C-Horizontierung, aber mit deutlich geringerem Humusgehalt. In Abhängigkeit vom Gesteinsuntergrund können aufsteigende Kapillarwässer sekundäre Kalk- oder Gipsanreicherungen bzw. -bänke absondern (s. Abb. 3.3.2.3./2). Wegen der damit verbundenen schlechteren Durchwurzelbarkeit, des langandauernden Wasserdefizits und des geringmächtigen Humushorizontes sind Kastanozeme vergleichsweise weniger fruchtbar. Bei künstlicher Bewässerung ackerbaulich genutzter Flächen ist die Versalzungsgefahr groß, so daß sich neben dry-farming-Methoden vor allem die Weidenutzung anbietet.

c) Landnutzung in den Trockensteppen

Falls während der Vegetationsperiode mindestens 100 mm Niederschlag fallen und mindestens zwei Monate humid sind, ist der Anbau von Sommerweizen in der winterkalten und von Winterweizen in der wintermilden Steppenzone möglich. Diese Werte werden jenseits der Grenzgebiete des Regenfeldbaus nicht mehr erreicht, so daß sich dort als standortangepaßte Nutzung extensive Weidewirtschaft empfiehlt. Ihre traditionelle Form, die (halb-)nomadische Viehhaltung, wird kaum noch aufrechterhalten. Statt dessen haben sich in Nordamerika mit den Ranches (span. rancho = Schuppen, Viehfarm) spezialisierte Viehwirtschaftsbetriebe entwickelt. Sie betreiben stationäre oder semistationäre Viehhaltung (meist Rinderhaltung; in trockensten Gebieten Schafhaltung) auf sektionierten Dauerweideflächen. Die geringe Futterkapazität des natürlichen Weidelandes kann durch Einsaat geeigneter

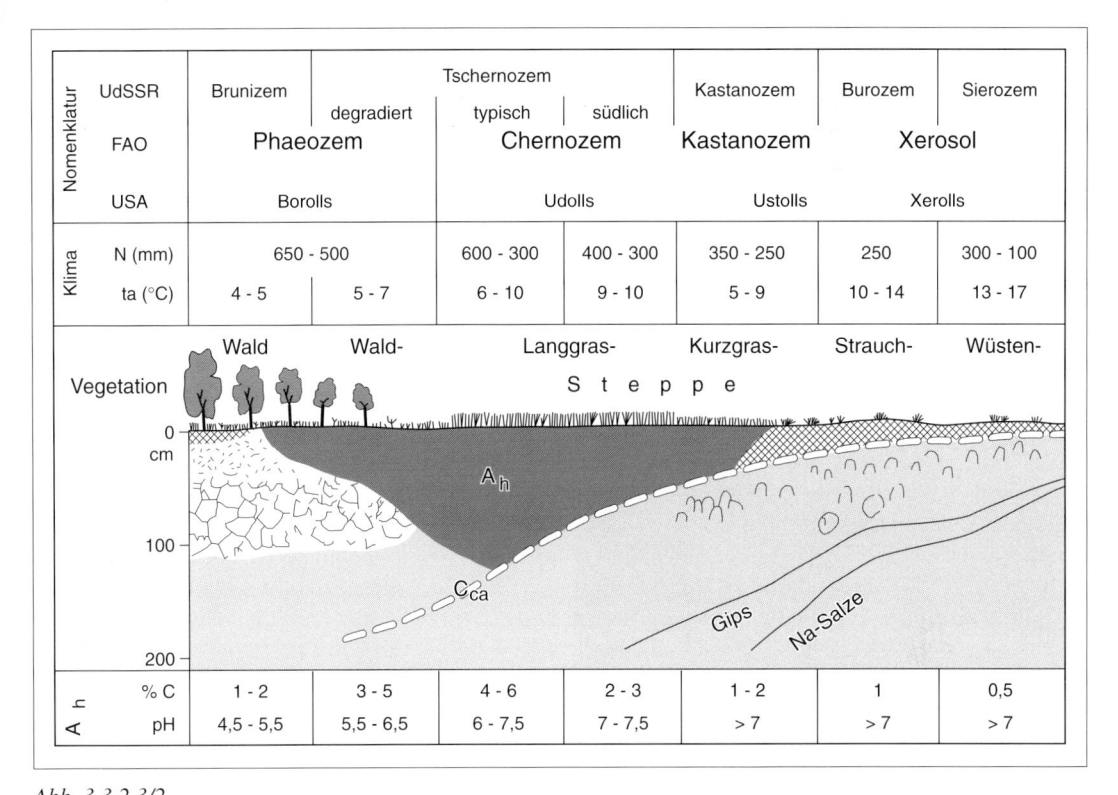

Nomenklatur	UdSSR	Brunizem		Tschernozem		Kastanozem	Burozem	Sierozem
			degradiert	typisch	südlich			
	FAO	Phaeozem		Chernozem		Kastanozem	Xerosol	
	USA	Borolls		Udolls		Ustolls	Xerolls	
Klima	N (mm)	650 - 500		600 - 300	400 - 300	350 - 250	250	300 - 100
	ta (°C)	4 - 5	5 - 7	6 - 10	9 - 10	5 - 9	10 - 14	13 - 17
Vegetation		Wald	Wald-	Langgras- Steppe	Kurzgras-		Strauch-	Wüsten-
A_h	% C	1 - 2	3 - 5	4 - 6	2 - 3	1 - 2	1	0,5
	pH	4,5 - 5,5	5,5 - 6,5	6 - 7,5	7 - 7,5	> 7	> 7	> 7

Abb. 3.3.2.3/2
Steppenböden der UdSSR.
Mit zunehmender Aridität nehmen Mächtigkeit und Humusgehalt des A_h-Horizontes zunächst zu, dann wieder ab; die Lessivierung geht zurück, während die Gehalte an Kalk, Gips und Natriumsalzen sowie der pH-Wert steigen.
nach: *Scheffer/Schachtschabel* 1992, S. 455

Futtergräser nur bedingt verbessert werden, weil die Tragfähigkeit primär durch den Jahresniederschlag vorgegeben wird. Für die Trockensteppe bedeutet dies einen Besatz von 5 bis 16 Rindern pro 100 ha (*Schultz* 1988, S. 278). Weideunterteilung, Anlage von Saatweiden, Zukauf und Futterbevorratung durch „Heu auf dem Halm" sollen die Einkommenserwartung der kapitalintensiven Großbetriebe erfüllen.
In Mittel- und Zentralasien blieben die traditionellen periodischen Weidewanderungen auch nach der Kollektivierung erhalten; letztere hat aber besonders in Kasachstan zur Reduzierung von Weideflächen und Viehbestand geführt (*Spielmann* 1989, S. 66). Die weidewirtschaftliche Intensivierung in den westlichen Plains ging – trotz der zunehmend bedenklicher werdenden Wasserbereitstellung – zur Koppelung von Bewässerungs-Futterbau mit Weide- oder Fütterungswirtschaft über. Mit dem Feldfutter werden in offenen Ställen oder Pferchen, den „feedlots" (amerikanisch = Fütterungsplätze), Massenbestände von mehreren zehntausend Rindern gemästet.
Der Bewässerungs-Futterbau wird häufig auf kreisrunden Bewässerungsflächen (center-pivot-system; englisch pivot = Achse, Drehbewegung) (s. Abb. 3.3.2.3/3) betrieben.
Als azonale Besonderheit nutzen die Pivots Irrigationswasser aus dem Ogallala Aquifer, dessen fossile Wasserreserven nahezu erschöpft sind (*Klohn* 1992, S. 24). In Zukunft wird die unvermeidliche Verringerung der Bewässerungsflächen zwangsläufig eine Extensivierung einleiten. Dabei werden weite Flächen wieder in Grasland zurückgeführt, aber eine Rückkehr zum ursprünglichen Prärie-Ökosystem kann diese Sekundärsukzession nicht leisten.

Abb. 3.3.2.3/3
Center-Pivot-Bewässerung in Nebraska
aus: *Mittleman* 1989, S. 43

3.3.2.4 Wintermilde Trockengebiete unter besonderer Berücksichtigung des Pampagraslandes

An die winterkalten Trockengebiete der Nordhalbkugel schließen sich äquatorwärts Wüsten bzw. Feucht- und Trockensteppen an, die durch milde Winter gekennzeichnet sind. Die Mitteltemperaturen des kältesten Monats liegen in den Feuchtsteppengebieten über 0 °C, in den sommerdürren Trockensteppen sowie in den temperierten Wüsten bei 0 bis +6 °C. Während die Subzone der wintermilden Feuchtsteppe nur in der südlichen Langgras-Prärie größere Flächen einnimmt, fehlt sie wegen der extremeren Temperaturgegensätze in Eurasien ganz. Entsprechungen auf der Südhalbkugel finden sich auf der Südinsel Neuseelands. Dort hat der markante Lee-Effekt auf der Ostseite der Neuseeländischen Alpen (Southern Alps) im Otago-Distrikt zu ausgedehnten Steppen, dem Tussockgrasland (vgl. 3.3.2.4, Abschnitt a)), geführt.

Weiter verbreitet sind die wintermilden und sommerdürren Trockensteppen. In Eurasien bilden sie den Übergang von den Mittelasiatischen Gebirgssteppen in das windermilde Wüstengebiet Südturans. Sie sind aufgrund der südlichen Lage wärmer als die winterkalten Gebirgssteppen, ohne daß monsunale Einflüsse größere Wirkung erlangen. In Nordamerika nehmen sie die südwestlichen Plains ein, deren Büffelgrasprärie von Mesquitedornsträuchern (Prosopis juliflora) durchsetzt ist.

Die flächenhaft und meridional größte Ausdehnung haben die wintermilden Trockengebiete in Südamerika. Von 38 bis 47 °S ziehen sich Steppen entlang des ostpatagonischen Andenvorlandes bis Feuerland und zu den westlichen Falkland-Inseln (Malwinen) (vgl. Abb. 3.3.2.4/1). Mit zunehmender Entfernung vom Andenrand zeigt die Vegetation trotz Annäherung an den Südatlantik Halbwüstencharakter, weil der kalte Falklandstrom und die selten blockierte Westwinddrift das Eindringen feuchter Luftmassen von Osten verhindern.

Abb. 3.3.2.4/1
Vegetationskarte von Argentinien
nach *Cabrera* aus: *Walter/Breckle* 1991, S. 394
1: subtropische Regenwälder und Auenwälder; 2: Chaco-Trockenwald; 3: feuchte Dornbusch-Gehölze; 4: trockene *Prosopis caldenia*-Gehölze und Savannen; 5: Gehölz-Pampa (der Waldsteppe entsprechend); 6: Baumlose Graspampa; 7: Präpuna mit Säulenkakteen; 8: *Larrea*-Strauchwüste; 9: Puna-Kältewüste; 10: Patagonische Zwergstrauch-Halbwüste; 11: Patagonisches Grasland (Steppen); 12: Hochandine alpine Vegetation; 13: Valdivianische und subantarktische Regenwälder

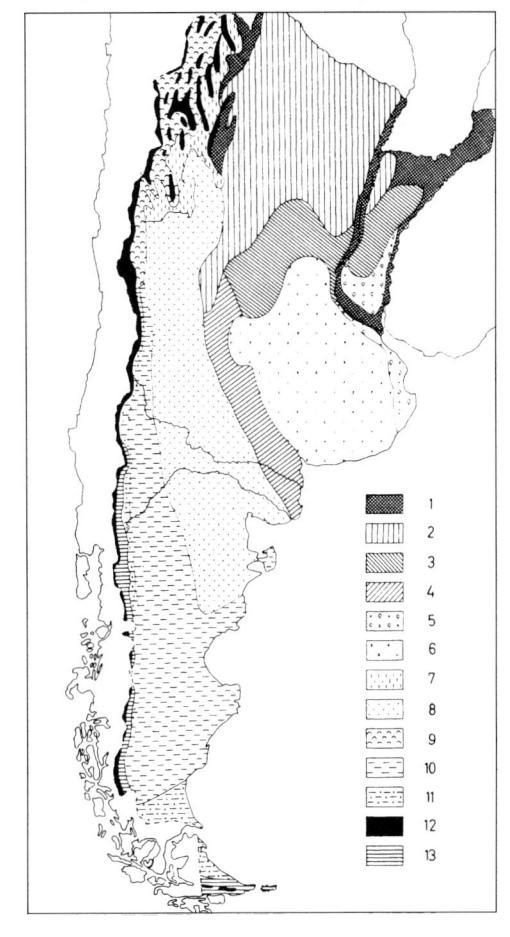

a) Tussockgrasländer der Südhalbkugel

Die südhemisphärischen Grasländer, zu denen auch die argentinische Pampa (vgl. 3.3.2.4, Abschnitt b)) zu rechnen ist, unterscheiden sich wesentlich von denen der Nordhalbkugel. An Stelle der aus der Kontinentalität abzuleitenden Dreiteilung des jährlichen Vegetationsgeschehens in Wachstumsphase, Trockenruhe und Kälteruhe wird die Vegetationszeit nur noch von einer Trockenzeit (Sommer) unterbrochen. Nur in den südlichsten Teilen bringt der Winter auch eine thermische Ruhezeit.

Während die Patagonischen Kordilleren bei Frontdurchgängen Stauniederschläge von über 4000 mm/Jahr empfangen, verbleiben der ostpatagonischen Leeseite nur schwache Schauer. Sie sind so ausgeglichen verteilt, daß am Atlantik bei insgesamt 160 mm/Jahr kaum meßbare Niederschlagsereignisse eintreten. Der Westen des Tieflandes, d. h. der subandine Bezirk, wird bei Niederschlägen von 500 bis 300 mm von einer Trockensteppe auf überwiegend kastanienfarbigen Böden eingenommen (s. Abb. 3.3.2.4/2). Der besonderen Wuchsform der Gräser wegen – obwohl sie mit Stipa und Festuca denselben Gattungen wie die nördlichen Steppengräser angehören – wird dieser ausschließlich südhemisphärisch auftretende Steppentyp als Tussock-Grasland bezeichnet. Mit „Tussock" werden meterhohe dichte Grasbüschel (sog. Horste) benannt. Die am Ende der Regenzeit verdorrten steifen Halme und Blätter bleiben jahrelang stehen erhalten und verleihen den Tussockgrasländern ganzjährig ein gelblichbraunes Aussehen. Alle wichtigen Charakterarten der patagonischen Steppe

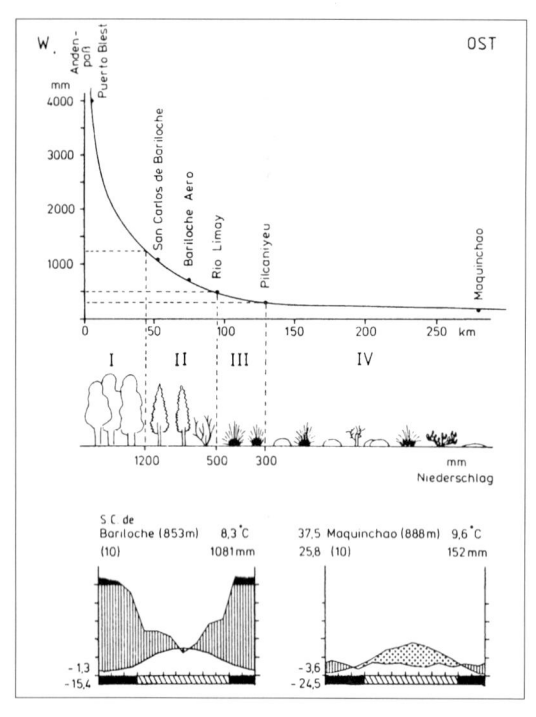

Abb. 3.3.2.4/2
Der extreme Niederschlagsgradient und die dadurch bedingte Vegetationsabfolge an der Andenostabdachung entlang des 41. Breitengrades.
I: Regenwald; II: Trockenwald; III: Subandine Grassteppe; IV: Patagonische Zwergstrauch-Halbwüste.
Die Klimadiagramme verdeutlichen Niederschlagsverteilung und Temperatur im Jahresgang.
aus: *Walter/Breckle* 1991, S. 406, verkürzt

gehören den niedrigen ausdauernden Tussockgräsern an. Der typische zweistöckige Aufbau der schütteren Trockensteppe setzt sich aus den ca. 50 cm hohen oberen Horstgräsern und einer unteren Krautpolsterflur zusammen. Häufig treten halbkugelförmige Dornpolsterpflanzen auf, deren Ausbreitung als Weideunkräuter vom Wind und wegen fehlenden Verbisses begünstigt wird.

Mit dem Übergang in die patagonische Zwergstrauch-Halbwüste werden xerophytische Polsterpflanzen auf Serozem-Standorten dominant. Ihr Deckungsgrad beträgt jedoch nur 30 bis 40%. Sie gehören verschiedenen Familien an wie Compositen (Korbblütler), Umbelliferen (Doldenblütler), Verbenaceen (Eisenkrautgewächse), Rubiaceen (Rötegewächse) oder Empetraceen (z.B. Krähenbeere). Die charakteristische Polsterform, die sich bei vielen Zwergstraucharten ohne Rücksicht auf ihre systematische Verwandtschaft (Konvergenz, vgl. Band 10/II, 2.3.2) herausselektionierte, dürfte eine Anpassung an das rauhe Klima, insbesondere an den beständig starken Wind, sein (mittlere Windgeschwindigkeit im offenen Ostpatagonien bis nahezu 8 m/sec). Nirgends auf der Erde haben polsterförmige Zwergsträucher einen so hohen Anteil an der Gesamtvegetation wie in der patagonischen Halbwüste. Der ökophysiologische Vorteil der Polsterwuchsform ist offenkundig. Bei den im Südsommer besonders häufigen Frontdurchgängen entsteht in den Aufklarungsphasen einstrahlungsbedingt eine relativ hohe Bestandstemperatur. Böiges Auffrischen des Windes ersetzt dann die autochthon entstandene warme Luft der Polsterbestände durch kalte allochthone Subpolarluft. Hohe Windgeschwindigkeiten erhöhen die Verdunstung und damit die Transpirationsverluste. Dies ist vor allem in den wachstumsintensiven Spätfrühlings- und Frühsommertagen nachteilig, zu einer Zeit recht günstiger Bodenwasserverhältnisse (*Endlicher* 1991, S. 149). Der Polsterwuchs trägt dagegen zur Aufrechterhaltung eines wärmeren, verdunstungsverminderten Mikroklimas bei und bewirkt, daß sich innerhalb der Polster feuchtespeicherndes Feinbodenmaterial anhäuft. Das für Polsterpflanzen typische ausgedehnte Pfahlwurzelsystem sorgt zusätzlich für einen ausgeglichenen Wasserhaushalt (vgl. Abb. 3.3.2.4/3).

Die Patagonischen Steppen und Zwergstrauch-Halbwüsten sind seit ca. 100 Jahren extensiv genutzte Schafweidegebiete. Die Biomasseproduktion von Weideflächen im südöstlichen Teil zeigt eine nahezu lineare Abhängigkeit von den Niederschlägen (s. Abb. 3.3.2.4/4).

Abb. 3.3.2.4/3
Wuchsform und Wurzelverlauf bei der patagonischen
Dornpolsterart Mulium spinosum
aus: *Walter/Breckle* 1991, S. 417

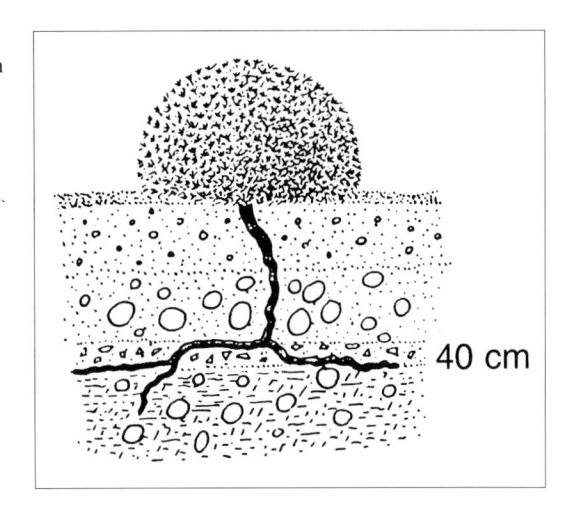

Der Futterwert der natürlichen Steppen und Zwergstrauchsteppen erlaubt nur eine mittlere Tragfähigkeit von einem Schaf pro ha bei einer Konsumeffizienz von 70%. Als Weidereserven für Dürrezeiten dienen ertragreichere windgeschützte Talfurchen. Auf überweideten Steppen sinkt der ohnehin niedrige Weidewert auf unter 0,5 Schafe pro ha und Jahr. Weil nur etwa 10% aller Pflanzenarten Patagoniens annehmbare Futterwerte (d.h. Nährwert, Rohproteingehalt, Akzeptanz durch Konsumenten) haben, insbesondere der Weidewert der Tussockgräser gering ist, wurden sie größtenteils durch europäische Futterpflanzen ersetzt.

Das Naturraumpotential Ostpatagoniens wird nicht nur durch Windbelastung, Niederschlagsmangel und – aus agrarökologischer Sicht – geringen Weidewert gekennzeichnet. Eine Beeinträchtigung dieses Potentials erfolgte auch durch Degradation und Deflation infolge jahrzehntelanger Überstockung.

b) Südamerikanisches Pampagrasland

Das größte zusammenhängende Grassteppengebiet Südamerikas ist die Pamparegion Argentiniens und Uruguays. Sie liegt zwischen 32 und 38°S und ist heute landwirtschaftliches Kerngebiet. Die Pampa

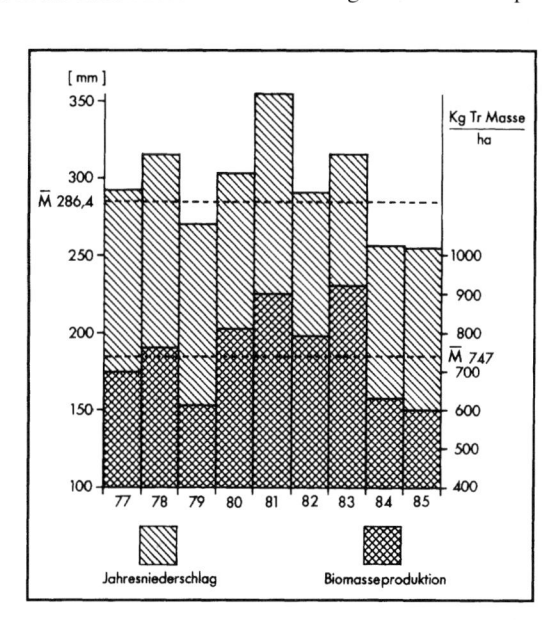

Abb. 3.3.2.4/4
Jahresniederschläge und Biomasseproduktion
(Trockenmasse) auf Weidetestparzellen der Schafestancia „Kampenaike" an der Magellanstraße
aus: *Endlicher* 1991, S. 146

(auch Pampas (Plural), südamerikanisches Indianerwort = baumlose Ebene) zählt jedoch nicht zu den Steppen der kühlgemäßigten Zone, sondern sie stellt ein semiarides Graslandbiom der warmgemäßigten Subtropen dar. Dank maritimer Einflüsse liegt der kälteste Monat im Mittel über 2 °C. Thermische Einschränkungen des Wachstums während der milden Winter gibt es kaum. Hinderlich wirkt sich allerdings der „Pampero" aus, ein kalter, stürmischer Südwind, der sich bei Kaltlufteinbrüchen aus dem Polargebiet einstellt.

In der östlichen Pampa gibt es keine wirklich trockenen Monate, sondern nur einen Wechsel zwischen einer feuchten und einer relativ trockenen Phase. *Troll/Paffen* (1964, S. 24) haben die östliche Pampa folgerichtig dem Bereich der ständig beregneten Klimate der warmgemäßigten Zonen zugeordnet und heben sie als Gebiet „ständig feuchten Graslandklimas" (IV_6, vgl. Abb. 2.1.2/1 in Band 12/I) besonders hervor.

Demnach müßten die thermohygrischen Bedingungen eigentlich einem ausgedehnten potentiellen Waldwuchs entgegenkommen. Statt dessen wird die Pampa in ihrem ursprünglichen Zustand von einer krautreichen Hochgrasvegetation eingenommen. Im wärmeren Norden dominieren aus den Savannen eingewanderte tropische Gräser, während der kühlere Süden von Tussockgräsern (Horste von Paspalum quadrifarium) geprägt wird. Die Frage nach der Ursache der Waldfreiheit bzw. nach der Ursprünglichkeit der Pampagrasflur, als „Pampaproblem" bekannt geworden, wurde jahrzehntelang kontrovers diskutiert. Das Vorhandensein von Galeriewäldern und Gehölzgruppen (mit Waldsteppen-Charakter) sowie die relativ hohen Niederschläge von 1000 mm im NE und 500 mm an der südwestlichen Trockengrenze führten zur Deutung, daß die Pampa ein ehemaliges, von Indianern durch Feuer zerstörtes Waldland war. Die Wälder mußten einer Grasflur als anthropogener Sekundärformation weichen (Abb. 3.3.2.4/5).

Mehrere Argumente widersprechen dieser Hypothese. So werden die relativ hohen Niederschläge durch die beträchtliche potentielle Evaporation egalisiert. Besonders ausgeprägt ist die negative Wasserbilanz im niederschlagsarmen, aber einstrahlungsintensiven Hochsommer. Hohe Niederschlagsschwankungen und extreme Trockenperioden verschärfen die waldfeindlichen Klimabedingungen. Die Sodaverbrackung abflußloser Tümpel und austrocknende Salzpfannen sind ein weiteres Indiz für semiaride Verhältnisse. In den schwarzerdeähnlichen, z. T. aus Vulkanasche entstandenen Lößböden, die sich durch starke Quellbarkeit und Schwundrisse auszeichnen, konnten keine Waldhumusreste gefunden werden. Statt dessen weisen sie hohe Kieselsäuregehalte auf, wie sie sich nach der Verwesung kieselsäurereicher Gräser anreichern. Gewitterniederschläge, in Sommernächten sehr häufig, durchfeuchten die stark verdichteten tonreichen Böden nur oberflächlich. Sie werden größtenteils von der Verdunstung oder den Graswurzeln aufgezehrt, bevor sie in Tiefen gelangen können, die den Wurzelraum von Holzpflanzen bilden. Gehölze kommen nur auf gut durchlässigen Kalk- oder Sandböden vor, in denen

Abb. 3.3.2.4/5
Schematisches Profil durch die Landschaft im südlichen Entre Rios an der nördlichen Grenze der Pampa mit Gehölzen.
1. Galeriewald am Parana-Arm; 2. Überschwemmungsgebiet mit Korallensträuchern; 3: grundwassernahes Tussock-Grasland mit Paspalum; 4. Acacia/Prosopis-Gehölz an Hängen und in Tälern; 5: baumlose Gras-Pampa auf fast ebenen, schlecht drainierten Plateau-Standorten.
nach: *Walter/Breckle* 1991, S. 392

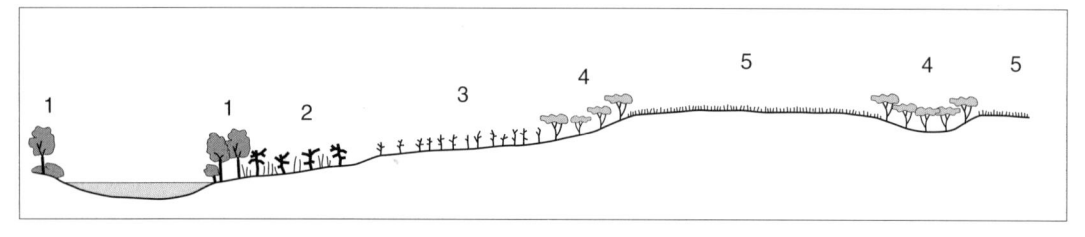

das Wasser rasch genug versickert. Die schlecht drainierten Böden tragen dagegen eine Grasvegetation (*Walter/Breckle* 1991, S. 394). Die Annahme, daß die Pampa ein ursprüngliches Steppenbiom ist, wird auch durch tiergeographische Untersuchungen gestützt (*Müller* 1977, S. 159). Danach stellt die Pampa ein eigenes Ausbreitungszentrum einer Steppenfauna dar, deren endemische Arten an waldfreie Standorte angepaßt sind. Die für den Erhalt des Grasland-Ökosystems geforderte leichte Beweidung oblag ehedem Rudeltieren wie dem Guanaco (Wildform des Lamas) und dem Pampahirsch sowie dem Laufvogel Nandu (Straußenart). Im Vergleich zu den in der Regel klimaökologisch bedingten Steppen hängt der Graswuchs der Pampa somit vorrangig von den Bodenverhältnissen ab.

3.3.2.5 Winterkalte und sommerfeuchte Trockensteppen und deren monsunale Beeinflussung

Im Gegensatz zu den winterkalten und sommerdürren Trockensteppen, die sich vom Kaspischen Meer bis Mittelasien und in die westmongolischen Becken erstrecken, zeichnet sich der vergleichbare zonale Steppentyp Zentral- und Ostasiens durch seine sommerlichen Niederschläge aus. Der winterkalte und sommerfeuchte Trockensteppengürtel reicht über die zentralasiatischen Hochländer Tibets und die Ränder des Tarimbeckens, der Dsungarei und der Mongolei bis in das nordchinesische Lößland der Ordoschwelle und in die schwemmlößbedeckte Große Ebene Chinas. Ein isoliertes Steppenvorkommen erstreckt sich auf das von Löß und Alluvionen bedeckte flachhügelige Tiefland der zentralen Mandschurei (Nordostchina).

a) Monsunale Beeinflussung der sommerfeuchten Steppen

Die klimatische Sonderstellung dieser Trockensteppen ist eine Folge des Monsuneinflusses mit jahreszeitlich wechselnden Luftdruck- und Windverhältnissen. Im Sommer entstehen über den hochgelegenen Heizflächen Zentralasiens Hitzetiefs, in welche maritime Winde einströmen. Für die Niederschlagsgenese Ostasiens ist das über der Mongolei gelegene Tiefdruckgebiet von Bedeutung, weil es die pazifischen Nordostpassate zu auflandigen Süd- und Südostwinden, dem Südostmonsun, umlenkt. Im Winter induziert die starke Abkühlung des Festlands Kältehochs, aus denen kalte und trockene Winde in die östlichen Randgebiete abfließen (vgl. Teilband 12/I, 2.1.4.7.3).

Entscheidend für die sommerliche Niederschlagsaktivität ist jedoch nicht der Südostmonsun, sondern die Konvergenz der warm-feuchten monsunalen Strömung mit einer kühlen Höhenströmung aus Nordwesten. Letztere ist an einen im Lee der zentralasiatischen Hochgebirge verankerten Höhentrog der Westwinddrift gekoppelt (*Weischet* 1980, S. 561) (vgl. Teilband 10/I, 2.3.6.5). Die für die Vegetation wichtigen Sommer-Niederschläge mit Maxima im Juni und Juli entstehen demnach aus den Zyklonen dieser Polarfront, die den Kontinent queren und am Rande Ostasiens nach Nordost schwenken (*Neef* 1970, S. 252). Die Lage der Polarfront verändert sich jahreszeitlich in meridionaler Richtung. Sie bringt den nördlichen und unter dem Einfluß des mongolisch-sibirischen Kältehochs wintertrockenen Gebieten nicht nur geringere, sondern auch von Jahr zu Jahr stark schwankende Niederschlagsmengen. Im Sommer kommt es immer wieder zu Dürrekatastrophen, während im Winter Kaltlufteinbrüche mit wenig ergiebigen Niederschlägen charakteristisch sind. Vor allem in der Mandschurei, deren Klima noch Monsuncharakter hat, treten während der trockenkalten, schneearmen Winter heftige Staubstürme auf (*Neef* 1970, S. 259). Betont kontinentale Temperaturgegensätze entwickeln sich in Nordchina zwischen den feuchtheißen Sommern mit günstigen Wachstumsbedingungen und den kalttrockenen Wintern, in denen die Vegetation völlig ruht (einphasiger Vegetationsrhythmus).

b) Charakteristik der sommerfeuchten Trockensteppen

Die Besonderheit der ostasiatischen Steppenvegetation zeigt sich im Fehlen kurzlebiger, im Frühling blühender Pflanzen. Die dünne, nur episodisch vorkommende Schneedecke liefert nämlich zu wenig Wasser, um die chernozemartigen Böden hinreichend zu durchfeuchten. Obwohl das Frühjahr für Frühlingsephemere warm genug ist, wird ihr Erscheinen daher durch Bodentrocknis verhindert. Die winterliche Trockenruhe dehnt sich somit extrem lang bis in das Frühjahr aus. Weil nennenswerte Nie-

Tab. 3.3.2.5/1: Schwebstofftransport (Lößlehm) von Hwango und Mississippi

	Schwebstofffracht		Einzugsgebiet (1000 km²)	mittl. Jahresabfluß (m³/s)
	Mio. t/J	t/s)		
Hwangho	1 847	59	772	1 357
Mississippi	980		3 248	19 000
zum Vergleich: Rhein	4		224	2 200

aus: *Czaya* 1981 und *Keller* 1962

derschläge erst Ende Mai einsetzen, ergrünt die Steppe relativ spät. Hauptgrasarten sind Stipa-Gräser; anstelle der mit fedrigen Grannen ausgestatteten Arten dominieren Pfriemengräser der Capillata-Serie. Die mongolischen Federgrassteppen gründen auf humusreichen Kastanozemen. Sie gehen mit zunehmender Trockenheit in Federgras-Artemisia-Steppen auf hellen und flachgründigen kastanienfarbenen Böden über (*Harke* 1987, S. 477).

Ein weiteres Charakteristikum ist die wechselseitige Bedingtheit von zonaler Steppenvegetation und den bis zu 300 m mächtigen Lößdecken. „Lößablagerungen erfolgen nur auf Flächen mit einer Steppenvegetation. Dick verstaubte Wälder würden rasch absterben" (*Walter/Breckle* 1986, S. 187). Der Löß entsteht aus dem Flugstaub, der winters aus den zentralasiatischen Wüsten ausgeblasen und durch Nordwestwinde verfrachtet wird. Die Steppengräser halten den abgelagerten Löß fest und durchdringen während der sommerlichen Vegetationszeit die ständig wachsende Sedimentschicht. Dieser seit den Eiszeiten andauernde Prozeß wurde durch die ackerbauliche Nutzung empfindlich gestört. Anstelle der ganzjährig geschlossenen Grasnarbe traten winters kahle Ackerflächen, was Auswehungen und tiefgreifende Erosionsschäden zur Folge hatte. Das katastrophale Resultat der Bodenerosion ist die ständige Überschwemmungsgefahr, welche der Gelbe Fluß Hwangho als weltgrößter Schlammtransporteur in sich birgt (vgl. Tab. 3.3.2.5/1). Im August 1933 wurde bei Hochwasser in Shensien ein Schlammgehalt von 36% ermittelt. Nach heftigen Regenfällen „nimmt sich sein Wasser wie dickflüssige Erbsensuppe aus" (*Czaya* 1981, S. 62). Nur 60% der Schlammfracht erreichen das Meer, 40% werden im Flußbett des Unterlaufs abgelagert. Als 1898 ein Dammbruch unterhalb von Lohou/Jinan erfolgte, wurde eine Fläche von 500 km² unter einer eineinhalb bis drei Meter mächtigen Sand- und Schwemmlößdecke begraben (*Czaya* 1981, S. 178). Stabilisierungs- und Aufforstungsprogramme mit Robinia pseudacacia (Scheinakazie) sollen weiteren Massenverlusten Einhalt gebieten. Heute sind nur noch wenige Restbestände der Steppenvegetation erhalten geblieben.

3.3.2.6 Winterkalte Halbwüsten und Wüsten: Extreme Lebensbedingungen außerhalb der Ökumene

In der Regel werden die zentral gelegenen Wüsten von peripheren Halbwüsten eingerahmt. Eine deutliche Trennung der vegetationsarmen Halbwüsten von den weitgehend vegetationsfreien Vollwüsten ist nicht immer möglich, zumal sich die beiden Typen, je nach klimatischer und edaphischer Gunst oder Ungunst, auch mosaikartig durchsetzen. Den Steppen entsprechend, werden die Halbwüsten und Wüsten der gemäßigten Breiten nach der Mitteltemperatur ihres kältesten Monats in wintermilde (0 bis +6 °C) (vgl. 3.3.2.4) und winterkalte (unter 0 °C) Subzono-Ökotone unterschieden. Zusätzlich zum gravierenden Wassermangel, den nur äußerst dürreresistente Dauerpflanzen überstehen können, verlangen die extremen Tiefsttemperaturen einen hohen Grad an Kälteresistenz.

a) Verbreitung und klimatische Kennwerte
Die winterkalten Halb- und Vollwüsten Eurasiens setzen in der Kaspisenke am Unterlauf der Wolga ein. Dadurch weitet sich das geozonale Spektrum Europas bis in die vollaride Trockenzone aus. In Mit-

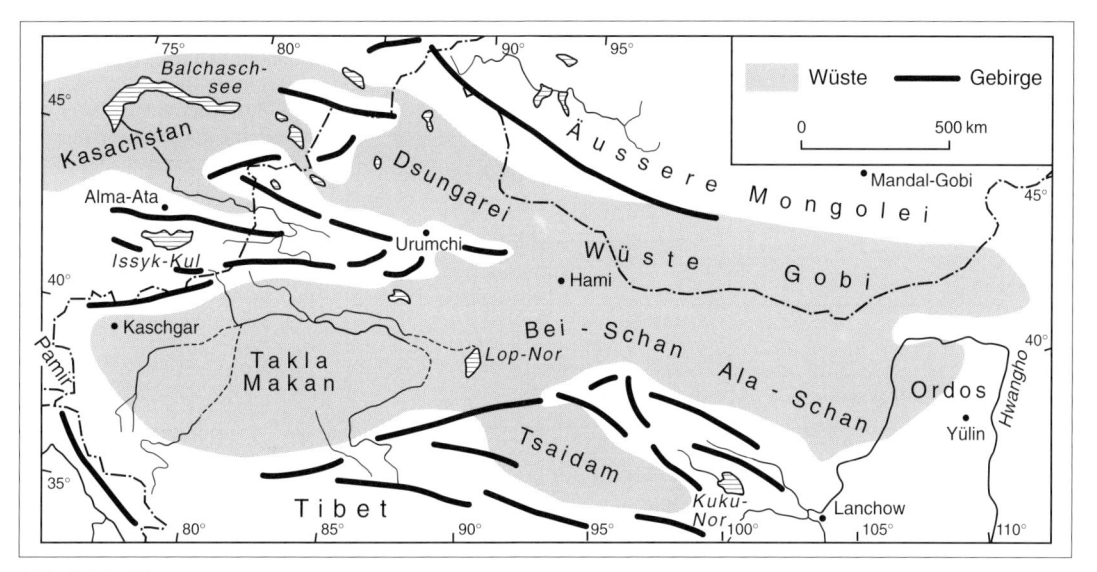

Abb. 3.3.2.6/1
Die Gliederung der zentralasiatischen Wüstengebiete.
Die Dsungarei ist ein klimatisches und vegetationsgeographisches Übergangsgebiet nach Mittelasien.
aus: *Walter* 1990, S. 289

telasien gehören dazu die Aralo-Kaspische Niederung mit der Wüste von Turan (außer der wintermilden Karakorum-Wüste) und die Kasachstano-Dsungarische Wüste. Zu den sommerheißen Wüsten Zentralasiens zählen die östliche Dsungarei, die Gobi, das westliche Ordosgebiet, Ala-Schan und Pei-Schan sowie das Tarim-Becken mit der Takla-Makan („Taklimakan" uigurisch = „Hinein kann man, aber nicht heraus" (*Hrsg. Verlag für fremdsprachige Literatur* 1984, S. 68)). Das Tsaidam-Becken leitet zu den tibetanischen kalten Hochgebirgswüsten über (s. Abb. 3.3.2.6/1).

In Nordamerika kommt es innerhalb der kühlgemäßigten Zone nur zur Ausbildung von winterkalten Halbwüsten. Sie liegen als inselhaft verteilte „deserts" in der intermontanen Region des Großen Beckens. Vollwüsten im eigentlichen Sinne weist Nordamerika nur in seiner hochariden Subtropenzone auf.

Die hohe Aridität der nordamerikanischen Halbwüsten und Wüsten beruht sowohl auf der meerfernen Binnenlage als auch auf der reliefbedingten Leewirkung hoher Gebirgsbarrieren. So weist beispielsweise der relativ meernahe Trockenraum des zentralen Great Basin infolge der Einbettung zwischen Pazifischem Gebirgssystem und Felsengebirge nur gering ergiebige zyklonale Niederschläge (unter 250 mm, vorwiegend als Schnee) auf. Die Niederschlagsmenge hochvariabler konvektiver Gewitterregen summiert sich während der Vegetationsperiode auf weniger als 100 mm. Tiefst- und Höchsttemperaturen bewegen sich zwischen -40 und $+40\,°C$ bei Jahresmittelwerten um $10\,°C$. Die klimatischen Bedingungen des Großen Beckens hinsichtlich Temperatur-Amplitude, Strahlungsbilanz und potentieller Evaporation lassen sich durchaus mit jenen der asiatischen Wüsten vergleichen: Wegen geringer Wolkenbedeckung und geringen Wasserdampfgehaltes der Luft sind Ein- und Ausstrahlung sehr hoch. Trotz ihrer großen Albedo erwärmt sich die Erdoberfläche stark, weil wegen des Wassermangels kaum ein Transport von latenter Wärme (Verdunstung) stattfindet. Wegen der Bodentrocknis unterbleibt auch die Abgabe fühlbarer Wärme an das Bodenwasser.

Im Unterschied zu den Halbwüsten des Columbia- und Colorado-Plateaus, die zum Pazifik entwässert werden, ist das zentrale Great Basin eine abflußlose Beckenlandschaft. Die von Schmelzwasser und episodischen Gewitterregen genährten endorheischen Flüsse verlieren sich oder münden in versalzte

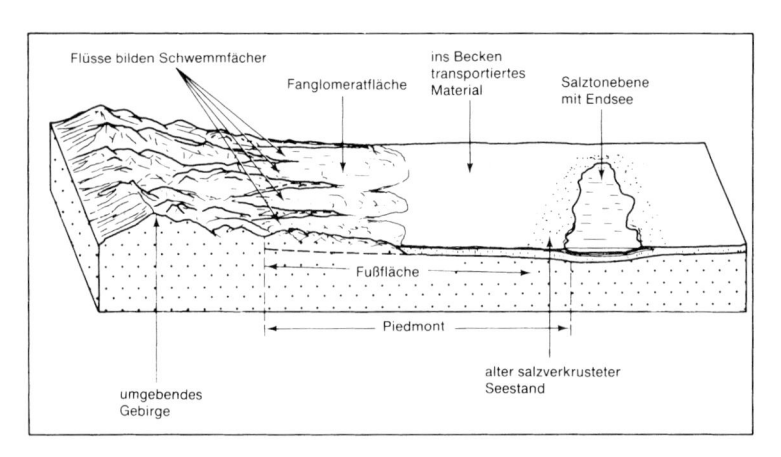

Abb. 3.3.2.6/2
Blockbild von der Flanke eines
abflußlosen Beckens.
Die Flüsse der Gebirgstäler
führen im wesentlichen nur
während der Schneeschmelze
Wasser.
aus: *Money* 1982, S. 50

Endseen (s. Abb. 3.3.2.6/2). Deren größter ist der Große Salzsee mit einer mittleren Tiefe von nur 3 bis 5 m und einem verdunstungsbedingt hohen Salzgehalt von 25 bis 27% (Blume 1979, Bd. II, S. 267). Mit einer (weiteren) Schrumpfung des Sees muß gerechnet werden, weil in seinem Einzugsgebiet vermehrt Wasser für Bewässerungszwecke verbraucht wird.
Ähnlich sind die Verhältnisse in den Reliefwüsten (oder Binnenwüsten) Mittel- und Zentralasiens mit Jahresniederschlägen von 80 bis 120 mm. Am extremsten sind sie in der Kernwüste des Tarim-Beckens (Jahresniederschläge: Khotan 38 mm, Charchan 9 mm); die dort gelegene Takla-Makan gilt als eine der lebensfeindlichsten Wüsten der Erde.

b) Eurasische und nordamerikanische Halbwüsten und Wüsten
Die weniger versalzten Böden Eurasiens werden von monotonen Halbstrauchformationen der Wermutart Artemisia maritima eingenommen. Charakterart der zonalen Vegetation auf Burozemen der nordamerikanischen Halbwüsten ist der „sagebrush", der Wermutstrauch Artemisia tridentata. Er ein maximal 2 m hoch wachsender Zwergbusch bzw. Halbstrauch, der ca. 50 Jahre alt werden kann und über 3 m tiefe Pfahlwurzeln ausbildet. Als malakophyller Xerophyt zeigt der Sagebrush (englisch: brush = Gestrüpp) besondere Überlebensstrategien: In den Blättern angereicherte Bitterstoffe (Kumarine und Terpenoide) schützen vor Phytophagenfraß (erfrorener Wermut verliert jedoch seine Bitterstoffe); bestimmte chemische Ausscheidungsstoffe behindern Samenkeimung und Wurzelatmung der Konkurrenten; größere, im Frühjahr gebildete Blätter sind bis zur Sommerdürre aktiv, kleinere Blätter mit geringeren Transpirationsverlusten treiben im späten Frühjahr aus und überdauern (*Heinrich/Herg* 1991, S. 93). Der Deckungsgrad der diffus verteilten Artemisia-Dauervegetation liegt meist bei unter 50%, daneben sind überdauernde Horstgräser und ephemere Therophyten in der schütteren Pflanzendecke vertreten. Der hohe Artemisia-Anteil (bis 90% an der je nach Wasserangebot variierenden pflanzlichen Gesamtmasse von $2-12$ t $\cdot$ ha^{-1}) prägt mit dem silbrigen Grau und dem aromatischen Duft die „Sagebrush-semi-desert". Die zunehmende Ausdehnung der Artemisiaflächen geht auf negative Selektion durch Überweidung zurück.
Als Zonal *gebundener klimabedingter Bodentyp* kommen bei insgesamt schwacher Bodenentwicklung in den Halbwüsten Xerosole (das sind graubrauner Burosem im nördlichen und grauer Serosem im südlichen Bereich) vor. Der im Vergleich zu den Yermosolen der Vollwüste etwas höhere Humusanteil resultiert aus der höheren Vegetationsbedeckung. Das aride Bodenfeuchteregime verhindert eine wirksame chemisch-biologische Verwitterung bzw. Lösungsverwitterung und Stoffauswaschung. Es trägt statt dessen besonders in Beckenlandschaften zur Anreicherung stärker löslicher Salze wie Chloride und Nitrate oder schwächer löslicher Salze wie Soda bei. Der Salzeintrag kann unter natürlichen Bedingungen sowohl aus der Luft durch Staub oder salzhaltigen Niederschlag als auch durch kapillaren Aufstieg der Bodenwässer mit nachfolgender Verdunstung und Auskristallisation der Salze erfolgen. So

Abb. 3.3.2.6/3
Vegetationsformationen und Landnutzung der winterkalten Steppen und Wüsten
nach: *Klink/Mayer* 1983, S. 224, vereinfacht

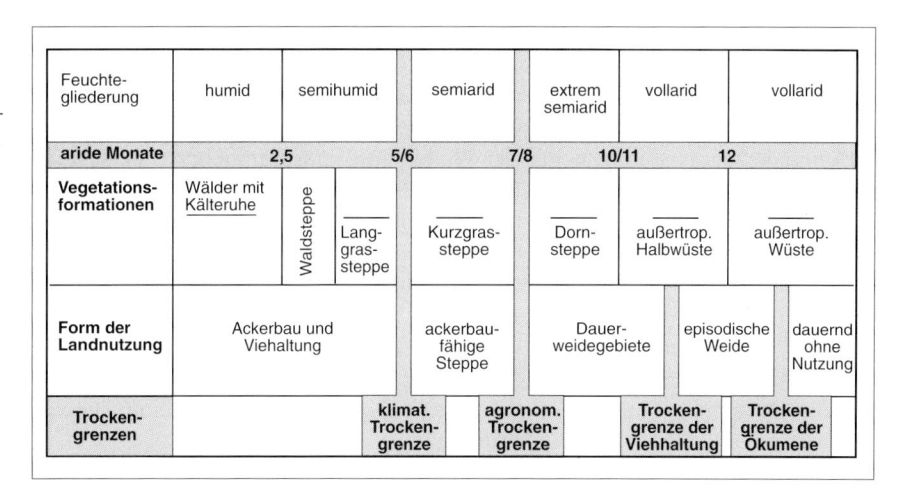

Feuchte- gliederung	humid	semihumid	semiarid	extrem semiarid	vollarid	vollarid
aride Monate	2,5		5/6	7/8	10/11	12
Vegetations- formationen	Wälder mit Kälteruhe	Waldsteppe / Lang- gras- steppe	Kurzgras- steppe	Dorn- steppe	außertrop. Halbwüste	außertrop. Wüste
Form der Landnutzung	Ackerbau und Viehaltung		ackerbau- fähige Steppe	Dauer- weidegebiete	episodische Weide	dauernd ohne Nutzung
Trocken- grenzen			klimat. Trocken- grenze	agronom. Trocken- grenze	Trocken- grenze der Viehaltung	Trocken- grenze der Ökumene

haben z.B. die Salzauswehungen aus dem trockengefallenen Seeboden des Aralsees immense Ausmaße angenommen (siehe 4.3.2.2). Als zonale Böden entstehen tonreiche Solonchake (russ. sol = Salz), bei denen die leicht löslichen Salze im Oberboden konzentriert sind und z.T. an der Oberfläche eine Salzkruste (Krustensolonchak) bilden. Die standortangepaßte Vegetation setzt sich aus halophilen Arten zusammen. Neben Salicornia (Queller) und Atriplex (Melde) dominieren in Nordamerika Sarcobatus vermiculatus („Greasewood"), in der Alten Welt Halocnemon strobilaceum (Wirtelmelde). Grundwasserabsenkung führt bei Solonchaken zur Entsalzung und damit zur Bildung von Solonetz-Böden. Für Kulturpflanzen sind Salzböden ungünstig (toxische Effekte, wenig durchlässig, harte Schollen, tiefe Schrumpfungsrisse); Salzböden haben daher nur eine geringe Fruchtbarkeit. Sofern nicht der extensiven Beweidung vorbehalten, erfordert ihre ackerbauliche Nutzung (s. Abb. 3.3.2.6/3) umfangreiche Meliorationsmaßnahmen, vor allem Wässerung und Grundwasserabsenkung.

In Vollwüsten treten außer Rohböden meist salzhaltige Yermosole auf, sofern die Bodenbildungsprozesse wegen permanenter Materialumlagerung (z.B. bei aktiver Sandbewegung) nicht unterbleiben. Sie sind, wie in der Halbwüste, ebenfalls mit Solonchaken der ton- und schluffreichen Endpfannen (Takyr-Solonchake) vergesellschaftet.

Ein charakteristisches Bild der Landformen zeigt das Tarimbecken (Xinjiang/Sinkiang, China) (s. Abb. 3.3.2.6/4). Am Beispiel der Takla Makan sollen charakteristische geomorphologisch-hydrologische Erscheinungen und Prozesse skizziert werden: Die vergletscherten Randgebirge erhalten wegen ihrer Höhe genügend Niederschläge, um während des Sommers reichlich Schmelzwasser zu produzieren. Ihre Flüsse transportieren eine erhebliche Schuttfracht und lagern riesige Fanglomeratfächer vor dem Gebirgsfuß ab. Zahlreiche Flüsse versiegen nach kurzem Lauf in der Takla-Makan, die zu 85% aus Sandgebieten mit bis zu 300 m hohen Wanderdünen besteht. Aus der Schuttzone wird Feinmaterial ausgeblasen und in einer parallel zum Gebirge verlaufenden Lößzone abgelagert. Gemessen an den minimalen lokalen Niederschlägen ist das oberflächlich zugeführte und den Grundwasserspeicher ergänzende Zuschußwasser für die Vegetation von entscheidender Bedeutung. In den Oasen des Lößgebietes zehrt intensiver Bewässerungsfeldbau an den Wasservorräten, so daß nur die wasserreichsten Flüsse die zeitweise verlagerten Endseen erreichen, sofern diese nicht bereits verschwunden sind. „Ungeachtet des trockenen Klimas ist die Takla Makan infolge der vielen Zuflüsse eine Wüste, die ‚auf Wasser schwimmt'" (*Walter/Breckle* 1986, S. 310). Zur Hochwasserzeit überschwemmte flache Wannen werden durch allmähliche Austrocknung zu Salzsümpfen. Schließlich entsteht eine von auskristallisierten Salzen überschichtete Salztonebene (*Neef* 1970, S. 238). Sie heißt in Zentralasien Bajir, Schor oder Takyr und bildet typische Biogeozön-Komplexe aus Algen, Flechten und arido-passiven Ephemeren. (Letztere sind dürreempfindliche Pflanzen, die die Dürrezeit als Samen oder als Geophyten überstehen.) Entlang der Fremdlingsflüsse wachsen lichte Gehölzstreifen aus Weiden, Pappeln und Tamarisken. Letztere vermögen das brackige Grundwasser in Senken oder entlang von Tiefenlinien noch in 30 m Tiefe zu erreichen. Entsprechend verdichten sich dort die Bestände zu einer „kontrahierten Vegetation". Die potentielle Verfügbarkeit dieser Grundwasservorräte für nichtwasserspeichernde Xerophyten ist neben der Winterkälte ein wesentliches Unterscheidungskriterium zu den Passatwüsten (vgl. Teilband 12/I, 3.2.3). Charakteristisch für die Sandwüste sind die tiefwurzelnden Baumsträucher Haloxylon aphyllum und Haloxylon persicum (schwarzer und weißer Saksaul). Die schwarze Art assimiliert mit Hilfe blattloser Sprosse, die am Ende der Vegetationszeit zugrunde gehen. Die insgesamt tierarme Kernwüste des Tarim-Beckens ist Habitat von vereinzelten Erdhöhlenbewohnern (Geozonten), während die randliche Strauchwüste als ökologische Pufferzone zu den Hochgebirgswüsten verhältnismäßig reich an Tieren ist (zahlreiche Abbildungen von Vertretern der eurasischen Steppen- und Wüstenfauna in *Fickenscher* 1959). Neben wilden Halbeseln (Kulan), Wildschafen und Gazellen besitzt diese mit dem zweihöckerigen Kamel oder Trampeltier (Camelus ferus) einen höchstspezialisierten Vertreter der Halbwüstenfauna.

Das Trampeltier wird in weiten Gebieten Asiens, von der Mongolei bis Südrußland, als ausdauerndes und genügsames Last- und Reittier gehalten. Es kann Tagesstrecken von 40 km zurücklegen. Die Wärme-Isolierung des dichten und langen Kamelhaares läßt es Temperaturen von +50 bis −27 °C ertragen. Bei Hitzestreß steigt die Körpertemperatur am Tage bis auf 41 °C, nachts sinkt sie auf 35 °C ab. Durch den Anstieg der Körperwärme am heißen Tag wird Wasser eingespart, das sonst zur Aufrechterhaltung einer niedrigeren Körpertemperatur durch Schwitzen verbraucht würde. Gleichzeitig verringert sich der Hitzefluß aus der wärmeren Umgebung (*Tischler* 1990, S. 178). In den Nüstern befindet sich ein Filter, der die Luft beim Einatmen befeuchtet, aber die Feuchtigkeit der ausgeatmeten Luft zurückhält. Kamele zeichnen sich durch eine hohe Trinkkapazität aus. Sie können innerhalb weniger Minuten bis zu 200 l Wasser aufnehmen (20–30% des Körpergewichts), das in speziellen Wasserspeicherzellen des Magens, im Körpergewebe und im Blut bevorratet wird (vgl. Teilband 12/I, 3.2.3.6). Eine weitere physiologische Anpassung erlaubt ihnen, sich durch metabolisches Wasser vor der Gewebeaustrocknung zu schützen, d. h. durch Wasser, das bei der Veratmung von Fettreserven (Höcker) im Körper selbst entsteht. Kamele sind in der Lage, mindestens eine Woche ohne feste oder flüssige Nahrung auszukommen. Gelegentlich kommen in den Wüsten und Halbwüsten der Mongolei noch streng geschützte Herden von Wildkamelen vor.

Abb. 3.3.2.6/4
Schematisches Nord-Süd-Profil durch das Tarimbecken längs 82° östlicher Länge.
1 vormesozoische Gesteine, 2 mesozoische Schichten, 3 alte und 4 junge Hangfußablagerungen, 5 alluviale Seeablagerungen, 6 Barchane der Takla-Makan, 7 bewachsene Haufendünen (Nebkas), 8 Zwergstrauchgesellschaften, 9 Bestände des Schwarzen Saksauls, 10 Auenwälder mit Pappeln und Weiden, 11 absterbende Auewälder, 12 Bestände aus Tamarisken und strauchigen Halophyten (nach *Walter/Breckle* 1986).

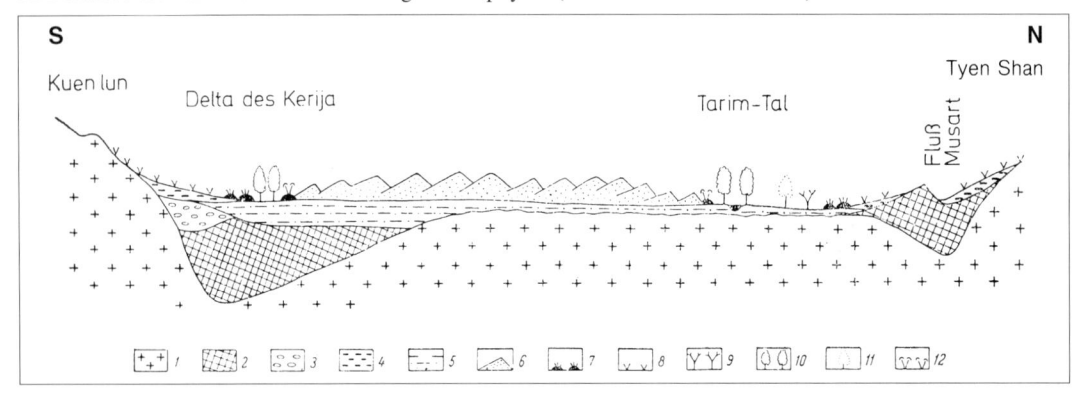

3.4 Boreale Zone (*J. Härle*)

(Kaltgemäßigte boreale Zone, Klimate II$_{(1-3)}$) nach *Troll* und *Paffen*)

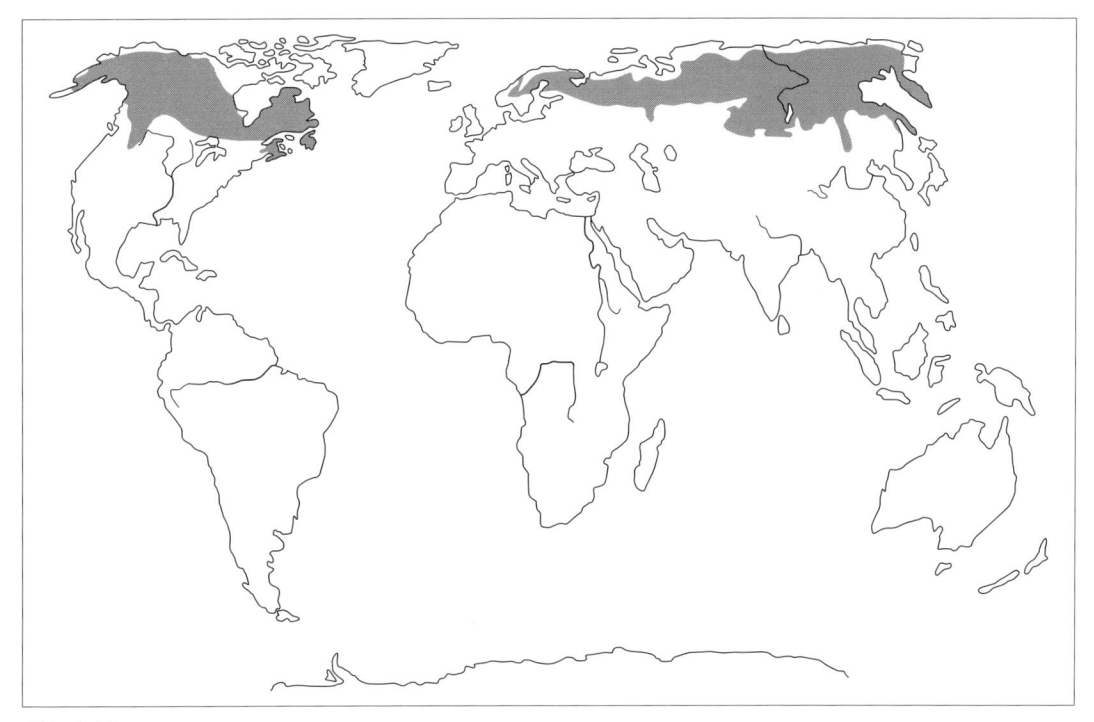

Abb. 3.4/1
Boreale Zone

Die kaltgemäßigte Borealzone erstreckt sich als 700–2800 km – durchschnittlich 1500 km – breites, nur durch die schmale pazifische und breite atlantische Lücke unterbrochenes Band über Nordamerika und Eurasien hinweg um den Erdball (Abb. 3.4/1 und 3.4/2). Als einzige große Klimazone (19,5 Mio. km², 13% der Landfläche) ist sie, worauf der vom griechischen „boreas" = Nordwind stammende Name hinweist, ausschließlich *nordhemisphärisch* ausgeprägt. (Auf der südlichen Halbkugel erstreckt sich in den betreffenden Breiten der große Meeresring um die Antarktis und drückt den vereinzelten Landflecken seinen klimatischen Stempel auf.) Eine Sonderstellung unter den Klimazonen hat die Borealzone auch als größtes, noch weithin erhaltenes Waldgebiet und durch ihren Reichtum an Seen und Mooren.

Für die *klimatische Gliederung* ist das Ausmaß der Kontinentalität entscheidend. Nur zwei schmale Küstenstreifen in Südalaska und Nordnorwegen haben ozeanisches Borealklima (wärmster Monat 10–15 °C, Jahresschwankung 13–19 °C), sonst ist Kontinentalität der beherrschende Grundzug. Nach ihrer Intensität werden bei Temperaturen des wärmsten Monats von 10–20 °C kontinentale Borealklimate mit einer Jahresschwankung von 20–40 °C von extrem kontinentalen mit über 40 °C und langen, trockenen Wintern unterschieden.

Bei einer *Vegetationsgliederung* hebt sich die von baumfreien Flächen durchsetzte Waldtundra vom südwärts anschließenden geschlossenen Nadelwald oder der Taiga ab. Diese kann in eine nördliche, mittlere und südliche Zone unterteilt werden. Im Westen Nordamerikas, im südlichen Mittel- und in Ostsibirien, dazu in Skandinavien und im Uralgebiet, differenzieren Gebirge die Klima- und Vegetationsgliederung und lassen den borealen Bereich nach Süden ausgreifen.

64

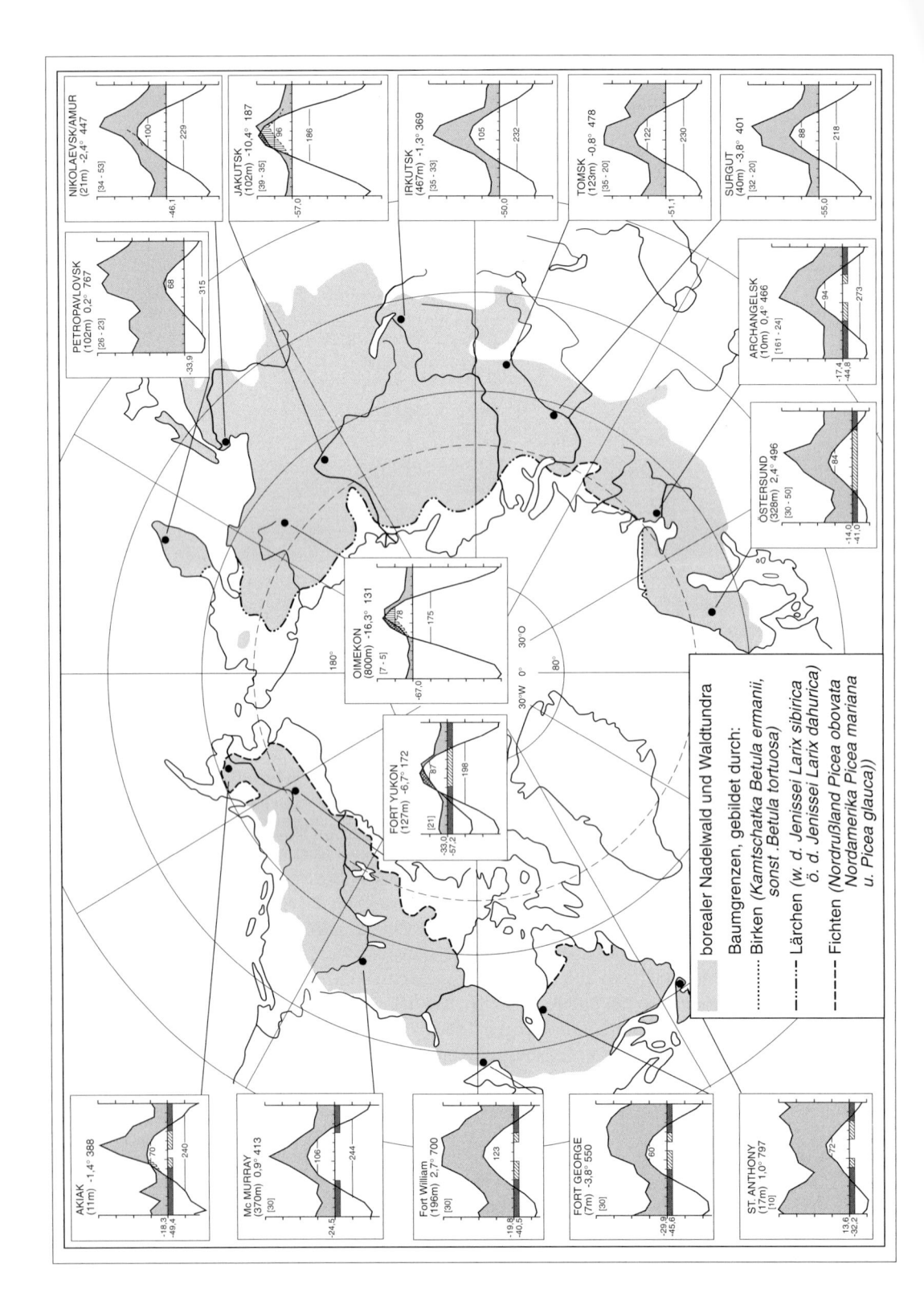

Abb. 3.4/2
Borealer Nadelwald, Verbreitung und Klima
nach: *Bruenig* 1989, S. 8/*Walter/Breckle* 1986, S. 362; Entwurf: *Härle*

Die *polwärtige Begrenzung* des Borealklimas bildet das Tundrenklima mit seinen Baumwuchs verhindernden kühlen Sommern bei wärmsten Monatsmitteln unter 10 °C. Es beginnt in Eurasien und im westlichen Nordamerika meist nördlich des Polarkreises; kalte Meeresströmungen (Oya Schio, Labradorstrom) und die als „Eiskeller" wirkende Hudsonbai verursachen am Beringmeer und in Ostkanada ein Vordringen bis 60 bzw. 53 °N. Golfstrom- und Kuro-Schio-Trift und vor allem große, geschlossene, die sommerliche Erwärmung begünstigende Landmassen drücken andererseits die Borealklimagrenze weit nach Norden – in Nordnorwegen bis 71°, im Mackenzie-Delta auf 69° und an der Jenissei- und Chatanga-Mündung auf 70° bz. 72 °N.

Äquatorwärts folgen an den Westseiten der Kontinente mit Laubwald, in Nordamerika mit Nadelwald auf die Borealzone ozeanische Klimate. Im niederschlagsarmen und ausgeprägt kontinentalen Innern Nordamerikas und Asiens werden sie von winterkalten Waldsteppen abgelöst. Erst weit im Osten und bis über 15° südlicher als im Westen schließen im St. Lorenzgebiet und in der Nord- und Ostumrahmung der Mandschurei wieder Misch- und Laubwälder an die borealen Nadelwälder an.

3.4.1 Ozeanische boreale Zone

3.4.1.1 Naturraum

Die *Sonderstellung* dieser Zone zeigt sich schon in der Benennung. Mit „boreal" wird in der Regel „kontinental" assoziiert. Ozeanisches Borealklima haben auch nur zwei schmale Küstenstreifen, knapp 1% der gesamten Borealzone.

Der eine erstreckt sich in Südalaska als rund 1600 km langer Bogen in 54–62 °N von der kanadischen Grenze bis zur Mitte der Kodiak-Insel um den Golf von Alaska, der andere umfaßt 800 km der nordnorwegischen Küste in 65–71 °N von Brönnöysund bis zum Nordkap.

Ursache für das *ozeanische Klima* sind die „Warmwasserheizungen" Golfstrom- und Kuro-Schio-Trift, deren Wirkung durch die starke Gliederung der Küste in Inseln, Halbinseln, Fjorde und die Abschirmung vom winterkalten Landesinnern durch hohe Gebirge entscheidend verstärkt wird. Wenig kalte, ja milde Winter mit tiefsten Monatsmitteln von 0,5 bis −6 °C, die wegen des ozeanischen Nachhinkens oft erst im Februar auftreten, sind die Folge. Die Januartemperaturen der nordnorwegischen Küste bei 70 °N liegen um 28 °C über dem Breitenkreismittel! Weil im Sommer die höchsten Monatsmittel zwischen 10 und 15 °C liegen, bliebt die Jahresschwankung mit 13–19 °C gering.

Niederschläge fallen angesichts auflandiger Winde und des Gebirgsstaus ausgiebig und ganzjährig. Das Maximum liegt (s. Abb. 3.4.1.1/1) im Herbst; die Niederschlagsmenge ist von der Höhe über dem und der Entfernung zum Meer, von Luv-, Lee- und Breitenlage abhängig. In Meereshöhe werden in Nordnorwegen 700–1000 mm erreicht, im Berggebiet südlich Bodö über 4000 mm. Nur in ausgesprochenen Leelagen fallen in Südalaska weniger als 1000 mm Niederschläge. Yakutat am Fuß der St. Eliasberge empfängt 3400 mm. Diese hohen Niederschläge speisen zusammen mit kühlen Sommern den 4000 km^2 großen Malaspina-Vorlandgletscher und lassen Gletscherzungen bis an Fjordenden vordringen.

In der Vegetation Südalaskas finden sich mit Douglasie (Pseudotsuga menziesii), Sitkafichte (Picea sitchensis), Thuja (Thuja plicata) und Hemlocktanne (Tsuga heterophylla und Tsuga mertensiana) Vertreter der artenreicheren pazifischen Nadelwälder, wogegen der boreale Nadelwald im Landesinneren nur Weißfichten (Picea glauca) und Birken (Betula papyrifera) aufweist. In Nordnorwegen beschränken über die Waldgrenze (200 m in 70 °N) aufsteigende Fjellgebiete den Wald (im Süden noch Fich-

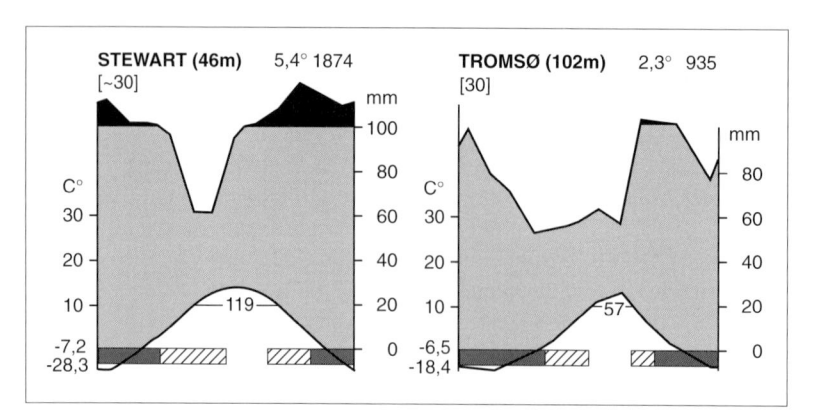

Abb. 3.4.1.1/1
Klimaschaubilder aus dem ozeanischen Borealgebiet (Seward, Südalaska; Tromsø, Nordnorwegen) aus: *Walter/Lieth* 1967, Klimadiagramm-Weltatlas 4.1 und 1.5

ten (Picea abies), im Norden Kiefern (Pinus sylvestris) und darüber Birken (Betula pubescens)) auf kleine Gunsträume. Floristisch unterscheidet er sich kaum von dem in angrenzenden kontinentalen Gebieten.

3.4.1.2 Nutzung

Die von der Natur gebotenen Nutzungsmöglichkeiten sind angesichts der Breitenlage relativ vielfältig.

Das für Indianer und Inuit (Eskimo) Nahrung spendende Meer besiedelten in Südalaska auch Seeotter, deren *Pelze* den Anreiz für die russische Inbesitznahme (1741; 1867 Verkauf an die USA für 7,2 Mio. Dollar) bildeten. Die Wikinger hatten sich schon rund 1000 Jahre früher an günstigen Stellen im Land der Samen (Lappen) als Bauern, Fischer und Seehandelsleute niedergelassen. Pelze, zumeist aus Pelztierfarmen, haben auch heute noch eine gewisse Bedeutung. Ungleich wichtiger ist aber die *Fischerei* (Makrele, Kabeljau, Schellfisch, Hering, in Südalaska vor allem Lachs) (vgl. 3.5.4).

Die *Holzwirtschaft* profitiert von den wuchskräftigsten Standorten der ganzen Borealzone, bedroht aber die letzten unberührten Wälder. In Nordnorwegen bedeckt produktiver Wald nur kleine Flächen; die Holzausbeute ist daher entsprechend gering. *Landwirtschaft* beschränkt sich in Südalaska fast ganz auf das seit 1935 kultivierte Matanuska-Tal und wenige andere, trockenere und sommerwärmere Gebiete im Bereich des Cook Inlet. Im Matanuska-Tal lassen 115 frostfreie Tage, fruchtbarer Boden und sommerliche Lichtfülle – 62 °N! – neben Getreide und Futter auch besonders große Kohlköpfe wachsen. Die noch ausgeprägtere thermische Bevorzugung Nordnorwegens gestattet dort noch weiter polwärts Landwirtschaft. Nur knapp 2% der Gesamtfläche werden aber intensiv genutzt, und trotz staatlicher Förderung und Möglichkeiten außeragrarischen Zuerwerbs ging die Zahl der Betriebe zurück.

Die *Rentierhaltung* der Samen leidet unter der Anlage von Stauseen, Verkehrswegen, Leitungen und der Beunruhigung der Tiere. Siedlungen, Gewerbe und besonders einzelne Bergbau- und Industriestandorte wie z. B. die Aluminiumhütte in Mosjöen profitieren von den guten Möglichkeiten der *Energiegewinnung* aus Wasserkraft: großes Gefälle, ziemlich gleichmäßige Niederschläge, wenig Frost. Fossile Energie – Erdöl und Erdgas – wird nur auf der Kenai-Halbinsel gefördert.

Für den *Tourismus* bieten eindrucksvolle Fjord- und Gebirgslandschaften mit Möglichkeiten zum Bergwandern, Klettern, Bootfahren, Angeln, Jagen und für Kreuzfahrten, vor allem zur Zeit der langen Tage oder der Mitternachtssonne, ein großes Potential. Gebietsweise ist er, die Fischerei ergänzend, ja ersetzend, ein wichtiger Erwerbszweig, gefährdet aber an manchen Stellen wie in der Glacier Bay bei Yakutat (Störung der Wale) durch ein Übermaß die Natur.

Das ständig befahrbare Meer mit ruhigen Passagen im Schutz vorgelagerter Inseln und Schären war lange Zeit der fast einzige Weg für den *Verkehr*. Die eisfreien Häfen sind heute auch wichtig als End- bzw. Ausgangspunkte für Straßen (Stewart, Skagway, Seward, Valdez; Tromsö, Mo i Rana), Bahnen

(Narvik; Seward) und Pipelines (Valdez). Schiffsverkehr, speziell Öltanker, gefährdet, wie der Unfall der Exxon Valdez 1989 gezeigt hat, das Leben im Meer und damit die wichtigste sich erneuernde Ressource.

3.4.2 Kontinentale und hochkontinentale Zone

Die in den Grundzügen weitgehende Einheitlichkeit der Borealzone gestattet es, bei der Behandlung des flächenmäßig größeren kontinentalen Anteils in der Regel auch den hochkontinentalen mit abzudecken, zumal in Nordamerika. Auf Besonderheiten des Klimas und der Vegetation im mittel- und ostsibirischen Raum wird hingewiesen.

3.4.2.1 Naturgrundlagen

a) Klima

Kontinentalklima, das auf der Welt nirgends ausgeprägter ist, kennzeichnet den borealen Bereich. Verursacht wird es durch Meerferne, Größe und Kompaktheit der Landmassen und die nördliche Lage mit ihren extremen Tag- und Nachtlängen, niedrigen Mitteltemperaturen und der negativen Strahlungsbilanz an der Erdoberfläche. Folgende Merkmale charakterisieren es:
- vier bis sieben Monate lange, kalte bis sehr kalte Winter mit kurzen Tagen und tiefsten Januarmitteln von -10 bis $-30\,°C$, ja $-50\,°C$ und absoluten Minima von $-70\,°C$ (s. Abb. 3.4/2),
- kurze, mäßig warme (Juli $10-20\,°C$, absolute Maxima $35\,°C$) Sommer mit langen Tagen, ja Mitternachtssonne,
- sehr kurze Übergangsjahreszeiten (Frühjahr und Herbst),
- große bis sehr große Jahresschwankungen der Temperatur; $20-40\,°C$, ja im hochkontinentalen Gebiet bis $65\,°C$ Differenz der Monatsmittelwerte – absolute Werte bis über $100\,°C$ –, dazu oft beträchtliche Tagesschwankungen,
- Bedeutsamkeit von Relief- und Expositionsunterschieden hinsichtlich häufiger Temperaturumkehr in Becken und früherer Schneefreiheit südexponierter Hänge,
- angesichts geringer Verdunstung ausreichende, ein ausgeprägtes Sommermaximum aufweisende Niederschläge von meist $300-700$ mm/Jahr, in ozeannahen Randgebieten auf über 1000 mm ansteigend, in hochkontinentalen Bereichen bis unter 200 mm absinkend und dort außer winterlicher Schneearmut auch kurze, dank Bodenfeuchte kaum wachstumshemmende Sommertrockenheit,
- in der Regel winterliches Hochdruckwetter, aber in nördlichen und besonders östlichen Randbereichen Sibiriens und im Innern Kanadas Auftreten von Schneestürmen (Burane, Blizzards),
- Vegetationsperioden von etwa $2-5$ Monaten durch Langtags- bis Dauertagsbedingungen in ihrer Effektivität gesteigert.

Den vereinfachten Jahresgang des Kontinentalklimas beschreibt M 4.4.3.1/4, einen Vergleich des kontinentalen mit dem ozeanischen Klima zeigt M 4.4.3.1/1, und die Auswirkungen des Kontinentalklimas auf Natur, Wirtschaft und Mensch sind in M 4.4.3.1/2 dargestellt.

Im *hochkontinentalen Borealklima* verursachen leicht erhöhte Sommer- und kräftig abgesenkte Wintertemperaturen – in Becken Ostsibiriens bis $-68\,°C$ – die jährlichen Temperaturschwankungen bis $100\,°C$ und lassen sogar die Monatsmittelwerte bis $65\,°C$ auseinandertreten. Zwischen dem überlangen Winter und dem kurzen, in der Regel nur zwei frostfreie Monate umfassenden Sommer schrumpfen die Übergangsjahreszeiten noch mehr zusammen. Die Jahresniederschlagsmenge liegt fast überall unter 300 mm, in weiten Gebieten unter 200 mm. Dies gilt auch für Teile der weniger ausgedehnten und ausgeprägten – Monatsmittel von „nur" $-30\,°C$ – nordamerikanischen hochkontinentalen Zone. Wegen des im Winter vorherrschenden trocken-kalten Hochdruckwetters fällt wenig Schnee, der in der Regel nicht zur Ausbildung einer geschlossenen Schneedecke reicht. In Becken sammeln sich häufig

Tab. 3.4.2.1/1: Auswirkungen des hochkontinentalen Klimas

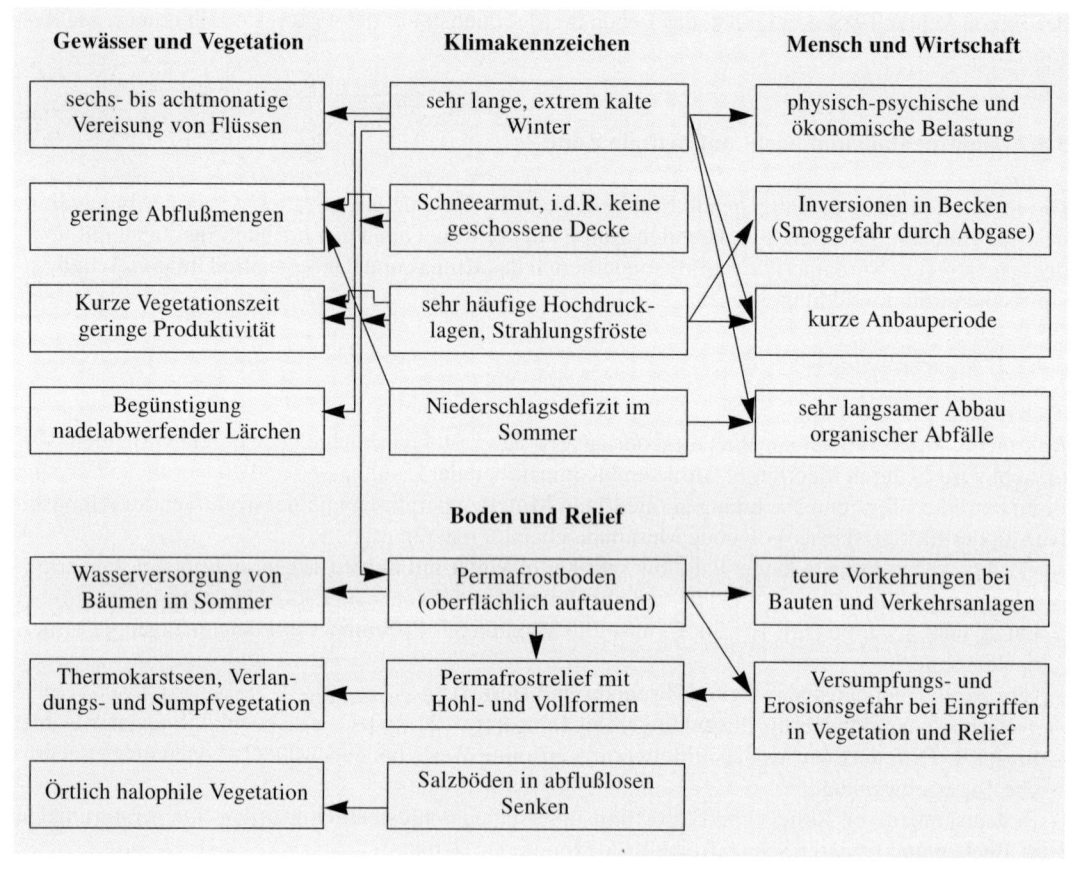

Gewässer und Vegetation	Klimakennzeichen	Mensch und Wirtschaft
sechs- bis achtmonatige Vereisung von Flüssen	sehr lange, extrem kalte Winter	physisch-psychische und ökonomische Belastung
geringe Abflußmengen	Schneearmut, i.d.R. keine geschossene Decke	Inversionen in Becken (Smoggefahr durch Abgase)
Kurze Vegetationszeit geringe Produktivität	sehr häufige Hochdrucklagen, Strahlungsfröste	kurze Anbauperiode
Begünstigung nadelabwerfender Lärchen	Niederschlagsdefizit im Sommer	sehr langsamer Abbau organischer Abfälle
	Boden und Relief	
Wasserversorgung von Bäumen im Sommer	Permafrostboden (oberflächlich auftauend)	teure Vorkehrungen bei Bauten und Verkehrsanlagen
Thermokarstseen, Verlandungs- und Sumpfvegetation	Permafrostrelief mit Hohl- und Vollformen	Versumpfungs- und Erosionsgefahr bei Eingriffen in Vegetation und Relief
Örtlich halophile Vegetation	Salzböden in abflußlosen Senken	

Entwurf: Härle

Kaltluftseen und entstehen Kältenebel. Das sommerliche Niederschlagsmaximum bleibt zwar erhalten, wird aber zeitweise von der Verdunstung übertroffen. Der auftauende Permafrostboden kann jedoch in dieser ariden Periode die Bäume mit Wasser versorgen (s. Tab. 3.4.2.1/1).

b) Relief
Mit Ausnahme der Skanden, des Urals, der Gebirgszüge im südlichen Mittel-, in Nordostsibirien und im Westen Nordamerikas dominiert in der Borealzone meist niedriggelegenes Flachland. Hier vorkommende ausgedehnte alte Massive wurden im Laufe von vielen hundert Millionen Jahren eingeebnet. Von den fast ein Drittel der Gesamtfläche einnehmenden Gebirgen weisen die im Pazifikbereich gelegenen Hochgebirgsformen auf; sonst herrschen Mittelgebirgsformen vor.
Reliefakzentuierend wirkten eiszeitliche Gletscher. Sie bedeckten fast die ganze nordamerikanische, europäische und kleinere Teile der sibirischen Borealzone und gaben mit blankgeschliffenen Felskuppen, ausgeschürften Wannen, durch Moränen, Drumlins, Oser, Schotterflächen und Toteisbildungen vielen Gebieten abwechslungsreiche Oberflächenformen und damit oft kleinräumig unterschiedliche Bedingungen für die Boden- und Vegetationsentwicklung. Auf das Eis geht auch das z.T. noch ungeregelte Gewässernetz zurück. Abgesehen von einigen nicht vereisten ostsibirischen Erhebungen zeigen Gebirge und Küsten mit Trogtälern, Fjorden, Karen, zugeschärften Gipfeln, Rundhöckern und Schären glaziale Überprägung.

Abb. 3.4.2.1/1
Aufgebrochenes Flußeis und durch Eisschurf zurückverlegtes Steilufer
Foto: *Härle*

Auf das teils junge glazigene, teils alte Relief wirken heute mit Eisgang und Frostdynamik zwei für das Borealgebiet typische Kräfte ein.
Eisgang (vgl. 4.4.3.1) stattet das Wasser mit sehr wirksamen Erosionswerkzeugen aus und beansprucht daher die oft aus Lockermaterial bestehenden Ufer außerordentlich (Abb. 3.4.2.1/1). Talhänge werden unterschnitten und rasch zurückverlegt und auf diese Weise die Auen verbreitert, die bei der Frühjahrsüberschwemmung Talseen gleichen. Bei sehr schwacher Neigung zur Tiefenerosion füllen sich die Flußbetten mit Sedimenten. Laufverlagerungen sind aus diesem Grund häufig, und die Flußläufe erscheinen „verwildert". Im Permafrostgebiet sind die Talquerprofile oft asymmetrisch, weil die weniger besonnten nordexponierten Hänge wegen schwächerer Solifluktion steiler bleiben als die südexponierten.
Zwar liegt nur der kleinere Teil der Borealzone im Bereich des geschlossenen Frostbodens; Permafrostinseln aber gibt es, abgesehen vom größten Teil des nördlichen Europa, fast im gesamten übrigen Gebiet.
Bodenfließen (Solifluktion) tritt in verschiedenen Formen an Hängen auf und ist wahrscheinlich die Ursache der *Strangmoore*. Bei diesen liegen zwischen den girlandenförmig quer zum Hang verlaufenden, mit Torfmoosen und Zwergsträuchern bewachsenen Wülsten meist wassergefüllte schmale Vertiefungen. Noch auffälliger sind die auf örtlich verstärktes Auftauen des Permafrostes zurückgehenden *Thermokarstseen* und *Alasse*. Bei letzteren handelt es sich um Senken, die bis mehrere Kilometer lang werden können. Sie entstanden durch Sackungen des Lockermaterials nach Ausschmelzen des Eises. *Pingos*, emporgedrückte Eiskernhügel, durchsetzen sie gelegentlich. Auf anthropogene Einwirkungen reagiert der Permafrostboden sehr sensibel. Jede Beeinträchtigung der Vegetation läßt mehr Wärme bis zum Boden dringen. Abholzen und Abbrennen können bei hohem Eisgehalt des Bodens Sackungen verursachen (vgl. M 4.4.3.7/1), die sich mit Wasser füllen, das den Wärmefluß in den Boden verstärkt und die Abschmelzhohlformen vertieft. Erst die bei einer Verlandung entstehende Vegetationsdecke schafft wieder eine bessere Isolierung und reduziert somit die sommerliche Wärmezufuhr, so daß sich Bodeneis bildet, das die Oberfläche emporwölbt.
Biber haben besonders im östlichen kanadischen Borealgebiet Bach- und Flußauen durch Dämme, Teiche und Terrassen ihren Stempel aufgedrückt. In verlandeten Teichen entstandene Biberwiesen waren zu Beginn der bäuerlichen Kolonisierung Kanadas als Gras- und Heulieferanten sehr wichtig.

c) Gewässer
Weil von den Niederschlägen ein großer Teil (43%) abfließt, ergibt sich, trotz mäßiger Gesamtmenge, eine jährliche Abflußhöhe von 300 mm (*Schultz* 1988, S. 28). Diese ließ ein dichtes Gewässernetz entstehen, das bei der Weite des Landes einige der größten Stromsysteme der Erde bildet.
Auch die Riesenströme Ob, Jenissei, Lena, Amur und Mackenzie haben jedoch eine sehr unausgeglichene Wasserführung. Die Wasserstandsschwankung der unteren Lena beträgt z.B. 28 m! Der *Abfluß-*

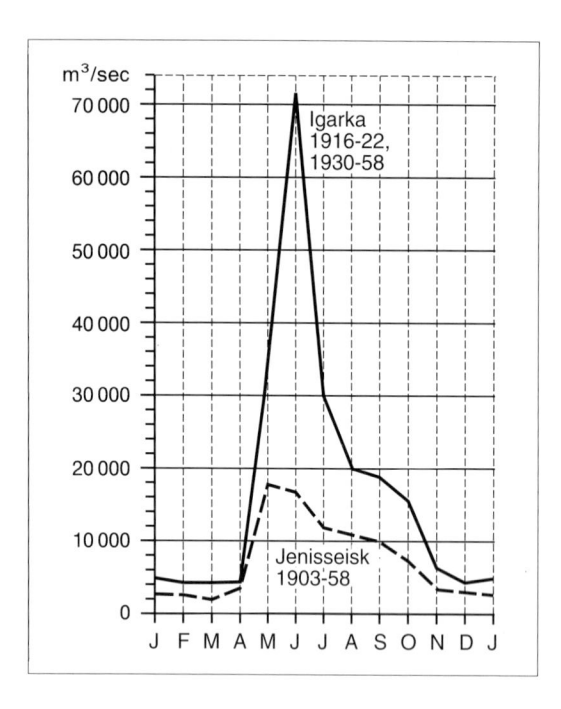

Abb. 3.4.2.1/2
Abflußgang des Jenissei (bei Jenisseisk und Igarka)
aus: Westerman Lexikon der Geographie 1996, Bd. 2, S. 623

gang (s. Abb. 3.4.2.1/2) zeigt eine ausgeprägte Frühjahrsspitze, verursacht durch die rasch von Süden nach Norden voranschreitende Schneeschmelze. Der meist noch gefrorene Boden kann die in vier bis sechs Wintermonaten gespeicherten Niederschläge nicht oder nur zum geringen Teil aufnehmen – anfangs ist auch die Eisdecke von Flüssen und Strömen noch nicht aufgebrochen –, so daß es, zumal bei Eisstau, wie des Ob durch den Irtysch, zu großen Überschwemmungen kommt. Die von Teilräumen abgesehen nicht sehr ergiebigen Sommerregen übersteigen die sommerlich-hohe Verdunstung nur wenig, was sich in einem geringen Abfluß auswirkt. Im Herbst sinken bei reduzierter Verdunstung auch die Niederschläge stark ab. Die sehr niedrige winterliche Wasserführung – von der Jahresabflußmenge des Jenissei entfallen auf den Zeitraum November bis April nur 13% – (s. Tab. 3.4.2.1/2) wird ausschließlich durch das Grundwasser gespeist und ist kurz vor der Schneeschmelze am schwächsten.

Hohe Abwassermengen sind daher für Flüsse im Borealgebiet zumindest zeitweise sehr gefährlich, desgleichen die Säureschübe, die von den über viele Monate auf dem Schnee angesammelten und bei der Schneeschmelze plötzlich freiwerdenden sauren Schwefel- und Stickoxidablagerungen ausgelöst werden.

Keine andere Klimazone hat so viele *Seen* wie die boreale, speziell im Bereich des Kanadischen und Baltischen Schildes. Bezeichnungen wie Land der 1000 (Finnland) oder gar 100 000 Seen (Manitoba,

Tab. 3.4.2.1/2: Herkunft des Jenissei- und Lena-Wassers

	Jenissei		**Lena**
	Oberlauf	Unterlauf	
Schneespeisung	35–40%	ca. 45%	33%
Regenspeisung	40%	40%	56%
Grundwasserspeisung	20–25%	ca. 15%	11%

aus: Westerman Lexikon der Geographie 1969, Bd. 2 S. 623 und Bd. 3 S. 80

wo sie 16% der Gesamtfläche ausmachen) weisen darauf hin. In der 3593 km² großen Boundary Waters Canoe Area nordwestlich des Oberen Sees liegen 2500 über vier Hektar große Seen. Glaziale Ausschürfung, dazu Abdämmung und Toteis in Verbindung mit undurchlässigem oder gefrorenem Untergrund, einem flachen Großrelief und einem humiden Klima sind die Ursachen hierfür. Auf die heutigen Klimabedingungen gehen die Moorseen in Westsibirien und die wassergefüllten Abschmelzhohlformen im Permafrostbereich zurück, was Neu- und Umbildungen zeigen. Schließlich entstanden durch die Wasserkraftnutzung viele Stauseen, von denen einige, wie an Angara und Jenissei, mehrere tausend km² bedecken.

Je nach Größe und Wasserinhalt modifizieren Seen das Klima der Umgebung und beeinflussen, die Extreme dämpfend, die Wasserführung von Flüssen und Strömen. In besonderem Maße gilt das für den Baikalsee und die aus ihm strömende Angara.

d) Böden

Der *Podsol* ist der in der Borealzone am weitesten verbreitete Boden (vgl. Band 10/II, 2.2.4). Der Name kommt vom Russischen und bedeutet „Asche-Boden". „Bleicherde" bezieht sich ebenfalls auf die kennzeichnende, aschfahle, ausgebleichte Schicht. Hauptverbreitungsgebiete sind das nördliche Europa, das zentrale West- und Mittelsibirien und Ost- und Zentralkanada. Im kanadisch-alaskischen Küstensaum kommt wie in den an die Borealzone angrenzenden betont maritimen Gebieten des atlantischen Küstenbereichs ebenfalls Podsol vor.

Günstige Bedingungen für die *Bildung* von Podsol sind: niedrige Verdunstung und Jahrestemperaturen, nicht unbedingt hohe, aber für humide Verhältnisse ausreichende Niederschläge, bevorzugt siliziumreiche, kalk- und magnesiumarme Gesteine oder Sand und Pflanzen mit schwer zersetzbaren, nährstoffarmen Rückständen. Bei hohen Niederschlägen entwickelt sich Podsol sogar über Kalk, fehlt aber Birkenwäldern. Roh- oder Auflagehumus und als Podsolierung bezeichnete Verlagerungsvorgänge sind seine wichtigsten *Merkmale*.

Auflagehumus entsteht durch schwer abbaubare Koniferennadeln und Zwergstrauchblättchen und die für Bodentiere und Mikroben erschwerten Lebensmöglichkeiten infolge der sauren und über viele Monate hinweg kalten und nassen Bedingungen. Die nur wenig zersetzte, daher Rohhumus genannte Streu liegt dabei in mehreren Schichten (s. Abb. 3.4.2.1/3) dem Mineralboden auf (Auflagehumus). Sie ist kaum durchmischt, weil die Tätigkeit von Bodenwürmern fehlt. Bei langanhaltender Stau- oder Grundwassereinwirkung wird Rohhumus zu Torf.

Podsolierung läßt das für den Podsol typische Profil entstehen. Einsickerndes Wasser führt die beim vorwiegend chemischen Abbau der Streu unter sauren Bedingungen gebildeten Huminstoffe in tiefere Schichten, wo sie ausgefällt werden wie die ebenfalls mitgeführten Al- und Fe-Ionen. Dadurch entsteht ein heller, 20–60 cm mächtiger Bleich- oder Eluvial-(Ausschwemmungs)horizont, unterlagert von einem durch Anreicherung charakterisierten Einschwemmungs- oder Illuvialhorizont. Seine schwärzliche Oberschicht ist durch Huminstoffe gefärbt; in der bräunlichen Unterschicht reichert sich das Fe zu Orterde an und kann sich – im Borealgebiet allerdings selten – zu Ortstein verfestigen, der für Wurzeln eine Barriere darstellt.

Leicht podsolige Böden kommen in der südlichen Taiga vor. In größerer Zahl beigemengte Laubhölzer machen hier die Streu besser zersetzbar, so daß sie Moder-Charakter annimmt. Podsolierung und damit Ausbleichung sind daher abgeschwächt.

Geringe Fruchtbarkeit kennzeichnet Podsole. Saure Bodenreaktion, Einzelkornstruktur im A-, Orterdebildung im B-Horizont und nicht zuletzt der niedrige Nährstoffgehalt sind die Ursachen. In austauschbarer Form besitzt der Cambisol (Braunerde) viermal, der Tschernosem neunmal so viele Nähr-Kationen wie der Podsol (*Schultz* 1988, S. 142). Eine ackerbauliche Nutzung, zumal mit wenig anspruchsvollen Kulturpflanzen wie Roggen, ist dennoch möglich. Im Unterschied zu den immerfeuchten Tropen sind in der oft mächtigen Humusschicht gewisse Stickstoff- und Phosphatmengen

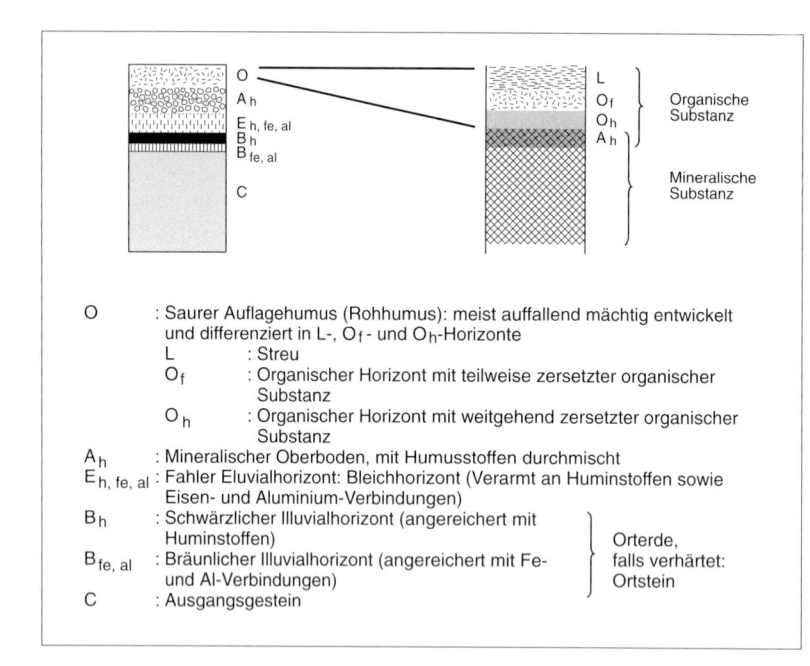

Abb. 3.4.2.1/3
Schema eines Podsolprofils nach *Schroeder* 1984, S. 47 und 99 aus: *Schultz* 1988, S. 140

O	: Saurer Auflagehumus (Rohhumus): meist auffallend mächtig entwickelt und differenziert in L-, O_f- und O_h-Horizonte
L	: Streu
O_f	: Organischer Horizont mit teilweise zersetzter organischer Substanz
O_h	: Organischer Horizont mit weitgehend zersetzter organischer Substanz
A_h	: Mineralischer Oberboden, mit Humusstoffen durchmischt
$E_{h, fe, al}$	: Fahler Eluvialhorizont: Bleichhorizont (Verarmt an Huminstoffen sowie Eisen- und Aluminium-Verbindungen)
B_h	: Schwärzlicher Illuvialhorizont (angereichert mit Huminstoffen)
$B_{fe, al}$	: Bräunlicher Illuvialhorizont (angereichert mit Fe- und Al-Verbindungen)
C	: Ausgangsgestein

Orterde, falls verhärtet: Ortstein

gespeichert, die beim durch die Kultivierung eingeleiteten Humusabbau zum kleineren Teil mineralisiert werden. Mit Düngen und Kalken lassen sich Nährstoffgehalt und pH-Wert anheben, falls nötig, werden leicht austrocknende Böden künstlich bewässert, Gley-Podsole entwässert. Für die maschinelle Bearbeitung haben die sandigen Podsol-Böden den Vorteil geringerer Druck-Empfindlichkeit.

Bei den heutigen Möglichkeiten der Bodenverbesserung setzen in erster Linie die kurze Vegetationszeit verbunden mit Rentabilitätserwägungen und nicht mangelnde Bodengüte dem Ackerbau in der Borealzone Grenzen. In etlichen Gebieten ist es überdies möglich, auf bessere Böden auszuweichen. Neben den Podsolböden, die knapp zwei Drittel der Borealzone einnehmen, sind *weitere Bodentypen* verbreitet. Auf schweren Böden in humiden Bereichen, in Senken und Talauen und vermehrt in der Waldtundra sind grund- und stauwassergeprägte Gley-, Pseudogley-Podsole und Histosole (Moorböden) entwickelt (s. Abb. 3.4.2.1/4). Gebirgspodsole, in Ostsibirien und Westkanada weit verbreitet, haben allenfalls eine geringe Profilentwicklung. Hochkontinentale Gebiete weisen braunerdeartige Böden auf, und am Südrand der Borealklimazone, vorwiegend in trockenen Becken- und Leelagen des südlichen Mittel- und Ostsibirien sowie am Ostrand der Rocky Mountains, finden sich z. T. degradierte Schwarzerden, die vor ihrer landwirtschaftlichen Nutzung großenteils Waldsteppen- oder gar Steppenvegetation trugen. In Gebirgen und Teilen der Waldtundra treten Frostmusterböden auf; Permafrost beeinflußt durch Aufwölbungen und Senkungen beim Gefrieren und Auftauen den Boden.

Anthropogene Bodenveränderungen in Form von Erosion, Versumpfung oder gar Wannenbildung sind besonders im Permafrostgebiet leicht auszulösen. Gezielt angelegte Brände bringen Podsolböden überwiegend Vorteile. Verschlechternd wirkt sich jedoch eine reine Koniferen-Waldwirtschaft aus, bei der keine Laubblätter mehr die Nadelstreu auflockern.

Gefährlicher sind die überwiegend außerhalb der Borealzone erzeugten Luftschadstoffe Schwefeldioxid und Stickstoffoxide, die als schweflige und salpetrige Säure auf den Boden einwirken. Auch wenn sie sich anfänglich als düngend und wachstumsfördernd erweisen mögen, erhöhen sie die Bodensäure und setzen toxische Metallionen frei. Im Unterschied zu den Böden mittlerer Breiten sind die Podsole und Moorböden von Natur aus schon sauer und haben nur eine geringe Pufferkapazität.

Abb. 3.4.2.1/4
Reliefsequenz von Bodentypen in der borealen Zone nach *Larsen* 1980 aus: *Schultz* 1988, S. 143

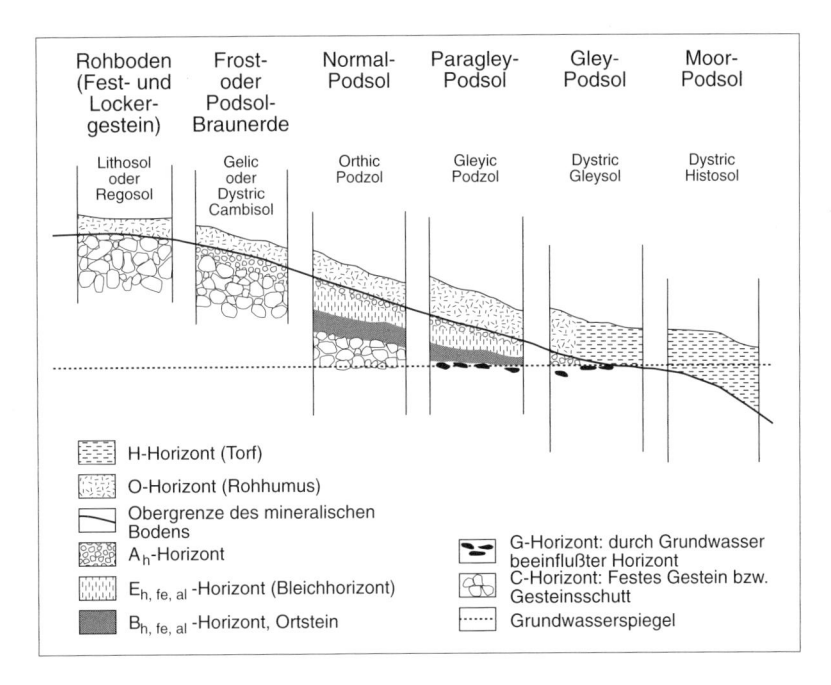

e) Pflanzen- und Tierwelt

Kennzeichen des borealen Waldes

Die *Physiognomie* des reifen borealen Waldes ist meist einschichtig und wirkt einheitlich und gleichaltrig (Abb. 3.4.2.1/5). Im Süden dichter, im Norden lichter stehende, schmalkronige, 15–25 m hohe Nadelbäume mit gebietsweise stärker beigemengten, niedrigeren, mitunter strauchartigen Laubbäumen bestimmen das Bild. Unter ihnen wachsen Zwergsträucher, Moose und Flechten in verschiedener Dichte und wechselnden Anteilen und Arten.

Einerseits treten über große Flächen hin kaum Veränderungen auf, andererseits können Überalterung, Schneebruch, Windwurf, Insektenfraß, Überschwemmungen und vor allem Brände einen kleinräumigen Wechsel und ein vielfältiges Nebeneinander von Verjüngungs-, Reife- und Altersphasen verursachen, die teilweise auch einen anderen Pflanzenbestand aufweisen. Neben dieser Differenzierung nach dem Bestandsalter gibt es die tiefgreifendere nach Wald-, Wiesen- und Moortypen, die klima-, boden- und reliefabhängig ist.

Abb. 3.4.2.1/5
Naturbelassener Kiefern-Fichten-Nadelmischwald und kleiner Moorsee in der mittleren Taiga (Hamra-Nationalpark)

Die *Baumschicht* ist außerordentlich artenarm. Von den beiden pazifischen Küstenregionen abgesehen, kommen nur die vier Koniferengattungen Picea (Fichte), Pinus (Kiefer), Abies (Tanne) und Larix (Lärche) vor. Die begleitenden Laubhölzer beschränken sich ebenfalls auf vier Gattungen: Betula (Birke), Populus (Pappel) – meist Zitterpappel oder Espe –, Alnus (Erle) und Salix (Weide), zu denen gebietsweise die Eberesche (Sorbus) stößt.

Die Gattungen sind nur mit *wenigen Arten* vertreten, die in den einzelnen Teilräumen – Skandinavien, europ. Rußland/Westsibirien, Ostsibirien, Kanada – dieselben sind oder einander vertreten. Neben Mischungen aus zwei bis drei Koniferenarten gibt es ausgedehnte Reinbestände. Die etwas größere Artenzahl Ostsibiriens und Kanadas erklärt sich aus dem Fehlen west-östlich verlaufender Gebirge, die in Europa das Ausweichen und Wiedereinwandern mancher Baumarten vor und nach der Eiszeit verhindert haben (vgl. 3.3.1.3, Abschnitt b). Entwicklungsgeschichte, Windbestäubung, Großräumigkeit und nur von wenigen Spezialisten zu bewältigende, sehr harte Umweltbedingungen werden als Gründe für die auffällige Artenarmut des größten Waldgebietes der Erde genannt.

Immergrüne Nadelbäume dominieren. Sie sind an die extremen Naturbedingungen gut angepaßt. Angesichts der kurzen Vegetationszeit ist es im Frühjahr von Vorteil, schon bereitstehende Assimilationsorgane einsetzen zu können. Der Verlust an Phytomasse beim Blattwurf wird verringert, da die Nadeln mehrere Jahre am Baum bleiben. Das schmale, harte Nadelblatt hält außerdem die winterliche Verdunstung gering und vermindert zusammen mit der oft fast säulenförmigen Krone die Schneebruch- und Windwurfgefahr.

Kleinblättrige Laubhölzer begleiten die Nadelbäume bis zur Baumgrenze, die in den maritim beeinflußten Gebieten Nordeuropas, Kamtschatkas und Alaskas von Birken gebildet wird. In spätfrostgefährdeten Mulden und Auen sind Laub- gegenüber Nadelhölzern im Vorteil, weil sie weniger frostanfällige Jungtriebe haben.

Lärchen mit ihrem Verbreitungsschwerpunkt im hochkontinentalen Sibirien verhalten sich mit dem herbstlichen Blattwurf wie Laubbäume und brauchen so kaum Wasser aus dem gefrorenen Boden als Ersatz für verdunstetes nachzuziehen. Da die Lärchennadeln im Unterschied zu Fichten- und Kiefernnadeln sehr zart und leicht sind, ist der Massenverlust durch das Nadelabwerfen gering.

Arten-Differenzierung nach Standorten kann gebietsweise zu Fichten-, Kiefern-, Lärchenreinbeständen führen. Fichten bevorzugen als ausgesprochene Flachwurzler feuchte Mineralböden; die tiefer wurzelnden Kiefern können auch trockene und arme Standorte besiedeln. Mit flach auftauendem Boden über dem häufigen Permafrost kommt daher die Fichte besser zurecht als die Kiefer. In Nordamerika reicht die Schwarzfichte (Picea glauca) im Unterschied zur Weißfichte (Picea mariana) in Moore hinein und bis zur Waldgrenze. Die in Nordeuropa fehlende Tanne meidet im Gegensatz zur Lärche extrem kalte und trockene Gebiete. Die Zwergsträucher der *Krautschicht* sind neben Koniferen und Torfmoosen die wichtigste Pflanzengruppe und eine Besonderheit des Borealen Nadelwaldes. Vorkommen und Arten der Zwergsträucher hängen dabei neben dem Boden von den um Licht, Nährstoffe und Wasser konkurrierenden Bäumen ab (Abb. 3.4.2.1/6). Speziell das Wasser kann bei geringen, durch die Verdunstung über der Vegetation außerdem noch um 30% reduzierten Niederschlägen auf flachgründigen Böden von den Bäumen völlig verbraucht werden, so daß nur noch Flechten vorkommen.

Preisel- und Krähenbeere (Vaccinium vitis alba bzw. Empetrum nigrum) brauchen weniger Feuchtigkeit als Heidel- und Rauschbeere (Vaccinium myrtillus bzw. Vaccinium uliginosum). Auf Moore beschränkt sind Moos- und Moltebeeren (Oxycoccus palustris bzw. Rubus chamaemorus). Beeren sind für viele Tiere wichtig und werden auch von Menschen gesammelt.

Moose wie das Haarmützenmoos (Polytrichum), zu denen auf trockenen Standorten Erd- und Strauchflechten (Cladonia, Cetraria) treten, bedecken mit Bärlapp (Lycopodium annatinum) und einigen weiteren Pflanzen wie Sauerklee (Oxalis acetosella), Schattenblümchen (Maianthemum bifolium), Herz-Zweiblatt (Listera cordata) und Moosglöckchen (Linnaea borealis) den Boden.

Abb. 3.4.2.1/6
Bodenvegetation aus Zwergsträuchern und Pilzen und neben abgestorbenem Altbaum wachsender Jungfichte in der mittleren Taiga
Foto: *Härle*

Vegetationstypen
Die sich in nord-südlicher wie west-östlicher Richtung ändernden Klima- und Bodenverhältnisse und der Wechsel im Relief äußern sich in einer entsprechenden Differenzierung der Vegetation (Abb. 3.4.2.1/7).

Abb. 3.4.2.1/7
Vegetationsgesellschaften im borealen Nadelwald (vereinfachter Überblick)
Entwurf: *Härle*

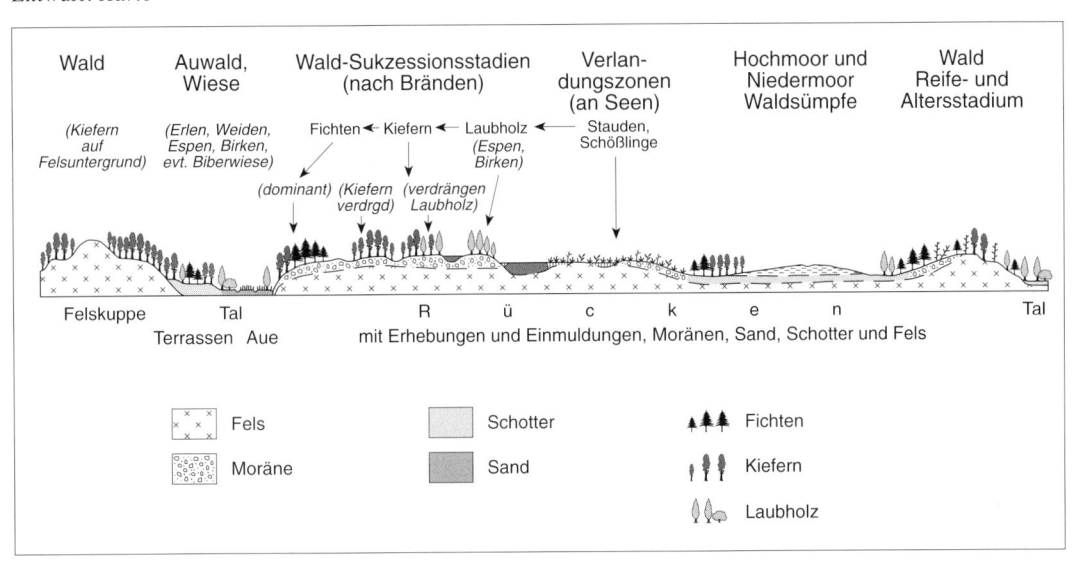

Waldtypen
Fichten-Tannen-Mischwald mit Zwergsträuchern und Moos auf feuchten Mineralböden ist für den humiden Klimabereich charakteristisch. In Westsibirien, wo noch Arven oder Zirbelkiefern (Pinus cembra) hinzutreten, wird dieser Waldtyp „Dunkle Taiga" genannt.
Fichtenwälder, moosreich und schlechtwüchsig, auf Hochmooren z. T. auch Kiefernwälder, nehmen nasse, torfige, saure Böden ein.
Kiefernwälder mit Heidekraut, Preiselbeeren und Flechten als Unterwuchs bedecken trockene, sandige oder steinig-felsige Standorte im humiden Bereich. (Menschliche Eingriffe wie häufige Brände und Begünstigung durch die Nutzung haben die Kiefer in Nord- und Osteuropa auf Kosten der Fichte vordringen lassen. Auch Birken konnten sich so stark ausbreiten.)
Lärchenwälder, z. T. mit beigemengten Arven, stocken auf allen Standorten des hochkontinentalen Mittel- und Ostsibirien, die überwiegend Permafrost aufweisen und bilden die „Lichte Taiga".
Auwälder wachsen auf feuchten, nährstoffreichen Standorten mit Espen, Weiden, Birken und Grauerlen, Gräsern und Hochstauden wie Mädesüß, teilweise, besonders bei saurer Vernässung, auch Fichten.

Wiesen
Au-Wiesen treten dann an Stelle der Auwälder, wenn langdauernde, die Bodendurchlüftung hemmende Überschwemmungen, häufige Bodenumlagerung, Eisgang und üppig wachsende Gräser und Hochstauden das Aufkommen von Holzgewächsen zumindest zeitweise verhindern und sich durch die Flußdynamik immer wieder neue Gras- und Staudenflächen bilden.
Biberwiesen, die nach der Verlandung von Biberteichen entstehen, haben eine begrenzte Lebensdauer. Für, zumeist mit Laubhölzern, zuwachsende Biberwiesen entsteht jedoch an anderer Stelle Ersatz.

Moore
Die weite *Verbreitung* von Mooren, speziell Hochmooren, ist ein spezielles Merkmal des humiden Borealgebiets. Wenn auch in der Tundra und in feuchten Gebirgen und maritimen Randzonen der Mittelbreiten Moore ebenfalls häufig sind, gibt es doch keine andere Klimazone, in denen sie so große Flächen besetzen. In manchen Gebieten, wie in Teilen Mittelfinnlands (Abb. 3.4.2.1/8) und Westsibiriens nehmen sie über die Hälfte des Gesamtraumes ein. In der Borealzone insgesamt, einschließlich der moorarmen hochkontinentalen Gebiete, dürfte ihr Anteil bei 15% liegen, was rund 3 Mio. km^2 entspricht.
Gunstfaktoren für die Entstehung von Hochmooren in der Borealzone sind:
– humides Klima und Vorkommen torfbildender Moose (hauptsächlich Sphagnumarten),
– nährstoffarme (oligotrophe) Podsolböden und damit nährstoffarmes, wegen der Nadelstreu oft sauer reagierendes Grundwasser,
– relativ hohe Primärproduktion (im Vergleich zur Tundra),
– erschwerte Streuzersetzung aufgrund weitverbreiteter, z. T. permafrostbedingter sommerlicher Staunässe, niedriger Boden- und Wassertemperaturen und der die Tätigkeit bakterieller Destruenten (Zersetzer) hemmenden Winterkälte.
Entstehung und Aussehen: Hochmoore bilden sich durch das ununterbrochene Wachstum – bei gleichzeitig stark gehemmter Zersetzung – von Torfmoosen (Sphagnen) und wenigen anderen, an saure, nährstoffarme Bedingungen angepaßte Pflanzen, die durch ihre Expansion zuvor oft vorhandene eutrophe Niedermoorpflanzen und Bäume verdrängen. Auf diese Weise breiten sich die Sphagnen horizontal aus und wachsen im Zentrum, wo für sie optimale Bedingungen herrschen, besonders kräftig, so daß sich das Moor allmählich uhrglasförmig in die Höhe wölbt und deshalb „Hoch"moor genannt wird. Durch das Emporwölben verliert das Moor die Verbindung mit dem Grundwasser und ist zu seiner Wasserversorgung allein auf die Niederschläge angewiesen. Diese können Torfmoose wie ein Schwamm speichern oder wie ein Docht nach oben ziehen. An der Mooroberfläche steht bei hohem

Abb. 3.4.2.1/8
Anteil der Moore an der Gesamtfläche in Finnland
nach *Ruuhijärvi/Eurola*
aus: *Walter/Breckle* 1986, S. 464
1 - 1 Grenze zwischen Palsen- (Torfhügel) und
 Aapa-(Strangmoor) Moorgebiet
2 - 2 Grenze zwischen Aapa- und Hochmoorgebiet

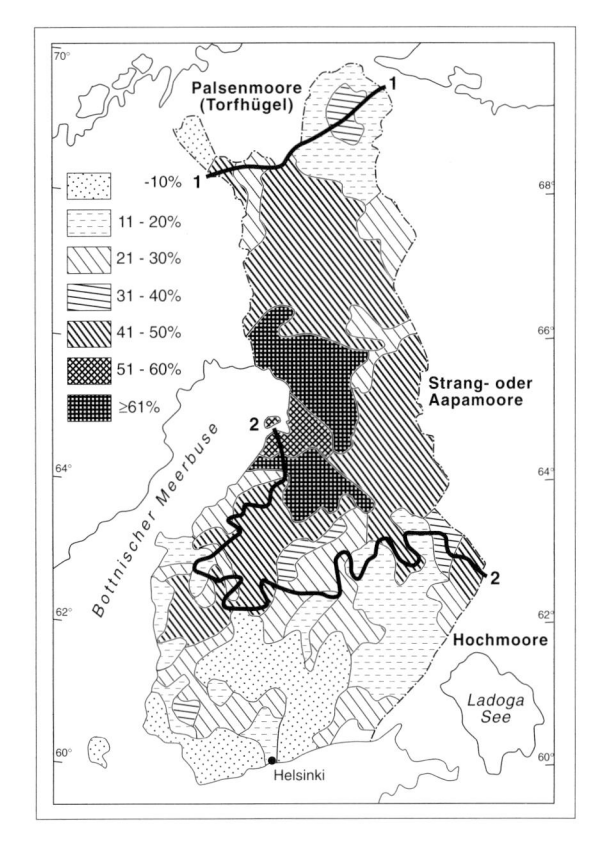

Moor-Wasserspiegel das Wasser oft in kleinen Teichen und fließt in Einkerbungen, den Rüllen, zum Lagg, einem mesotrophen Zwischenmoorstreifen, ab.
Die Mooroberfläche hat ein Mikrorelief aus Erhebungen und Vertiefungen, den Bülten und Schlenken, mit an trockenere und feuchtere Bedingungen angepaßten Pflanzen. Sie müssen mit dem Wachstum der Sphagnen Schritt halten können. Baumschößlinge vermögen dies meistens nicht, so daß rasch wachsende Hochmoore in der Regel baumfrei sind und ein tundraähnliches Aussehen haben.
Die in der Borealzone weit verbreiteten und durch die Nährstoffarmut geförderten Hochmoore repräsentieren verschiedene *Moortypen*. Nach der letzten Eiszeit bildeten sie sich zum kleineren Teil auf Niedermooren – die meist aus verlandeten Seen entstanden –, zum größeren Teil durch Versumpfung von Wäldern auf Rohhumusböden.
Neben dem beschriebenen *typischen Hochmoor* gibt es in feuchten nördlichen Gebieten noch die *Aapa- oder Strangmoore* mit ihrem auffälligen Wechsel von langgestreckten Großbulten und Schlenken. Die Torfhügel aufweisenden *Palsenmoore* sind in der Waldtundra und Teilen der Tundra verbreitet. *Waldhochmoore* reichen noch ins südliche Borealgebiet, wo das sehr schwache Torfmooswachstum das Emporkommen von Bäumen nur wenig behindert. *Deckenmoore* erstrecken sich über die maritimen Mittelbreiten noch ins ozeanische Borealgebiet.
Das *Wachstum* von Hochmooren ist je nach Klima und Torfmoosart verschieden. Seit dem Beginn der rezenten Moorbildung in der Borealzone weisen Palsenmoore ein durchschnittliches jährliches Höhenwachstum von 0,2–0,4 mm, echte Hochmoore von 0,6–0,8 mm auf (*Botch/Masing* 1983, S. 101). Verglichen mit Wäldern sind biologische Produktivität und Biomasse von Mooren, besonders Hochmooren, gering. Aus der westsibirischen Taiga nennen *Walter/Breckle* (1986, S. 484) eine oberirdische Phytomasse von 120–170 t/ha für Wälder und 4–58 t/ha für Moore, wobei die höheren Werte

für baumbestandene Moore gelten. Hochmoore sind auch ausgesprochen tierarm. Hochmoore haben für verschiedene Bereiche *Bedeutung*. Den Wasserhaushalt betreffend, verzögern sie den Abfluß von Schmelz- und Regenwasser. (Die Aufnahmekapazität für Starkregen ist indes nicht groß.) Das Moor ist relativ kalt und naß, das Wasser nährstoffarm und sauer, so daß Moore mit ihren arktischen Florenelementen oft der Tundra ähneln und mit ihrer hochspezialisierten Pflanzen- und Tierwelt schützenswerte Biotope darstellen. In Regionen mit Holznutzung sind Moore oft die einzigen natürlichen Lebensräume geblieben. Entwässerung läßt Torfmoose das Wachstum beenden, schließlich absterben und führt zur Verheidung. Moore bewahren in Pflanzenpollen, einem Archiv vergleichbar, die nacheiszeitliche Vegetationsgeschichte und lassen Zeiten stärkeren (Subatlantikum) und schwächeren Wachstums (Subboreal) erkennen (vgl. Abb. 3.3.1.5/1). In Abschnitt 4.4.3.4 ist das westsibirische Moorgebiet beschrieben.

Seen
In der kanadischen und finnisch-karelischen Seenplatte und im westsibirischen Moorgebiet nehmen Seen glazialer und postglazialer Entstehung erhebliche Flächen ein. Mehrere große Einzelseen – Großer Bären-, Großer Sklaven-, Winnipeg- und Ladogasee – liegen in der Borealzone, ebenso der wasserreiche, einen Grabenbruch füllende südsibirische Baikalsee. Die meisten Seen sind wie ihre Umgebung oligotroph und enthalten entsprechend wenig Leben; extrem lebensarm sind die sauren Hochmoorseen. Produktive Ausnahmen finden sich bei kalkhaltigem Untergrund wie im Jämtland und wo nährstoffreiche Flußsedimente in Seen abgelagert werden. Versauerung durch Luftschadstoffe hat besonders südskandinavische Seen und solche in Quebec betroffen. Andere Seen leiden unter Industrie- und z. T. giftigen Bergbauabwässern.

Besonderheiten der Vegetation in Mittel- und Ostsibirien
Das im extrem kontinentalen Lena-Aldan-Wiljui-Gebiet sowie im Jana- und Indigirka-Becken im Sommer aride Klima hat in abflußlosen Senken auf Salzböden halophile Vegetation zur Folge. Steppenrelikte aus der Spätglazialzeit kommen ebenfalls vor. Auf Thermokarst zurückgehende Wasserflächen, Verlandungszonen und Sümpfe, teils natürlicher Entstehung, teils anthropogen, bilden dazu einen Kontrast.
Lärchenwälder sind die beherrschende Vegetationsformation. Sie fehlen bezeichnenderweise dem klimatisch weniger extremen Nordamerika. Als „Lichte Taiga" bedecken sie ein Gebiet von 2,5 Mio. km^2. Im extrem kontinentalen Jakutien bildet die dahurische Lärche (Larix dahurica) meist Reinbestände mit Unterwuchs. Die nicht über 15 m erreichenden Bäume wachsen langsam – Stammdurchmesser bei 150 Jahre alten Bäumen (nach *Walter/Breckle* 1986, S. 395) 18 cm – stehen licht, mitunter parkartig und bei ungleichmäßigen Auftauvorgängen des Permafrostbodens gelegentlich schief. Baumwuchs um den arktischen Kältepol zeigt, daß auch ordentlich tiefe Temperaturen Bäume dann nicht verhindern, wenn die Vegetationszeit ausreicht und ein Ausreifen und Abhärten der jungen Triebe möglich ist. Der großen Gefahr der Frosttrocknis begegnet die Lärche durch das Abwerfen der Nadeln.
Im nicht ganz so kontinentalen West- und Zentralsibirien wird die dahurische von der sibirischen Lärche (Larix sibirica), oft im Verein mit der sibirischen Arve (Pinus cembra), abgelöst. Deren Früchte, die Zirbelnüsse, liefern ein sehr gutes Viehfutter und eignen sich auch für die menschliche Ernährung. Holzvorrat und Holzzuwachs – im nördlichen Baikalgebiet 1,6 m^3/Jahr und Hektar – sind niedrig.

Höhenstufen und Übergangszonen
Höhenstufen der Vegetation sind im Borealen Nadelwald nur in noch maritim beeinflußten oder weniger kontinentalen Gebirgen stärker differenziert. Im kontinentalen Bereich tritt an die Stelle alpiner Matten Gebirgstundra. Die vom Schnee freigefegten Gipfel und anschließenden Hänge erscheinen kahl, weshalb man sie nach dem sibirischen Wort goly (=kahl) als Golez- bzw. – subalpin – als Podgolezstufe bezeichnet. Vegetation – Zwergsträucher, Moose und Flechten, schließlich nur noch Flechten – beschränkt sich als sog. Fleckentundra auf geschützte Lagen, so daß keine scharfe Höhengliederung

möglich ist. In den feuchteren Gebirgen des westlichen Nordamerika unterscheiden sich dagegen die Höhenstufen nach ihrem Baumbestand.

Der *Grenzsaum der südlichen Taiga* enthält in der Nachbarschaft zur Mischwaldzone einige Bäume aus letzterer wie Zuckerahorn (Acer saccharum) und Lebensbaum (Thuja occidentalis) in Ontario und Eichen (Quercus robur), Linden (Tilia cordata), Ulmen (Ulmus laevis) und Ahorn (Acer platanoides) im europäischen Rußland. Hauptunterschied zur übrigen Taiga ist aber die dank besserer Klima-, z. T. auch Bodenbedingungen, stärkere Wuchsleistung. Im Übergang zur Waldsteppe im kontinentalen Bereich Zentralkanadas und Sibiriens dominieren Espen (Populus tremuloides bzw. tremula) und Birken (Betula papyrifera bzw. verrucosa).

Die *Waldtundra* umfaßt den im Durchschnitt über 100 km breiten Grenzbereich zwischen den geschlossenen borealen Wäldern und der baumfreien Tundra. In ihm verlichten die Baumbestände immer mehr und werden zunehmend von Tundrainseln durchsetzt, bis schließlich Wald und Bäume nur noch kleine Flächen einnehmen und ihrerseits Vorposten sind (Abb. 3.4.2.1/9). Die *polare* oder nördliche *Baumgrenze* verbindet als gedachte Linie die am weitesten vorgeschobenen Bäume oder Baumgruppen, während die *Waldgrenze* das Ende der geschlossenen Waldverbreitung angibt. Abgesehen vom maritim beeinflußten Skandinavien und Kamtschatka, wo, wie auch in Island und Grönland, Birken als nördlichste Bäume wachsen, bilden Fichten (Nordamerika, europ. Rußland) und Lärchen (Sibirien) die Baumgrenze. In hochkontinentalen Gebieten (Chatanga-, Mackenziemündung – 72° 40′ bzw. 69°) stößt sie am weitesten vor, an den Ostküsten im Bereich kalter Meeresströmungen (Labrador, Kamtschatka – 53$\frac{1}{2}$° bzw. 59$\frac{1}{2}$°) weicht sie am stärksten zurück. Der wellenförmige Verlauf erklärt sich aus dem Vorrücken in den Tälern und dem Zurückbleiben auf den Wasserscheiden. Hinsichtlich der Entwicklung läßt sich keine allgemeine Tendenz feststellen; Vorstößen in Osteuropa stehen Rückzüge in Teilen Kanadas gegenüber. Holznutzung schadet auf jeden Fall dem Wald an der Überlebensgrenze.

Ursachen der polaren Baumwuchsgrenzen sind allgemein die ungenügende Ausreifung der neuen Nadeln und Triebe während des Sommers und die dadurch bedingte Zunahme der Wasserverluste infol-

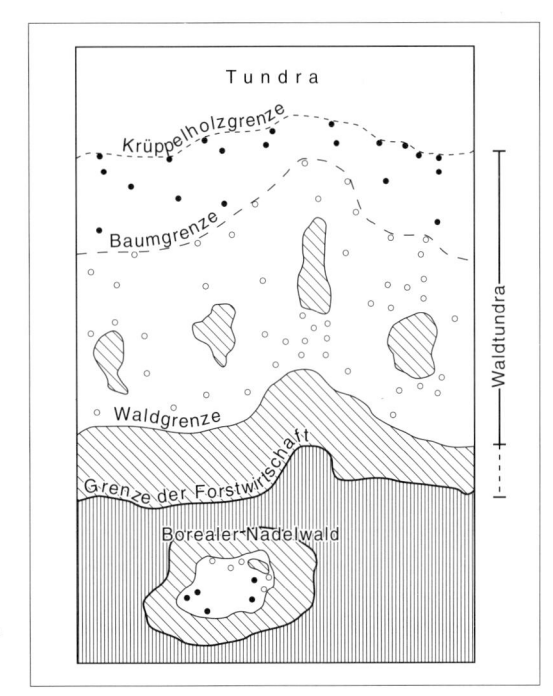

Abb. 3.4.2.1/9
Wald- und Baumgrenze im Übergangsbereich zwischen borealem Nadelwald und Tundra
nach *Hustich* 1953 aus: *Schultz* 1988, S. 150

ge Frosttrocknis. Dies ist bei einer zu kurzen – weniger als 3 Monats- oder 105–110 Tagesmittel über 5 °C – oder zu kühlen – wärmstes Monatsmittel unter 10 °C – Vegetationszeit der Fall. Bedeutsam ist auch die erschwerte Verjüngung, da bei Nadelbäumen zwei sehr warme Sommer aufeinanderfolgen müssen, um Samen zu liefern, deren Keimung und Aufwachsen auch wieder günstige Bedingungen erfordern.

Am konkreten Ort ist ein vorteilhaftes Geländeklima entscheidend. Flußtäler bieten einen gewissen Schutz vor den auch mechanische Schäden verursachenden Winterstürmen, haben im allgemeinen eine schützende Schneedecke, besser dränierte Böden, oft sonnexponierte Hänge und erhalten zusätzliche Wärme durch die meist von Süden kommenden Flüsse. Auf Hochflächen wird dagegen die in der Regel dünne Schneedecke fortgeweht, und auch die Mulden und Leelagen, in denen sich der Schnee anhäuft, sind ungünstig, weil viel Zeit zum Schmelzen gebraucht wird, die der Vegetation fehlt.

f) Produktion, Verbrauch, Abbau

Die *Primärproduktion* (Nettoprimärproduktion) ist in der Borealzone mit etwa 5,5 t Trockensubstanz je Hektar und Jahr (feuchte Mittelbreiten 8–13 t) relativ gering. Die durchschnittliche Schwankungsbreite zwischen rund 4 und 8 t spiegelt den Unterschied zwischen nördlicher und südlicher Taiga, kälteren nord- und wärmeren südexponierten Standorten wider (s. Tab. 3.4.2.1/3). Fehlende Wärme erweist sich als der entscheidende Beschränkungsfaktor; gelegentliche Engpässe in der Nährstoffversorgung sind zweitrangig. Dies bestätigen die erheblichen Abweichungen in der Zahl warmer, für die Photosynthese günstiger Tage mit Temperaturen von 12–20 °C. Von diesen werden in der nördlichen Taiga nur 30–40, in der mittleren aber 70–80 gezählt (*Walter/Breckle* 1986, S. 449). Ungünstige Sommer kommen außerdem in der nördlichen Taiga drei- bis viermal häufiger vor als in der mittleren, wo sich auch Kälterückschläge durch arktische Luftmassen im Juni weniger nachteilig auswirken und die Böden nicht so naß sind.

Die *Phytomasse*, der pflanzliche Bestandsvorrat, zeigt ebenfalls den Vorsprung des Südens, für den Durchschnittswerte von rund 300 t/ha gegenüber etwa 100–150 t/ha für den Norden angegeben werden (s. Tab. 3.4.2.1/3).

Tierarmut kennzeichnet einen reifen Nadelwald. Die harzigen und gerbstoffreichen Nadeln werden von den meisten Tieren verschmäht. Nur junge Triebe werden gelegentlich in großem Ausmaß von Insekten und anderen Tieren verzehrt, so daß die Primärproduktion bis 20% zurückgehen kann. Lichtarmut und Wurzelkonkurrenz lassen nur wenige Sträucher und Kräuter wachsen, so daß die Artenarmut der Vegetation sich auch in der Fauna niederschlägt. Ein größeres und vielfältigeres Nahrungsangebot bieten Alters- und besonders Verjüngungsstadien mit ihren zahlreichen Laubhölzern speziell nach Bränden, außerdem Auwälder, Wiesen, Verlandungs- und Moor-Übergangszonen. Insgesamt ist der Anteil von Tieren an der Biomasse in keiner anderen Vegetationszone so gering wie im borealen Nadelwald.

Tab. 3.4.2.1/3: Phytomasse und Phytomassenzuwachs in der Taiga (in t/ha Trockengewicht)

	Holzteile	Blattorgane	oberirdisch insgesamt	unterirdisch	zusammen
1.	58,8	6,2	90,5	30,8	121,3
2.	41,5	9,7	82,7	27,3	110,0
3.	101,9	8,3	135,0	31,0	166,0
4.	298,0	12,0	307,2	85,0	392,2

1–2 Nördliche Taiga, 3 Mittlere Taiga, 4 Südliche Taiga

Der *Phytomassenzuwachs* in $t \cdot ha^{-1} \cdot a^{-1}$ der 3 Bestände betrug:
1. 3,75 davon Holzzuwachs 1,41
2. 3,76 davon Holzzuwachs 1,31
3. 7,49 davon Holzzuwachs 3,37

aus: *Walter/Breckle* 1986, S. 448 und 450

Wenn auch nur 1–3% der gesamten, 150–300 kg pro Hektar betragenden Zoomasse auf *Wirbeltiere* entfallen – Streu, totes Holz und obere Bodenschicht enthalten 85–90% des tierischen Lebens –, so treten diese doch am meisten in Erscheinung und verfügen über interessante Anpassungsmechanismen. Unter den Pflanzen- und Allesfressern (Herbi- und Omnivore) finden sich mit Elchen, Hirschen, Bären – darunter Grizzly- und Kodiakbär – stattliche Tiere. Weniger auffällig sind Rehe, Hasen, Biber, Eichhörnchen; letzteres ist, wie Auer-, Hasel-, Birkhuhn und andere Vögel, vorwiegend ein Samen-, Beeren- und Knospenfresser. Räuber (Carnivore) – Wiesel, Hermelin, Marder, Zobel, Nerz, Luchs, Fuchs, Vielfraß, Wolf, Habicht, Bussard, Uhu – regulieren den Bestand an Pflanzenfressern und sind mit ihm rückgekoppelt.

Zyklische *Populationsschwankungen*, die viele Tierarten betreffen, werden meist durch gute Samenjahre, speziell der nur alle 3–5 Jahre fruchtenden Fichte, ausgelöst. Sie führen zu einer starken Vermehrung von Kreuzschnäbeln, Hähern, Eichhörnchen, Rötelmäusen, Lemmingen und anderen Pflanzenfressern und lassen mit einiger Verzögerung auch die Zahl der sich von ihnen ernährenden Fleischfresser wie Habicht, Bussard, Eule, Marder, Wiesel ansteigen. Die infolge Nahrungsmangels schrumpfenden Pflanzenfresserbestände ziehen dann wiederum eine Normalisierung der Fleischfresserpopulationen nach sich. Unregelmäßige Fluktuationen verursachen Insektenepidemien, die meist Altbestände befallen und weitere Tierarten wie Borkenkäfer begünstigen.

Anpassungserscheinungen an das Klima sind lange Winterpausen bei den meisten Wirbellosen und einigen Wirbeltieren wie der Winterschlaf der Bären, das Ausweichen in wärmere Gebiete wie bei den Zugvögeln und das Ausnutzen der Schneedecke als Kälteschutz. Den ausharrenden Tieren hilft die Frostkonservierung ihrer Nahrung und vielen von ihnen ein dichtes Winterkleid. Der besonders bei Zobel, Biber und Nerz geschätzte Pelz war Antrieb für die Durchdringung der großen nordamerikanischen und sibirischen Borealräume.

Langsamkeit im *Abbau* organischen Materials ist ein Merkmal des borealen Nadelwaldes. Die sechs- bis achtmonatige kalte Zeit, saure und oft vernäßte, kalte Böden, geringe Tierbestände und überwiegend schwer zersetzbares Pflanzenmaterial (Nadeln, Hartlaub von Zwergsträuchern) sind die Ursachen. Der Abbau von Totholz erfordert in Fichtenbeständen der südlichen Taiga 30–35, in der nördlichen über 100 Jahre (*Walter/Breckle* 1986, S. 451). Die von *Cole* und *Rapp* (1981, S. 357) genannten 353 Jahre als Zersetzungsdauer der Streu in borealen Nadelwäldern (Mittel aus drei untersuchten Waldgesellschaften in Alaska) übertreffen die Abbauzeit mitteleuropäischer Nadelwälder um rund das Zwanzig- und die sommergrüner Laubwälder fast um das Hundertfache (vgl. 3.3.1.3, Abschnitt a).

Auswirkungen des stark gebremsten Abbauprozesses zeigen sich in aufrecht stehenden, ausgebleichten Baumskeletten, herumliegenden Stämmen und nicht zuletzt in einer bis halbmeterdicken, nur schwach zersetzten Streuauflage am Boden, die in älteren Beständen lange ansteigen kann, bis sich ein Gleichgewicht zwischen Anlieferung und Abbau einstellt. Über mehrere Waldgenerationen hinweg bleiben 50–150 t/ha Streu am Boden gespeichert. Dies bedeutet, daß größere Mengen mineralischer Nährstoffe in toter organischer Masse gebunden und für lange Zeit – bei Vermoorung sogar für immer – der Wiederverwertung durch Pflanzen entzogen sind; es sei denn, sie würden plötzlich durch Brände freigesetzt.

g) Vegetationsdynamik und Ökosystem

Die *Verjüngung* des borealen Nadelwaldes kann eher kontinuierlich durch Hochkommen des Jungwuchses in einem überalterten, durch einzelne Schneebrüche, Windwürfe, Schadinsekten- oder Dürrenester aufgelockerten Bestand oder abrupt durch größere Flächen betreffende Kalamitäten wie besonders Brände erfolgen.

Allmähliche Verjüngung vollzieht sich in der Degenerationsphase eines Bestandes, wenn gute Lichtverhältnisse und viel totes Holz den Keimlingen günstige Entwicklungsmöglichkeiten bieten. (Auf der Streuschicht keimen Samen in der Regel nicht.) Besonders in der nördlichen Taiga sind dazu gute Samenjahre nötig, da in schlechteren alle keimfähigen Samen gefressen werden oder zugrundegehen.

Abrupte Verjüngung auch erst heranreifender Bestände wird in der Regel von Bränden ausgelöst. Durch Blitzschlag oder heute großenteils anthropogen, entstehen Brände vor allem in und nach Dürrejahren bzw. -perioden wie 1989 in Sachalin und Manitoba. Streubrände verbrennen außer Streu die Pflanzen der Krautschicht und teilweise vorhandene Jungbäume. In Wäldern mit großem Streuanfall, der schweren Bränden Nahrung geben könnte, werden daher von Forstleuten oft kontrollierte Brände gelegt. Kronenbrände zerstören meist den ganzen Bestand. Auf dem nun streufreien, mineralreichen und besser erwärmten Boden wachsen, dank der verabreichten „Nährstoffspritze" erstaunlich rasch, lichtbedürftige Bodenpflanzen wie Weidenröschen (Epilobium angustifolium), Strauch- und Baumschößlinge. Ökologen sehen daher in Waldbränden natürliche, den Wald erneuernde Ereignisse und waren z. B. bei den Bränden im Yellowstone-Nationalpark 1988 gegen prinzipielles Löschen. Die Abstände zwischen den Bränden – in der Natur gewöhnlich über 100 Jahre – sind heute jedoch oft stark verkürzt, so daß eine größere Nährstoffmenge fortgeführt, bei hohem Grundwasserstand die Vermoorung gefördert wird und sich empfindliche Arten wie Tanne und Fichte kaum entwickeln können.

Im Verlauf der *Sukzession* werden die anfangs wichtigen Stauden und Sträucher (vgl. Abb. 3.4.2.1/7 und M 4.4.3.2/3) von Birken und Espen, auf sandigen Böden auch von Kiefern, verdrängt. Mit zunehmender Beschattung und Kühle begünstigen sie das Emporkommen von Fichte und Tanne, denen sie schließlich weichen müssen, so wie auch, abgesehen von Extremstandorten, die Kiefer. Durch die Rückkehr der stark beschattenden Nadelhölzer verringern sich Primärproduktion, Streumenge, Streuqualität und Tierfraß. Streu- und Moosschicht entwickeln sich. Mit dem sich schließenden Kronendach verlangsamen sie die sommerliche Bodenerwärmung, reduzieren dadurch unter Umständen die Auftautiefe und lassen Permafrost entstehen. Da in der anwachsenden Streuschicht immer mehr Nährstoffe gebunden sind, bilden die Nadelbäume ein weit verzweigtes Wurzelwerk aus und gehen eine Mykorrhiza ein. Auf diese Weise werden die aus der Streuzersetzung freiwerdenden Nährstoffe möglichst vollständig genutzt, und es entsteht ein dem tropischen Regenwald ähnlicher geschlossener Nährstoffkreislauf mit jedoch sehr langer Umlaufzeit (Abb. 3.4.2.1/10).

Das *Ökosystem* des borealen Nadelwaldes (s. Abb. 3.4.2.1/11) erhält sich unter ungünstigen Klima- und Bodenverhältnissen mit einer nur geringen Zahl von Arten und Gesellschaften. Möglich ist dies dank großer Sparsamkeit im Umgang mit Nährstoffen und des Wirtschaftens auf lange Sicht. Natürliche Einschnitte wie Brände sind in diesem System vorgesehen, ja bis zu einem gewissen Grade für das Ökosystem günstig.

Abb. 3.4.2.1/10
Hemmfaktoren im borealen Nadelwald
Entwurf: *Härle*

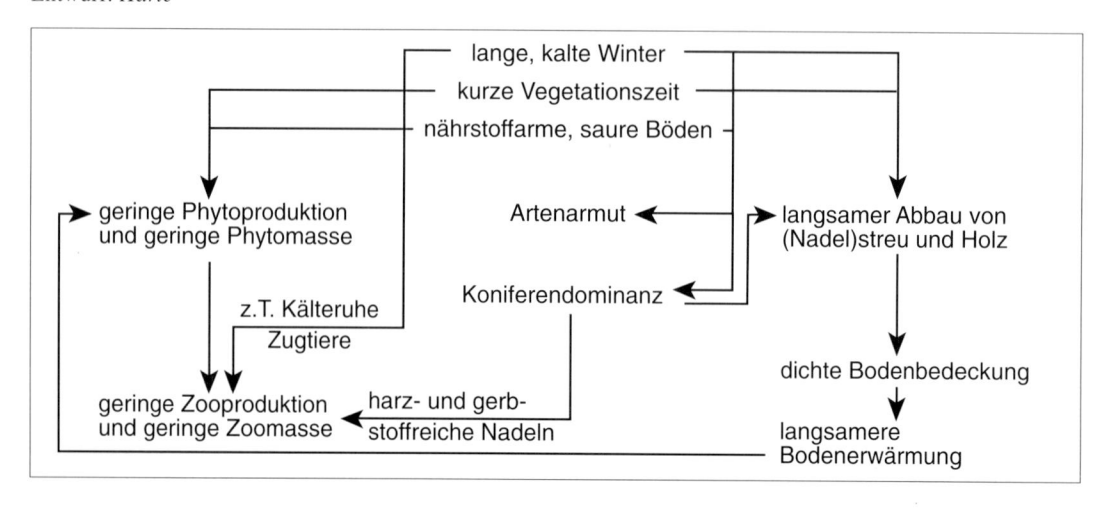

Abb. 3.4.2.1/11
Vereinfachtes Ökosystem-Modell eines borealen Nadelwaldes
aus: *Schultz* 1988, S. 161
PPB = Bruttoprimärproduktion, PPN = Nettoprimärproduktion (Atmungsverluste abgezogen), Zahlen geben Trockensubstanz in t pro ha an.
Für den borealen Nadelwald ist kennzeichnend, daß der lebende Bestandesvorrat, die Phytomasse, gleich groß ist wie die tote organische Substanz auf dem Boden und daß dieser nur wenig pflanzenverfügbare Nährstoffe enthält.

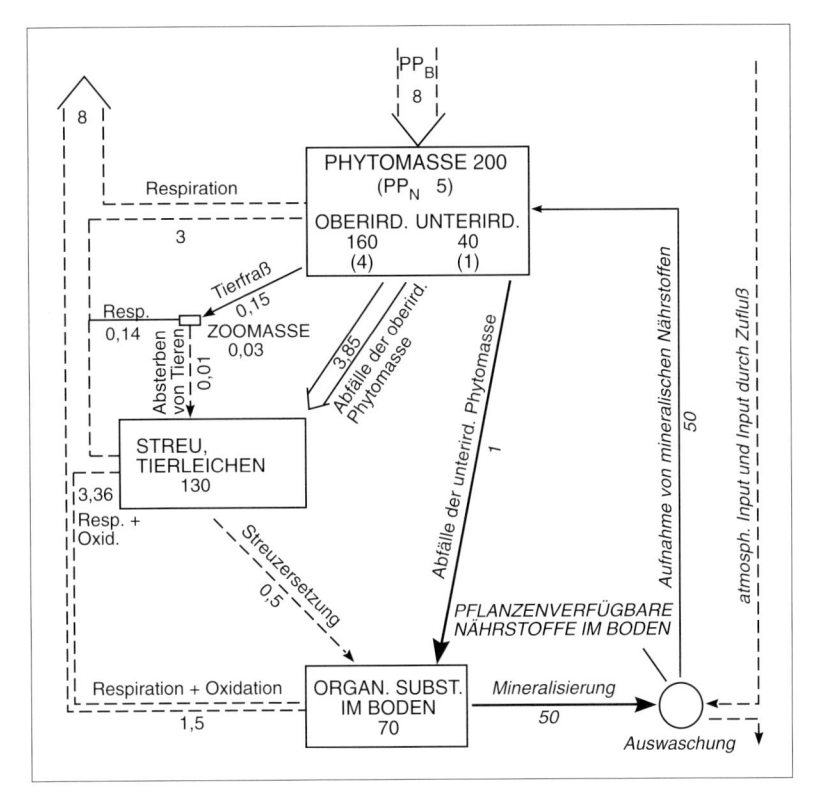

Menschliche Einwirkungen verursachen, besonders in hochkontinentalen Permafrostgebieten und im Nordsaum der Borealzone, oft gravierende, bleibende Schäden.

3.4.2.2 Nutzungsmöglichkeiten

a) Naturpotentialnahe Nutzung

Der Borealklimagürtel als ganzes ist vom Menschen noch relativ wenig umgestaltet worden. Dies gilt vor allem für die nördlichen Teile in Nordamerika, Mittel- und Ostsibirien. Neben den heute dominierenden Wirtschaftsformen Holznutzung, Landwirtschaft, Bergbau, Industrie und Energiewirtschaft existieren auch noch, z. T. in modernisierten Formen, Jagd, Fischerei, Sammelwirtschaft, Pelztierjagd und Rentierwirtschaft.

Jagd, Fischfang und Sammelwirtschaft erlauben, angesichts des rauhen Klimas und der dadurch bedingten geringen biologischen Produktivität, nur eine sehr niedrige Bevölkerungsdichte. Mit dem Sammeln von Beeren, Arvensamen, Pilzen und Kleintieren und den Erträgen der meist mit modernen Geräten ausgeübten Jagd und Fischerei bestreiten Teile der ursprünglichen Bevölkerung auch heute noch ihre Existenz. Sie sind indes nicht mehr autark, sondern kaufen vieles hinzu. Als Nebeneinnahme, Freizeitvergnügen und zur Auflockerung des Speisezettels werden die alten Nutzungsformen von vielen, auch außerhalb der Borealzone lebenden Städtern und Touristen geschätzt. Vor allem in Rußland ist dabei das Sammeln von Beeren beliebt; in manchen Wäldern liefert ein Hektar bis 1 t Preiselbeeren. Besonders im Unterlauf von Ob, Jenissei, Lena und Amur, im Baikal- und Großen Sklavensee liefert der mit überwiegend modernen Methoden betriebene *Fischfang* Jahreserträge bis zu mehreren zehntausend Tonnen, darunter viele Edelfische wie Lachse.

Ungleich größer als die Fänge der speziell im Baikalsee und Jenissei von Gewässerverschmutzung bedrohten Fischerei sind die aus den Meeren im Borealklimagebiet. Der St. Lorenzgolf und besonders der Schelf Neufundlands – die Neufundlandbänke –, das Ochotskische Meer und die ans ozeanische Borealklimagebiet anschließenden Gewässer Nordnorwegens und der Alaska-Halbinsel gehören zu den produktivsten Fischereiregionen der Erde mit einem Jahrespotential von je einer bis zu mehreren Mio. Tonnen (vgl. Band 10/II, 2.1.4.3).

In der norwegischen Finnmark, in Neuschottland, Neufundland und auf den französischen Inseln St. Pierre und Miquelon lebt trotz starken Rückgangs der Zahl der Fischer immer noch ein beachtlicher Teil der Bevölkerung von der Fischerei. Das Fortbestehen vieler Siedlungen hängt von ihr ab. Der meist mit kleineren Fahrzeugen ausgeübte Fischfang müßte indes modernisiert werden, um die Verarbeitungsindustrie ausreichend und kontinuierlich beliefern zu können. Zugleich wäre die Überfischung durch fremde Trawler zu unterbinden. Die „schwimmenden Fischfabriken" haben nicht nur 1984 die sich seitdem allmählich erholenden Fischbestände zusammenbrechen lassen, sondern gelten auch als Ursache für die wohl durch Hunger ausgelösten Wanderungen von Fisch verzehrenden und vertreibenden Robben an die nordnorwegischen Küsten. Dort wird auch eine Wiederaufnahme der 1987 eingestellten Jagd auf Zwergwale als nötig angesehen. Neue Erwerbsmöglichkeiten bieten Fischmastanlagen und Tourismus.

Am Ochotskischen Meer und auf der Ostseite Kamtschatkas sind Fischerei und besonders Fischverarbeitung auf wenige Standorte konzentriert, von denen Petropawlowsk und Magadan die wichtigsten sind.

Pelztierjagd, Pelztierfarmen

Pelze, typische Produkte aus dem borealen Nadelwald, waren der Hauptgrund für die Erkundung, Durchdringung und Inbesitznahme der Weiten Kanadas, Sibiriens und Alaskas durch Franzosen, Briten und Russen. Kosaken legten in Sibirien unterworfenen Völkern Pelztribute auf, fanden west-östlich verlaufende Flußstrecken und waren an Alaska hauptsächlich der Seeotter wegen interessiert. Französische Waldläufer entdeckten mit Hilfe der Indianer die günstigsten Portagen (Tragestellen), auf denen die Birkenrindenboote von einem Flußsystem ins andere transportiert werden konnten. Schließlich monopolisierte die Hudson's Bay Company, einige Jahrzehnte bedrängt von der North West Company, den Fellhandel. Aus ihren Handelsposten entwickelte sich die große Mehrheit der heutigen Siedlungen. Auch nach Abgabe der Hoheitsrechte über ein 7,75 Mio. km^2 großes Gebiet (1869) blieb die Hudson's Bay Company in Kanada bis heute eine weit über die Pelzbranche hinaus bedeutende Handelsgesellschaft.

Wenn sich auch die Bestände der fast ausgerotteten Biber, Zobel und Seeotter als der wichtigsten Pelzlieferanten wieder etwas erholt haben, stammt heute nur ein kleiner Teil der auf den Markt kommenden Pelze von der traditionellen Pelztierjagd mit Hilfe des oft tierquälerischen Fallenstellens. Für viele der im Nadelwald lebenden kleinen indianischen und sibirischen Völker und manche weißen Trapper ist sie die Haupteinkommensquelle.

Die große Masse der Pelze kommt aus Pelztierfarmen, die jedoch auch in südlicheren Gebieten wie z. B. an der Westküste Dänemarks liegen und dort reichlich vorhandene Fischabfälle als Tierfutter nutzen. Auch Pelztierzuchten werden wegen ihrer Haltungs- und Tötungsmethoden von Tierschützern kritisiert. Etwa seit 1985 spürt die Pelzbranche eine starke Zurückhaltung der Käufer. (Für den Zusammenbruch des Seehundfell-Marktes war das oft grausame Töten der weißfelligen Seehundbabys vor den Küsten Neufundlands der Auslöser. In die EG bzw. EU ist seit 1983 der Import von Robbenfellen und ab 1995 von Pelzen aus Ländern mit grausamen Fangmethoden verboten.)

Rentierwirtschaft

Die wohl älteste Form der Landwirtschaft im nördlichen Borealgürtel ist die von Samen (Lappen), Nenzen und anderen sibirischen Völkern betriebene Rentierwirtschaft. Früher begleiteten ganze Familien die hirschähnlichen Tiere auf ihren saisonalen Wanderungen, heute tun dies meist nur Hirten mit modernen Hilfsmitteln. Diese führen im Sommer zu den Gräsern, Kräutern und Beeren meerwärts in die Tundra oder in die Höhentundra der Gebirge, im Winter zu den Rentierflechten der auch vor Stürmen einen gewissen Schutz bietenden Waldtundra- und Waldgebiete.

In Norwegen und Schweden zusammen gibt es etwa 1450 Betriebe mit rund 500 000 Rentieren, die für etwa 5000 Rentier-Samen die Lebensgrundlage bilden (*Hemmer, I.* 1989, S. 30).

Fast überall, wenn auch in unterschiedlichem Ausmaß, wird die Renhaltung durch Erschließungsmaßnahmen (Straßen-, Leitungs-, Flugplatzbau), Förderung von Bodenschätzen, Anlage von Stauseen, Abholzung von Wäldern, Intensivierung des Tourismus und vermehrte Beunruhigung der Tiere beeinträchtigt. Die Rentierwirtschaftsgebiete im südlichen Nordschweden und in Mittelnorwegen wurden zusätzlich durch das Reaktorunglück von Tschernobyl (1986) von hohen radioaktiven Niederschlägen betroffen, die sich in den langsam wachsenden Rentierflechten nur sehr allmählich abbauen.

Holzwirtschaft

Außer dem geringen örtlichen Brenn- und Bauholzbedarf und kleinen Rodungen für die Selbstversorgung mit Lebensmitteln blieb bis ins Mittelalter der boreale Nadelwald fast unangetastet. Indianer verwandten gar nur totes Holz. Stark genutzt, ja übernutzt wurden in der Neuzeit nur küstennahe und floßweggünstige Wälder in Norwegen und die um Bergbaustandorte in Skandinavien, später auch im Ural und in Alaska. Die Eignung der nordischen Nadelhölzer für Zellulose-, Papierherstellung und Schnittholz erhöhte im Zuge der modernen Verkehrserschließung ihren Wert für die nationale und die Weltwirtschaft stark.

Gegenüber den Laub- und besonders den tropischen Regenwäldern bieten die borealen Wälder *Vorteile für die Holznutzung.*

– Die verfügbaren Bestände sind groß, aus nur wenigen Arten gemischt, häufig sogar nach Art und Alter einheitlich, bedingt durch Untergrund, Regional- oder Kleinklima und Sukzessionstadien, etwa nach Bränden. Die heute vielfach mit Vollerntemaschinen betriebene Holzgewinnung wird dadurch wesentlich erleichtert oder erst ermöglicht.
– Vorteilhaft ist auch die weite Verbreitung von Arten mit geraden und glattschäftigen Stämmen aus hochwertigem, dauerhaftem und/oder für die Papierherstellung geeignetem Holz. Die schmalkronigen Bäume mit im Verhältnis zum Stamm geringem Astanteil können außerdem nahe beieinanderstehen, so daß Stammzahl und Holzvorrat pro Flächeneinheit hoch sind.
– In extremer Ausprägung zwar hinderlich, macht Winterkälte viele Bestände, zumal Moorwälder, überhaupt erst oder für schwere Fahrzeuge zugänglich, und Schneeschmelzhochwasser erlaubt auch auf kleinen Flüssen das Flößen der gefällten Stämme in Regionen ohne Straßen und Bahnen.
– Naturverjüngung bzw. Wiederaufforstung und anschließende Waldpflege bereiten, von extremen Standorten abgesehen und in krassem Unterschied zum tropischen Regenwald, keine zu großen Probleme.

Diesen in der Natur der Wälder liegenden Vorteilen für die Holznutzung stehen jedoch etliche *Einschränkungen* gegenüber. Ein gutes Drittel des borealen Nadelwaldes – Waldtundra, Teile der nördlichen Taiga, Moor- und viele Gebirgswälder – ist sehr leistungsschwach (s. Abb. 3.4.2.2/1) und liegt weit unter dem auch schon niedrigen Jahreszuwachs von knapp 1,7 m^3/ha (Laubwaldzone 4,3 m^3/ha; Angaben nach *Windhorst* 1978, S. 45) für den gesamten borealen Nadelwald. Auch aus ökologischen Gründen sollten diese Wälder, zumal im Permafrostbereich und wo sie Rentieren als Weide dienen, nicht geschlagen werden. In vielen ökonomisch interessanten Gebieten erschweren lange Transportwege, unterentwickelte Infrastruktur, teilweise auch extreme Winterkälte, hohe Schneedecken und lange vernäßte Böden die Nutzung.

Weltwirtschaftliche Bedeutung

Der in den borealen Wäldern getätigte Holzeinschlag macht rund ein Viertel des statistisch erfaßten Welt-Nutzholzeinschlags von (1990) 1681 Mio. m^3 aus. Daraus werden vorwiegend (Zeitungs)-Papier und Schnittholz hergestellt. Angesichts eines relativ geringen Eigenverbrauchs bestreiten Kanada, Fen-

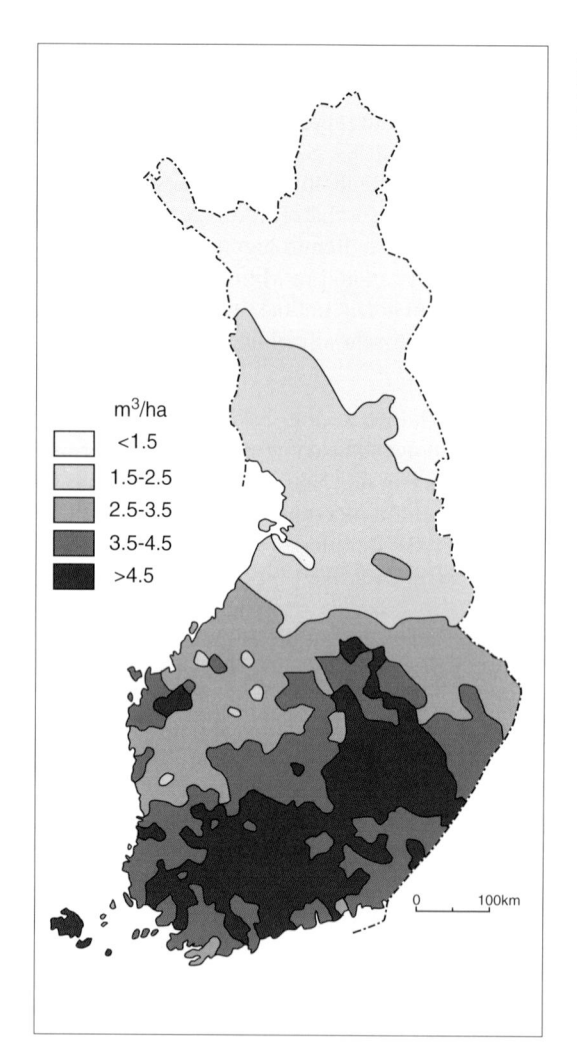

Abb. 3.4.2.2/1
Durchschnittlicher Holzzuwachs pro Jahr und ha in Finnland (1975)
aus: *Varjo/Tietze* 1987, S. 293

m³/ha
<1.5
1.5-2.5
2.5-3.5
3.5-4.5
>4.5

noskandien und in schwächerem Maße Rußland immer noch etwa die Hälfte des Weltholzhandels (s. Tab. 3.4.2.2/1). Ein Anteil, der zumindest auf längere Sicht problematisch ist, da er in Kanada und Rußland nur zum kleineren Teil aus dem laufenden Zuwachs, sondern aus den in langen Zeiträumen herangewachsenen Reserven erreicht wird.

Holzraubbau und rationelle Forstwirtschaft
Der Glaube an die Unerschöpflichkeit der Holzvorräte in den riesigen Neusiedlungsländern Nordamerika und Sibirien, später das Vertrauen auf globale Zuwachsraten, die auch nicht nutzbare Bestände einschlossen, förderten bis in die Gegenwart in Kanada und in Sibirien Raubbau und Verschwendung. Durch die Dämme der Angara-Kraftwerke Bratsk, Ust Ilimsk und Bogutschany wurden z. B. viele Mio. m³ besten Holzes überstaut.

Die Nutzung erfolgt meist in riesigen Kahlhieben. Aufforstung und Naturverjüngung werden, wenn überhaupt, nicht mit genügender Sorgfalt durchgeführt. Um der gesetzlichen Wiederaufforstungspflicht zu genügen, werfen beispielsweise kanadische Holzgesellschaften Setzlinge mit Wurzelballen aus der Luft ab, von denen aber nur ein Teil in den Boden richtig eindringt und anwächst. Die Erteilung

Tab. 3.4.2.2/1: Papier- und Schnittholzproduktion und -export

Papier 1992

Mio. t	Produktion	Weltanteil %	Export	Weltanteil %
USA	74,7	30	6,8	11
Japan	28,3	12	1,0	2
China	17,3	7	0,2	–
Kanada	16,6	7	12,4	21
Deutschland	12,9	5	5,0	8
Finnland	9,1	4	8,0	13
Schweden	8,4	3	7,0	12
Frankreich	7,7	3	3,0	5
Ehemalige Sowjetunion	6,1	2	0,2	–
Italien	6,0	2	1,6	3
Welt insgesamt	246,5		60,4	

Nadelschnittholz 1991

Mio. m^3	Produktion	Export
USA	80	7
Ehemalige Sowjetunion	62	5
Kanada	51	37
Japan	25	–
Deutschland	13	1
China	12	–
Schweden	11	7
Brasilien	8	–
Finnland	6	4
Österreich	7	4
Frankreich	7	–
Chile	3	1
Polen	3	–
Welt insgesamt	327	73

aus: *FAO*, nach *Skogsindustrierna* (Verband schwedischer Zellstoff- und Papierfabriken): Auf dem Weg zu einer nachhaltigen Forstwirtschaft. Stockholm 1994, S. 59

großflächiger Einschlagskonzessionen durch den Staat in Kanada und den USA begünstigt eine rein kommerzielle Einstellung zum Wald. Letztere prägt auch die in Südostsibirien abholzenden (süd)koreanischen und japanischen Firmen und in Ostkarelien tätige finnische Unternehmen. Erst Holzmangel hat aus Eigeninteresse vor allem private Waldbesitzer und Verarbeitungsbetriebe zu nachhaltiger Nutzung übergehen lassen. „Nachhaltigkeit" als Prinzip einer „rationellen Forstwirtschaft" bedeutet, daß die vielfältigen Funktionen der Wälder und Forsten in unverminderter Weise auf Dauer zu sichern sind. Trotz dieses Grundsatzes tendiert die im borealen Waldgebiet im wesentlichen noch auf Fennoskandien beschränkte rationelle Forstwirtschaft zu einer Funktionsverengung auf die Holzproduktion.

Naturbelastungen durch die rationelle Forstwirtschaft
– Großflächige Kahlschläge verändern das Kleinklima, führen stellenweise zur Versumpfung und lösen Bodenerosion aus. Durch Sedimentation und Änderung der Abflußverhältnisse wird auch das Ökosystem von Flüssen und Seen beeinträchtigt.
– Durch schwere Erntemaschinen und das Umpflügen vor Neuanpflanzung (Abb. 3.4.2.2/2) werden Boden und Bodenvegetation geschädigt.

Abb. 3.4.2.2/2
Umgebrochene Kahlschläge erleichtern die maschinelle Wiederaufforstung, zerstören aber die Bodenvegetation (südl. schwedische Taiga)
Foto: *Härle*

- Aus Rationalitätserwägungen wird die Naturverjüngung mittels Überhältern (Samenbäumen) meist abgelehnt und oft unzureichend wieder aufgeforstet, so daß bei schwierigen Klima- und Bodenverhältnissen häufig kein Wald mehr hochkommt.
- Schnellwüchsige, fremde Baumarten wie in Schweden die aus Nordamerika stammende Drehkiefer (Pinus contorta), die in 40–50 Jahren statt in 80–100 Jahren wie einheimische Kiefern schlagreif wird, werden eingebracht.
- Unterwuchs und Laubhölzer bei Aufforstungen und Schädlinge bei den hierfür anfälligen Monokulturen werden chemisch bekämpft.
- Stickstoffdüngung beeinträchtigt Boden, Bodenpflanzen und Grundwasser.
- Moore werden drainiert und gedüngt, so daß sie als Biotope verlorengehen.
- Das Abholzen der als Winterweide wichtigen flechtenreichen Wälder schädigt die Renhaltung. Gleichzeitig werden – ungewollt – überhöhte Elchbestände gefördert, die auf Neuaufforstungen reichlich Futter finden.

Naturverträglichere Wirtschaftsformen
Naturverträglichere Wirtschaftsformen, die in Schweden z. T. auf Druck der Bevölkerung erzwungen wurden, verzichten auf Biozide, die von Flugzeugen aus gegen Schädlinge und unerwünschte Bodenpflanzen und Laubhölzer wie Birken ausgebracht werden. Sie lehnen Stickstoffdüngung und „ausgekehrte" Wälder, in denen nur noch die erwünschten Bäume wachsen, ab und bevorzugen die Naturverjüngung oder jedenfalls kleinere, inselhafte Kahlhiebe und halten Bodenschäden möglichst gering (Abb. 3.4.2.2/3). Von seiten des Naturschutzes werden weitergehende Forderungen gestellt. So sollen Kahlschläge vermieden werden, Einschläge, um der Tiere willen, womöglich im Sommer erfolgen, Auwälder und das nördliche Drittel des borealen Waldes generell verschont bleiben. Einen allgemeinen Nutzungsverzicht auf diese Standorte sah das die Produktionsgrenze erst bei 1 m³ Holzzuwachs

Abb. 3.4.2.2/3
Streifen- und inselförmige kleine Schlagflächen mit zur Naturverjüngung stehen gelassenen Samenbäumen (südl. schwedische Taiga)
Foto: *Härle*

Abb. 3.4.2.2/4
Zellstoff- und Papierfabrik mit Holzvorräten an beliebtem Flußmündungsstandort (Bottnischer Meerbusen, Nordschweden)
Foto: *Härle*

pro Jahr und Hektar ziehende schwedische Forstgesetz von 1980 nicht vor. Jetzt werden neben der Holzproduktion als primärem Bewirtschaftungsziel die Berücksichtigung von Umweltbelangen und anderen allgemeinen Interessen verlangt.

Sorgen der Forstwirtschaft und Holzindustrie (Abb. 3.4.2.2/4)
– Gebietsweise, so in Teilen der kanadischen Provinz Ontario und in der südlichen Taiga Nordrußlands, zeichnet sich ein Mangel an wirtschaftlich erreichbarem Holz als Folge von Raubbau, verschwenderischem Umgang mit Holz, ungenügender Wiederaufforstung und zu optimistischen Berechnungen der Vorräte ab.
– Beste Holzbodenflächen im Süden gingen und gehen durch Stauseen, Tagebaue, Industrie-, Siedlungs- und Verkehrsflächen verloren.
– Die intensivere Erschließung und Freizeitnutzung hat die Brandgefahr vergrößert.
– Billiger produzierende Forstgebiete im Süden mit kürzeren Umtriebszeiten (Schlagreife von Kiefern in Georgia/USA in 20, von Eukalyptusbäumen in Nordwestspanien in 15 Jahren) sind eine ernsthafte Konkurrenz.
– Höhere Recyclingraten wirken preisdämpfend.
– Lokal um Bergbau- und Industriestandorte (Sudbury, Kirowsk, Bratsk, Norilsk) und großregional (Südskandinavien, Nouveau Quebec) treten neuartige Waldschäden (Waldsterben) auf.
– Bei einer drohenden Klimaänderung in Richtung einer globalen Erwärmung ist ein Zusammenbruch der besonders produktiven südlichen Borealwälder zu befürchten.

Verringern ließen sich diese Sorgen durch einen unverzüglichen Übergang zu einer nachhaltigen Forstwirtschaft, durch bessere Nutzung der Ressourcen in den erschlossenen Gebieten, wie z. B. der Laub- und Schwachhölzer, Erhöhung des Ausnutzungsgrades, Reduzierung der Transportverluste und schließlich die Nutzung bisher unzugänglicher, indes ökologisch sensibler Gebiete.

Torfnutzung
So beachtlich auch die Holzreserven des borealen Nadelwaldes sind, sie werden übertroffen von den riesigen Torfvorkommen. In der früheren UdSSR wurden sie auf insgesamt 200 Mrd. t geschätzt, was 66% der Weltvorräte entspricht (*Schultz, J.* 1988, S. 165). Die Regenerierung eines abgetorften Moores dauert indes nicht 100–200 Jahre wie beim borealen Wald, sondern, sofern sie überhaupt erfolgt, mehrere tausend Jahre, so daß Torf, nach menschlichen Zeiträumen gemessen, als fossile Ressource einzustufen ist.

Getrockneter Torf dient im europäischen Rußland und in Finnland – ähnlich wie im waldarmen ozeanischen Irland – häufig als Brennstoff in ländlichen Haushalten. Die daraus resultierenden zahlreichen, in der Regel kleinen Torfstiche bedrohen die Moore jedoch weit weniger als das großflächige maschinelle Abtorfen. Der jährliche Abbau von 22 Mio. t in der früheren UdSSR wird neben dem Beschicken von Kraftwerken und Heizungen zu über zwei Dritteln in der landwirtschaftlichen Bodenverbesserung

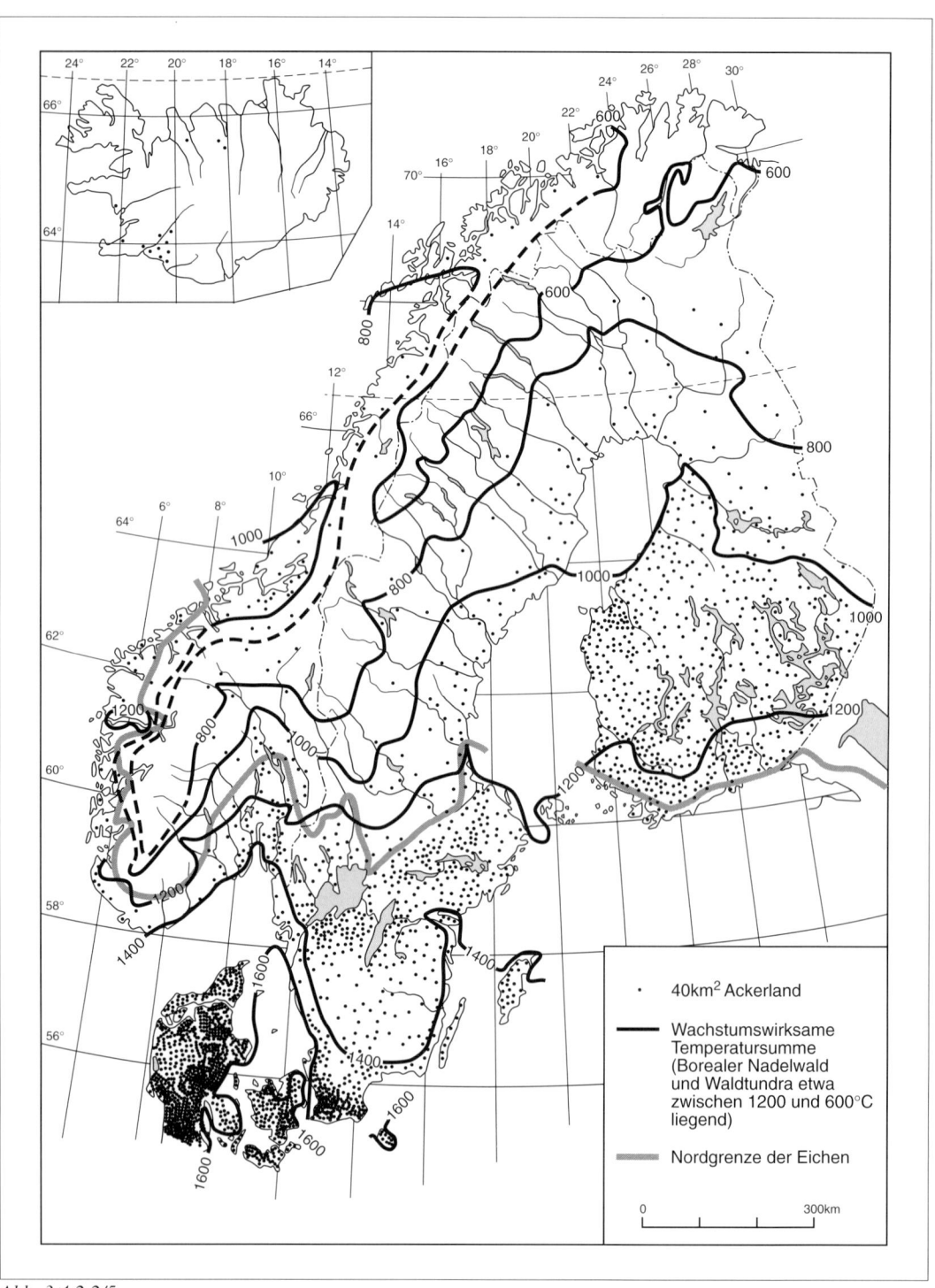

Abb. 3.4.2.2/5
Ackerlandverbreitung und effektive Temperatursumme in Nordeuropa
aus: *Varjo/Tietze* 1987, S. 258

verwandt (*Schultz, J.* 1988, S. 165). In der alten Bundesrepublik Deutschland werden nach Angaben des Bayerischen Staatsministeriums für Landesentwicklung und Umweltfragen (1987) pro Jahr rund 11 Mio. m^3 abgebaut und größtenteils für auch auf andere Weise zu erreichende gärtnerische Zwecke eingesetzt. Angesichts der geringen Vorräte im eigenen Land haben sich Torfunternehmen Abbaurechte in Kanada, Finnland und Lettland gesichert. In Finnland werden die Torfvorräte 1,3 Mrd. t Erdöl gleichgesetzt.

Landwirtschaft im Borealgebiet
Im Unterschied zu den angrenzenden Misch- und Laubwaldgebieten und den Steppen, die ganz überwiegend in Kulturland umgewandelt wurden, hat der Wald im borealen Bereich fast nur im Südteil und auch da nur gebietsweise landwirtschaftlichen Nutzflächen weichen müssen. Die Nutzungsinseln miteinander zu verbinden und in geschlossener Front bis zu den Anbaugrenzen vorzustoßen, könnte, so scheint es, viele Millionen Quadratkilometer große Reserveflächen für die Ernährung der wachsenden Menschheit bereitstellen. Klima, Böden und Kosten engen jedoch im borealen Gebiet die Landnutzung stark ein, so daß eine mit vielen Risiken behaftete Ausweitung derzeit unwahrscheinlich ist. Die starke Abnahme des Ackerlandes in Richtung Norden zeigt Abbildung 3.4.2.2/5.

Großräumige Ungunst
— Fehlende Wärme, speziell eine zu kurze Vegetationszeit, die durch lange Tage nur geringfügig ausgeglichen wird, schließt in Gebirgslagen und weiten Teilen der Waldtundra Ackerbau aus. (Die polare Anbaugrenze verläuft in Nordamerika etwa 5° südlich der Waldgrenze, im thermisch bevorzugten Europa liegen beide, bis 70°N reichend, nahe beieinander, in Asien bleibt sie im Mittelsibirischen Bergland und im pazifiknahen Ostsibirien gegenüber der Waldgrenze um einige Breitengrade zurück; rentabel ist der Anbau aber erst mehrere Grade südlich.)
— Starke Spät- und Frühfröste bilden auch bei im Mittel ausreichender Vegetationszeit ein hohes Anbaurisiko.
— Es besteht Versumpfungsgefahr durch Vergrößerung der sommerlichen Auftautiefe bei Rodung von Permafrostböden.
— Trockenperioden beeinträchtigen im hochkontinentalen Bereich und in der Nachbarschaft zu den Waldsteppen in manchen Jahren die Ernte; Nässe im Frühjahr verzögert die Bestellung.
— Der zonale Boden, der Podsol, und die in manchen Räumen weit verbreiteten Moorböden sind wenig fruchtbar. Die günstigeren Aueböden sind meistens zeitweise überschwemmt.
— Das Anbauspektrum ist verengt; wärmebedürftige, ertragreiche Arten wie Sojabohnen, Zuckerrüben, Mais, ab 63°N auch Weizen, bleiben zurück.
— Die Flächenerträge sind meist geringer als in kühlgemäßigten Breiten, die Qualität des Getreides ist oft schlecht, Feldfutter und Wiesen können nur ein- bis zweimal gemäht werden.
— Die Produktion wird durch das Anlegen großer Futtervorräte für den Winter, den Bau winterfester Ställe, die häufig großen Entfernungen zu den Märkten und Einkaufszentren bei oft erschwerten Verkehrsverhältnissen und durch die Waldrodung verteuert.

Kleinräumige Möglichkeiten
Auch im südlichen Borealbereich ist die Landwirtschaft selten flächendeckend, sondern in der Regel auf klima- und bodengünstige Streifen und Inseln wie See- und Meeresufer, Täler und Beckenrandzonen beschränkt (Abb. 3.4.2.2/6). Genutzt werden hauptsächlich die (degradierten) Schwarzerden im kanadischen Peace-River-Gebiet und in Becken des südlichen Mittel- und Ostsibirien, auch Böden auf Kalkuntergrund wie um den Siljan- und Storsee in Schweden und die in der Umrahmung des Bottnischen Meerbusens und im kanadischen Clay Belt vorkommenden tonigen Meeres- und Seeablagerungen.
Erfahrung, Wissenschaft und Technik haben den agrarischen Spielraum teilweise stark erweitert und manche natürlichen Widrigkeiten abgeschwächt. Milchwirtschaft, die sich auf ertragsichere Futter-

Abb. 3.4.2.2/6
Einzelhöfe (in SO-Norwegen), die auf sonnseitigen Verebnungen und Flachhängen Futtergräser und etwas Getreide anbauen neben Fröste verminderndem See
Foto: *Härle*

gräser stützt, dominiert. Beim Umbruch des Feldgrases schon im Herbst kann im folgenden Frühjahr rascher bestellt werden. Generell nehmen Gräser den überwiegenden Teil der Ackerfläche ein, ergänzt durch Gerste, Hafer und Kartoffeln. Bei letzteren nutzt man die im rauhen Klima geringere Krankheitsanfälligkeit auch für die Saatkartoffelvermehrung, bei Erbsen und Kohl deren Eigenschaft, unter Langtagsbedingungen gut zu gedeihen.

Die Züchtung von Getreidesorten mit verkürzter Wachstumszeit hat die Weizengrenze in Sibirien im Vergleich zu 1916 um mehrere hundert Kilometer polwärts vorgeschoben; manche Gerstensorten brauchen nur knapp 90 Tage bis zur Reife. Dank der modernen Landbautechnik können heute in kurzer Zeit große Felder bestellt werden, was eine bessere Ausnutzung der kurzen Vegetationsperiode ermöglicht. Der Ausbau von Verkehrswegen und der übrigen Infrastruktur erleichtert das Leben am Ort und die Verbindung mit der Außenwelt.

Unter den Landwirten sind nicht wenige, denen das größere Maß an Freiheit und Selbstbestimmung im dünnbesiedelten Waldland wichtiger ist als mehr Komfort, Sicherheit und z. T. auch Einkommen im Süden. In Rußland und später in Sibirien bot die Taiga auch die Chance, sich mehr Freiraum zu verschaffen, war also ein sozialer Vorzugsraum.

Bedeutung der Landwirtschaft in- und außerhalb des Borealgebiets
Die Kulturlandstreifen und -inseln im Borealgebiet – an Dwina, Kama, Irtysch, Ob, mittlerer Lena, am Peace River, um Minussinsk, Tscheremchowo und im kanadischen Clay Belt – nehmen beträchtliche Flächen ein. Ihre landwirtschaftliche Produktion ist regional beachtlich und wichtig, im Rahmen des jeweiligen Gesamtstaates aber, Finnland und Spezialkulturen wie in Kanada Heidelbeeren und Kartoffeln ausgenommen, recht gering. So entfielen auf die weit im Süden des Borealklimagebiets gelegenen Provinzen um den St. Lorenzgolf 1988 nur 3,7% des Wertes der in Kanada verkauften Agrarprodukte („*Farming Facts 1989*", Ottawa 1989).

Westliche Industriestaaten, von Agrarüberschüssen geplagt, könnten auf die Produktion der borealen Landwirtschaft verzichten. Viele Landwirte ziehen aus dem Zurückbleiben in der Einkommensentwicklung gegenüber ihren Kollegen in südlicheren Regionen die Konsequenzen und wandern ab. Trotz staatlichen Stützungsmaßnahmen werden Höfe und ganze Siedlungen aufgegeben. Der Rückzug auf die relativ günstigsten Standorte hält an. Zu ihnen gehört das Peace-River-Gebiet, dessen Ausnahmecharakter aber auch durch die vielen Mennoniten-Siedler bedingt ist. Höhere Agrarpreise aufgrund einer weltweiten Nahrungsmittelknappheit könnten eine Stabilisierung bewirken.

In *Rußland und Sibirien* lassen die größeren Entfernungen und ein weniger entwickeltes Transportwesen eine teilweise Selbstversorgung abgelegener Bergbau- und Industriestandorte ratsam erscheinen. Früher wurde sogar eine eigene ackerbauliche Basis in der Nähe gefordert. Die klima- und bodengünstig am oberen Jenissei und an der oberen Angara gelegenen Gebiete dürften ohne größere Zufuhr von Grundnahrungsmitteln auskommen. Im besser erschlossenen Nordrußland ging der Getreidebau

Tab. 3.4.2.2/2: Getreideproduktion der Karelischen sowie der Komi-ASSR 1950–1978 in 1000 t

Jahr	Karelien	Komi-ASSR
1950	30	37
1960	4	18
1970	2	10
1978	–*	1

* Keine Angabe, also Produktion unter 1000 t.

Quelle: Narodnoe chozjajstvo RSFSR v 1970 g.; v 1978 g.
aus: *Rostanowski* 1981, S. 151

(s. Tab. 3.4.2.2/2) sehr stark zurück. Private Landwirte, die über Art und Höhe der Produktion, Bleiben oder Abwandern entscheiden könnten, gibt es noch kaum.

Ausblick
Kulturlandverlust, Wiederzuwachsen von Rodeland, Aufforstung, Abwandern und schließlich Entleerung und Aufgabe von Siedlungen oder deren Umwidmung in Freizeitwohngebiete werden vielfach beklagt. Die Rücknahme einer oft unter großen Anstrengungen vorgeschobenen Siedlungsgrenze bringt in der Regel Härten und schmerzliche Erinnerungen für die Betroffenen. Sie eröffnet aber auch Chancen für die Natur. Durch spontanes Wiederbewachsen oder eine Aufforstung nach ökologischen Gesichtspunkten kann dieser ein Stück Land wiedergegeben werden. Daß heute in manchen Gebieten und Staaten das ohnehin beschränkte agrarische Produktionskapital des borealen Nadelwaldes weniger oder gar nicht mehr benötigt wird, sollte als Chance für eine Renaturierung genutzt werden.

Wassernutzung
Für die einheimischen Völker und die eindringenden Europäer hatte das Wasser als fast einziger *Transportweg* überragende Bedeutung. Landtransport war als notwendiges Übel lange Zeit auf nicht befahrbare Strecken, die Trage- oder Schleppstrecken beschränkt, an deren Enden oft Siedlungen entstanden. Die aufkommende Holzwirtschaft war auf Floßwege angewiesen und ist es z.T. heute noch. Wasser als Produktionsmittel benötigte die Zellstoff- und Papierindustrie; bis zur Gegenwart wird es mit teilweise verheerenden Folgen auch als Transporteur und Verdünner von Abwässern mißbraucht. Über den Mackenzie und sibirische Ströme werden in der eisfreien Zeit vorgeschobene, sonst auf den Lufttransport angewiesene Siedlungen mit dem Nötigen versorgt. Wasser und Eis dienen als Start- und Landebahnen, und zugefrorene Flüsse ersetzen Straßen und Brücken.

Hydroelektrizitätserzeugung beschränkte sich in der Borealzone lange Zeit auf Skandinavien mit seiner dichteren Bevölkerung. Hoher, nicht extrem schwankender Abfluß, starkes Gefälle und in der Regel gute Staumöglichkeiten waren hier günstige Faktoren. Relativ leicht zu nutzen und durch die Möglichkeit der Aluminiumerzeugung auch wirtschaftlich interessant waren die vom Kanadischen Schild zum St. Lorenzstrom ziehenden Flüsse. Erst in den letzten drei Jahrzehnten wurden Ströme im Innern der Kontinente – Peace River, Saskatchewan – Nelson, Kama, Ob und besonders Jenissei und Angara, dazu in Labrador Churchill und La Grande Rivière – zur Stromerzeugung herangezogen (s. Tab. 3.4.2.2/3). Um in der winterlichen Hauptbedarfszeit über genügend Elektrizität verfügen zu können, wurden riesige – zwar dünn besiedelte, aber nicht wertlose – Gebiete überstaut. Die teure Erschließung abgelegener Räume und oft beträchtliche Stromverluste beim weiten Transport in die Bedarfsgebiete wurden in Kauf genommen. Zumindest bei den frühen Projekten wurde über dem Stolz, eine „feindliche" Natur und technisch-organisatorische Herausforderungen gemeistert zu haben, kaum an Umweltfolgen (s. Materialien in 4.4.3.7) gedacht.

Weniger Umweltrücksichten als wirtschaftlich-technische Überlegungen dürften bisher die Realisierung des Lena-Projektes in einem extrem kontinentalen Raum verhindert haben. (Das Potential der

Tab. 3.4.2.2/3: Strom aus dem Norden. Große Wasserkraftwerke im Borealklimagebiet

Kraftwerk	Fluß und Raum	installierte Leistung (MW)	Stromerzeugung (Mrd kWh/Jahr)	Anmerkungen	
Irkutsk	Angara, Südsibirien	600			
Bratsk	Angara, Südsibirien	4 600	22,6	Alum. W.	relativ
Ust-Ilimsk	Angara, Südsibirien	3 600	13	Alum. gepl.	gleichmäßige
Bogutschany (im Bau)	Angara, Südsibirien	rd. 4 000	17		Wasserführung führung der Angara
Sajan-Schuschenskoje	Jenissei, Südsibirien	6 400	23,5	Alum. Werk (0,5 Mio t/J)	
Krasnojarsk	Jenissei, Südsibirien	6 093	20,4	Alum. Werk (0,8 Mio t/J)	
Jenisseisk (Baubeschluß)	Jenissei, Südsibirien	ca. 6 000			
Churchill Falls	Churchill, Labrador (Kanada)	7 125 (M)		Strom über Fernleitungen ins St. Lorenztal und nach New York	
James Bay	La Grande Rivière und vier zugeleitete Flüsse (Kanada)	13 562	68	Entschädigung für umgesiedelte Indianer	
Portage Mountain	Ober- und Mittellauf des Mackenzie (Kanada)	2 500		Schäden im Delta des Athabascasees	
Peace-Projekt		1 000			
Slave-River-Projekt		1 700–2 000			
Grand Rapid	Saskatchewan/Kanada	472		Kanadische Provinz Manitoba verbraucht fast nur Wasserkraftstrom	
Nelson-Kraftwerkskette	Nelson	rd. 3 000			
Nelson-mögliche Erweiterung	Nelson	rd. 6 000			

M = Maximale Leistung im Endausbau

nach: *Karger/Stadelbauer* 1987; *Lenz* 1988, 1990; Prov. Manitoba o.J.

Lena ist mit 18,4 Mio. kW von einer der Angara und dem Jenissei vergleichbaren Größenordnung.) Im ökologisch sensibilisierten Fennoskandien stoßen neue Wasserkraftprojekte in Lappland auf Widerstand.

Wasser „export"?
Die durch Überbeanspruchung des Naturhaushalts in Teilen der anschließenden Steppen und Halbwüsten hervorgerufene angespannte Wassersituation hatte in der Sowjetunion seit langem Pläne gefördert, Wasser aus dem borealen Überschußgebiet in diese Räume zu leiten und dabei den Wasserstand von Aral- und Kaspisee zu stabilisieren (vgl. 4.3.2.2). Die, wenn überhaupt, nur mit größter Umsicht vorzunehmenden Wasserüberleitungen aus Nördlicher Dwina, Petschora und/oder Irtysch und Ob, eventuell sogar Jenissei, sind auf unbestimmte Zeit verschoben worden. In Brit. Columbia wird an eine begrenzte Überleitung von zum Mackenzie fließendem Wasser in den Fraser gedacht. Der große Plan, Mackenzie- und Athabascawasser in den Süden zu bringen, scheint ad acta gelegt zu sein.

Tourismus
Potential für den Tourismus in der Borealzone ist – beim fast völligen Fehlen geschichtlich-kultureller Attraktionen – wie kaum irgendwo sonst die Landesnatur mit Wald, Wasser und der Weite des dünnbesiedelten, großen Raumes mit den Möglichkeiten zum Wandern, Schwimmen, Bootfahren, Fischen, Jagen, Pilz- und Beerensuchen und Wintersport-Treiben. Das kontinentale Klima beschert nieder-

schlagsarme, mäßig warme Sommer – die freilich auch mückenreich sein können –, Badetemperaturen in manchen Seen und fast immer Schneesicherheit bis ins Frühjahr hinein. Hohe Breiten garantieren lange Sommertage.

Probleme bringt die zunehmende Inanspruchnahme dieses Naturpotentials durch die zahlreiche, wohlhabende Bevölkerung in nahe gelegenen Ballungsräumen (St. Lorenzgebiet und Nordosten der USA, südliche Nordsee- und Ostseeumrahmung). Zu Umwelt und Leben dort bildet der boreale Wald den erwünschten Kontrast.

Auch wenn die Nordlandliebhaber gegenüber den „Warmwasserfans" nur eine Minderheit sind, summieren sie sich doch zu Millionen, die auf der Suche nach Einsamkeit große Gebiete überschwemmen und sich zusätzlich an attraktiven Stellen zusammenballen. Neben der für störanfällige Tiere verhängnisvollen Beunruhigung verursachen Straßen, Bahnen, Bootshäfen, Flugplätze, Ferienhäuschen, Hotels und sonstige Infrastruktureinrichtungen gebietsweise gehäufte Landschaftseingriffe, zu denen Energieverbrauch und schwer abbaubare Abfälle kommen.

Speziell in der nördlichen und hochkontinentalen Borealzone werden Abfälle aller Art nur äußerst langsam abgebaut; zusätzlich Müll und Abwasser produzierende Touristen sind hier sehr problematisch (vgl. 3.5.4). Aber auch in den ökologisch stabileren Gebieten ist der umweltsensible und verzichtbereite Reisende nötig und mancherorts eine Einschränkung und Kanalisierung des Tourismus erforderlich, wenn Schäden begrenzt und seine eigenen Grundlagen erhalten werden sollen. Beim überlaufenen Denai-Nationalpark in Alaska z. B. ist dieser Punkt schon erreicht. Bedenklich ist besonders der Trend zu Motorbooten, -flugzeugen und -schlitten. Vertretbar für die Versorgung und Kommunikation der Einheimischen, belasten sie als bloße „Spaßmobile" die Natur in unverantwortlicher Weise.

b) Naturpotentialferne Nutzung

Indirekter Naturbezug

Für Bergbau und Industrie insgesamt ergeben sich zwar keine Kausalbezüge aus den Naturgegebenheiten der Borealzone; diese wirken sich aber doch in viel stärkerem Maße auf die Produktion aus als in der Regel in den feuchten Mittelbreiten. Tiefe, ja extreme Wintertemperaturen erfordern besonders ausgerüstete Fahrzeuge, Maschinen und Geräte und Aufwärmpausen für die Menschen. Die meist schwierigeren Transporte, das teurere Bauen, zumal in Permafrostgebieten, erhöhen weiterhin die Kosten. Lange, kalte, dunkle Winter, sommerliche Mückenplage, oft schwierige Arbeitsbedingungen, einfache Unterkünfte und bescheidene Freizeitangebote müssen den dort Tätigen durch höhere Löhne und/oder andere Vergünstigungen ausgeglichen werden.

Das Naturpotential ist jedoch nicht nur kostensteigender Faktor, sondern wichtig für Industriezweige, die sich erneuernde Rohstoffe und Energien aus der Borealzone benutzen. Der Bergbau profitiert jedoch nur von längst vergangenen, tektonisch-geologischen Vorgängen, die (zufällig) im Raum der borealen Wälder sowohl ausgedehnte, erzreiche, von Gletschern abgeschürfte Massive wie auch fossile Energieträger versprechende große Sedimentbecken aneinandergrenzen lassen.

Bergbau

Abgesehen von den seit dem Hochmittelalter ausgebeuteten Kupfererzen von Falun und dem in der späteren Neuzeit an wenigen anderen Stellen, besonders im Ural, einsetzenden Bergbau, werden Bodenschätze aus der Borealzone erst seit knapp hundert Jahren gefördert.

Metalle haben bis vor wenigen Jahrzehnten stark im Vordergrund gestanden. 1858 und 1897 wurde am Fraser und Klondike Gold gefunden. Auch heute noch wird in Kanada und vor allem in Ostsibirien (Bodaibo) Gold gewonnen. Zur Jahrhundertwende begann eine Erzförderung in großem Stil in Schwedisch-Lappland. Kiruna und Gällivare mit der Erzbahn nach Narvik und Luleå fanden Nachfolger in anderen Bergbaustädten und Erzbahnen, so in Schefferville/Labrador City (Bahn nach Sept Îles) und Norilsk (Bahn nach Igarka).

Je weiter die Lagerstätte von den Industrieräumen des Südens entfernt ist, um so höher sind, durch Subventionen mitunter verdeckt, die Anforderungen an Abbaugunst, Erzgehalt, Verhüttbarkeit und Reserven. Diesen Ansprüchen genügen z. B. die Blei-Zink-Kupfervorkommen von Flin-Flon in Manitoba, Porcupine und Noranda nördlich der bekannten Nickellagerstätte Sudbury und diese selbst. An den letzteren Orten werden auch Platin, Gold, Silber und Stahlveredler gewonnen.

Kleinere Lagerstätten als der Kanadische Schild hat, abgesehen vom Erzberg in Kiruna, der Baltische. Die Siedlungen sind hier auch nicht so einseitig auf den Bergbau ausgerichtet, daß sie ohne ihn nicht überleben könnten, wie das 1983 durch Beendigung des Erzabbaus zur „Geisterstadt" gewordene Schefferville. Das noch zum Baltischen Schild gehörende Nordkarelien, Norilsk und Transbaikalien sind die wichtigsten, vorwiegend Stahlveredler fördernden Bergbaubezirke im russischen Borealgebiet.

Aus der Borealzone stammt derzeit etwa die Hälfte des auf der Welt gewonnenen Platins und Nickels, ein Drittel des Zinks und ein Viertel des Bleis, Golds und Wolframs. Mit Ausnahme Rußlands haben die Taigastaaten einen geringen Eigenverbrauch, so daß sehr viel – in Kanada 80% – der Bergbauproduktion exportiert werden kann. Dadurch sind die Bergbauorte jedoch auch der Konkurrenz von Anbietern aus klimatisch günstigeren Zonen und den Schwankungen des Weltmarkts ausgesetzt. Umweltschutz und die Respektierung der Rechte Einheimischer, die früher kaum beachtet wurden, verteuern heute die Produktion.

Energierohstoffe in Form von Kohle kommen im westlichen Uralvorland, in Mittel- und vor allem in Ostsibirien an vielen Stellen vor und werden seit längerem abgebaut. Die wirtschaftlich gewinnbaren Reserven reichen mehrere hundert Jahre. Wesentlich kleiner sind sie im kanadischen Borealgebiet, wo nur am Ostrand der Rocky Mountains und in Neuschottland Kohle gefördert wird. Fennoskandien besitzt im Borealbereich außer etwas Uran keine Energierohstoffe.

Die zur Zeit wichtigsten, in der Taiga sprudelnden Energiequellen sind die ab 1964 am mittleren Ob ausgebeuteten Erdöllager, die rund 15% der Weltförderung ausmachen und Rußland einen beträchtlichen Export gestatten. Die den Reserven nach wesentlich größeren Erdgaslager befinden sich zum überwiegenden Teil in der Tundra und spielen für die Versorgung westeuropäischer Staaten eine bedeutende Rolle. Kanadas Erdöl- und Erdgaslager sind mittelgroß und liegen wie die Athabasca-Ölsande mit ihrem geschätzten Ölgehalt von 135 Mrd. cbm im Sedimentationstrog vor den Rocky Mountains. Der Kanadische Schild birgt viel Uran.

Industrie

Sofern überhaupt vorhanden, zeigt die Industrie in der Borealzone eine sehr starke *Roh- und Grundstofforientierung*. Die Dominanz von Holzverarbeitung, Metallverhüttung, Stahl- und Aluminiumerzeugung – letztere höchst energieintensiv – und die bloße Produktion von Grundstoffen oder das nur geringe Ausmaß der Weiterverarbeitung zeigen dies. Eine höher entwickelte und vielseitigere Industrie haben nur die meisten Borealgebiete Fennoskandiens, Teile des europäischen Rußland, des Urals und der Baikalseeregion.

Folgen dieser vorherrschenden Ausrichtung auf die Grundstofferzeugung sind nicht nur eine geringere ökonomische Stabilität, sondern auch größere *Umweltbelastungen*. Verursacht werden diese durch Schadstoffe emittierende Metallhütten und allgemein durch überwiegend energie- und teilweise auch abwasserintensive Produktion. Der erfolgreichen Schadstoffreduzierung in Schweden stehen als anderes Extrem nicht entschwefelte und entstickte Kohlekraftwerke in inversionsanfälligen und damit smoggefährdeten süd- und ostsibirischen Becken und die meist fehlende oder unzureichende Abwasserbehandlung gegenüber. Das Schrumpfen der Fischbestände im Baikalsee (s. M 4.4.3.6/3), schwer geschädigte und z. T. schon abgestorbene Bäume und Wälder um Norilsk, Bratsk, Ust-Ilimsk, um die Nickelwerke der Halbinsel Kola und die kanadischen Bergbaustandorte Sudbury und Noranda sind deutliche Warnzeichen.

Eine Ursache für die bisher meist unzureichenden Gegenmaßnahmen ist die schwache Position der örtlichen Bevölkerung gegenüber den als Arbeitgeber, Steuerzahler und oft auch Devisenbringer ein-

a) traditionell

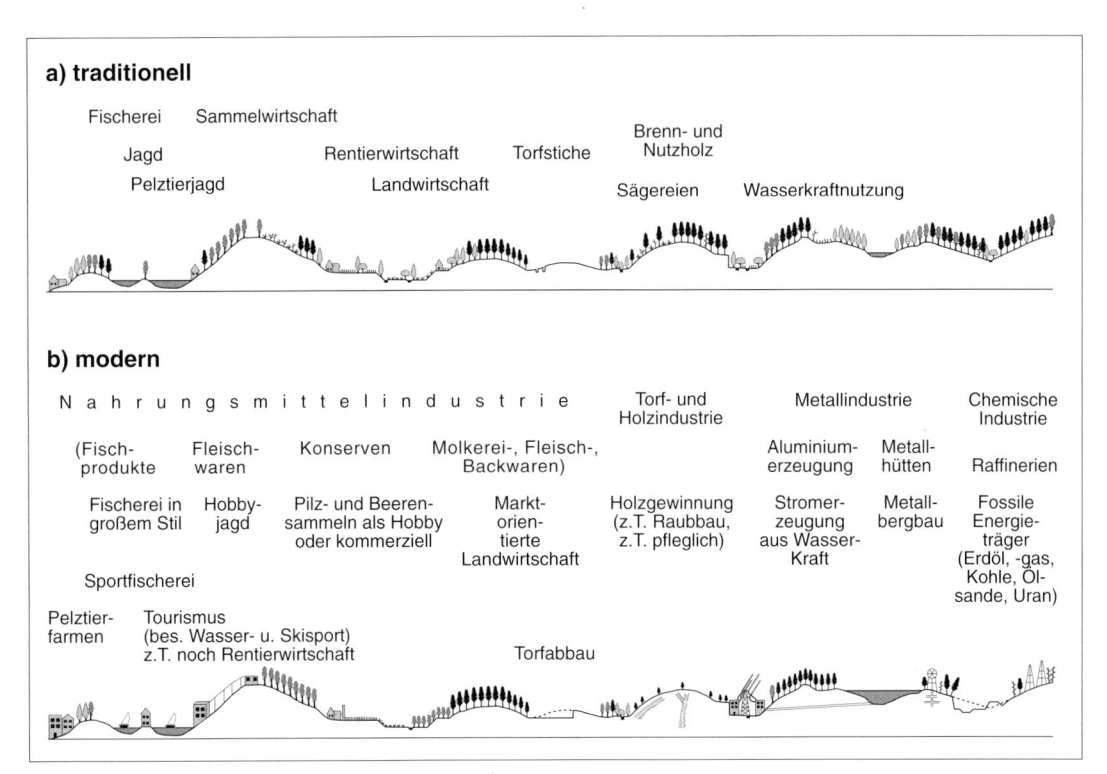

Fischerei	Sammelwirtschaft			Brenn- und	
Jagd		Rentierwirtschaft	Torfstiche	Nutzholz	
Pelztierjagd		Landwirtschaft		Sägereien	Wasserkraftnutzung

b) modern

N a h r u n g s m i t t e l i n d u s t r i e   Torf- und   Metallindustrie   Chemische
                                                    Holzindustrie   Industrie

(Fisch-   Fleisch-   Konserven   Molkerei-, Fleisch-,   Aluminium-   Metall-   Raffinerien
produkte   waren   Backwaren)   erzeugung   hütten

Fischerei in Hobby-   Pilz- und Beeren-   Markt-   Holzgewinnung   Strom-   Metall-   Fossile
großem Stil   jagd   sammeln als Hobby   orien-   (z.T. Raubbau, erzeugung   bergbau   Energie-
                        oder kommerziell   tierte   z.T. pfleglich) aus Wasser-   träger
                                            Landwirtschaft   Kraft   (Erdöl, -gas,
Sportfischerei   Kohle, Öl-
                                                                                                sande, Uran)
Pelztier-   Tourismus
farmen   (bes. Wasser- u. Skisport)
            z.T. noch Rentierwirtschaft   Torfabbau

Abb. 3.4.2.2/7
Wirtschaftsentwicklung und Landnutzungswandel im Borealgebiet
Entwurf: *Härle*

flußreichen, meist von einer fernen Zentrale aus geleiteten Werken. Eine Rolle spielt auch das geringe Interesse der die Produkte aus der Borealzone konsumierenden Bevölkerung für die Umweltschäden in der borealen Peripherie.
Entwicklung und Probleme der Wirtschaft insgesamt zeigt Abbildung 3.4.2.2/7.

3.5 Polare und subpolare Zonen (*W. Nübler*)

(Klimate I$_{(1-4)}$ nach *Troll* und *Paffen*)

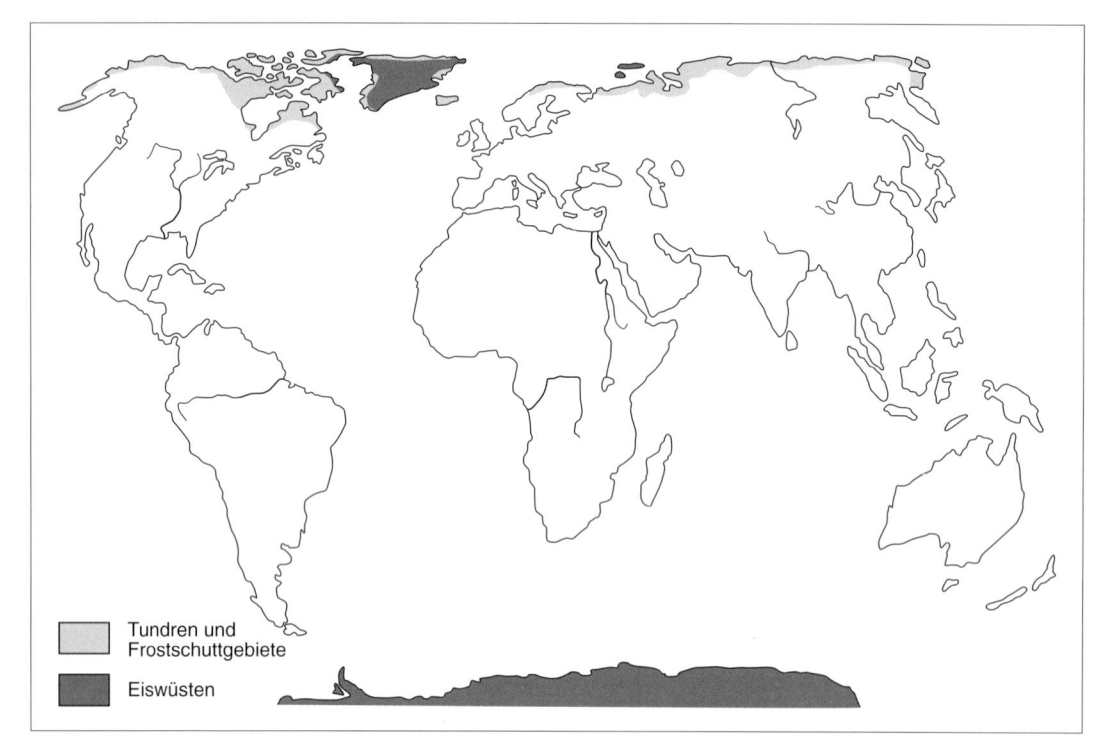

Abb. 3.5/1
Verbreitung der polaren und subpolaren Zonen

Die Polargebiete sind einer der extremen, bezüglich der Zentren menschlicher Aktivität randlichen Räume der Erde. Je nach Abgrenzung umfassen sie rund 15% des Festlandes; drei Viertel davon sind allerdings von mächtigem Inlandeis bedeckt. Zum größten Teil liegen sie also jenseits der Grenze der Ökumene, die verbleibenden Teile hart an deren Rand.

3.5.1 Abgrenzung, Untergliederung

Das Problem der Abgrenzung einer Landschaftszone vereinfacht sich im Falle der Polargebiete durch einen schlichten Umstand: Mit den Polen ist die Begrenzung in einer Richtung eindeutig vorgegeben, es müssen also nur in Richtung des Äquators Kriterien für die Unterscheidung von der benachbarten Zone bestimmt werden. Und dies nur auf der Nordhalbkugel, denn die extremen antarktischen Kältewüsten sind rundum vom Ozean umgeben.
Für die Abgrenzung der Arktis wurden Vorschläge gemacht, die sich nach Auswahl und Gewichtung der Kriterien deutlich unterscheiden (siehe Abb. 3.5.1/1):
Polarkreise. Polwärts von 66° 30' nördlicher bzw. südlicher Breite geht die Sonne an einem oder mehreren Tagen des Jahres im Sommer nicht unter bzw. im Winter nicht auf. Damit wird zwar auf einfache Weise eine Zone definiert, die ein wesentliches Merkmal polarer Räume aufweist; als geographisch relevante Grenzen sind die Polarkreise aber nicht geeignet. Zu schematisch werden durch sie homo-

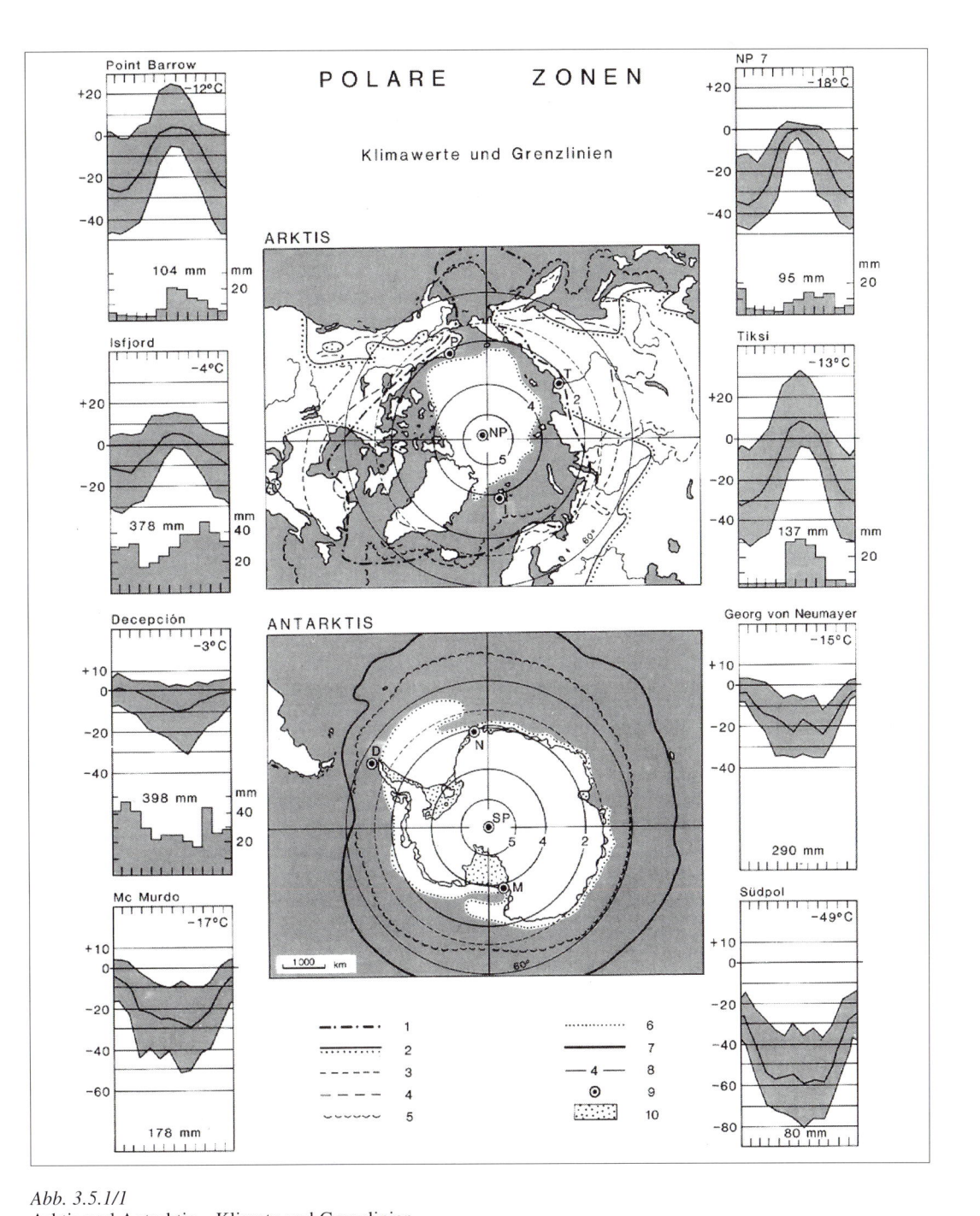

Abb. 3.5.1/1
Arktis und Antarktis – Klimate und Grenzlinien
nach: *Stäblein* 1991, S. 9
1 = 10 °C–Juliisotherme; 2 = klimatische Trockengrenze; 3 = Grenze des diskontinuierlichen Permafrostes;
4 = Grenze des kontinuierlichen Permafrostes; 5 = maximale Treibeisgrenze; 6 = minimale Packeisgrenze;
7 = antarktische Konvergenz; 8 = Dauer der Polarnacht in Monaten; 9 = Lage der Klimastationen;
10 = Schelfeise

gene Räume durchschnitten. Beispielsweise wären danach das ewige Eis der Südspitze Grönlands und die Tundren um die Hudson Bay nicht Bestandteil der polaren Zone, wohl aber Nordnorwegen und Nordschweden.

10°-Juli-Isotherme. Die Klimaklassifikation nach *Köppen* (vgl. Band 12/I, 2.1.1) verwendet zur Abgrenzung der „Schneeklimate" (Klimazone E) die Linie, jenseits der das Temperaturmittel auch des wärmsten Monats 10 °C nicht überschreitet. Innerhalb dieser Zone werden zwei Subzonen unterschieden: die *Frostklimate* (*EF*) mit einem Mittel des wärmsten Monats von weniger als 0 °C (Antarktis, Grönland) und die *Tundrenklimate* (*ET*), in denen mindestens ein Monatsmittel über 0 °C liegt (arktische Tundren).

Andere Isothermen. Auch die Klimaklassifikation nach *Troll/Paffen* (vgl. Band 12/I, 2.1.2) verwendet zur zonalen Abgrenzung der Polarzone ausschließlich die thermischen Verhältnisse. Die Ausdehnung der Polarklimate insgesamt ist dabei, von wenigen Ausnahmen, zum Beispiel in Island, abgesehen, der Klimazone E bei *Köppen* ähnlich. Die Unterteilung mit vier Subtypen ist aber differenzierter, wobei vor allem die Unterscheidung eines mäßig bis hochkontinentalen (I,3) und eines hochozeanischen Subpolarklimas (I,4) von Bedeutung ist. Da diese Gliederung im folgenden zugrunde gelegt wird, sind die entsprechenden Abgrenzungskriterien in Tabelle 3.5.1/1 zusammengefaßt.

Polare Baumgrenze. Häufig wird die Südgrenze der arktischen Tundren mit der polaren Baumgrenze gleichgesetzt und als Begrenzung der Polarzone verwendet (*Troll/Paffen* 1964, *Meier-Hilbert/Thies* 1987, *Schultz* 1988). Angesichts der geringen Anzahl von Klimastationen einerseits und der differenzierten Nachzeichnung naturräumlicher Gegebenheiten durch die Vegetation andererseits ist dies ein sinnvoller Ansatz. *Schultz* (1988, S. 79) gibt an, daß die so definierte Polarzone 22 Mio. km^2 umfaßt, von denen allerdings 14 Mio. km^2 auf die fast vollständig eisbedeckte Antarktis, weitere 2 Mio. km^2 auf Grönland entfallen. Die polare Baumgrenze folgt annähernd der 10°-Juli-Isotherme.

Grad der Vegetationsbedeckung. Polwärts der Baumgrenze vollzieht sich der Wandel von einer geschlossenen Vegetationsdecke in der Tundra zu völliger Vegetationsfreiheit im reinen Frostschuttbereich. Der Grad der Vegetationsbedeckung kann daher zur Gliederung innerhalb der polar-subpolaren Zone, wenn auch nicht zu ihrer Abgrenzung nach außen verwendet werden. Abbildung 3.5.1/2 zeigt ein Beispiel.

Humidität. Außer auf Wärmemangel kann die Vegetationsarmut polarer Gebiete auch auf Wassermangel beruhen. Die Humidität ist daher auch in polaren Breiten ein geeignetes Gliederungskriterium. Die Klimaklassifikation von *Lauer/Frankenberg* (1988) grenzt die Polarregion zwar nach beleuchtungsklimatischen Gesichtspunkten ab, unterteilt sie aber in erster Linie nach der Humidität in semihumide Klimate mit 6 bis 9 und humide Klimate mit 10 bis 12 humiden Monaten. In beiden Fällen wird eine kontinentale und eine maritime Variante unterschieden.

Permafrost. Ganzjährig gefrorener Untergrund ist zwar ein typischer limitierender Faktor des Naturraumpotentials der polar-subpolaren Zone, zu ihrer Abgrenzung oder Gliederung aber wenig geeignet, weil selbst kontinuierlicher Permafrost durchweg in die boreale Nadelwaldzone hineinreicht. Im kon-

Tab. 3.5.1/1: Gliederung der Polarklimate

Zone	Bezeichnung	Definition (jeweils Monatsmittel)	
I,1	Inlandeisklima	wärmster Monat	< 0 °C
I,2	Kältewüstenklima	wärmster Monat	< +6 °C
I,3	Tundrenklima	wärmster Monat	6 bis 10 °C
		kältester Monat	< −8 °C
I,4	hochozeanisches Subpolarklima	wärmster Monat	5 bis 12 °C
		kältester Monat	−8 bis +2 °C

nach: *Troll/Pfaffen* 1964, S. 5−28

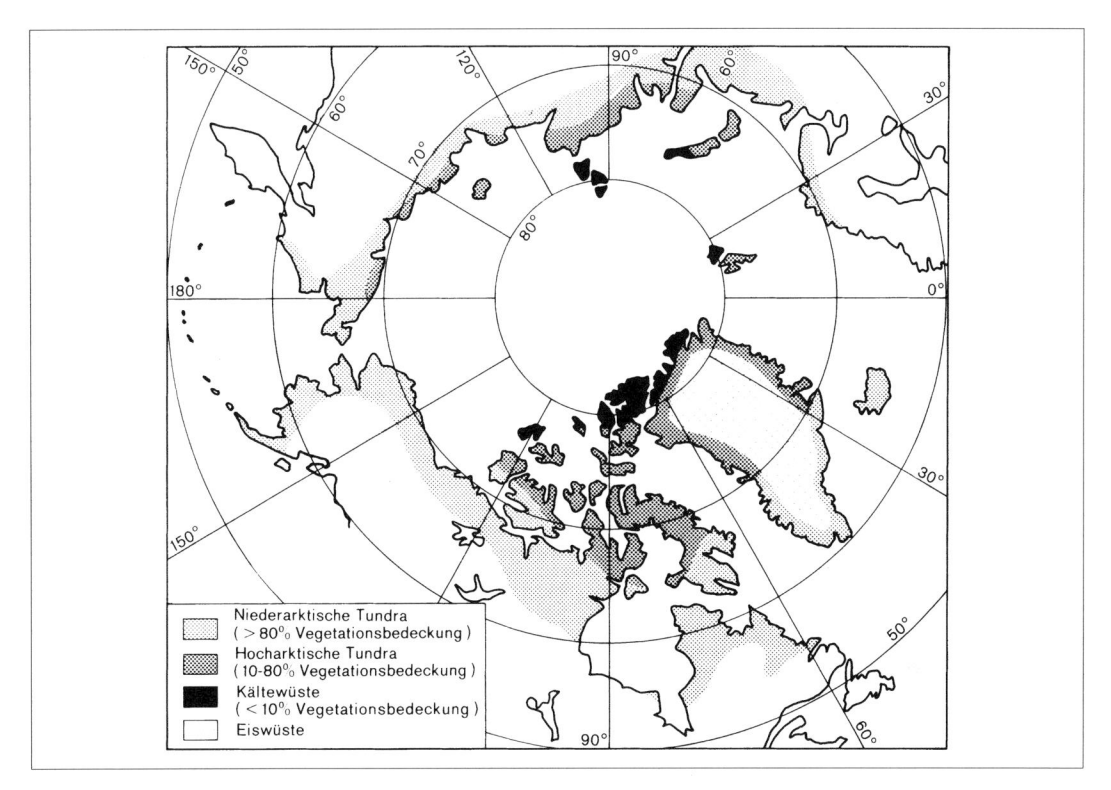

Abb. 3.5.1/2
Gliederung der polar/subpolaren Zone nach dem Grad der Vegetationsbedeckung
nach *Ives/Berry* 1974 aus: *Schultz* 1988, S. 111

tinentalen Inneren Sibiriens reicht diskontinuierlicher Permafrost sogar bis 45° nördlicher Breite äquatorwärts (*Stäblein* 1985, S. 322).
Schelfeis-/Packeis-/Treibeisgrenze, antarktische Konvergenz. Die natürliche Grenze der Antarktis ist nicht die Küstenlinie des Kontinents, sondern der Außensaum der vom Inlandeis gespeisten Schelfeisflächen. Das Vordringen von Treibeis in die benachbarten Ozeane ist zeitlich und räumlich sehr variabel und als Begrenzungskriterium daher wenig geeignet. Als sehr lagestabil hat sich dagegen die sog. antarktische Konvergenzzone (vgl. Band 10/II, 2.1.4) erwiesen, d.h. die Linie, an der das antarktische Oberflächenwasser in die Tiefe absinkt und oberflächlich durch wärmeres Meerwasser der gemäßigten Zone überlagert wird. Wegen ihrer klimatischen Bedeutung wird sie als eigentliche Grenze der Antarktis angesehen (*Bronny* 1984, S. 3). In der Arktis, wo stabile Schelfeisgebiete fehlen und dauernd bewegtes Packeis vorherrscht, können die Grenzlinien unterschiedlicher Eispersistenz zur Untergliederung herangezogen werden. Insbesondere kann mit der Eisverbreitung sehr gut die, bezogen auf den Pol, auffällige Asymmetrie der Polarzone illustriert werden (Abb. 3.5.1/3).
Wie immer man die Abgrenzung der polaren und subpolaren Zonen begründet, festzuhalten bleibt ein enormer Gegensatz zwischen den beiden Halbkugeln: in der Antarktis ein kontinentgroßes Festland, das fast vollständig (>97%) durch bis in die umgebenden Meere reichende Inlandeismassen bedeckt ist – eine subpolare Zone gibt es hier nicht; in der Arktis dagegen ein polares Meereisgebiet, dessen extreme naturräumliche Bedingungen auf den rundum benachbarten Kontinenten und am äußersten Rand der großen arktischen Inseln allmählich in weniger lebensfeindliche Zonen übergehen.

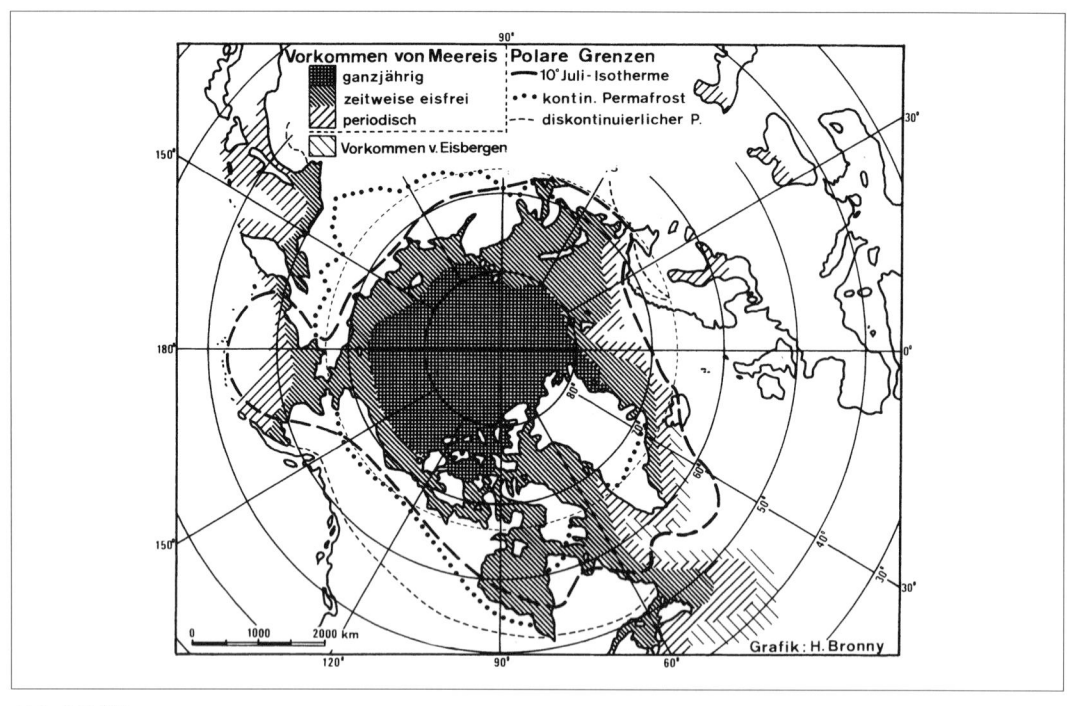

Abb. 3.5.1/3
Vorkommen von Meereis in der Arktis
nach *Remmert* 1969 aus: *Bronny* 1984, S. 3

3.5.2 Merkmale des Naturraumes

In der Auseinandersetzung mit der Frage der Abgrenzung wurden bereits typische Merkmale polarer und subpolarer Landschaften erwähnt. Einige exemplarische Aspekte verdienen detailliertere Betrachtung.

3.5.2.1 Beleuchtungsverhältnisse

Für den größten Teil der Erde ist der mehr oder weniger gleichförmige Wechsel von Tag und Nacht lebensbestimmend. Jenseits der Polarkreise verliert er zunehmend an Bedeutung. Statt dessen wachsen mit Annäherung an die Pole die Zeiten ununterbrochener Helligkeit bzw. dauernder Dunkelheit auf Tage, Wochen oder gar Monate an, längerperiodischer Wechsel von *Polartag* und *Polarnacht* wird bestimmend. Tabelle 3.5.2/1 zeigt, wie stark die Tageslänge variiert.

Tab. 3.5.2/1: Tageslänge auf der Nordhalbkugel (Stunden und Minuten) für ausgewählte Tage

Geogr. Breite	60° N	65° N	70° N	75° N	80° N	85° N	90° N
5. Dezember	6h43	5h02	–	–	–	–	–
5. März	11h44	11h40	11h33	11h23	10h50	9h50	–
5. Juni	18h49	21h53	24h	24h	24h	24h	24h
5. September	12h55	13h07	13h26	13h57	15h10	18h15	24h

nach *Gavrilova* 1963 aus: *Lockwood* 1976, S. 296

Tab. 3.5.2/2: Daten des Beginns und des Endes von Polartag und Polarnacht mit Berücksichtigung der Brechung

Geogr. Breite	Polartag		Polarnacht	
	Beginn	Ende	Beginn	Ende
70°N	15. Mai	27. Juli	25. Nov.	17. Jan.
80°N	14. Apr.	30. Aug.	22. Okt.	21. Feb.
90°N	19. März	25. Sept.	25. Sept.	19. März

nach *Gavrilova* 1963 aus: *Lockwood* 1976, S. 296

Die Polarnacht wird definiert als der Zeitraum, in dem die Sonne weniger als 0° 50' über dem Horizont steht. Ihre Dauer nimmt von 24 Stunden am Polarkreis auf 179 Tage am Pol zu. Dabei ist allerdings die Brechung der Sonnenstrahlen nicht berücksichtigt, die den Zeitraum auf 175 Tage verkürzt. Eine weitere Verkürzung ergibt sich, wenn die *Dämmerung* mitberücksichtigt wird, d. h. die Zeit in der die Sonne zwischen 6° unter und 0° 50' über dem Horizont steht. Die Daten für Beginn und Ende der Polarnacht zeigt Tabelle 3.5.2/2.

Im Vergleich zu den Mittelbreiten ist auch die *Sonnenhöhe* ungewohnt. Am Pol steht die Sonne auch während des Polartages nie höher als 23° 30' über dem Horizont, am Polarkreis erreicht ihre Mittagshöhe nur 47°. Trotzdem spielen *Expositionsunterschiede* in der Polarzone eine geringe Rolle, weil die Sonne während des Polartages, wenn auch flach, von allen Seiten scheint.

3.5.2.2 Strahlungshaushalt

Aus den Beleuchtungsverhältnissen mit langandauernder Dunkelheit im Winter und dauerndem Tageslicht im Sommer ergeben sich ein im Vergleich zu niedereren Breiten grundlegend anderer Strahlungshaushalt und damit gravierend abweichende Lebensbedingungen für Pflanzen, Tier und Mensch. Es überrascht vielleicht, daß ohne Einfluß der Atmosphäre nirgendwo, auch am Äquator nicht, höhere Tagessummen der solaren Einstrahlung auftreten würden als am Pol während des Sommers (vgl. Band 10/I, Abb. 2.3.5/3). Auch mit Berücksichtigung der strahlungsmindernden Atmosphäre und trotz flachen Zustrahlungswinkels erreicht die *Globalstrahlung*, d. h. die Summe aus direkter und diffuser solarer Strahlung, während des Hochsommers nahezu äquatoriale Werte. Allerdings ist die Strahlungsintensität trotzdem nur halb so groß, da sich die Zustrahlung auf 24 Stunden täglich verteilt. Die krassen jahreszeitlichen Beleuchtungsunterschiede, das völlige Fehlen direkter Zustrahlung während eines halben Jahres sorgen freilich dafür, daß die mittleren *Jahressummen der Globalstrahlung* in den Polargebieten niedriger sind als in jeder anderen Zone der Erde. Die Antarktis empfängt im langjährigen Durchschnitt unter 100 Watt/m^2, einige Bereiche der Arktis sogar weniger als 80 Watt/m^2 – gegenüber um 160 W/m^2 in den Mittelbreiten und bis zu 280 W/m^2 in den subtropischen Trockengebieten. Im Vergleich zu außerpolaren Zonen ist in der polaren Zone der Anteil der diffusen Strahlung an der Globalstrahlung wesentlich höher. Flacher Einstrahlungswinkel, Bewölkung und vor allem im Sommer häufige Bodennebel senken den Anteil der direkten Strahlung auf im Mittel rund 50% ab. Nur in den extrem wasserdampfarmen kontinentalen Bereichen der Antarktis ist die direkte Strahlung so dominierend wie in anderen Trockengebieten auch.

Die während des Polartages beachtlichen Energieeinnahmen aus der Globalstrahlung sind allerdings großflächig wenig wirksam: Die hohe *Albedo* von Schnee und Eis läßt dem Untergrund nur wenig der zugestrahlten Energie zugute kommen, 80 bis 90% werden reflektiert. Dies wiederum verzögert die Schneeschmelze. So liegt z. B. in der kanadischen Tundrenregion (Barren Grounds) erst ab Oktober, aber bis in den Mai hinein Schnee. Hat die Schneeschmelze erst einmal eingesetzt, steigt die Energieeinnahme auf 10 bis 20% dank verringerter Albedo und ganztägiger Bestrahlung abrupt an, der gesamte Schnee schmilzt rasch ab. Die jahreszeitlich stark variierende Albedo ist ein ökologisch bedeutsames Charakteristikum der subpolaren Zone.

Ein weiteres typisches Merkmal ist die große Bedeutung der langwelligen Strahlung für den Strahlungshaushalt. Während der Polarnacht, wenn es keinerlei direkte kurzwellige Zustrahlung gibt, ist die langwellige Eigenstrahlung der Atmosphäre, die *Gegenstrahlung*, die einzige Strahlungsenergiequelle für die Erdoberfläche.

Trotzdem ist natürlich die *Strahlungsbilanz*, d. h. das Nettoergebnis aus kurz- und langwelligen Strahlungseinnahmen und -verlusten, während der Polarnacht für die gesamte polarsubpolare Zone durchweg negativ, die Energieverluste durch Ausstrahlung überwiegen (vgl. Band 10/I, Abb. 2.3.6/1 und /2). Die größten Ausstrahlungsverluste treten in der Arktis allerdings nicht in der Nähe des Poles auf, sondern südlich Spitzbergen im eisfreien Nordmeer. Dort sind sie, bedingt durch die wegen des Golfstroms untypisch hohen Wassertemperaturen, rund doppelt so hoch wie in der ganzen ansonsten in dieser Beziehung wenig differenzierten Arktis. Daß der bis über 4000 m hohe Inlandeisschild der Antarktis noch höhere Ausstrahlungsverluste erleidet, verwundert nicht; der Januar ist hier der einzige Monat mit positiver Strahlungsbilanz.

3.5.2.3 Wärmehaushalt und Lufttemperatur

Aus der Strahlungsbilanz resultierende Energieverluste oder -gewinne einer Oberfläche werden durch andere Energieströme kompensiert (*Wärmehaushalt*). Bei der großflächigen und langanhaltenden Schneebedeckung in der polar-subpolaren Zone heißt das vor allem, daß im Sommer bei positiver Strahlungsbilanz der größte Teil der gewonnenen Energie für die Sublimation von Schnee, für die Schneeschmelze und danach für die Verdunstung des den Boden durchsättigenden Schmelzwassers verbraucht wird (Transfer latenter Wärme). Entsprechend gering ist die Energiemenge, die für die Erwärmung des Bodens oder des Wassers (Transfer fühlbarer Wärme in Boden bzw. Wasser) und der Luft (Transfer

Abb. 3.5.2/1
Arktis: Mittlere Lufttemperatur im Januar und im Juli (°C)
aus: *Vowinckel/Orvig* 1970, Fig. 30 u. 33

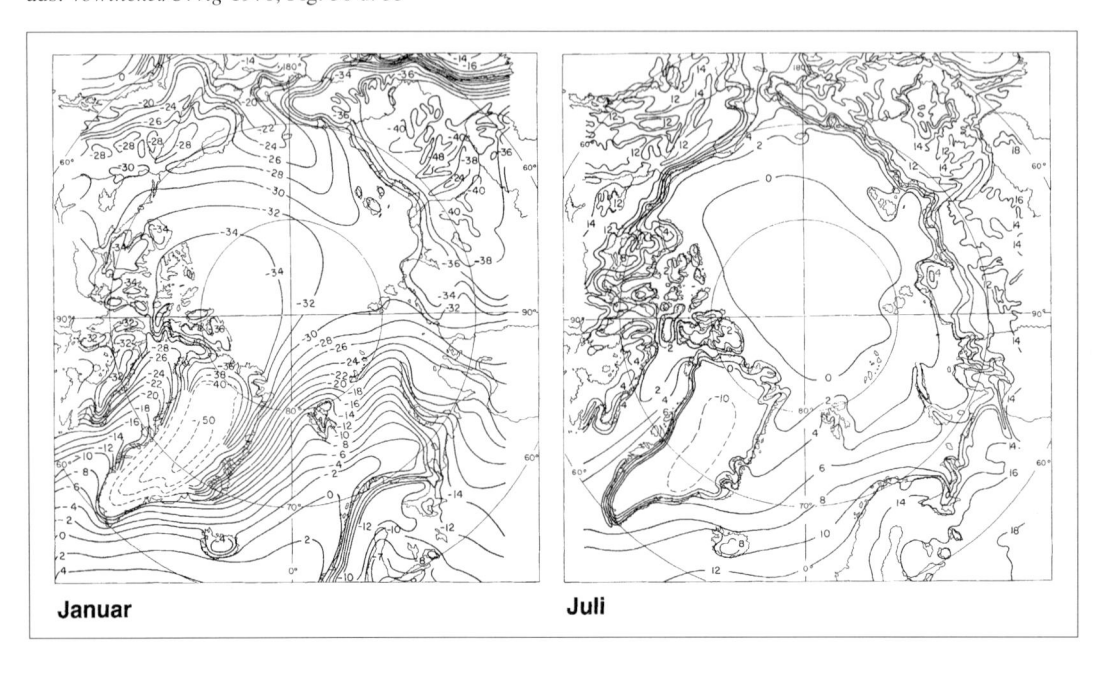

fühlbarer Wärme in die Atmosphäre) zur Verfügung steht. Dies erklärt die Besonderheiten der Lufttemperaturverteilung in polnahen Regionen.

Im Nordpolarmeer wird die Temperatur der oberflächennahen Luftschicht vor allem von der Temperatur des Eises bestimmt. Im Sommer halten die Schmelz- und Verdunstungsvorgänge die Lufttemperatur bei 0 °C, wenn auch überall in der Arktis, am Nordpol z. B. meist gegen Ende Juli, positive Temperaturen auftreten können. Im Winter wird der Strahlungsverlust zunächst noch durch die Advektion wärmerer Luftmassen ausgeglichen, die Lufttemperatur ändert sich wenig. Erst wenn der Energieausgleich nur noch durch den Wärmetransport vom Meerwasser durch das darauf schwimmende Eis erfolgt, kann die Lufttemperatur auch auf −40 °C absinken. In den kontinentalen Bereichen der subpolaren Zone werden diese Werte regelmäßig unterschritten.

Die Lufttemperatur der Antarktis wird in erster Linie durch die Höhenlage der Eisoberfläche bestimmt. Selbst im Sommer (Januar) liegt das Monatsmittel im 4000 m hohen Zentrum des Kontinents unter −30 °C, steigt am Eisrand aber mit steilem Gradient auf −2 °C an. Mit Eintritt der Polarnacht sinkt die Temperatur auf dem antarktischen Plateau rasch weiter ab (Julimittel <−70 °C), die Küsten erreichen dann −28 °C.

Die Abbildungen 3.5.2/1 und /2 geben einen Überblick über die Lufttemperaturverteilung, das Thermoisoplethen-Diagramm (Abb. 3.5.2/3) zeigt das für die hohen Breiten typische Jahreszeitenklima mit minimalen Tages- aber ausgeprägten Jahresschwankungen der Temperatur.

3.5.2.4 Niederschläge und Humidität

Kennzeichnendes Merkmal polarer und subpolarer Niederschläge ist ihre geringe Ergiebigkeit. Die weite Verbreitung von Schnee, Eis und in der Tundrenzone auch ausgedehnten Sumpfgebieten täuscht darüber hinweg, daß insgesamt nur wenig Niederschlag fällt. Bei den niedrigen Temperaturen ist der Wasserdampfgehalt der Luft so gering, daß trotz häufiger Niederschlagsereignisse im Verlauf des Jah-

Abb. 3.5.2/2
Antarktis: Mittlere Lufttemperatur im Juli und im Januar (°C)
aus: *Schwerdtfeger* 1970, S. 262

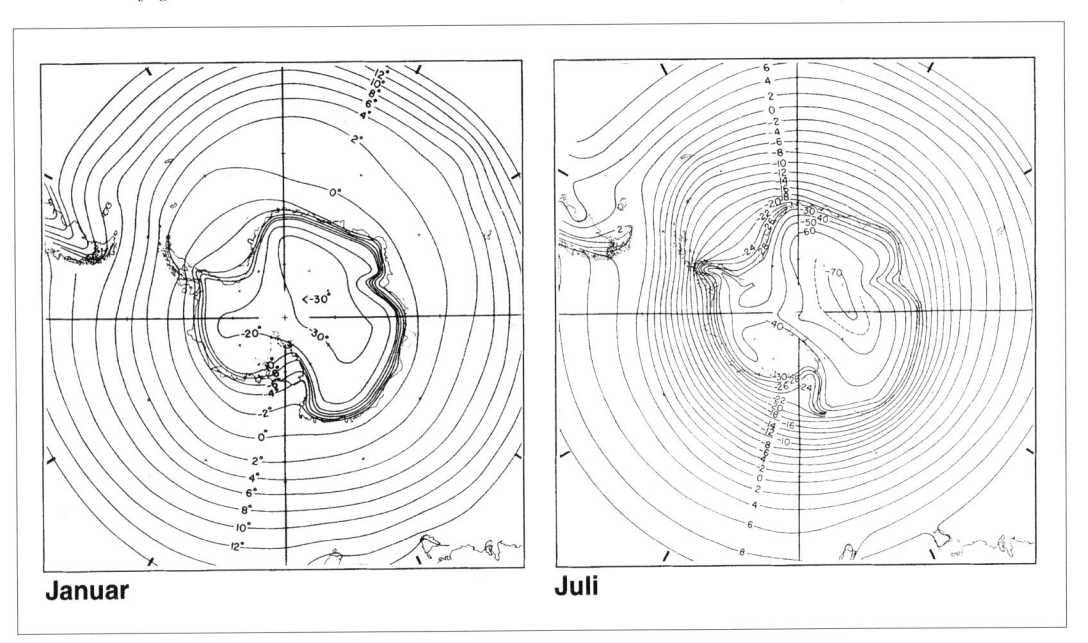

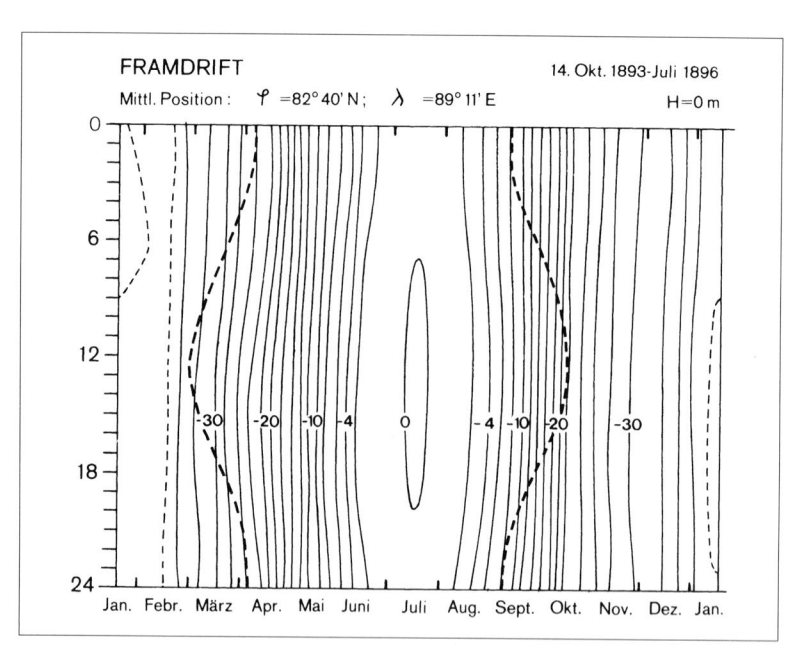

Abb. 3.5.2/3
Thermoisoplethen-Diagramm der Fram-Drift (Oktober 1893 – Mai 1896) im Nordpolarmeer nach: *Troll/Paffen* 1964, S. 6
aus: *Schultz*, 1988, S. 86

res nur *Niederschlagssummen* zwischen 80 und 200 mm, bei arktischen Küstenstationen auch bis 400 mm, zustande kommen. Lediglich die hochozeanischen Stationen in der subpolaren Zone, etwa am Rande des antarktischen Inlandeises, an der südgrönländischen Westküste oder in Island erreichen Werte bis zu 1000 mm, an der isländischen Südküste auch noch darüber. Tabelle 3.5.2/3 gibt einige Beispiele für die verschiedenen in Tabelle 3.5.1/1 genannten Klimatypen.

Trotz Niederschlagssummen, die in anderen Geozonen auf Aridität deuten würden, ist zumindest die subpolare Zone humid. Die hochpolare Zone entzieht sich der üblichen Definition der *Humidität*, weil hier das Wasser nur in fester Form vorkommt. Dort ist auch der häufig verwendete Begriff der polaren Wüste (z. B. *Stäblein* 1991) oder der Kältewüste (z. B. in der Klassifikation nach *Troll/Paffen* 1964,

Tab. 3.5.2/3: Niederschläge in der polaren und subpolaren Zone (Monats- und Jahressummen in mm)

Klimatyp, Ort (Lage, Höhe)	J	F	M	A	M	J	J	A	S	O	N	D	Jahr	Tage mit N
I,1 Nordpolarmeer (70–83°N, 148–176°W, 0m)	3	10	11	2	16	11	8	10	8	7	2	2	89	166
I,2 Alert/kan. Arktis (82°30'N, 62°20'W, 63m)	6	6	6	6	9	12	15	28	30	16	6	7	147	102
I,2 Bäreninsel (74°31'N, 19°01'E, 14m)	30	25	26	20	20	26	25	37	50	42	27	29	357	223
I,2 Kotelnyj/Sibirien (76°0'N, 137°54'E, 11m)	8	8	6	9	10	11	20	19	11	11	10	8	131	169
I,3 Jakobshavn/Grönland (69°13'N, 51°05'W, 31m)	10	13	14	15	20	19	35	34	41	29	21	18	269	115
I,3 Akureyri/Island (65°41'N, 18°15'W, 7m)	45	40	41	31	18	24	32	34	44	49	46	53	457	145
I,4 Reykjavik/Island (64°08'N, 21°56'E, 18m)	89	64	62	56	42	42	50	56	67	94	78	79	779	213

Daten aus: *Müller* 1979

s. o. 3.5.1.1) angebracht, der aber weniger präzise abgrenzt, als vielmehr allgemein die Lebensfeindlichkeit der thermohygrischen Bedingungen zum Ausdruck bringt.

Auch in der subpolaren Zone sorgen aber die geringen Temperaturen nicht nur für unergiebige Niederschläge, sondern auch für eine stark herabgesetzte *Verdunstung*. Besonders in den Bereichen mit im Polarsommer abtauender Schneedecke, kommt es deshalb sogar zu ausgesprochenem Wasserstau, der durch den gefrorenen Untergrund verstärkt wird (vgl. 3.5.2.5).

3.5.2.5 Permafrost

Ganzjährig gefrorener Untergrund, Permafrost, tritt vereinzelt auf, wenn das Jahresmittel der Lufttemperatur −1 bis −2 °C unterschreitet. Bei Temperaturen von weniger als −3 bis −4 °C tritt *diskontinuierlicher Permafrost* auf, und bei weniger als −7 °C kommt es zu *kontinuierlichem Permafrost*, d. h. in allen Relieflagen und Standorten eines Gebietes ist damit zu rechnen (*Stäblein* 1985, S. 325). Mit zunehmender Geschlossenheit des Permafrostvorkommens an der Oberfläche wächst auch die Mächtigkeit. Sie erreicht bis über 500 Meter (*Stäblein* 1991, S. 7), ist in diesem Umfang dann aber, wie auch das Vorkommen bis weit in die boreale Zone hinein, vermutlich ein Eiszeitrelikt. Abbildung 3.5.2/4 veranschaulicht das Vorkommen von Permafrost.

Im Periglazialbereich, d. h. in den temporär schnee- und eisfreien Bereichen an der Peripherie vereister Gebiete, taut die Oberfläche des Permafrost-Untergrundes regelmäßig auf (Abb. 3.5.2/4 und /5). Die Mächtigkeit der *Auftauschicht* variiert je nach Temperaturverhältnissen, überschreitet aber kaum einen Meter.

Da hier die Temperatur häufig um den Gefrierpunkt wechselt, sind die geomorphologischen Auswirkungen der Volumenausdehnung des Wassers beim Gefrieren (vgl. Band 10/II, 2.1.1.2) besonders ausgeprägt: In der Auftauschicht führen wirksame frostdynamische Prozesse (*Kryoturbation*) zu intensiven oberflächlichen Materialumlagerungen und -sortierungen, die sich in einer Fülle von charakteristischen Kleinformen äußern. Neben der Aufweitung von Frostrissen zu Eiskeilen sind dies vor allem die Frostmusterformen, die durch eine allmähliche Korngrößensortierung des Oberflächensubstrats entstehen (Streifenböden, Frostpolygone, Steinringe usw., vgl. Abbildung 3.5.2/5 und zur Entstehung Band 10/I, 2.2.4.4).

Diese Verhältnisse sind nicht nur für den damit befaßten Spezialisten von Interesse. Permafrost ist vielmehr ein Naturraummerkmal mit erheblicher Bedeutung für die Raumnutzung: Jede Baumaßnahme kommt hier einer Störung des natürlichen Bodenwärmehaushalts mit gravierenden Folgen gleich. Sowohl das Einsinken in die Auftauschicht als auch frostbedingte Anhebungen können zu Schäden an

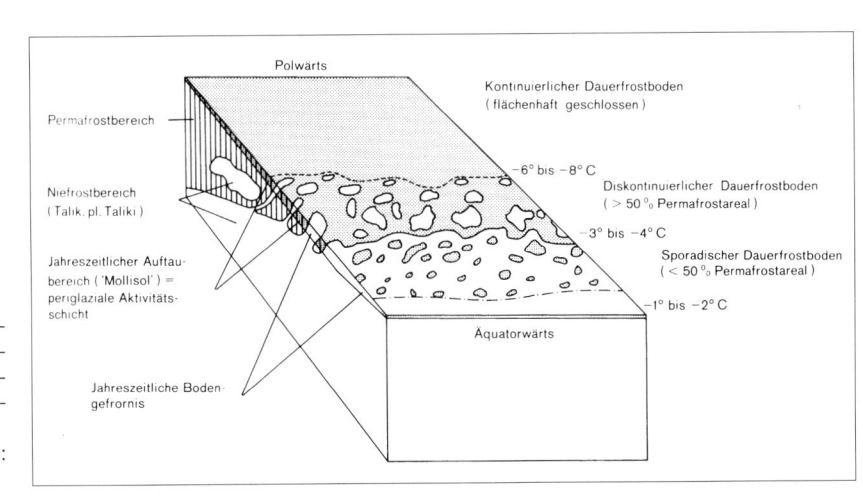

Abb. 3.5.2/4 Schematisches Blockbild zur Gliederung der Permafrostverbreitung (Temperaturen = Jahresmittel) nach *Karte* 1979 aus: *Schultz* 1988, S. 83

A. Temperaturen im Permafrostboden, Jakobshavn / Grönland

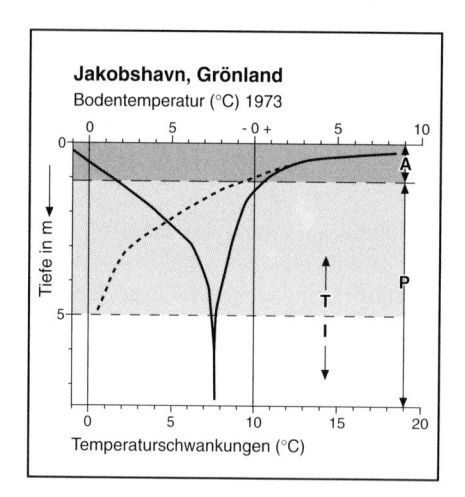

P = Permafrost
A = Auftauschicht
T = Permafrost mit Temperaturschwankungen
I = isothermer Permafrost

B. Profil des Dauerfrostbodens in Südost-Spitzbergen

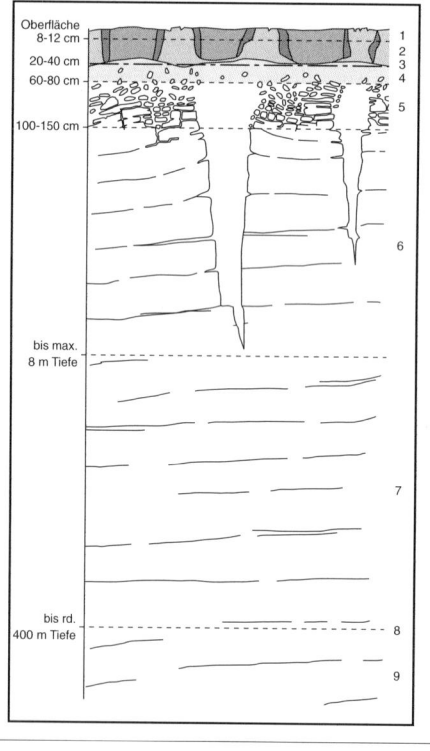

1 = hochsommerliche Austrocknungszone mit Trocken- und Frostrissen
2 = sommerlicher Auftauboden mit Frostmusterformen (z.B. Steinringe oder Feinerdekreise)
3 = Permafrosttafel
4 = fossile Auftauschicht der postglazialen Wärmezeit
5 = eisreicher, oberer Permafrost mit kräftiger Kryoklastik ("Eisrinde")
6 = thermoaktive Schicht ("Eiskeilzone") mit Temperatur- und Volumenschwankungen
7 = isothermer Permafrost
8 = Permafrostbasis
9 = ungeforener Untergrund ("Niefrostboden")

Abb. 3.5.2/5
Profile durch den Permafrostboden
aus: *Stäblein* 1985, S. 324

Bauwerken führen. Jedes Haus, jede Straße, jede Pipeline muß durch aufwendige Maßnahmen gegen die Dynamik des Permafrosts geschützt werden. *Stäblein* (1985, S. 328/329) nennt folgende Gesichtspunkte, die bei Baumaßnahmen in Permafrostgebieten berücksichtigt werden müssen: Wegen der Wasserundurchlässigkeit des Permafrosts sind Drainagemaßnahmen wichtig; Fels, Geröll und Sand enthalten weniger Eis und sind damit als Baugrund geeigneter als Ton, Schluff und Torf; Wasser- und Abwasseranlagen müssen oberirdisch verlegt und entsprechend kostenintensiv isoliert werden; Gebäude, Straßen, Bahnen etc. müssen durch Isolation gegen Austauen geschützt werden. *Stäblein* zieht nach einer geoökologischen Betrachtung folgendes Fazit: Permafrostgebiete sind ein sehr labiles System mit nur geringer Pufferfähigkeit und Toleranz gegenüber anthropogenen Nutzungseingriffen.

3.5.3 Der Mensch in den polaren und subpolaren Zonen

3.5.3.1 Leben am Rande der Ökumene

Die Polkappen beider Halbkugeln sind extreme Räume, die dem Menschen das bloße Überleben schwer machen und nur randlich und spärlich Ansätze zur Existenzsicherung durch autochthone Nutzung bieten. Rund drei Viertel des hier betrachteten Raumes liegen unter ewigem Eis und sind damit für Dauersiedlungen ungeeignet, und auch das verbleibende Viertel liegt im Übergangsbereich zwischen Ökumene und Anökumene.

Der Hinweis auf die Inlandeisbedeckung erinnert daran, wie deutlich sich die beiden Halbkugeln unterscheiden: Die Antarktis gehört vollständig zur Anökumene; die wenigen Menschen, die dort erst seit Mitte des 20. Jahrhunderts jeweils nur kurzfristig leben, sind völlig auf die Versorgung von außen angewiesen. Ganz anders die Verhältnisse in der Arktis: Überall am Küstensaum des arktischen Beckens gibt es Spuren menschlicher Aktivität, die zwei- bis dreitausend Jahre und z.T. noch weiter zurückreichen. Kleine Gruppen von Jägern drangen also in diesen Raum ein, sobald es die nacheiszeitliche Erwärmung einigermaßen erlaubte. Freilich waren die Lebensbedingungen so ungünstig, daß diese frühen Kulturen bei geringfügigen Klimaverschlechterungen mehrfach völlig erloschen. Eine Siedlungskontinuität ist z.B. für Grönland erst seit dem 10. Jahrhundert nachweisbar (*Bronny* 1984, S. 5). Bis in die Neuzeit hinein hat sich wenig daran geändert, daß ungünstige naturräumliche Gegebenheiten den Möglichkeiten der Existenzsicherung und damit der Siedlungstätigkeit sehr enge Grenzen setzten. Man weiß z.B. aus Island, immerhin im ozeanischen Bereich am Südrand der Subpolarzone gelegen, daß hier während der sog. Kleinen Eiszeit im 17. Jahrhundert ernsthaft die Aufgabe der Insel erwogen wurde.

In den extremeren Bereichen der Arktis gab es in vorneuzeitlicher Zeit nur zwei Möglichkeiten, den Lebensunterhalt zu bestreiten: die der Jagd, vor allem auf Robben und Wale, ergänzt durch Fischfang, und die der nomadisierenden Rentierhaltung. Die Urbevölkerung der Subarktis war an diese Existenzgrundlagen hervorragend angepaßt; heute vollzieht sich ein rascher Abbau der entsprechenden Kulturleistungen.

3.5.3.2 Urbevölkerung der Subarktis

Wer waren nun die Urbewohner dieses lebensfeindlichen Raumes? Hier sollen nicht die zahlreichen Ethnien der Subarktis aufgeführt und ihre historische Entwicklung nachgezeichnet werden. Ein knapper Überblick und einige bekannte Namen sollen als Hinweis auf eine komplexe Realität genügen. Etwas ausführlicher sollen dagegen die biologischen und kulturellen Anpassungen an das Leben in der Kälte dargestellt werden; ihre Kenntnis ist der Schlüssel zum Verständnis der kulturellen Umwälzungen in jüngster Vergangenheit und in der Gegenwart.

In Nordamerika werden mehrere indianische Gruppen unter dem Namen *Dene* zusammengefaßt; der Schwerpunkt ihres Lebensraumes liegt allerdings bereits im borealen Nadelwald. Die Dene nannten ihre „Nachbarn" in der nordamerikanischen Tundra „Eskimo", d. h. „Rohfleischesser". Wegen des verächtlichen Untertons bevorzugen wir heute den Ausdruck *Inuit*, d. h. „Menschen", mit dem diese sich selbst bezeichnen. Die Inuit bewohnen den gesamten Nordsaum des amerikanischen Festlandes, die davor liegenden Inseln und die schmalen eisfreien Küstenstreifen Grönlands. Im westlichen, neuweltlichen Teil des subarktischen Siedlungsgebietes, einschließlich der Aleuten, gab es demnach nur Jägerkulturen. Im östlichen, eurasischen Teil gab es zwar auch *Jägerkulturen*; typischer sind aber diejenigen Gruppen, deren Kultur auf der aus der Rentierjagd entwickelten *Rentierhaltung* basiert. Rentierhalter besiedelten die lange Nordküste der eurasiatischen Landmasse, von den *Tschuktschen* im Nordosten Sibiriens über die *Jukagiren, Jakuten, Tungusen, Samojeden* bis zu den Lappen im Norden Skandinaviens. Letztere werden heute – aus ähnlichen Gründen wie bei der Änderung des Sprachgebrauchs Eskimo/Inuit – *Samen* oder *Sami* genannt. Einen Überblick über die Völker der Arktis geben zwei Karten von *Bronny* (1984, S. 4/5).

Anthropologisch betrachtet, gehört die Urbevölkerung der Subarktis zwei unterschiedlichen menschlichen Großrassen an. Die Inuit im westlichen Teil des Verbreitungsgebiets sowie die Gruppen entlang der sibirischen Küste sind *Mongolide*, die Samen Skandinaviens und Rußlands sind *Europide*. Die Zuordnung der Samen zu den Europiden ist heute zweifelsfrei, wurde aber nicht immer so gesehen, weil ihr Erscheinungsbild Gemeinsamkeiten mit mongoliden Bewohnern der Subarktis aufweist, sich von den benachbarten indo-europäischen Skandinaviern aber stark abhebt.

Dies ist ein Hinweis darauf, daß allen Bewohnern der kalten Zone unabhängig von ihrer anthropologischen Herkunft einige Merkmale gemeinsam sind, die als *biologische Anpassung an das Leben in kalter Umgebung* aufzufassen sind: Geringe Körpergröße, massiger Körperbau, im Verhältnis zum Rumpf kurze Gliedmaßen, im Verhältnis zu Oberarm und Oberschenkel kurze Unterarme und Unterschenkel, vergleichsweise kleine Füße und Hände, wenig prominente Nase – all das trägt dazu bei, die Körperoberfläche bezogen auf das Körpervolumen klein und damit den Wärmeverlust an die Umgebung gering zu halten. Auch einige physiologische Anpassungen, wie z. B. erhöhter Stoffwechsel-Grundumsatz, sind erbliche Merkmale der Urbevölkerung der Subarktis.

Neben den biologischen Anpassungen sind *kulturelle Anpassungsleistungen* unabdingbar, um in subarktischer Umgebung zu überleben. Die Herausforderungen des Naturraumes sind nicht nur Kälte, sondern auch Wind, jahreszeitliche Schwankung der Tageslänge, begrenzte Zahl nutzbarer Arten, sowohl von Pflanzen als auch von Tieren, und die eingeschränkten Möglichkeiten der Gewinnung von Rohmaterialien, z. B. für den Hausbau oder die Werkzeugherstellung. An den Küsten der hohen Arktis liegen die Mitteltemperaturen der Wintermonate unter $-30\,°C$; anders als in den noch kälteren kontinentalen Bereichen der borealen Zone treten aber gleichzeitig noch sehr hohe Windgeschwindigkeiten auf. Der dadurch bedingte extrem hohe Wärmeentzug (engl. *windchill*) erfordert eine besonders funktionelle Gestaltung von Behausungen und Bekleidung – und das bei äußerst knappem Materialangebot.

Einige Inuit lebten tatsächlich in den als Iglu bekannten kuppelförmigen *Behausungen* aus Eisblöcken; die meisten benutzten aber Hütten mit Erd- oder Torfwänden, die über einem Fundament aus Treibholz errichtet wurden. Als tragende Elemente wurden häufig Walknochen, als Abdeckung auch Steinplatten verwendet. Einige Konstruktionsmerkmale sind dem Iglu und dem Erd- oder Torfhaus gemeinsam: Beide sind teilweise in die Oberfläche eingesenkt, um die Windangriffsfläche zu verringern; beide verfügen über einen tief angelegten, oft langen und schmalen Zugang, der als Windfang wirkt; in beiden ist der einzige Wohn-, Eß- und Arbeitsraum gegenüber dem Zugangsniveau erhöht, und besonders hoch liegen die Schlafstellen, um die Bewohner aus dem kältesten Bereich des Hauses fernzuhalten. Eine Vorstellung vermittelt Abbildung 3.5.3/1.

Die Rentierhalter der eurasischen Subarktis mußten ihren Herden folgen, lebten also nomadisch oder halbnomadisch. Ihre traditionelle Behausung ist deshalb das spitzkegelförmige Zelt. Es wurde sommers wie winters genutzt. Die Wände wurden aus Rentierhäuten gefertigt, soweit erforderlich auch doppellagig mit dazwischen eingefügtem Isoliermaterial; als Abdeckung verwendete man Torf und

Abb. 3.5.3/1
Behausung der Inuit (Iglu)
aus: Geographie heute, H. 23, 1984, S. 22
1 Schlafplatz; 2 Werktisch; 3 Specklampe; 4 Boden aus Steinplatten; 5 Tragende Steinplatten; 6 Stein-Deckplatten; 7 Torfstücke; 8 Häute und Felle; 9 Eingang; 10 Fleischbrocken; 11 Kochtopf; 12 Fenster; 13 Kleider; 14 Deckenbalken; 15 Lüftungsloch; 16 Vorraum; 17 Eingangstunnel; 18 Felle

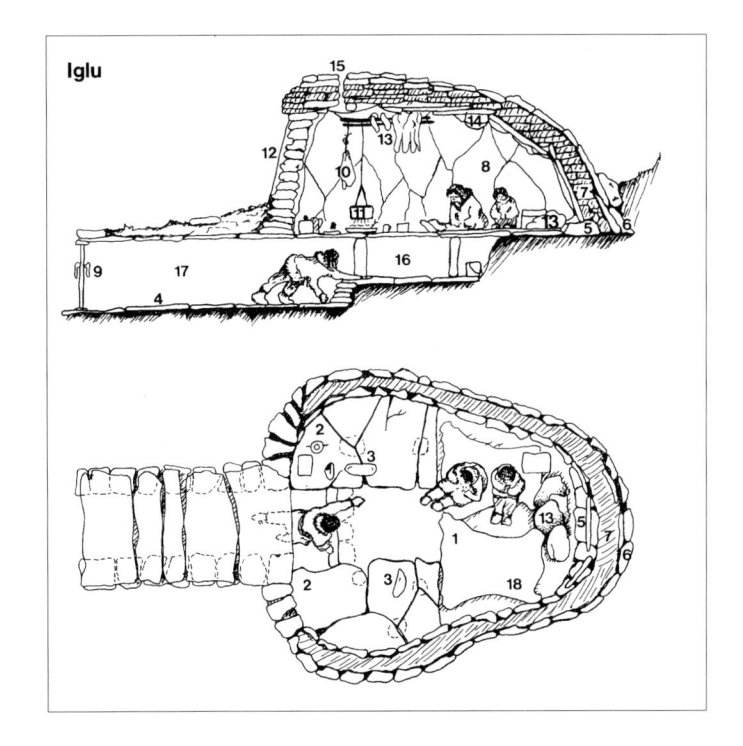

Schnee, in der Nähe der Waldgrenze auch Baumrinde. Einfache Stangenzelte werden von den Samen Nordskandinaviens noch heute verwendet, oft ergänzend zu blockhausartigen Dauerbehausungen. Entsprechend ihrer seßhaften Lebensweise verwendeten auch im eurasiatischen Bereich die nicht von Rentieren abhängigen Jäger und Fischer halbunterirdische Winterhäuser, die denen der Inuit gleichen.
Die traditionelle *Bekleidung* der Arktisbewohner ist noch eindrucksvoller an die ungünstigen Umweltbedingungen angepaßt. Bis in die Gegenwart hinein gab es nichts, was der mit traditionellen Mitteln hergestellten Kleidung der Inuit hinsichtlich Wärmedämmung und gleichzeitig gutem Tragekomfort gleichgekommen wäre. Bei ihren Antarktis- und Arktisexpeditionen in den ersten Jahrzehnten des 20. Jahrhunderts griffen deshalb auch die Europäer nach gelegentlichen Versuchen mit vermeintlich überlegenen europäischen Materialien auf diese Kleidung zurück. Allgemeine Kennzeichen dieser Kleidung sind folgende: Männer und Frauen tragen Pullover-ähnliche Jacken mit angeschnittener Kapuze, Hosen und leichte Stiefel mit wasserdichten Nähten. Die Kleidungsstücke werden aus ausgesuchten Fellen von Seehunden und Rentieren hergestellt, und zwar aus doppelten Lagen, wobei eine Fellseite nach außen zeigt, die andere nach innen. Damit wird außen die Windgeschwindigkeit unmittelbar an der Kleidungsoberfläche herabgesetzt, innen die Körperwärme zwischen den feinen Fellhaaren eingeschlossen. Mit Schnurzügen steuerbare „Lüftungsklappen" an Ärmeln, der Gesichtsöffnung und im Hüftbereich ermöglichen eine belastungsabhängige Thermoregulation. Dies ist besonders wichtig, denn durch körperliche Anstrengung feucht gewordene Innenkleidung würde bei Temperaturen weit unter dem Gefrierpunkt bei Nachlassen der Transpiration zu gefährlicher Abkühlung führen. Läßt sich aber die Außenluft durch die Kleidung leiten, wird sie bei Erwärmung durch den Körper extrem trocken und kann die Feuchtigkeit rasch aufnehmen und abführen.
Auch die traditionellen *Werkzeuge* zeigen das Geschick, mit dem sich die Bewohner der hohen Breiten an widrige äußere Bedingungen anzupassen wußten. Bekannte Beispiele sind die funktionelle Gestaltung des Kajaks, die Erfindung der Harpune, des aus Holz, Knochen und Sehnen verleimten Bogens und der Schneeschuhe.

Es bedarf keiner besonderen Erwähnung, daß alle geschilderten Elemente der traditionellen Kultur der Bewohner der Subarktis heute mehr oder weniger historisch sind. Das Iglu ist Fertigteil-Häusern gewichen, die Harpune dem Gewehr, der Schlitten dem Schneescooter, das Kajak dem Schlauchboot mit Außenbordmotor. Diese Elemente der technischen Kultur der Industriegesellschaft sind Importe von außen und bedürfen keiner besonderen Beschreibung. Ihre Einführung in die peripheren Siedlungsgebiete hat die Lebensgewohnheiten der Bewohner der subarktischen Räume tiefgreifend verändert.

3.5.3.3 Nutzungsmöglichkeiten

Die in 3.5.3.2 angeführten kulturellen Anpassungsleistungen der Bewohner der Subarktis weisen bereits auf die traditionellen wirtschaftlichen Nutzungsmöglichkeiten. Seit Jahrhunderten sind dies vor allem Jagd, Fischfang, Rentierzucht und in sehr begrenztem Umfang, etwa im nördlichsten Skandinavien und im Südbereich der eurasiatischen Tundra, Ackerbau (vgl. Abb. 3.5.3/2). Erst seit wenigen Jahrzehnten sind neben die traditionellen auch moderne Nutzungen getreten, insbesondere die Gewinnung von Rohstoffen. Extreme Ausprägungen menschlicher Wirtschaftstätigkeit folgten hier also zeitlich übergangslos aufeinander und treten häute räumlich z. T. ohne wirtschaftlichen Bezug nebeneinander in Erscheinung: Auf Jagd und Fang basierende Subsistenzwirtschaft einerseits und von einem entfernten Zentrum aus gesteuerte technische Erschließung von Rohstoffen mit einem Mindestmaß an ökonomischer Rückwirkung für das Herkunftsgebiet andererseits. Bei beiden Nutzungsformen kommt es nicht zur Ausbildung eines zusammenhängenden Wirtschaftsraumes, vielmehr erfolgt die Nutzung von kleinen, inselhaft verteilten Zentren aus.

Eine regelhafte räumliche Abfolge der Nutzung im Bereich der Kältegrenze der Ökumene läßt sich daher nur bedingt feststellen: Im Übergangsbereich zwischen Ökumene und Anökumene wird zunächst die *agrarische Kältegrenze* überschritten, die topographisch bedingt bereits mehr oder weniger lückenhaft ist. Weiter nördlich gibt es noch einige isolierte Anbauflächen, die aber schon jenseits der *Rentabilitätsgrenze des Anbaus* liegen. Noch weiter polwärts reicht die traditionelle Jagd- und Fangwirtschaft. Isolierte Standorte der Rohstoffgewinnung können schließlich noch darüber hinaus polwärts vorrücken, da sie völlig von der Beziehung zum Kernraum der Ökumene abhängen bzw. von ihrer unmittelbaren Umgebung unabhängig sind.

Wie andere kulturlandschaftlichen Prozesse unterliegt auch die Nutzung im polaren Grenzbereich der Ökumene einem zeitlichen Wandel, der weniger von naturgeographischen als von sozio-ökonomischen Faktoren bestimmt wird. Aus Gründen der Raumerschließung und der Rechtfertigung von Hoheitsansprüchen wurde z. B. die Ackerbaugrenze in Sibirien vom 18. bis zur Mitte des 20. Jahrhunderts teilweise um rund 2000 km bis in die Tundra nach Norden vorgeschoben. (Die Angabe geschlossener, linienhafter Anbaugrenzen, z. B. bei *Bronny* 1984, Karte 3, täuscht dabei freilich in grober Generalisierung über die Tatsache hinweg, daß es sich immer nur um kleinräumige Anbauflächen gehandelt hat.) Auch von der früheren Sowjetunion wurden immer wieder aufwendige Versuche unternommen, die Anbaugrenze nach Norden vorzuschieben.

Umgekehrt kommt es seit den 1960er Jahren in Nordschweden, Finnland, Kanada und Alaska – und nach Auflösung der Sowjetunion vermutlich auch bald im russischen Sibirien – zu einem deutlichen Zurückweichen der agrarischen Kältegrenzen und einer Abwanderung aus den nördlichen Landesteilen. *Gläßer et al.* (1988, S. 2) erklären das damit, „daß die polare Pioniergrenze auf die Nordhemisphäre beschränkt ist, dort auf den Territorien hoch industrialisierter Staaten liegt, somit ein geringer Bevölkerungsdruck besteht und die Nahrungssicherung z. B. durch erhöhte Flächenproduktivität auf klimatisch günstigeren, anderen innerstaatlichen Flächen erfolgt". Unter rein ökonomischen Gesichtspunkten besteht für die genannten Staaten keine Veranlassung, mit großem Aufwand unrentable Nutzungsstrukturen aufrecht zu erhalten.

Die Bedeutung sozio-ökonomischer Faktoren für die *Nutzungs- und damit auch Siedlungsmöglichkeiten* an der Polargrenze der Ökumene läßt sich sehr schön an einem historischen Beispiel demonstrie-

Abb. 3.5.3/2
Verbreitung der unterschiedlichen traditionellen Wirtschafts- und Lebensformen in der Arktis
aus: *Treude* 1991, S. 27

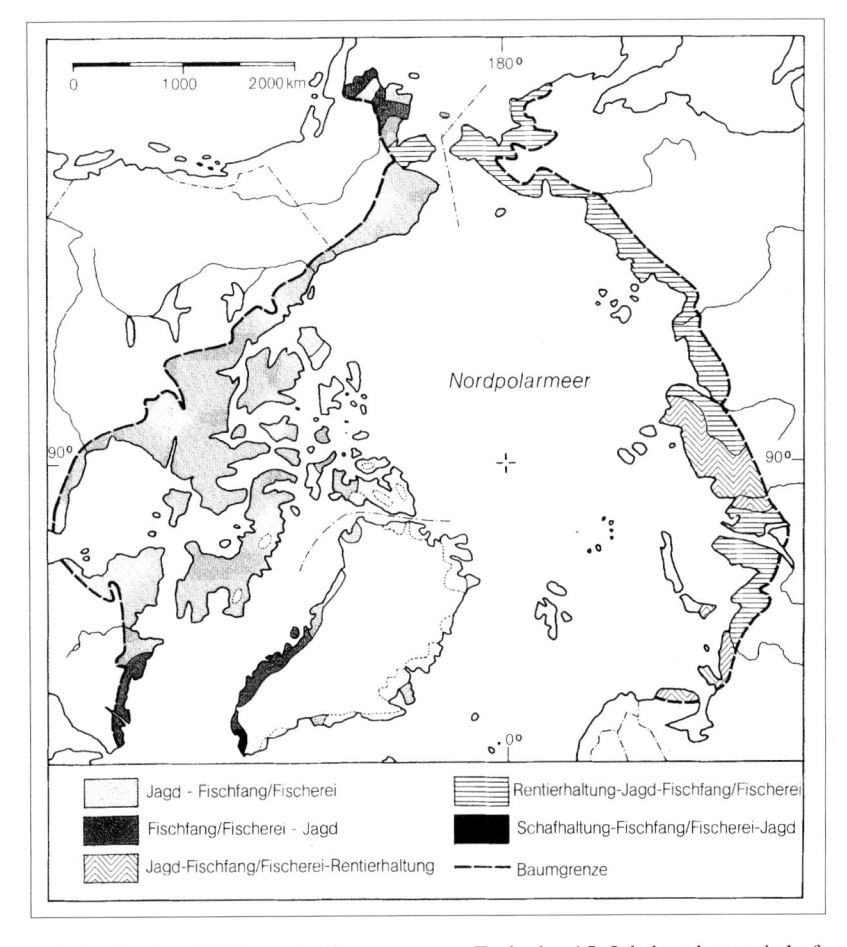

ren: Das Wüstfallen der grönländischen Wikingersiedlungen gegen Ende des 15. Jahrhunderts wird oft mit der beginnenden spätmittelalterlichen Klimaverschlechterung („Kleine Eiszeit") erklärt. *Becker* (1977, S. 57) hält dem eine ökonomische Erklärung entgegen. Danach war ein wesentliches Element des recht vielseitigen Wirtschaftssystems der Wikinger der Export von Pelzen und Fellen, vor allem aber von Elfenbein in Form von Walroßzähnen, wofür in Europa, vor allem als Rohstoff für die Herstellung von Devotionalien, eine rege Nachfrage bestand. Norwegische Kaufleute waren die Vermittler des Warenverkehrs, der für die grönländischen Wikinger von erheblicher wirtschaftlicher Bedeutung war. Im Niedergang dieses Handels sieht *Becker* die entscheidende unter mehreren Ursachen für das Wüstfallen der Wikingersiedlungen in Grönland: „Anreiz für die recht gefährlichen Handelsreisen nach Grönland war das begehrte Elfenbein gewesen. Der Anreiz entfiel, als im Gefolge der Kreuzzüge afrikanisches und indisches Elfenbein billiger und gefahrloser auf die europäischen Märkte gelangte. Politische Wirren in Norwegen und der Ausbruch der Pest in Bergen traten hinzu, und schließlich kam kaum noch ein Schiff nach Grönland. Die Wikinger schieden aus dem System des europäischen Handels aus, die Verbindungen mit dem Zentrum der Ökumene rissen ab" (*Becker* 1977, S. 57). Auch wenn man in dieser Argumentation keine Alternative zur klimatischen Erklärung des Wüstfallens sehen will – zur Abkehr von monokausalen Deutungen veranlaßt sie sicherlich. Außerdem zeigt das Beispiel, daß die polaren Randbereiche der Ökumene bereits vor Jahrhunderten wirtschaftlich von deren Zentrum abhängige Peripherie waren.

Ein bedeutendes Nutzungspotential sowohl von historischer als auch von gegenwärtiger und zukünftiger Bedeutung stellen die polaren Meere dar. Ihre dauernd tiefen Temperaturen bedingen einen hohen Sauerstoffgehalt, der zusammen mit langer Sonneneinwirkung im Sommer das Planktonwachstum begünstigt. Planktonvorkommen sind die Nahrungsgrundlage einer umfangreichen Nahrungskette (vgl. Band 10/II, 2.1.4.3).

Die *Nutzung mariner Ressourcen* ist seit altersher die wirtschaftliche Existenzbasis der Bewohner der Subarktis. Die Kultur der Inuit und anderer Anrainer des Polarmeeres basiert auf der Jagd auf Robben und Wale. Diese dienten nicht nur als Nahrung, sondern stellten auch die Materialgrundlage zur Herstellung zahlreicher Gegenstände des täglichen Bedarfs (Werkzeuge, Waffen, Bekleidung, Behausung, vgl. 3.5.3.2). Fischfang trat ergänzend hinzu.

In der Gegenwart gehört die Nutzung polarer Meere zur Ausbeutung peripherer Räume durch die Bewohner weit entfernter Wirtschaftszentren. Auch das hat freilich schon eine lange Geschichte (Zusammenfassung nach *Sahrhage* 1992): Bereits Ende des 16. Jahrhunderts wurden holländische und englische Seefahrer auf den Walreichtum des europäischen Polarmeeres aufmerksam, und schon 1611 begann die Jagd auf Wale vor Spitzbergen. Bald beteiligten sich hamburgische, dänische, französische und sogar spanische Segler bzw. Ruderboote an der einträglichen Jagd. Auf dem Höhepunkt dieser ersten Phase des Walfangs waren um 1680 über 300 Schiffe beteiligt, die jährlich rund 1700 Wale erlegten. Ab 1847 beteiligten sich auch die Amerikaner kommerziell am Walfang; 1868 wurden Harpunenkanonen und Dampfschiffe eingeführt. Die Fänge steigerten sich; die Bestände an Blau-, Buckel-, Sei- und Finnwalen nahmen im Nordatlantik und im Nordpazifik so ab, daß sich die Jagd kaum noch lohnte. Ganz ähnlich verlief die Entwicklung der Jagd auf Robben: Beginn Anfang des 17. Jahrhunderts, Höhepunkt Anfang des 20. Jahrhunderts, Rückgang der Bestände, Schutzmaßnahmen ab 1970.

Die *Fischerei* in subarktischen Gewässern, insbesondere in den Mischwasserzonen von warmem Golfstrom und kaltem arktischem Wasser, ist bis heute von eminenter wirtschaftlicher Bedeutung. Allerdings haben die Fangerträge durch Überfischung so abgenommen, daß heute alle nutzbaren Bestände über Vereinbarung und Kontrolle von Fangquoten bewirtschaftet werden.

Die Abnahme bzw. Erschöpfung arktischer Bestände führte zur *Nutzung antarktischer Gewässer*. Schon vor Beginn des 19. Jahrhunderts wurden Robbenschlagen, Walfang und die Hochseefischerei in antarktische Gewässer ausgedehnt. Auch hier kam es in kurzer Zeit durch Übernutzung der Bestände zum Zusammenbruch der Robbenjagd und zur fast völligen Dezimierung der wichtigsten Walarten; angesichts abnehmender Erträge und unter dem Druck der öffentlichen Meinung wurde 1982 die völlige Einstellung des kommerziellen Walfangs beschlossen. Auch die Fischereierträge stagnieren nach vorangegangener Überfischung. Details zu diesem Komplex gibt *Sahrhage* (1992), dessen Darstellung hier zusammengefaßt wurde. Sein Fazit charakterisiert die Nutzungsmöglichkeiten der polaren Meere: „Raubbau dezimierte die lebenden Ressourcen beider Polarmeere. Die Einführung von Schonmaßnahmen läßt aber hoffen, daß es gelingt, einerseits die Natur zu schützen, andererseits die Meeresschätze in verantwortungsvoller Weise zur Ernährung der weiter zunehmenden Menschheit zu nutzen. Allerdings kann man hierfür aus den Polarregionen keinen großen Beitrag erwarten. Die Fänge in arktischen und antarktischen Gewässern werden immer nur einen unbedeutenden Teil des Weltfischereiertrages ausmachen, der heute 100 Millionen Tonnen pro Jahr beträgt" (*Sahrhage* 1992, S. 222).

Wenn auch die traditionellen Nutzungsmöglichkeiten Agrarwirtschaft, Jagd, Fischfang – selbst in der modernen Ausprägung als Hochseefischerei – stagnieren oder sogar an Bedeutung abnehmen, so bleibt doch ein Potential, das die subpolare und möglicherweise sogar die polare Zone als Wirtschaftsraum interessant macht, dasjenige eines peripheren Rohstofflieferanten für die rohstoffhungrigen Zentren der Welt. Die *Nutzung von Rohstoffvorkommen* gibt einigen wenigen Teilräumen wirtschaftliche Dynamik – freilich nur verschwindend kleinen Inseln erhöhter Aktivität in einer trotzdem menschenarmen Weite. Als Beispiele seien genannt: der schon seit Jahrzehnten von Russen und Norwegern auf Spitzbergen betriebene Kohleabbau, die Kohlevorkommen von Workuta und das Erdgasfeld um Urengoi in

Abb. 3.5.3/3
Standorte gegenwärtiger industrieller Erschließung in der Arktis
aus: *Treude* 1991, S. 21

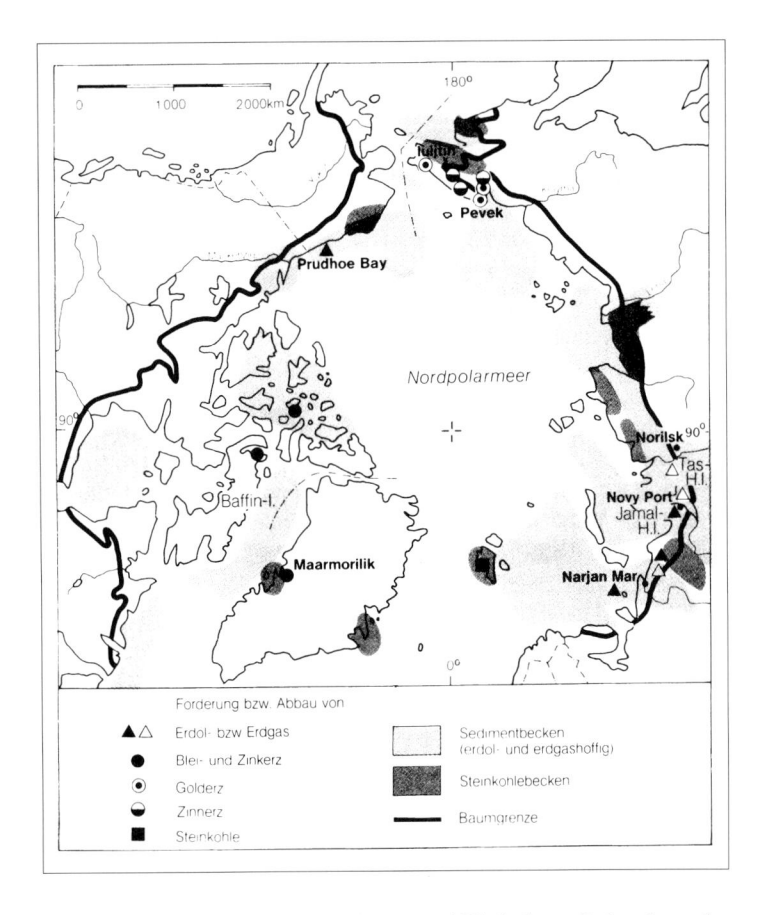

Westsibirien, die Platin- und Nickelgewinnung bei Norilsk, die Eisen- und Nickelerze Labradors, der Blei-/Zink-Abbau in 75 °N in der kanadischen Arktis und das bekannte Erdöl- und Erdgasfeld an der Nordküste Alaskas (vgl. Abb. 3.5.3/3).

In all diesen Fällen werden die *Strukturdefizite* deutlich, die auch mit der Rohstoffwirtschaft unter extremen Naturbedingungen unvermeidlich verknüpft sind: Es bleibt bei der Gewinnung von Rohstoffen, die Verarbeitung findet im zugehörigen wirtschaftlichen Kernraum statt. Arbeitsplatzangebot und Kapitalrückfluß sind sehr begrenzt, eine diversifizierte Wirtschaft kann sich nicht entfalten. Die Investitionskosten, die Unterhaltskosten für Gebäude und Anlagen und die Kosten zur Schaffung und Aufrechterhaltung einer für die Beschäftigten einigermaßen attraktiven Infrastruktur sind extrem hoch. Rentabilitätsüberlegungen oder politische Entscheidungen können rasch ganze Entwicklungsprojekte gefährden. *Gläßer et al.* (1988, S. 3) weisen darauf hin, daß dies zu einer vollständigen Außensteuerung der Peripherie vom Kernraum aus führt, die sich bei Intensivierung der Entwicklungsbemühungen nur noch verstärkt: Buchstäblich alle die Peripherie betreffenden Entscheidungen fallen im Kernraum, in der Regel sogar nicht bei der räumlich zuständigen Provinz-, sondern bei der Zentralregierung.

Besonders deutlich tritt diese Außensteuerung raumrelevanter Aktivitäten des Menschen in den Polarregionen bei drei Nutzungsformen in Erscheinung, die erst in diesem Jahrhundert neben die traditionellen Nutzungen Jagd und Fischerei sowie Rohstoffgewinnung getreten sind: bei der Einrichtung und dem Betrieb von Militärstützpunkten und Forschungsstationen sowie der Erschließung für den Tourismus. Zwar ist in allen drei Fällen der Raumanspruch nur sehr punktuell und die Nutzung zeitlich beschränkt, trotzdem gehen von solchen Aktivitäten u. U. gravierende Einflüsse auf das sozio-ökonomische Umfeld und den Naturhaushalt aus.

Nach dem Zweiten Weltkrieg hat die Konfrontation der politischen Systeme dem Nordpolarmeer und seinen Küsten zu besonderer strategischer Bedeutung verholfen. Im gesamten zirkumpolaren Bereich wurden zahlreiche, z. T. weit nach Norden vorgeschobene *Militärstützpunkte* eingerichtet. Dabei reicht das Spektrum von nur knapp bemannten Stationen der Radar-Frühwarnkette bis hin zu großen Flottenstützpunkten (z. B. Murmansk auf der Halbinsel Kola) und Luftwaffenbasen (z. B. Keflavik auf Island oder Thule in 75 °N an der nördlichen Westküste Grönlands). Als Ausgleich für die entlegene Stationierung wird dabei mit großem Aufwand eine aus der gemäßigten Zone gewohnte Infrastruktur importiert – negative Folge sind erhebliche Umweltbelastungen der empfindlichen arktischen Ökosysteme. Schon die Entwicklung der militärischen Aufklärung durch Satelliten hat jedoch zahlreiche Stationen obsolet gemacht; die Überwindung des Kalten Krieges zwischen den Supermächten wird weitere Stützpunkte überflüssig bzw. zu teuer werden lassen. Die Arktis wird wieder so einsam wie früher. Auch die zahlreichen arktischen und antarktischen *Forschungsstationen* (vgl. M 4.5.3.1/1) sind Fremdkörper ohne dauerhaften Bezug zur Umgebung. Ihre extreme Lage – im Falle der Antarktis offensichtlich – schließt die Beeinträchtigung lokaler Ethnien aus. Und da inzwischen bei den meisten Betreiberstaaten Umweltschutz selbstverständlich ist und die Einsicht befördert hat, daß Müll unter polaren Bedingungen nicht verrottet, kann sogar die Belastung der Natur als gering eingestuft werden. Immerhin leben und forschen während des Südsommers rund 3000 Menschen in der Antarktis, und über 1000 überwintern dort in mehr als 40 Überwinterungsstationen, um Meßgeräte und Observatorien weiterzubetreiben (*Kohnen* 1992, S. 201).

Die jüngste Inanspruchnahme polarer Räume geht von der Entwicklung des *Tourismus* aus. Angesichts der Unwirtlichkeit mag das überraschen, tatsächlich stieg aber die Zahl der Teilnehmer an Extremreisen während der letzten beiden Jahrzehnte kontinuierlich an. Grundlage ist auf Seite der Anbieter die Entwicklung des Flugverkehrs, eisgängiger Passagierschiffe und der Kommunikationstechnik, auf Seite der Nutzer die Zunahme der verfügbaren Einkommen und der Freizeit sowie der immer ausgeprägtere Hang zu risikoarmen „Abenteuerreisen".

Den Umfang dieser Entwicklung belegen Beispiele von *Bronny/Hegels* (1992, S. 210–214): Jährlich rund 18 000 Passagiere von Arktikkreuzfahrten landen als Tagestouristen in Spitzbergen an, etwa 1000 Menschen nutzen die Küstenschiffahrt der Inselgruppe. Seit 1990 können jeweils 80 Passagiere für rund 50 000 DM pro Person mit einem reaktorgetriebenen russischen Eisbrecher zum Nordpol fahren. Grönland verfügt inzwischen über rund 1400 Hotelbetten; jährlich besuchen mehr als 4000 Menschen seine Küsten oder führen Fjellwanderungen durch; zusätzlich kommen jährlich rund 3000 Tagesausflügler aus Island. Acht Schiffe des „Alaska Marine Highway System" beförderten 1990 mehr als 410 000 Touristen und ihre 110 000 Fahrzeuge entlang den Küsten Alaskas. Und schließlich ist inzwischen auch die Antarktis Ziel regelmäßiger Kreuzfahrten, bei denen die bislang jährlich rund 4000 Teilnehmer während ihrer Reise jeweils bis zu 25mal anlanden, um Robben, Pinguinen und Forschungsstationen nahezukommen.

Sicherlich sind diese Zahlen nicht mit den üblichen Vorstellungen von Massentourismus vergleichbar. Es gilt aber zu berücksichtigen, daß sich diese Unternehmungen zeitlich auf eine sehr kurze Sommersaison und räumlich auf wenige Punkte ohne Verteilungsmöglichkeit konzentrieren. Dabei sind Belastungen und Schäden dieser ökologisch sehr labilen Regionen nicht zu vermeiden. Ökonomisch ist der Tourismus für Spitzbergen, Grönland und vor allem für die Küstensiedlungen Alaskas inzwischen ein wichtiger Faktor. Wie bei den anderen modernen Nutzungsformen kommt sein wirtschaftliches Ergebnis aber vor allem den entfernten Steuerungszentren in der gemäßigten Zone zugute.

3.5.4 Rechtliche Stellung der Polargebiete

Abschließend soll kurz die Problematik der rechtlichen Stellung der Arktis und vor allem der Antarktis angesprochen werden. Es ist schließlich eine ungewöhnliche Situation, daß ein kontinentgroßer Teil der Erde zwar von vielerlei Seiten beansprucht wird, die Haltbarkeit dieser Ansprüche aber nach wie vor umstritten ist. Hintergrund solcher Ansprüche sind strategische Bedeutung, potentielle Rohstoffvorkommen und, in jüngster Zeit betont, die gemeinsame Verantwortung der Menschheit für die Bewahrung empfindlicher Naturräume.

In der Arktis ist die Situation übersichtlich: Der Nordpol liegt in internationalen Gewässern, die Ansprüche auf Spitzbergen und seine Kohlevorkommen sind zwischen Norwegen und der früheren Sowjetunion geregelt, die Zugehörigkeit der Inseln des kanadischen Archipels zu Kanada ist inzwischen allgemein anerkannt. Probleme ergeben sich im arktischen Bereich allenfalls innerhalb der Staaten: Insbesondere in Kanada und Alaska bemühen sich die Inuit zunehmend um eine Absicherung ihrer Besitzansprüche und Nutzungsrechte gegenüber dem Staat als universellem Eigner dieser Rechte. Inzwischen wurden eskimoische Gebietskörperschaften eingerichtet und mehrfach der Verzicht auf Besitz- und Jagdrechte in rohstoffhöffigen Arealen durch Entschädigungszahlungen erwirkt (vgl. *Treude* 1983 und 1991).

In der Antarktis ist die Situation schwieriger. Hier stehen klar formulierte Gebietsansprüche der dezidierten Nichtanerkennung solcher Ansprüche gegenüber. In Tabelle 3.5.4/1 sind die Staaten genannt, die Anspruch auf einen Teil der Antarktis erheben.

Diese Ansprüche werden aus der Erforschungsgeschichte oder aus der Nachbarschaftssituation abgeleitet, sind aber völkerrechtlich problematisch. Trotz erheblichen Interesses an der Erschließung und maßgeblicher Beteiligung an der Erforschung haben die beiden international einflußreichsten Staaten, die USA und die ehemalige Sowjetunion, keine eigenen Gebietsansprüche erhoben und andere Ansprüche zurückgewiesen. Heute bestehen eine Reihe völkerrechtlicher Verträge, die einen einvernehmlichen Ausgleich verschiedener Interessen gewährleisten sollen:
– der Antarktisvertrag (1959),
– die Konvention zum Schutz antarktischer Robben (1972),
– die Konvention zum Schutz lebender Meeresressourcen der Antarktis (1980) und
– das Protokoll zum Schutz der Antarktis vor menschlichen Aktivitäten (1991).

Das Kernstück ist der Antarktisvertrag, der 1961 in Kraft trat. Er hatte 1991 achtunddreißig Mitgliedstaaten, die seine Prinzipien anerkennen. Sie sollen eine ausschließlich friedliche Nutzung und Erforschung und gegebenenfalls eine gleichberechtigte, durch ein Kontrollsystem von allen Mitgliedern zu überprüfende Nutzung ermöglichen.

Es bleibt zu hoffen, daß der in jüngster Zeit stark betonte Aspekt des Antarktisvertrages, die gemeinschaftliche Verantwortung für den Schutz eines einzigartigen Naturraumes, auch in Zukunft oberste Priorität hat.

Tab. 3.5.4/1: Antarktis: Gebietsansprüche

Staat	Anspruch seit	beanspruchte Fläche
Argentinien	1904	1,23 Mio. km^2
Großbritannien	1908	1,7 Mio. km^2
Neuseeland	1923	0,9 Mio. km^2
Frankreich	1924	0,4 Mio. km^2
Australien	1933	4,5 Mio. km^2
Norwegen	1939	2,5 Mio. km^2
Chile	1940	1,4 Mio. km^2

nach *Stäblein* aus: *Wolfrum* 1992, S. 193

4 Unterrichtspraktischer Teil

Teil 4 des vorliegenden Teilbandes 12/II enthält Unterrichtsvorschläge und -materialien über die Kühlgemäßigten Zonen (Kap. 4.3), die Boreale Zone (Kap. 4.4) sowie die Polaren und Subpolaren Zonen (Kap. 4.5). Er bildet damit die Fortsetzung des unterrichtspraktischen Teils 4 von Teilband 12/I.
Teil 4 von Teilband 12/I behandelt in Kapitel 4.0 Unterrichtliche Gesamtkonzeptionen der Geozonen-Thematik in den Sekundarstufen I und II. Schwerpunkte dieses Kapitels bilden der Aufbau geozonaler Ordnungsvorstellungen in der Sekundarstufe I sowie Unterrichtsaufbau und -inhalte in der Sekundarstufe II.
Die Kapitel 4.1 und 4.2 von Teilband 12/I enthalten Unterrichtsvorschläge und -materialien über die Tropen (Kap. 4.1) bzw. die Subtropen (Kap. 4.2).

4.3 Kühlgemäßigte Zonen

4.3.1 Zonen der kühlgemäßigten Waldländer (*H. Nolzen*)

Im Unterricht der Sekundarstufe I nimmt die Zone der kühlgemäßigten Waldländer gegenüber den anderen Geozonen in zweifacher Hinsicht eine Sonderstellung ein:
1. Diese Zone, bzw. ein Ausschnitt aus ihr, kann vom Schüler als einzige in originaler Begegnung, „vor Ort", und während des gesamten Jahresablaufs untersucht werden. Andere Zonen lernt der Schüler aus eigener Anschauung allenfalls während kurzer Aufenthalte, z.B. während eines Fernurlaubs mit den Eltern, kennen; sie sind für fast alle Schüler somit nur „Fernthemen".
2. Weil der Schüler über unmittelbare Erfahrungen und Erlebnisse aus dieser Zone verfügt, bildet sie die Bezugsbasis für den geographischen Vergleich mit anderen Zonen. Der Landschaftscharakter der tropischen Regenwälder, heißen Wüsten, borealen Nadelwälder und anderer Geozonen wird dem Schüler dann besonders deutlich, wenn er bei seinen Untersuchungen Antworten auf die Frage geben kann: „Was ist dort anders als in meinem Lebensraum?"
In der Sekundarstufe II wird diese Geozone unter speziellen Gesichtspunkten betrachtet, so z.B. unter den Aspekten „Waldschäden und Bodengefährdung" (*Bender, H.* u.a., 1986), „Der Mitteleuropäische Wald als Ökosystem" (*Bauer, J.* u.a., 1989), „Bodenerosion in den Mittelbreiten" (*Richter, G.*, 1988), „Landwirtschaft zwischen Überschußproduktion und Konzentration" (*Klohn W.* u.a., 1988).

4.3.1.1 Themen und Zugriffsmöglichkeiten in der Sekundarstufe I

Der Schüler sollte möglichst früh und vor allem in seinem Heimatraum die für seine Geozone maßgeblichen Geofaktoren kennenlernen und entsprechendes Wissen für Vergleichszwecke verfügbar haben (vgl. dazu auch die Übersicht in Abschnitt 4.3.1.2 über entsprechende, in den Bänden 10/I und 10/II behandelte Nahthemen). Der Erwerb dieses „geozonalen Verfügungswissens" über Mitteleuropa und die feuchten Mittelbreiten wird von den meisten Lehrplänen der Sekundarstufe I in der Regel anhand verschiedener Raumbeispiele aus Mitteleuropa ermöglicht, nur selten jedoch klar genug eingefordert. Die genannten, geozonal bedeutsamen Raumbeispiele sind oft mehrperspektivisch angelegt, wobei – etwa beim Thema „Gemüse für einen Ballungsraum" – die Naturbedingungen gegenüber anderen Standortfaktoren (z.B. Absatzorientierung) durchaus nicht immer dominieren. Dem Lehrer/der Lehrerin bleibt somit die Langzeitaufgabe (u.U. über mehrere Schuljahre) überlassen, das im Laufe der Behandlung einzelner Raumbeispiele sporadisch anfallende, geozonal bedeutsame Wissen über die Natur der feuchten Mittelbreiten herauszufiltern, zu systematisieren und für den geographischen Vergleich mit anderen Geozonen verfügbar zu machen.

Obwohl der Erdkundeunterricht wohl aus keiner anderen Geozone mehr Raumbeispiele behandelt als aus den feuchten Mittelbreiten, wird diese Zone paradoxerweise im Unterricht und in Schülerbüchern selten explizit als eigenständiges Thema behandelt. Lediglich bei dem in manchen Schülerbüchern und Lehrplänen anzutreffenden Überblick über die Naturräume Europas (Klasse 6) wird diese Geozone ansatzweise angesprochen. Oft tauchen Bezeichnungen wie „Gemäßigte Zonen" o. ä. erst dann auf, wenn – meistens in Klasse 7 – der Überblick über alle Geozonen der Erde vermittelt wird (vgl. Teilband 12/I, 4.0). Eine Ausnahme bildet *Heimat und Welt* (1987), wo schon für die Klassen 5/6 das Kapitel „Gemäßigte Zonen – bedeutende Anbaugebiete der Erde" (S. 84–119) – im Zusammenhang mit Geozonen-Kapiteln über Innertropen, Wüsten und Polargebiete – vorgesehen ist. Mit einer Folge landwirtschaftlicher Themen aus verschiedenen Teilen Deutschlands zeigt dieses Schülerbuch, wie ein systematischer Überblick über die für die feuchten Mittelbreiten charakteristischen Naturfaktoren gewonnen werden kann. Ähnlich geht auch *Birkenhauer* (1987) in sechs landwirtschaftlichen Unterrichtseinheiten vor: Auf einem Zuckerrübenbetrieb im Gäuboden/Weinbau in Mainfranken/Gemüse von der Reichenau (Bodensee)/Milchwirtschaft im Allgäu/Bei einem Bergbauern in Südtirol/Erkundung eines Viehzuchtbetriebes (Projekt). Ebenfalls mit dem Ziel eines systematisch aufgebauten Verfügungswissens über die Zone der kühlgemäßigten Waldländer schlagen *Meier-Hilbert/Thies* (1987, S. 51) vor, die folgenden deutschen Landschaftsprofile im Sinne von „Kausalprofilen" zu behandeln: Marsch und Geest zwischen Nord- und Ostsee/Wir fahren von Hamburg nach Kassel/Vom Niederrhein zum Westerwald/Landschaftsstreifen zwischen Oberrhein und Schwäbischer Alb/Von der Donau zum Alpenrand.

Die Einsicht, daß die Schüler in ihrem Heimatraum ganz spezielle, von anderen Erdgegenden abweichende Lebens- und Nutzungsbedingungen antreffen, stellt eine wichtige Vorstufe für die spätere Erarbeitung der Geozonen dar. Deshalb sollten die Schüler schon zu Beginn der Sekundarstufe I für die Besonderheit des Heimatraumes sensibilisiert werden. Während im Unterricht höherer Klassen spezielle Merkmale eines Raumes durch den geographischen Vergleich mit Räumen aus anderen Erdgegenden herausgearbeitet werden, scheidet diese Methode zu Beginn der Sekundarstufe I aus, u. a. wegen der noch zu geringen länderkundlichen Kenntnisse. Eine Methode, auch dem Schüler der unteren Sekundarstufe I seinen Heimatraum als etwas Besonderes, nicht überall in gleicher Weise Vorkommendes nahezubringen, ist die Betrachtung des Heimatraumes aus der Perspektive von Einheimischen und von Fremden aus anderen Erdgegenden. Wenn der Schüler entdeckt, daß Fremde bestimmte Erscheinungen seines Lebensraumes interessant finden, die ihm bisher selbstverständlich und kaum beachtenswert erschienen, wird er neugierig auf das, was ihm vielleicht bis jetzt daran entgangen sein könnte. *Heimat und Welt* (1987, S. 88) verfolgt diesen methodischen Ansatz durch den Brief eines Studenten aus Zaire, den dieser aus Deutschland an seine Eltern in Afrika schreibt. Der Brief berichtet über völlig neuartige Erfahrungen des Studenten mit Wetter, Klima und Jahreszeiten in Deutschland. Ein schon klassischer Text für die – aufschließende – Betrachtung bekannter Dinge aus fremder Perspektive stammt von *Antoine de Saint-Exupéry*. Der Text wird gern in Zusammenhang mit den Wüsten eingesetzt; er kann genauso herangezogen werden, um die Besonderheit unseres immerfeuchten Klimas bewußt zu machen.

Heiliges Wasser

Man hatte einst Häuptlinge eines Beduinen-Stammes aus der französischen Sahara nach Frankreich eingeladen. Bei den Besichtigungen hatte sie ihr Führer zu einem Wasserfall gebracht, der wie eine geflochtene Säule herabfiel und dumpf rauschte. Er hatte sie aufgefordert zu kosten und es war süßes Wasser gewesen... Der Führer sagte: „Gehen wir weiter!". Sie aber rührten sich nicht von der Stelle und baten nur: „Noch einen Augenblick!"... „Weiter ist hier nichts zu sehen. Kommt!" „Wir müssen warten!" „Worauf denn?" „Bis es aufhört!" Sie wollten die Stunde erwarten, in der Gott seine Verschwendung leid tat. Denn Gott ist geizig, er bereut schnell. „Aber dieses Wasser läuft seit tausend Jahren!" Während des Abends, den ich bei ihnen verbrachte, fiel kein Wort über den Wasserstrahl. Es gibt Wunder, von denen man besser schweigt (*Antoine de Saint-Exupéry*).

Der Ansatz „Betrachtung des Heimatraumes aus der Perspektive von Einheimischen und Fremden" kann in gewissem Sinne erweitert werden auf einheimische und exotische Pflanzen und Tiere. Viele Kinder besitzen ein Aquarium, Terrarium oder Herbarium oder kennen zumindest exotische Pflanzen und Tiere und deren z. T. hohe Pflegeansprüche. Wie die exotischen Pflanzen und Tiere den Heimatraum der Schüler „sehen", wie übel sie speziell auf sein, für sie ungünstiges Klima reagieren, kennen manche Schüler aus leidvoller Erfahrung, wenn z. B. die Aquariumheizung ausgefallen war, Pflanzen zuviel oder zu wenig Wasser erhielten oder Kakteen vor dem ersten Frost nicht ins Haus gebracht wurden. Andererseits können die Schüler zahlreiche Pflanzen und Tiere nennen, die in ihrer Umgebung ohne menschliche Hilfe leben.

Aus der Gegenüberstellung einheimischer und exotischer Pflanzen bzw. Tiere und ihrer Ansprüche (speziell an Wärme und Feuchtigkeit) können im Unterrichtsgespräch wichtige Klimamerkmale des Heimatraumes der Schüler anwendungsorientiert erarbeitet werden. Dazu sollten die von Schülern genannten Pflanzen und Tiere zunächst unterteilt werden in eine erste Gruppe, die bei uns ohne Hilfe des Menschen im Freien überdauert, und eine zweite Gruppe, die hier nur mit Hilfe des Menschen überlebt. Anschließend sollten die klimatischen Ansprüche von Vertretern jeder Gruppe vorgestellt werden. Für die erste Gruppe genügt dazu meist ein Klimadiagramm des Heimatortes, für die zweite Gruppe sind Pflegeanleitungen (darin auch Angaben über Temperatur, Feuchte u. a.) heranzuziehen. Besonders interessant sind Pflanzen, die bei uns soeben noch im Freien überdauern können. Zu ihnen gehören Stechpalme (Ilex aquifolium) und Kirschlorbeer (Prunus laurocerasus). Sie frieren in strengen Wintern immer wieder zurück und lassen dadurch erkennen, daß sie hier an der Grenze ihres natürlichen Verbreitungsgebietes wachsen (vgl. 3.3.1.3, Abschnitt a)).

Die *Jahreszeiten*, eines der Hauptmerkmale der kühlgemäßigten Zonen, finden in der unteren Sekundarstufe I besonders dann Interesse, wenn sie in ihrer Bedeutung für Menschen und Tiere angesprochen werden. Zugvögel wechseln in den Übergangsjahreszeiten zwischen Brut- und Ruheplätzen (vgl. Tab. 3.3.1.3/1). Besonderes Interesse findet der Winterschlaf von Warmblütern (Fledermäuse, Igel, Murmeltiere, vgl. 4.3.1.2.2. Text „Wie Alpentiere durch den Winter kommen"). Auch der Mensch der gemäßigten Breiten paßt sich in seiner Kleidung, seinen Aktivitäten und seinen Ernährungsgewohnheiten dem Jahreszeitenwechsel an. Entsprechend den phänologischen Jahreszeiten (vgl. Band 10/II, Abb. 3.3.1.2) fallen in der Landwirtschaft zu jährlich wiederkehrenden Terminen bestimmte Arbeiten (z. B. Feldbestellung, Ernte, Wiesenschnitt, Weideauftrieb, Aufstallung, Pflanzenschutzmaßnahmen, vgl. hierzu *van Eimern/Häckel* 1979) an. Ein Beispiel gibt Abbildung 4.3.1.1/1.

Selbst die urbanisierte, naturentfremdete Bevölkerung nimmt – oft ohne es zu merken – am Jahreszeitenrhythmus teil. So wirken sich etwa die jahreszeitlich schwankenden Preise für einheimisches Obst und Gemüse auf das Käuferverhalten aus. Daß Modeschöpfer mit ihren Frühjahrs-, Sommer-, Herbst- und Winterkollektionen – auch bezüglich der Kinderbekleidung – hier ihre besten Märkte finden, liegt gewiß an dem hier geballten Kaufkraftpotential, aber auch an der Erfordernis einer jahreszeitgemäßen Bekleidung.

4.3.1.2 Unterrichtsvorschläge

Sofern die Zone der kühlgemäßigten Waldländer in der Sekundarstufe I behandelt wird, geschieht dies vor allem unter landwirtschaftlicher Perspektive. So stellt z. B. *Heimat und Welt* (1987) die Gemäßigten Zonen als „Bedeutende Anbaugebiete der Erde" vor. *Meier-Hilbert* (1988) behandelt die gemäßigten Breiten als „Haupternährungsgebiete der Erde", *Meier-Hilbert/Thieß* (1987) skizzieren eine Unterrichtseinheit „Kühlgemäßigte Zone – Anbauzone wichtiger Kulturpflanzen". Für die inhaltliche sowie

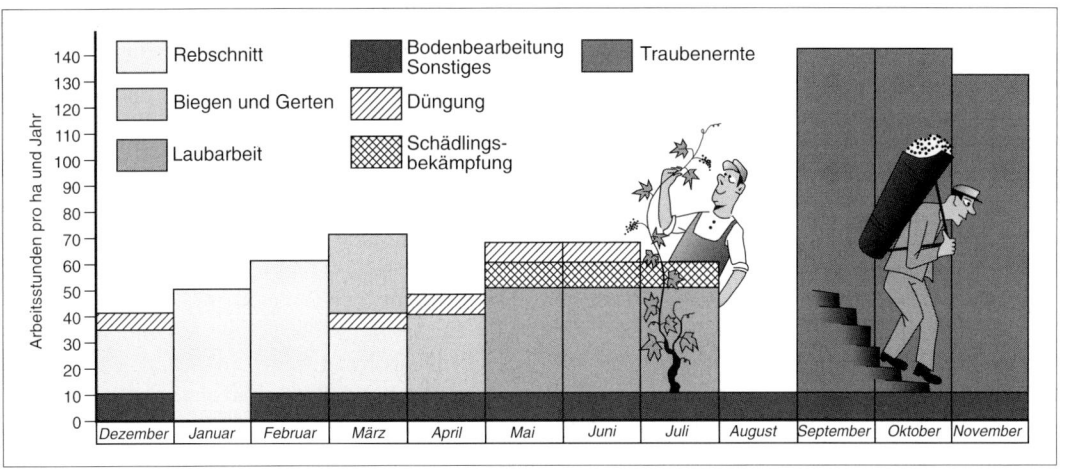

Abb. 4.3.1.1/1
Jahreszeiten in der Landwirtschaft
„Die Arbeiten des Winzers im Jahresablauf"
aus: Blickpunkt Welt 1, S. 71 (veröffentlicht mit freundlicher Genehmigung des Verlages Ferdinand Hirt und des Verlages Ferdinand Schöningh)

methodisch-didaktische Gestaltung solcher Einheiten bieten zahlreiche Schülerbücher (vor allem der Klassen 5/6) und die zugehörigen Lehrerbände brauchbare Anregungen und stets aktualisiertes Datenmaterial. Daher erübrigt sich hier eine detaillierte Darstellung.

Von den Unterrichtsbeispielen der Bände 10/I und 10/II dieses Handbuches bezieht sich ein großer Teil auf physische Geofaktoren, wie sie für die Zone der kühlgemäßigten Waldländer charakteristisch sind. In der folgenden Übersicht sind solche „zonalen" Inhalte und Themen zusammengestellt. Sie bieten vor allem Anregungen, die kühlgemäßigten Waldländer in originaler Begegnung „vor Ort" zu untersuchen.

Unterrichtsbeispiele aus den kühlgemäßigten Waldländern in den Bänden 10/I und 10/II dieses Handbuches

– Jahreszeiten, Tageslängen, Sonnenbögen über dem Horizont (Band 10/I, Abb. 3.1.2/1)
– Bodenerosion durch Wasser und Wind (Band 10/I, 3.2.2.1)
– Wir beobachten den Schaden nach einer Überschwemmung/nach einem Wolkenbruch, Unterrichtsprojekt (Band 10/I, 3.2.2.3)
– Wetter und Klima im Nahraum der Schule (Band 10/I, 3.3.1.1)
– Beziehungen zwischen Mensch und Klima/Wetter (Band 10/I, Tab. 3.3.2.1/1)
– Überlastete Luft (Smog) (Band 10/I, 3.3.2.2)
– Verdunstungsmessung, Gewässeruntersuchungen, Ermittlung der Temperaturschichtung von Seen (jeweils im Nahraum der Schule) (Band 10/II, 3.1.1)
– Bodenkundliche Geländearbeit mit Schülern (Band 10/II, 3.2.1.1)
– Experimente zur Bodenkunde (Band 10/II, 3.2.1.2)
– Zusammenhänge zwischen Bodenbeschaffenheit und Hektarerträgen im Nahraum der Schule (Band 10/II, 3.2.2.1)
– Bodeneigenschaften und ihre Veränderung durch Umwelteinflüsse (Band 10/II, 3.2.2.2)
– Biogeographische Geländearbeit mit Schülern (Band 10/II, 3.3.1)
– Phänologische Beobachtungen (Band 10/II, 3.3.1, Abb. 3.3.1/2)
– Wirtschaftsbedingte Umgestaltung der Landschaft und ihre Auswirkungen auf die Lebensgemeinschaften von Pflanzen und Tieren (Band 10/II, 3.3.1, Abb. 3.3.1/3, 3.3.1/4 und 3.3.1/5)
– Biogeographische Gewässeruntersuchung (Band 10/II, 3.3.2.1)
– Vögel als Bioindikatoren für naturnahe und naturferne Wiesenpflege, Biotop- und Artenschutz (Band 10/II, 3.3.2.2)

Für die Sekundarstufe II bietet sich an, die Entwicklung unserer Kulturlandschaft vom Waldland bis zum High-Tech-Agrarökosystem zu untersuchen. Hierzu kann direkt mit den Medien von Abschnitt 3.3.1.5 sowie mit Abschnitt 4.3.1.2.1 gearbeitet werden. Als Ergänzung können z. B. die Materialien von *M. Geiger* (1988) sowie *W. Klohn* u. a. (1988) herangezogen werden.

In einem ausführlichen Lernprogramm für die Sekundarstufe II und für Geographiestudenten in den Anfangssemestern stellt *H.-W. Windhorst* (1972) die Waldländer der gemäßigten Breiten (=kühl- und kaltgemäßigte Waldländer) hinsichtlich ihrer natürlichen Ausstattung und wirtschaftlichen Inwertsetzung in insgesamt 62 Lerneinheiten vor. Jede Lerneinheit ist unterteilt in einen Informationsteil, Frageteil und Antwortteil. Die Antwort zu einer gestellten Kontrollfrage findet sich jeweils auf der folgenden Seite. Die Bearbeitungsdauer des gesamten Buchprogramms beträgt ca. 90 Minuten. Wenn auch der Unterrichtseinsatz von Buchprogrammen heute kaum noch stattfindet, so bieten die von *Windhorst* zusammengestellten Materialien (mit Ausnahme der veralteten Wirtschaftsdaten) dennoch eine gute Basis für den Erwerb von Grundlagenwissen.

4.3.1.2.1 Der Ebersberger Forst – Mischwald mit Augenmaß
(Unterrichtsvorschlag bzw. -material für die obere Sekundarstufe I)

Fichtenmonokulturen, wie sie vor allem im letzten Jahrhundert, aber auch noch bis zur Mitte dieses Jahrhunderts in Deutschland in großem Ausmaß angelegt wurden, werden heute oft als forstliche Kunstfehler angesehen. Wälder, die großflächig aus reinen Nadelholzbeständen gleicher Altersklassen zusammengesetzt sind, sind nämlich wesentlich stärker als Mischwälder durch Sturm, Schnee, Insekten, Pilze und Feuer gefährdet. Dies haben katastrophale Waldschäden noch in der jüngsten Zeit bewiesen. Andererseits bringt ein von Kalamitäten frei bleibender Anbau reiner Nadelholzbestände meist erhebliche wirtschaftliche Vorteile (Holzpreise, Arbeitsaufwand) gegenüber der Kultur von Mischwäldern. In Abwägung von ökonomischem Optimum und ökologischer Stabilität nehmen viele Waldbesitzer schon seit einigen Jahrzehnten höhere Kosten für die Begründung von Wäldern in Kauf, an deren Aufbau außer den – immer noch dominierenden – Nadelhölzern auch Laubhölzer beteiligt sind. Diese Mehrkosten sind eine Art von Versicherungsprämie, mit der ein höheres Maß an Widerstandskraft des Waldes gegen o. g. Schäden erkauft wird. Der Ebersberger Forst, ein beliebtes Naherholungsgebiet der Münchener Bevölkerung, gilt als gelungenes Beispiel für einen derartigen „Mischwald mit Augenmaß" (*Burschel* 1979.1). Die Geschichte des Ebersberger Forstes (vgl. *Burschel* 1979.2) belegt, wie man nach langen forstwirtschaftlichen Irrwegen unter großem Aufwand zu einem Waldbau fand, dessen Artenspektrum dem ursprünglichen Naturwald unserer Geozone nahekommt. Sie dokumentiert außerdem, daß der Wald schon seit langem kein Naturwald mehr ist, sondern daß sein Aussehen sich in Abhängigkeit von wechselnden wirtschaftlichen Interessen mehrfach änderte.

Die Stationen der Bildfolge von Abb. 4.3.1.2/1 (vgl. auch Abb. 3.3.1.5/1 und /3) sind im einzelnen:

1. Naturwald, dichte Mischwälder, vor allem Eichen, Buchen und Fichten bedecken das ganze Gebiet.
2. Durch Aushauen der Fichten, die man als Bauholz für Rodungssiedlungen in der Umgebung des Forstes brauchte, wird der Forst zum fast reinen Laubwald. Große Schweine- und Rinderherden werden in den Wald getrieben, die von Eicheln, Bucheckern und Laub leben.
3. Als die Stallfütterung aufkommt, beginnt man, die Laub- und Humusauflage des Waldbodens abzukratzen und im Stall als Einstreu zu verwenden. Eine schnelle Verarmung und Verdichtung des Bodens ist die Folge, so daß sich die Jungpflanzen von (anspruchsvollen) Eichen und Buchen nicht mehr entwickeln können. Aus den Samen der wenigen übriggebliebenen Altfichten wachsen wieder junge Fichten heran, die nur geringe Ansprüche an den Boden stellen.
4. Binnen eines Jahrhunderts wandelt sich der Ebersberger Forst in einen fast reinen Fichtenwald um. Ab 1800 werden Fichten und Kiefern planmäßig gesät und gepflanzt.

1 Um 500 vor Chr. bis etwa 500 nach Chr.

2 Von 1100 bis 1700

3 Von 1700 bis 1800

4 Ab 1800

5 Um 1889–1895

6 Heute

Abb. 4.3.1.2/1
Geschichte des Ebersberger Forstes bei München
aus: *Nolzen* u. a. 1981, Blickpunkt Welt 3, S. 88, 89 (veröffentlicht mit freundlicher Genehmigung des Verlages Ferdinand Hirt und Ferdinand Schöningh)

5. Zwischen 1889 und 1895 vernichten Nonnenfalter (Raupenfraß) und Stürme fast den halben Wald. In großen Mengen für die Jagd gehaltene Rothirsche verbeißen außerdem die Jungfichten.
6. Seit 1945 werden unter dem schützenden Kronendach der Fichten die als Jungpflanzen sehr frostempfindlichen Buchen und Eichen gepflanzt. Um ihnen Licht zu verschaffen, wurde der Fichtenbestand allmählich aufgelockert. Unter großen Mühen hat man erreicht, daß heute die bis fünfzigjährigen Bestände wieder etwa 25% Laubholz enthalten.

Zur unterrichtlichen Arbeit mit Abbildung 4.3.1.2/1:
Zur Bildbetrachtung wird – falls erforderlich – der Hinweis gegeben, daß alle sechs Bilder denselben Wald bzw. Forst während der jeweils genannten Zeiten zeigen. Erst wenn die Schüler bei ihrer Bildbetrachtung und -beschreibung Vermutungen äußern oder Fragen stellen, sollten noch unbekannte (historische) Hintergründe der einzelnen Veränderungen des Waldbildes mittels vorstehender Bildkommentare (1–6) mitgeteilt werden. Im Anschluß an die Erklärung von Einzelheiten können die Schüler aufgefordert werden, eine Überschrift für die Bildfolge zu finden, wobei sie besonders den Anfang (Bild 1) und das derzeitige Ende (Bild 6) der Waldentwicklung beachten sollen. Wichtiger als die adaequate Formulierung ist die im Unterrichtsgespräch gemeinsam gewonnene Einsicht, daß sich offenbar diejenige Form des Wirtschaftswaldes (Bild 6) heute am besten bewährt, die dem früheren, an die Naturbedingungen optimal angepaßten Urwald (Bild 1) in der Zusammensetzung der Baumarten am meisten ähnelt. Sie stellt demnach auch die beste Anpassung an die Naturbedingungen unserer Geozone dar, ist der „geozonale Forst Mitteleuropas".
Im Unterschied zu Bild 1 fehlen in Bild 6 die für einen Urwald typischen mehrhundertjährigen Bäume. Dies kann einerseits durch das junge Alter der Aufforstungen im Ebersberger Forst erklärt werden, andererseits durch die Tatsache, daß Bäume in Wirtschaftswäldern meistens schon im Alter zwischen 100 und 140 Jahren gefällt werden. Bei älteren Bäumen verlangsamt sich der Holzzuwachs, so daß ihr Verbleiben im Forst unwirtschaftlich wäre.

Überschriftsvorschläge für die Bildfolge:
„Mischwald – Laubwald – Nadelwald – Mischwald: zurück zu den Anfängen"
oder bei Betonung des ökologischen Aspektes
„Der lange Weg zurück zum Gleichgewicht" (vgl. *Nolzen* 1981, 1982)

Die Bildfolge sollte nach Möglichkeit zum Anlaß genommen werden, Zusammensetzung, Zustand und Bewirtschaftung der Wälder am Schulort näher zu untersuchen. In der Regel sind die örtlichen Forstämter bereit, eine Wald-Exkursion für Schüler zu organisieren und die ökologischen und ökonomischen Besonderheiten ihrer Waldungen (Waldstandorte, Baumartenwahl, Umweltprobleme, Bewirtschaftung etc.) vorzustellen. Zur allgemeinen Vorbereitung sei auf die ausgezeichnete Zusammenstellung über Wald und Waldwirtschaft in Mitteleuropa von *Stern* u. a. (1979) verwiesen, die zumindest in Teilen auch als Quellenmaterial für die Sekundarstufe II dienen kann.
Daß der Laubmischwald die eigentliche Vegetation unserer Geozone ist und Mitteleuropa ohne das Eingreifen des Menschen wieder zum Waldland würde, kann in der Umgebung fast jeden Schulortes durch einfache Beobachtungen erkannt werden (vgl. die Hinweise zur biogeographischen Feldarbeit in Band 10/II, 3.3): auf Wiesen, Weiden, Rasen, Gartenbeeten und anderen Bodenoberflächen, die nicht mehr genutzt oder gepflegt werden, wachsen schon nach wenigen Jahren aus angeflogenen Baumsamen Gehölze heran. Ohne Eingreifen des Menschen würde sich innerhalb von 10–20 Jahren ein Wald bilden, in dem zunächst die Pionierbaumarten (Birke, Aspe, Vogelbeere, Kiefer), im Verlaufe von 50–100 Jahren dann die Schattenbaumarten (Buche, Tanne, Fichte, aber auch Eiche) dominieren (vgl. Band 10/II Abb. 2.3.3.1/5). Stufen dieser Sukzession können heute in größerer Verbreitung in Hanglagen der Mittelgebirge auf landwirtschaftlichen Grenzertragsböden beobachtet werden. Wo Landwirte ihre ertragsarmen Flächen nicht mehr bewirtschaften und eine anderweitige planmäßige Nutzung längere Zeit unterbleibt, stellt sich innerhalb von weniger als 20 Jahren Laubmischwald ein.

4.3.1.2.2 Höhenstufen in den Alpen
(Unterrichtsstunde für Klassen 5–7)

An einem Raumbeispiel aus den Alpen begegnet der Schüler im Erdkundeunterricht – meist zum erstenmal – dem Naturgesetz der Höhenstufen. Mit Bezug auf dieses Beispiel wird im weiteren Unterricht auch die vertikale Gliederung in anderen Geozonen, z. B. diejenige tropischer Hochgebirge, untersucht (vgl. Band 12/I Abschnitte 4.0.1 und 2.4.2).
Erscheinungsbild und klimatische Standortfaktoren der Vegetation zwischen Tal und Berg in den Alpen weisen Ähnlichkeiten mit dem gesetzmäßigen Wandel des Pflanzenkleides zwischen Subtropen und Polarkreis auf. Allerdings muß man von Süditalien bis Spitzbergen reisen, um alle Landschaftsgürtel bzw. Vegetationszonen zu queren, die man in ähnlicher Weise in den Alpen zwischen 200 m und etwa 3500 m Meereshöhe eng benachbart – gewissermaßen übereinander – vorfindet. Demnach werden hier die Grundlagen gelegt für den im weiteren Unterricht erfolgenden, didaktisch fruchtbaren Vergleich zwischen der vertikalen Gliederung der Alpen (Höhenstufen) und der horizontalen Nord-Süd-Gliederung der Erde (Geozonen) (vgl. Band 12/I, Abb. 4.0.1/4 und Abschnitt 2.4.2).
Der Vergleich verschiedener Höhenstufen ermöglicht auch eine wichtige ökologische Einsicht: die Dauer der Vegetationsperiode und damit auch die Regenerationsfähigkeit der Vegetation (und der betreffenden Ökosysteme) ist auf verschiedenen Höhenstufen unterschiedlich (vor allem von der Temperatur abhängig). Dieser Gesichtspunkt ist auch für den späteren Vergleich verschiedener Geozonen (Temperaturzonen) sehr wesentlich.
Somit liefert das Thema wichtige Grundlagen für das Verständnis der naturgesetzlichen Höhenstufen bzw. Klima- und Geozonen. Allerdings sollte beachtet werden, daß die Vegetation der Höhenstufen in den Alpen durch die menschliche Wirtschaftsweise z. T. stark verändert und somit nur noch teilweise naturgesetzlich erklärbar ist.
Wichtigste klimatische Ursache für die Ausbildung der Höhenstufen ist die Lufttemperatur, die im Mittel auf je 100 m Höhenanstieg um etwa 0,5 bis 0,6 K (°C) abnimmt. So liegt z. B. zwischen den mittleren Jahrestemperaturen von Zürich (569 m über NN/mittl. Jahrestemperatur 8,5 °C) und dem ca. 60 km entfernten Säntisgipfel (2501 m/–1,9 °C) eine Differenz von 10,4 °C.
Mit zunehmender Meereshöhe wird die Vegetationszeit (Tagesmitteltemperatur >5 °C) immer kürzer (um 6–7 Tage pro 100 m/Schweizer Alpen: 1000 m über NN 125–210 Tage, 2000 m über NN 25–120 Tage, vgl. Abb. 4.3.1.2.2/1). Daher werden in den Gebirgen die wärmeliebenden Laubhölzer der Tieflagen (Eiche, Buche [Nadelbaum Tanne]) bergwärts allmählich von Nadelhölzern (Fichte, Lärche [Laubbaum Bergahorn], Legföhre, Zirbe) abgelöst. Von den Laubhölzern kann nur die Grünerle (Alnus viridis) noch in der Latschenzone gedeihen (vgl. *Bauer, F.* 1972, *Reisigl/Keller* 1989).
Die auffallendste Vegetationsgrenze ist die Obergrenze des Waldes, die *Waldgrenze*. Sie ist in der Regel identisch mit der Nadelwaldgrenze und liegt am Nordalpenrand bei etwa 1800 m, im Alpeninneren bei ca. 2200 m und am Südalpenrand bei etwa 2000 m. Die natürliche Waldgrenze befindet sich ungefähr dort, wo an mindestens 100 Tagen im Jahr die Mitteltemperatur 5 °C beträgt. Infolge der Waldrodung für die Gewinnung von Weideflächen wurde die Waldgrenze oft abgesenkt und entspricht dann nicht mehr der natürlichen Waldgrenze. Menschliches Wirtschaften (z. B. der Anbau von Nutzpflanzen, die Förderung oder Verdrängung bestimmter Baumarten, die Anlage von – kaum wieder begrünbaren – Skipisten in der Mattenzone) hat generell viele natürliche Höhengrenzen verändert. Außer der Waldgrenze steigen auch die anderen Höhengrenzen (*Schneegrenze, Laubwaldgrenze, Rebengrenze* u. a.) alpeneinwärts an. Dieser Effekt ist u. a. darauf zurückzuführen, daß große zusammenhängende Teile der Zentralalpen Höhen erreichen, in denen die Atmosphäre (vor allem wegen Wasserdampfarmut) die Sonnenstrahlung nur noch wenig absorbieren kann (sog. Massenerhebungs-Effekt). Zudem bewirkt der Niederschlagsstau an den ozeanisch geprägten Alpenrändern, daß dort meist dichtere Bewölkung herrscht als über den im Alpeninneren gelegenen Massenerhebungen (kontinentales Regenschatten-

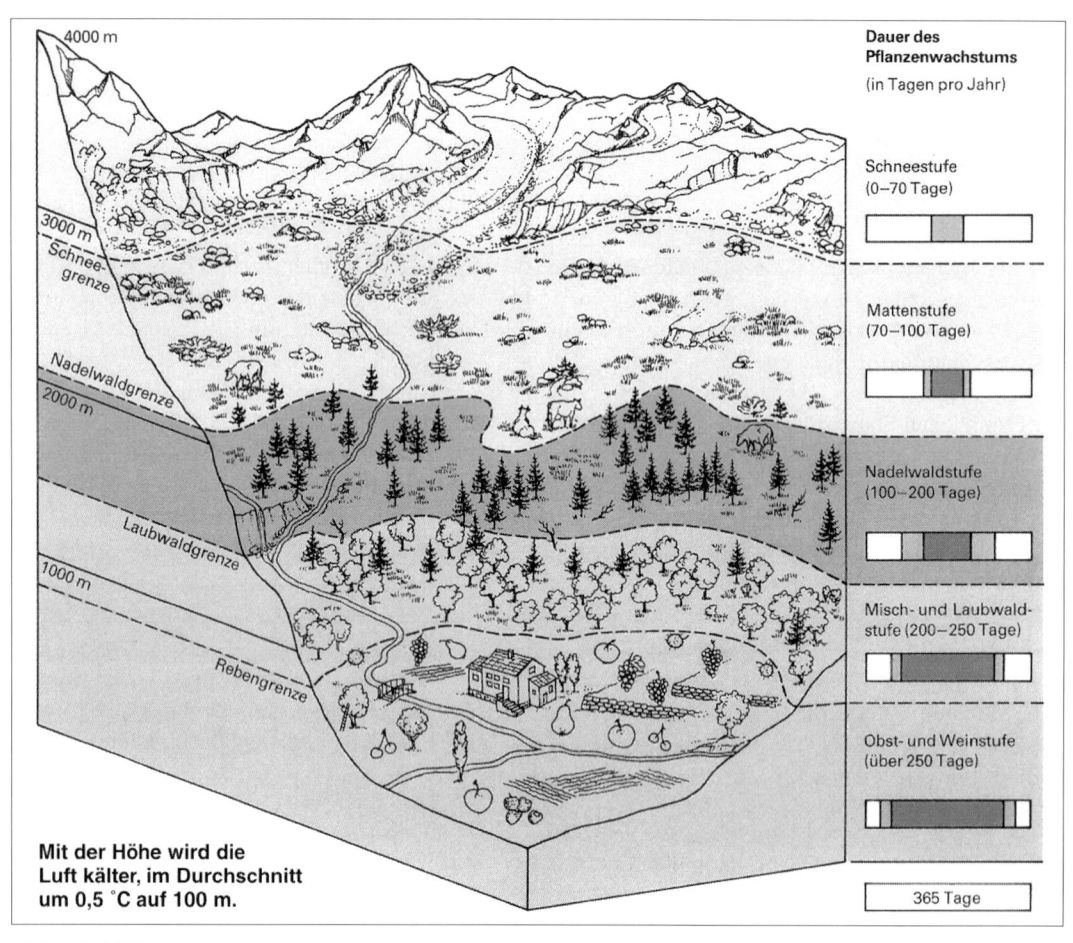

Abb. 4.3.1.2/2
Höhenstufen und Dauer des Pflanzenwachstums in den Alpen
nach: *Nolzen* in: TERRA Geographie 5, Ausgabe für Sachsen, 1993, S. 130/131

Klima). Aus diesen Gründen weisen Gebiete in den zentralen Alpen meist größere Einstrahlungsdauer und -intensität und somit größere Erwärmung auf als gleich hoch gelegene Gebiete im Alpenrandbereich.

Die Höhenstufen der Alpen lassen nicht nur bezüglich ihrer Höhenlage über NN, sondern auch bezüglich ihrer vertikalen Ausdehnung und der artenmäßigen Zusammensetzung ihrer Vegetation regionale Unterschiede erkennen. So erstreckt sich z. B. die Nadelwaldstufe in den kontinentaleren Alpentälern des Wallis und Graubündens (mit der Lärche als Hauptbaum) über eine Höhe von fast 1000 m. Am Säntis auf der feuchten Alpennordseite ist sie dagegen (mit der Fichte als Hauptbaum) nur noch 350 m mächtig. Für die kolline Stufe ist z. B. charakteristisch, daß die auf der Alpensüdseite häufigen Selven (vom Menschen stark geförderte Edelkastanienwälder) auf der Alpennordseite fehlen. Der/die Unterrichtende muß somit darauf vorbereitet sein, daß Schüler vom eigenen Alpenbesuch (oder aus Medien) eine Vorstellung der Höhenstufen mitbringen, die von dem hier vorgestellten Raumbeispiel in Details – wenn auch nicht prinzipiell – abweicht (vgl. auch Band 10/II, Abb. 2.3.3.3/8).

Das hier vorgestellte Raumbeispiel „Veltlin/Valtellina – Puschlav/Poschiavo – Bernina" ist für die Abfolge der Höhenstufen im Übergangsbereich von den Zentral- zu den Südalpen typisch. Es wurde

Tab. 4.3.1.2.2/1: Bezeichnungen der Höhenstufen

wissenschaftlich	schülergemäß
nivale Stufe	Schneestufe
subnivale Stufe	
alpine Stufe	Mattenstufe
subalpine Stufe	
montane Stufe	Nadelwaldstufe
submontane Stufe	Misch- und Laubwaldstufe
kolline Stufe	
planare Stufe	Obst- und Weinstufe

für den Unterricht ausgewählt, weil hier die Horizontaldistanz zwischen der planaren (Veltlin, fast mediterrane Verhältnisse) und der nivalen Stufe (Bernina) mit nur 25 km so kurz wie selten in den Alpen ist; die gesamte Abfolge der Höhenstufen kann dort ohne Eile an einem Tage erlebt werden. Die für Schüler ungeeignete wissenschaftliche Differenzierung der Höhenstufen wurde durch Zusammenfassung einzelner Stufen vereinfacht. Außerdem wurden anstelle der Fachbezeichnungen schülergemäße Namen für die Höhenstufen eingeführt. Dabei gelten in etwa die in Tabelle 4.3.1.2.2/1 dargestellten Entsprechungen.

Als *Einstieg in die Unterrichtsstunde* kann die Beschreibung der Bergtour von Stephanie, Georg und deren Eltern (Lesetext „Von den Weinbergen zu den Gletschern", s. u.) dienen. Der weitere Stunden-

---

Von den Weinbergen zu den Gletschern

In Tirano starten Stephanie, Georg und ihre Eltern zu einer langen Bergtour. Der Ort liegt im Veltlin auf 429 m Höhe inmitten von Weinbergen. Hier ist es so warm, daß sogar Feigen und Palmen wachsen. Mit einer der steilsten Eisenbahnen der Welt ohne Zahnrad, dem Bernina-Expreß, geht es frühmorgens zum Berninapaß hinauf. Zunächst fährt der Zug an Obst- und Gemüsegärten und an vielen Edelkastanien vorbei. „Hier würde ich gern in ein paar Wochen Maronen sammeln", sagt Georg. Der Wald besteht anfangs fast nur aus Laubbäumen. Je höher der Zug klettert, desto mehr mischen sich Nadelbäume darunter. Schließlich kommen im Wald fast nur noch Lärchen, Fichten und Zirbelkiefern vor. Auf flachen Hängen ist der Nadelwald gerodet. Dort liegen heute Viehweiden. Weiter oben lichtet sich der Wald und macht grünen Matten Platz. Hier weiden Rinder und Schafe für wenige Sommermonate. Im Gras stehen nur noch einzelne, höchstens kniehohe Sträucher und Krummholzkiefern. Man sieht ihnen an, wie schwer hier das Überleben fällt. Alle Äste und Zweige, die im Winter aus der schützenden Schneedecke herausragten, sind abgestorben. Die Murmeltiere können hier oben nur überleben, weil sie sieben Monate lang tief im Boden Winterschlaf halten. Am Berninapaß in 2253 m Höhe steigt die Familie aus. Hier beginnt ihre Bergwanderung zur Diavolezza (2973 m), einem der schönsten Aussichtspunkte in den Alpen. Bald schon führt der Pfad über Gesteinsschutt und Fels, auf denen kaum noch etwas gedeiht. Kurz vor dem Ziel ist noch ein Schneefeld zu überqueren, das sogar im Sommer nicht wegtaut. „In Tirano hätte ich fast vergessen, welche Temperaturen mich hier oben erwarten", meint Stephanie, während sie Wollmütze, Pullover und Handschuhe aus dem Rucksack holt. Ein letzter Anstieg, dann erscheinen zum Greifen nahe die Berge und Gletscher der Bernina-Gruppe. Über 4000 m ragen die höchsten Gipfel empor. Dort oben herrscht das ganze Jahr über tiefster Winter.
Die Höhenstufen, wie Stephanie und Georg sie erlebt haben, findest du ähnlich überall in den Alpen.

Quelle: *Nolzen* – In: *TERRA Geographie 5*, Ausgabe für Sachsen 5, 1993, verändert

verlauf ergibt sich aus der Bearbeitung der Aufgaben 1–5 in der vorgegebenen Reihenfolge. Zur Verdeutlichung der extremen Lebensbedingungen in der Mattenzone und zur Schülermotivation kann als Exkurs die Schilderung „*Futter suchen, Vorräte anlegen oder ‚Sieben Monate Schlaf mit Heizöl im Bauch' – Wie Alpentiere durch den Winter kommen*" (s. u.) in den Unterricht einbezogen werden.

> *Aufgaben:*
> 1. Suche im Atlas das Gebiet, in dem die Bergtour stattfand.
> 2. Stephanie und Georg sind durch fünf Höhenstufen gekommen und haben dabei vier Grenzen überquert. Suche die Bezeichnungen der Stufen und Grenzen in der Zeichnung (Abb. 4.3.1.2/2) und erkläre sie.
> 3. Bestimme die Höhenstufen auf den Photos A bis D von Abb. 4.3.1.2/3. Achtung! Manche Photos zeigen mehr als eine Höhenstufe.
> 4. Welche Nutzungsmöglichkeiten bieten die einzelnen Höhenstufen?
> 5. Schreibe auf, wie sich die Pflanzen auf die Höhenstufen verteilen. Welche Erklärungen findest du dazu in Abb. 4.3.1.2/2?

Zur abschließenden *Lernkontrolle und Ergebnissicherung* läßt sich Abb. 4.3.1.2/2 (durch Abdecken der gesamten Spalte „Dauer des Pflanzenwachstums" und der links stehenden Bezeichnungen „Schnee-, Nadelwald-, Laubwald-, Rebengrenze"; Höhenangaben bleiben jedoch sichtbar) leicht in ein *Arbeitsblatt* umwandeln. Am rechten Rand des Arbeitsblattes können dann die Schüler von oben nach unten, jeweils in der richtigen Position die folgenden Bezeichnungen eintragen: Schneestufe, Schneegrenze, Mattenstufe, Nadelwaldgrenze, Nadelwaldstufe, Laubwaldgrenze, Misch- und Laubwaldstufe, Rebengrenze, Obst- und Weinstufe.

Der Unterricht kann erheblich an Lebensnähe und Lebendigkeit gewinnen, wenn – in dieser Klassenstufe oft schon vorhandene – Schülererfahrungen von Berg- oder Gipfelwanderungen bzw. -fahrten in den Alpen oder höheren Mittelgebirgen ausgewertet werden. Die Auswertung mitgebrachter Photos (Diapositive, Papierbilder) im Sinne von Aufgabe 3 ermöglicht erfahrungsgemäß eine besonders intensive Auseinandersetzung mit den Höhenstufen.

Zu den Aufgaben:

1. Auch wenn der Ort Tirano (an der Mündung des Puschlavtales in das Veltlin) und die Eisenbahnverbindung Tirano-Berninapaß im verfügbaren Schulatlas nicht aufgeführt wurden, kann die Lokalisierung des Tourengebietes von Stephanie und Georg mit den Ortsangaben im Text (Veltlin, Berninapaß) und der Kartenskizze des Bernina-Expreß (Abb. 4.3.1.2/3) auf einer Alpenkarte erfolgen. Der Bernina-Expreß muß (als eine der steilsten Eisenbahnen ohne Zahnrad) ein Tal benutzen. Zwischen dem Veltlin (Tal der Adda) und dem Berninapaß kommt dafür nur eine Talverbindung in Frage. Sie verläuft in Richtung SSE-NNW und ist an einem Stausee (Lago di Poschiavo) erkennbar.
2. Die Bezeichnungen der Höhenstufen weisen auf wichtigen Anbau (Obst- und Weinstufe), die jeweils vorherrschenden Waldarten (Laub-, Misch-, Nadelwald) und die ständige oder fast ganzjährige Schneebedeckung (Schneestufe) hin. Reben-, Laubwald- und Nadelwaldgrenze sind Obergrenzen, markieren also das höchste Vorkommen der Reben bzw. Waldarten. Demgegenüber ist die Schneegrenze eine Untergrenze. Sie verläuft entlang der tiefsten Vorkommen von „ewigem Schnee". Oberhalb der Schneegrenze liegt m.a.W. auch im Hochsommer fast überall (ausgenommen steile Südhänge u.ä.) ständig Schnee. Es empfiehlt sich, von den Schülern für die Verteilung der Höhenstufen und -grenzen ein Lernschema wie in Abb. 4.3.1.2/4 aufschreiben zu lassen.
3. Siehe Abb. 4.3.1.2/3, Legende.
4. Die Nutzungsmöglichkeiten der einzelnen Höhenstufen können mittels Text „Von den Weinbergen zu den Gletschern" und Photos (Abb. 4.3.1.2/3 A–D) und Zeichnung (Abb. 4.3.1.2/2) – unter

Abb. 4.3.1.2/3
Höhenstufen der Alpen, vom Bernina-Expreß aus gesehen
Original in: TERRA Geographie 5, Ausgabe für Sachsen, 1993, S. 130/131
A: Laubwaldstufe, Nadelwaldstufe, unterbrochen von Weiden und Wiesen (Rodung), links oben Mattenstufe;
B: Weingarten in Tirano, Veltlin; C: Mattenstufe mit weidenden Kühen und Nadelwaldstufe (Val Lagune am Berninapaß, Puschlav); D: Eiswelt des Piz Bernina von Diavolezza aus. Links der Verlauf der Bahnlinie des Bernina-Expreß.

Abb. 4.3.1.2/4
Tafelbildvorschlag „Höhenstufen und Höhengrenzen in den Alpen"

Höhenstufen und Höhengrenzen in den Alpen

		ungefähre Höhe über dem Meeresspiegel*
	Schneestufe	
Schneegrenze	— — — — — — — — — — — — — —	2900 m
	Mattenstufe	
Nadelwaldgrenze	— — — — — — — — — — — — — —	2100 m
	Nadelwaldstufe	
Laubwaldgrenze	— — — — — — — — — — — — — —	1600 m
	Misch- und Laubwaldstufe	
Rebengrenze	— — — — — — — — — — — — — —	800 m
	Obst- und Weinstufe	

*(Die hier genannten Höhen entsprechen etwa dem Übergangsbereich von den Zentralalpen zu den Südalpen; i. a. gelten für verschiedene Alpenteile unterschiedliche Werte. vgl. Text)

Umständen arbeitsteilig durch Schülergruppen – erarbeitet werden. Dabei sollte neben der hier schwerpunktmäßig angesprochenen Land- und Forstwirtschaft auch an die touristische Nutzung (Winter- und Sommerferien in den Alpen) gedacht werden. Es bietet sich eine tabellarische Zusammenfassung der Arbeitsergebnisse gemäß Abb. 4.3.1.2/5 an.

5. Die Verteilung der Pflanzen auf die Höhenstufen ergibt sich aus dem Text „Von den Weinbergen zu den Gletschern", den Photos (Abb. 4.3.1.2/3 A–D) und der Zeichnung (Abb. 4.3.1.2/2). Sie sollte unbedingt tabellarisch festgehalten werden, z.B. durch Hinzufügen einer Spalte „typische Pflanzen" rechts neben die Spalte „Nutzungsmöglichkeiten" des Tafelbildvorschlages von Abb. 4.3.1.2/5.

Die Ursachen der Pflanzenverbreitung können im Unterrichtsgespräch erörtert werden. Aus der Randspalte von Abb. 4.3.1.2/2 und dem in der Abbildung angegebenen Temperaturgradienten (0,5 °C pro 100 m) ergibt sich als *Tafelanschrieb:* „Mit der Höhe wird die Luft immer kälter und die Zeit des Pflanzenwachstums immer kürzer. Pflanzen, die viel Wärme lieben oder lange Zeit für ihr jährliches Wachstum (Zeit von der Blüte bis zur Fruchtreife) benötigen, kommen deshalb nur auf unteren Höhenstufen vor. Auf den oberen Stufen können nur Pflanzen existieren, die Kälte vertragen und für ihr jährliches Wachstum nur kurze Zeit brauchen."

Typische Pflanzen bzw. Pflanzengruppen sollten genauer besprochen werden, wobei auf Alltagsbeobachtungen bzw. auf Kenntnisse aus dem Biologieunterricht zurückgegriffen werden kann.

Gründe der Pflanzenverteilung auf die Höhenstufen
– Obst- und Weinstufe: Wein, Obst und Gemüse sind in der Regel sehr frostempfindlich.
– Misch- und Laubwaldstufe/Nadelwaldstufe: Die meisten Nadelbäume sind immergrün (Ausnahme: Lärche). Die grünen Nadeln können – als „Wachstumsfabrik" der Bäume – mit der Bildung neuer Pflanzenmasse beginnen, sobald es warm genug ist. Dagegen müssen die Laubbäume zuerst ihre grüne „Fabrik" (die Blätter) aufbauen, bevor ihr eigentliches Wachstum beginnen kann. Sie benötigen deshalb insgesamt eine längere Wachstumszeit.

Abb. 4.3.1.2/5
Tafelbildvorschlag „Höhenstufen in den Alpen und Nutzungsmöglichkeiten"

Höhenstufen in den Alpen und Nutzungsmöglichkeiten	
Höhenstufe	**Nutzungsmöglichkeiten**
Schneestufe	Wintersport, u.U. auch Skisport im Sommer
Mattenstufe	Alpwirtschaft (Rinder, Schafe, Ziegen), Sommertourismus (Bergwandern), Wintersport
Nadelwaldstufe	Forstwirtschaft, Viehweiden auf gerodeten Flächen, Sommertourismus, Wintersport
Misch- und Laubwaldstufe	Forstwirtschaft, Wiesen
Obst- und Weinstufe	Sonderkulturen (Wein, Obst, Gemüse), Ackerbau, Wiesen, Edelkastanien

- Mattenstufe: Gräser und Kräuter benötigen nur eine kurze Wachstumszeit. Wie auch die wenigen, auf der Mattenstufe wachsenden niedrigen Krummholzpflanzen sind sie im Winter durch die Schneedecke vor dem Erfrieren geschützt.
- Schneestufe: Nur ganz wenige Pflänzchen, Moose und Algen überleben hier an geschützten Stellen.

Exkurs: Die Überlebensstrategien von Tieren der Matten- und Nadelwaldstufe bieten für jüngere Schüler einen erlebnishaften Zugang zu den extremen Lebensbedingungen dieser Stufen. Daher bietet sich bei der Behandlung dieser Stufen unter Umständen der Einbezug des folgenden Textes zur Auflockerung des Unterrichts an.

Futter suchen, Vorräte anlegen oder „Sieben Monate Schlaf mit Heizöl im Bauch" – Wie Alpentiere durch den Winter kommen

Der Hochgebirgswinter ist für viele Tiere eine harte Zeit. Gemsen und Steinböcke verlassen bei Wintereintritt die besonders kalten und stürmischen Hochlagen. Sie ziehen tiefer und auf die Sonnenseite der Berge, wo Futter leichter zu finden ist.

Andere Tiere bleiben auch im Winter in ihrem Revier. Zu ihnen zählt der Tannenhäher, ein Vogel, der im Herbst die Nüsse der Zirbel-Kiefer als Wintervorrat im Boden eingräbt. Die meisten seiner Vorratsverstecke findet er selbst unter tiefem Schnee wieder. Aus den vergessenen Verstecken sieht man im nächsten Frühjahr Zirbel-Kiefern aufwachsen.

Auch die Murmeltiere ziehen im Winter nicht fort. Wie kleine „Bergbauern" machen sie im August Heu. Sie knipsen die Gräser der Alpwiese mit ihren langen Nagezähnen Halm für Halm ab, lassen sie zum Trocknen liegen und bringen sie dann in ihren Bau unter der Erde. Mit dem Heu polstern die Murmeltiere ihren großen Schlafkessel aus, in dem sich die ganze Sippe, manchmal bis 50 Tiere, im Winter eng zusammenkuscheln. Ein Teil des Heus dient als Wintervorrat. Diese Nahrung würde jedoch den Murmeltieren niemals reichen, wenn sie nicht mit einem besonders ergiebigen „Heizöl" im Körper, dem Murmeltierfett, von Anfang Oktober bis Ende April fast ununterbrochen Winterschlaf halten würden. Im Winterschlaf brauchen die Murmeltiere kaum Nahrung, weil sie sich dann nicht bewegen und ihre Körper auf unter 5 Grad abgekühlt sind. Deshalb kommen sie mit ihrem eigenen Fett aus, das sogar noch bei 2 Grad flüssig bleibt und so den Körper immer ernähren kann.

Murmeltiere wachen etwa alle drei Wochen kurz aus ihrem Winterschlaf auf, um in einem Erdgang neben dem Schlafkessel zur „Toilette" zu gehen und um Heu zu naschen. Wenn sie im Mai wieder aus ihrem Bau kommen, haben sie ihr Winterfett verloren. Ihr Fell schlottert um den Körper, und sie wiegen nur noch halb so viel wie im vergangenen Herbst. Aber dann finden sie wieder Gräser, Wurzeln und Kräuter.

Quelle: *Nolzen* – In: *TERRA Lehrerband Sachsen 5*, 1993

Aufgaben zum vorstehenden Text:

A. Erkläre die folgenden Lebensregeln für Murmeltiere:
  – Je größer die Sippe, desto besser der Winter.
  – Im Herbst dick und fett, wird der Winter recht nett.
B. Vergleiche, wie 1. Gemsen und Steinböcke, 2. Tannenhäher und 3. Murmeltiere durch den Winter kommen.

4.3.2 Winterkalte Steppen und Wüsten (*H. Wetzler*)

Die didaktische Relevanz liegt nicht so sehr in der Darstellung der geoökologischen Zusammenhänge der natürlichen Vegetationsformationen der Trockenen Mittelbreiten. Sie läßt sich viel zwingender aus humanökologischer Sicht begründen, weil insbesondere die Steppengebiete der gemäßigten Breiten zur Zone höchster Tragfähigkeit auf der Erde gehören. Wegen ihrer hohen Bodenfruchtbarkeit sind die hinsichtlich ihres agrarwirtschaftlichen Nutzungspotentials besonders wertvollen Schwarzerde-Steppen fast ausnahmslos in Ackerland umgewandelt worden. (Das Futterangebot der Trockensteppen wird überwiegend von stationär oder semistationär betriebener Weidewirtschaft (Ranching) genutzt.) Dennoch dürfen die vorwiegend günstigen physischen Geofaktoren der Feuchtsteppengebiete nicht überbewertet werden. Sie kommen nur unter geeigneten sozio-ökonomischen und technischen Rahmenbedingungen zum Tragen: „...vielmehr sind es die weit höheren Entwicklungsstufen der Volkswirtschaften Europas und Nordamerikas, welche die Agrarproduktion und die Ernährungswirtschaft fördern" (*Andreae* 1977, S. 196).

Neben den Gunstfaktoren treten die Ungunstfaktoren für die Nahrungsmittelproduktion dort in den Vordergrund der unterrichtlichen Behandlung, wo der wirtschaftende Mensch die ökologischen Grenzen einer agrarwirtschaftlichen Nutzung arider Räume nicht zur Kenntnis nahm oder mißachtete. Die anthropogene Zerstörung des Naturraumes, die Prozesse fortschreitender Standortdegradierung spiegeln gleichermaßen den Konflikt zwischen divergierenden Landnutzungs-Interessen wieder wie auch die Unfähigkeit, Ökosystem-Zusammenhänge zu erkennen, zu bewerten und in der Raumnutzung in Rechnung zu stellen. Die im folgenden vorgestellten Fallbeispiele lassen sich nicht nur unter dem synoptischen Aspekt von Klima-, Boden-, Vegetations- und Agrarzone behandeln. Sie machen auch deutlich, daß sie nicht durch einseitige Konzentration auf die Naturfaktoren, sondern nur unter Einbezug der sozialen und ökonomischen Umstände verstanden werden können (vgl. insbesondere M 4.3.2.1/4; M 4.3.2.1/10; M 4.3.2.2/1 sowie M 4.3.2.1/7; M 4.3.2.1/8).

4.3.2.1 Farmprobleme im westlichen Präriegebiet
(Unterrichtseinheit für die Klassenstufe 10–12)

Der Unterricht sollte auf folgende Lernziele eingehen:

– das Problemfeld hinsichtlich seiner naturgeographischen und seiner sozialgeographischen Komponente eingrenzen,
– eine räumliche Orientierung vornehmen,
– die Wirksamkeit von bodenzerstörenden Vorgängen und bodenschützenden Maßnahmen diskutieren und bewerten,
– die agraren Produktionsmethoden und -ziele in den Great Plains beschreiben,
– die Veränderungstendenzen im ehemaligen Weizengürtel benennen und ihre Auswirkungen erklären.

A. Sachanalyse
Neben den naturgeographisch bedingten Schwierigkeiten in der Agrarwirtschaft der Präriezone (M 4.3.2.1/1; M 4.3.2.1/2; M 4.3.2.1/3) haben in den 80er Jahren dieses Jahrhunderts eine Reihe politischer und nationalökonomischer Entscheidungen zu einem beschleunigten Strukturwandel geführt. Generell galt der Anbau westlich von 100° westlicher Länge wegen der Trockenperioden, Frosteinbrüche und Stürme als gefährdet (M 4.3.2.1/4). In den Great Plains erzielten die Farmer zwischen 1900 und 1929 zufriedenstellende Ernten, was zur erheblichen Ausdehnung der Anbauflächen führte.

In trockeneren Regionen wurde im dry-farming-System nur jedes zweite Jahr Getreide angebaut, um während des Brachjahres Bodenfeuchtigkeit zu konservieren. Wachsende Herden der Ranchbetriebe führten in den Trockenjahren zum Überbesatz des Weidelandes. Die 30er Jahre brachten einige extreme Dürreperioden (M 4.3.2.1/5). Die Ernteausfälle ruinierten viele Farmer. In der Gegend von Den-

M 4.3.2.1/1: Rocky Mountains und Flachländer: naturräumliche Gliederung

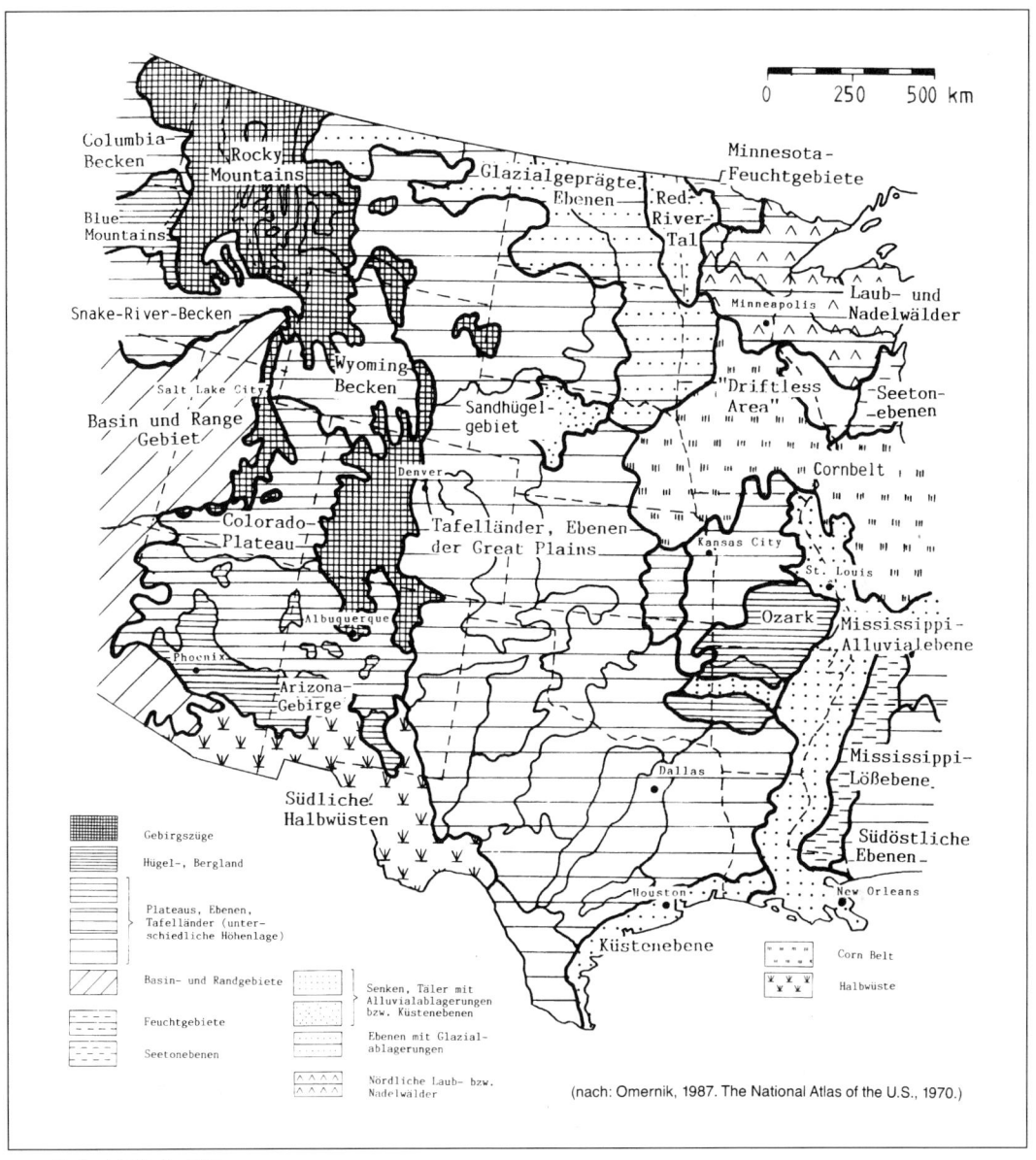

(nach: Omernik, 1987. The National Atlas of the U.S., 1970.)

aus: *Hahn* 1990, S. 257

ver/Colorado gab fast die Hälfte der Farmer den Betrieb auf. Die nicht mehr bestellten Flächen blieben ohne Vegetationsdecke, so daß sich die heftigen Winde zu Staubstürmen (black blizzards) auswuchsen. Mit der Zerstörung von einer Million Hektar Ackerland verloren 600 000 Farmer in der „dust bowl" ihre Existenz. Die heftigen Gewitterniederschläge der Plains führten auf den ungeschützten Böden zu raschem Abfluß. Sie schnitten tiefe Rinnen (gully erosion mit Badland-Bildung) oder trugen den Boden flächenhaft (sheet erosion) ab, was eine weitgehende Zerstörung des Kulturlandes zur Folge hatte.

M 4.3.2.1/2: Schematisches ökologisches Profil durch die Prärien

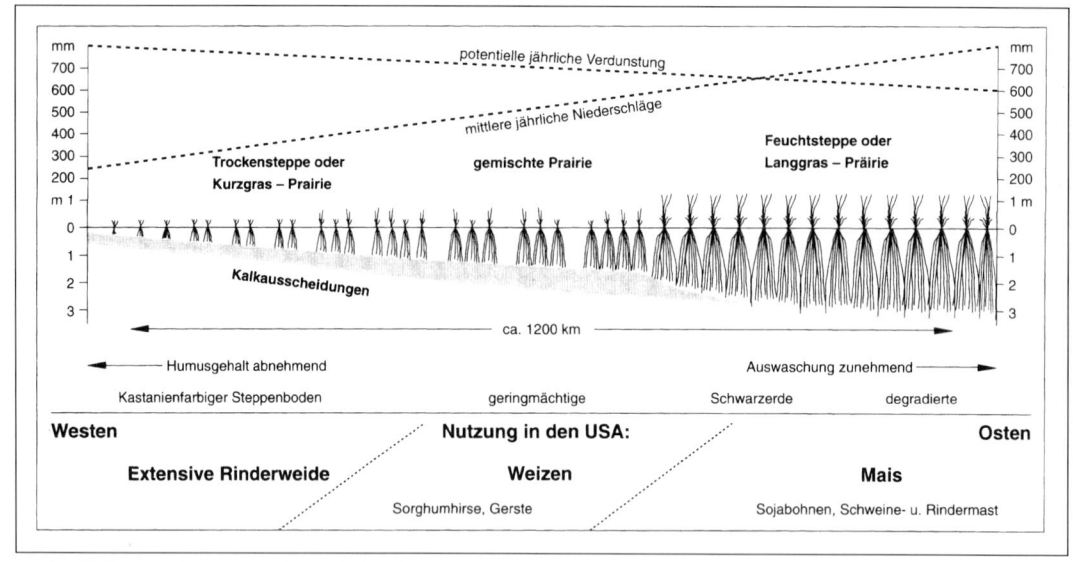

nach: *Klohn* aus: *Engelmann/Latz* 1993, S. 114

M 4.3.2.1/3: Wasserüberschuß- und Wassermangelgebiete der USA

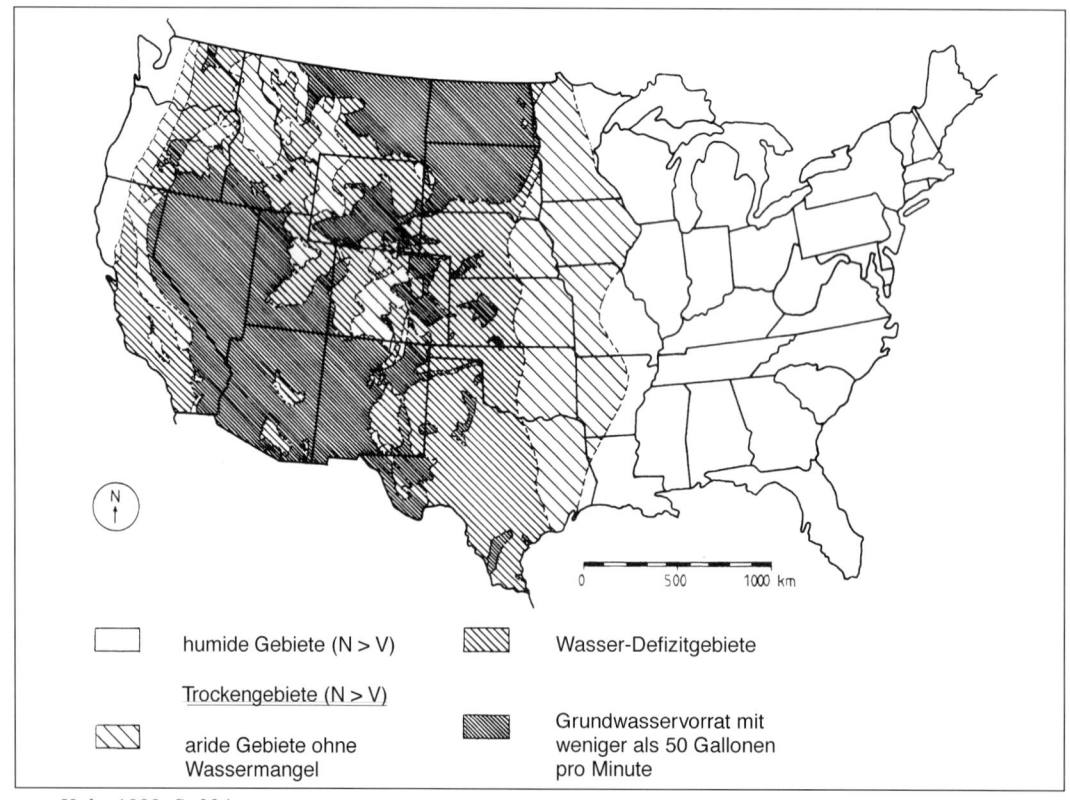

aus: *Hahn* 1990, S. 334

M 4.3.2.1/4: Klimagebiete und Jahresniederschläge der USA

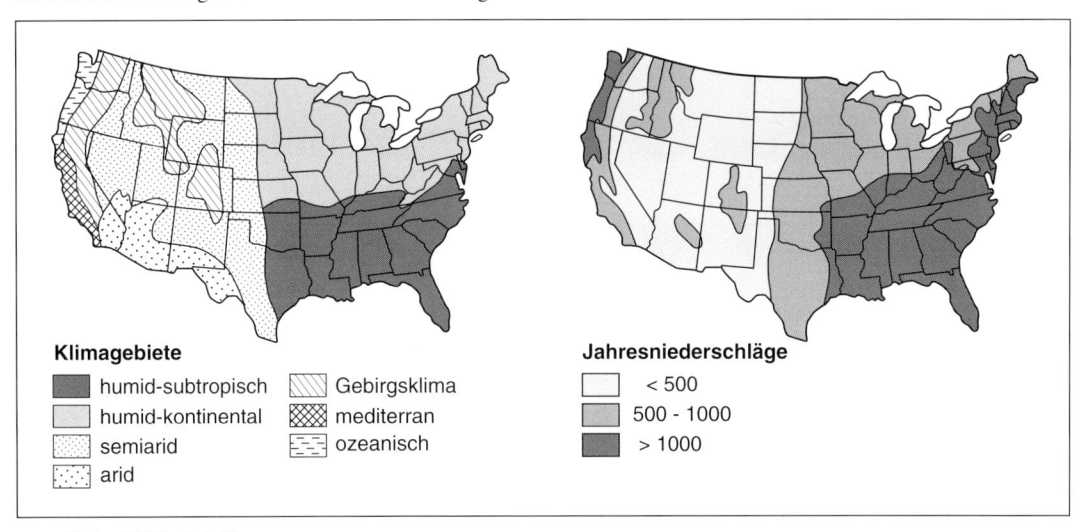

Klimagebiete
- humid-subtropisch
- humid-kontinental
- semiarid
- arid
- Gebirgsklima
- mediterran
- ozeanisch

Jahresniederschläge
- < 500
- 500 - 1000
- > 1000

aus: *Hahn* 1990, S. 262

M 4.3.2.1/5: Jahresniederschläge in den Prärien von Kansas von 1930 bis 1945 und ihre Auswirkungen auf das Wachstum der Steppengräser

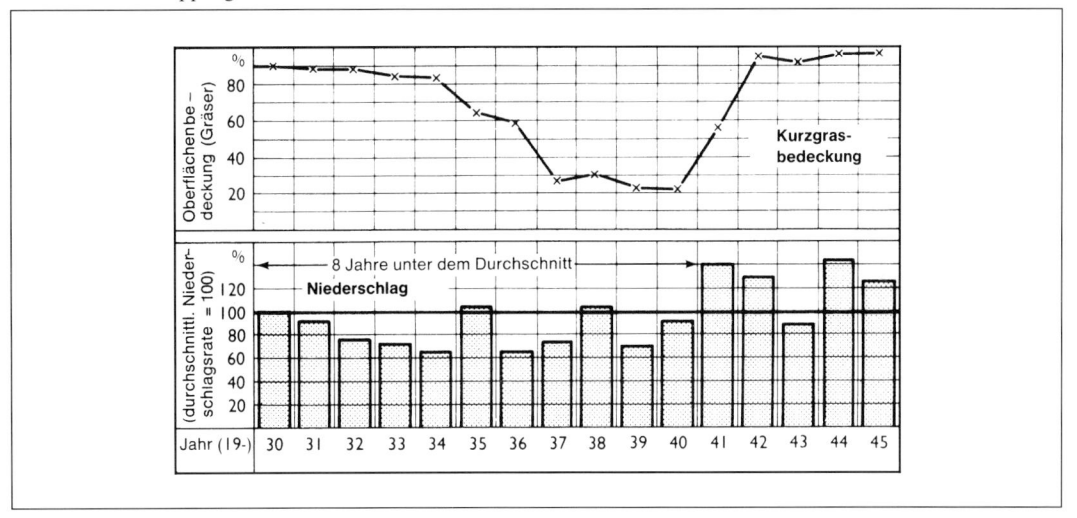

aus: *Money* 1985, S. 21

Um weitere Erosionsschäden zu vermeiden, werden heute hauptsächlich folgende Maßnahmen angewandt (M 4.3.2.1/6):

- Anpflanzung von Windschutzstreifen (Wald- oder Heckenstreifen quer zur Hauptwindrichtung)
- Aussaat tiefwurzelnder Gräser
- Naturdüngerzugabe zur Humusanreicherung und verbesserter Feuchtespeicherung
- Fruchtwechsel zur Vermeidung der Bodenauslaugung
- Feldbestellung in Form wechselweise genutzter Parallelstreifen (strip farming/strip cropping/strip cultivation)

- hangparallele Bodenbearbeitung (contour ploughing)
- nur teilweises Unterpflügen der Stoppeln (stubble mulching)
- Tiefenlockerung des Bodens anstelle des Umpflügens
- Einebenen der Gullies
- kontrollierte Beweidung

M 4.3.2.1/6: Schematische Darstellung von Faktoren der Bodenabtragung

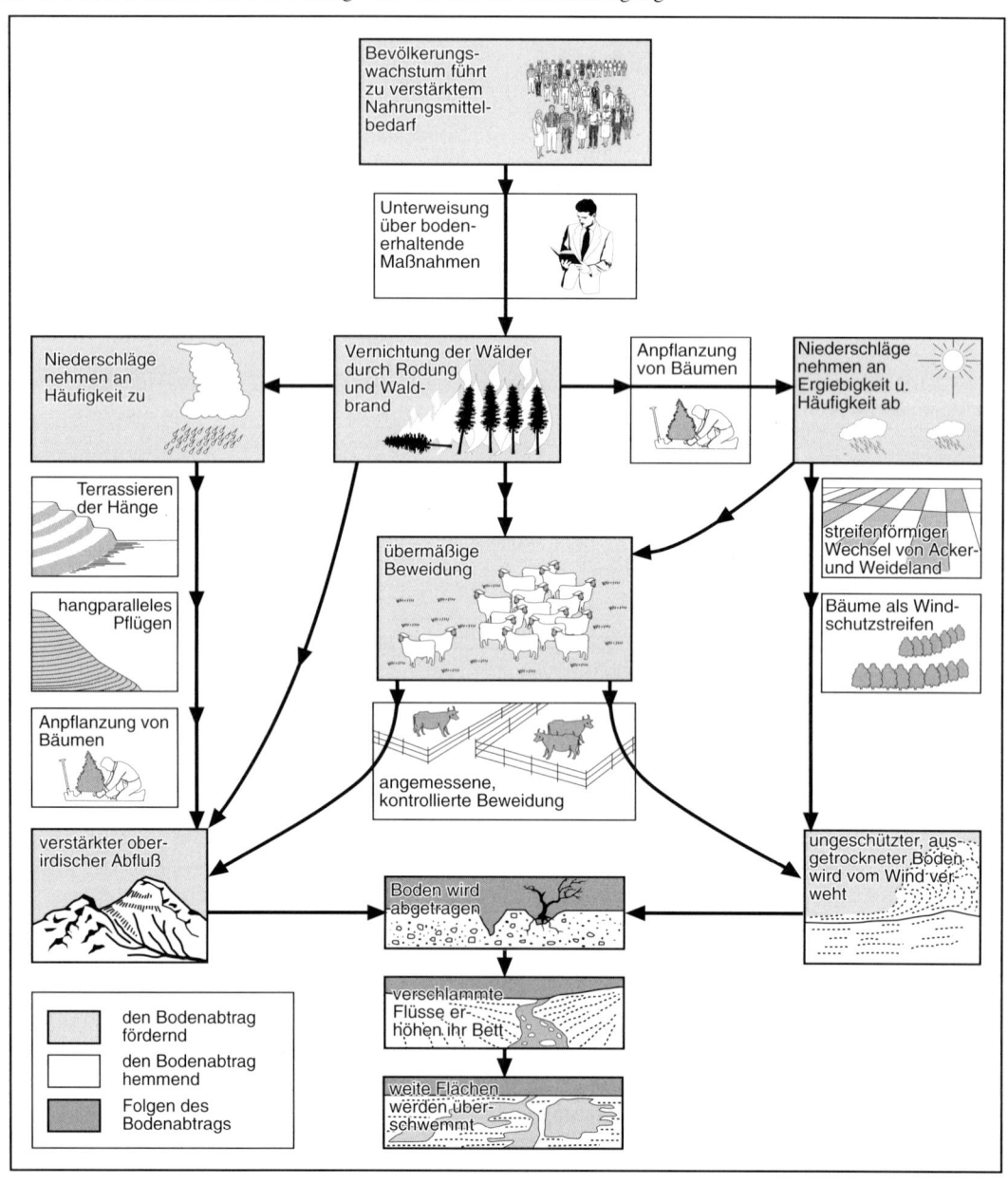

nach: *Rice* 1988, S. 130

Außer mit der Bewältigung produktionstechnischer Herausforderungen, müssen sich die Farmer zunehmend mit den sozio-ökonomischen Wandlungen auseinandersetzen (M 4.3.2.1/7; M 4.3.2.1/10):

– Zwang zur Intensivierung (z. B. feedlots, Bewässerung) bei steigenden Betriebsgrößen (vgl. Abb. 3.3.2.3/3)
– Abhängigkeit von Bewässerungsmöglichkeiten (M 4.3.2.1/8)
– hoher Kapitalbedarf für Rationalisierungsmaßnahmen

M 4.3.2.1/7: Bodennutzung auf der Jim Park Farm südlich des South Platte River in der Weld County/Colorado (1988)

Fallbeispiel: Park Farm and Feedlot

Im Familienbesitz ist die Farm seit 1888 (*homestead*). Die Weidewirtschaft, die anfänglich durchgeführt wurde, wechselte bald über zur Milchviehwirtschaft in Verbindung mit Ackerbau. Der Vater des jetzigen Besitzers vollzog dann den Wechsel vom Milchvieh zur Rindermast in Verbindung mit Bewässerungsfeldbau, wie sie heute noch durchgeführt wird. 64 ha der 104 ha großen Farm werden bewässert. Park gehört der *Latham Ditch Company* an, deren Bewässerungskanal, der *Latham Ditch*, vom South Platte River südlich von Greeley abgeleitet wird und in unmittelbarer Nähe der Park Farm vorbeifließt. Ein Bewässerungsgraben führt das Wasser vom *Latham Ditch* zur Farm, wo es zunächst in einem Teich gestaut wird. Von hier aus wird es entweder zur Center-Pivot-Anlage gepumpt oder in Gräben entlang des Ackerlandes geleitet, wo eine Furchenbewässerung mittels Siphons erfolgt. Die Pflanzenproduktion ist ganz auf die Rindermast, den Hauptproduktionszweig der Farm, ausgerichtet (s. Abb.). Angebaut werden 40 ha Mais, 16 ha Alfalfa und 8 ha Hafer. Eine Selbstversorgung des *feedlots* mit Futterpflanzen, zur Zeit des Besuches im Sommer 1988 betrug die Anzahl der Mastrinder 645 Tiere, ist damit nicht möglich. Der Selbstversorgungsgrad betrug ungefähr 32%, wobei das gesamte notwendige Rauhfutter auf der Farm erzeugt wurde, während Körnermais hinzugekauft werden mußte. Diesen bezog Jim Park hauptsächlich von benachbarten Farmen, seltener aus anderen Counties in Colorado. Eine geplante Zupacht von Ackerland war bis zu dem Zeitpunkt des letzten Besuches im Jahre 1988 nicht erfolgt, da bei den niedrigen Preisen der Kauf von Mais günstiger war als die Erzeugung auf gepachtetem Land. Mit einer durchschnittlichen jährlichen Produktion von 1100 Mastrindern gehört das *feedlot* zu den kleineren Betrieben in der Weld County und ist den *farm feeders* zuzuordnen, d. h., daß die Tiere im Besitz des Farmers sind, mit einem Anfangsgewicht von 270 kg aufgenommen werden und nach einer Mastdauer von durchschnittlich 150 Tagen und einem Endgewicht von 450 kg bis 480 kg an Schlachtereien verkauft werden. 80% der Tiere aus dem *Park Feedlot* werden an die Schlachterei von Monfort verkauft, 20% gehen in die Schlachterei von Excel in der Nähe von Ft. Morgan.

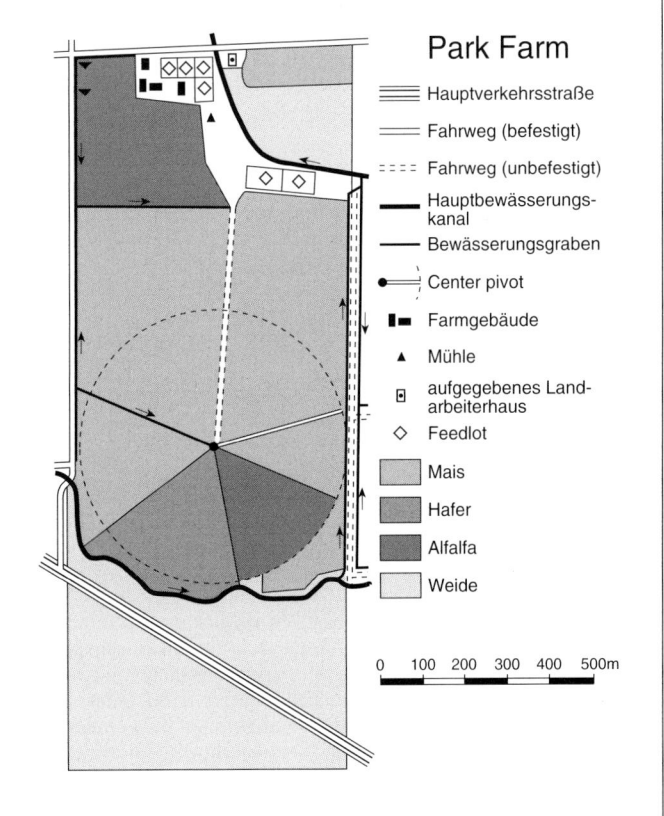

aus: *Windhorst* 1989, S. 80

M 4.3.2.1/8: Überbeanspruchung der Grundwasserressourcen. Die Karte zeigt Gebiete, in denen die Grundwasserentnahme bis zu 50% größer ist, als die natürliche Grundwasserergänzung

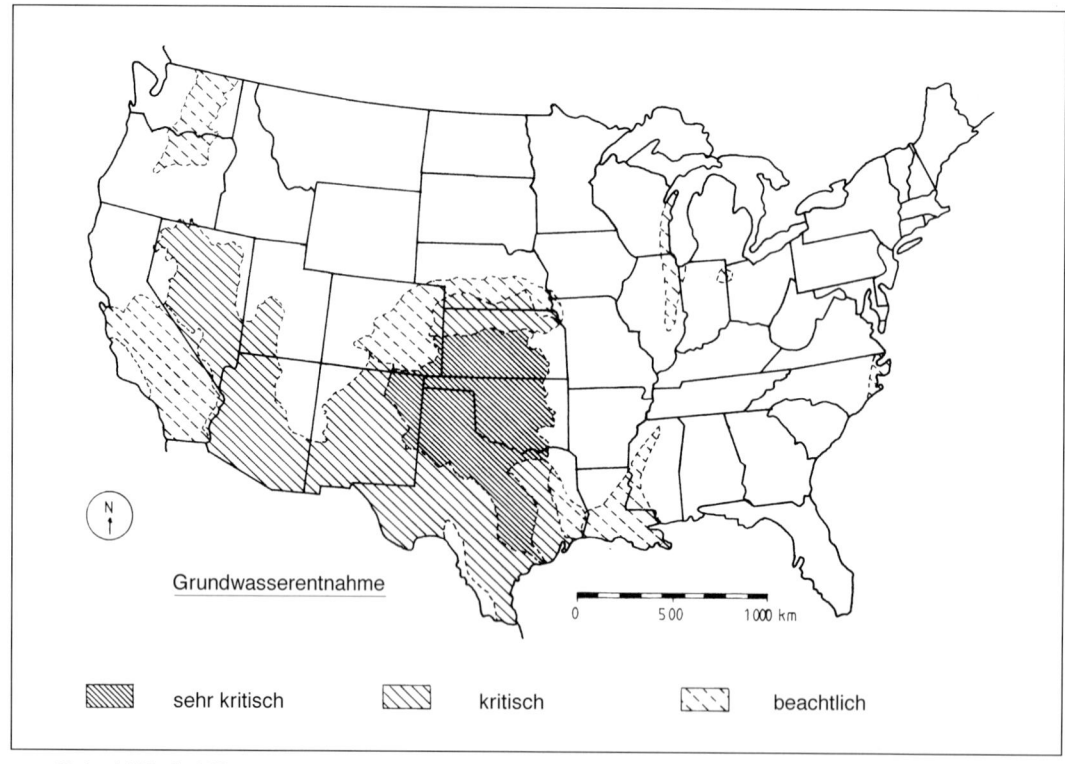

aus: *Hahn* 1990, S. 332

M 4.3.2.1/9: Aufgegebene Farm

Aufgegebene Farm

Das Farmensterben ist der sichtbarste Ausdruck des Strukturwandels in der US-Landwirtschaft. Besonders im Mittelwesten, dem einstigen Kernland der amerikanischen Farmen, sind verfallende Farmgebäude ein allgegenwärtiger Anblick. Die Zahl der Farmen hat sich von 6,8 Mio. (1935) auf gegenwärtig etwa 2 Mio. verringert. Zu dieser Entwicklung haben mehrere, ganz unterschiedliche Faktoren beigetragen: die Überproduktion an landwirtschaftlichen Erzeugnissen mit dem einhergehenden Preisverfall, der stetige Preisanstieg bei den Produktionsmitteln wie Landmaschinen, Düngemittel und Schädlingsbekämpfungsmittel, und schließlich das Entstehen neuer Unternehmensformen in der amerikanischen Landwirtschaft, das Agribusiness. In jüngerer Zeit kamen weitere politische Einflüsse hinzu: das vorübergehende Getreideembargo gegen die Sowjetunion unter Präsident Carter, hohe Dollarkurse, die den Export erschwerten, die Streichung staatlicher Subventionen unter Präsident Reagan und die Schuldenkrise mit Bankzusammenbrüchen infolge einer überzogenen Kreditaufnahme durch die Farmen bei gleichzeitigem Wertverfall bei landwirtschaftlichen Nutzflächen. Alle diese negativen Entwicklungen schlugen besonders auf die (nach amerikanischen Maßstäben) kleinen Familienfarmen durch, von denen zeitweilig 200 000 pro Jahr aufgeben mußten. Das Land der aufgegebenen Farmen wird oft von anderen Familienfarmen übernommen, die heute knapp 200 ha bewirtschaften, also das Dreifache der ursprünglichen Größe. Dafür muß in Kauf genommen werden, daß die Nutzflächen einer Farm nicht mehr zusammenliegen, wie zur Zeit der Landvergabe.

aus: *Wallert* 1992, S. 14

M 4.3.2.1/10: Strukturwandel in der US-Landwirtschaft in den 80er Jahren

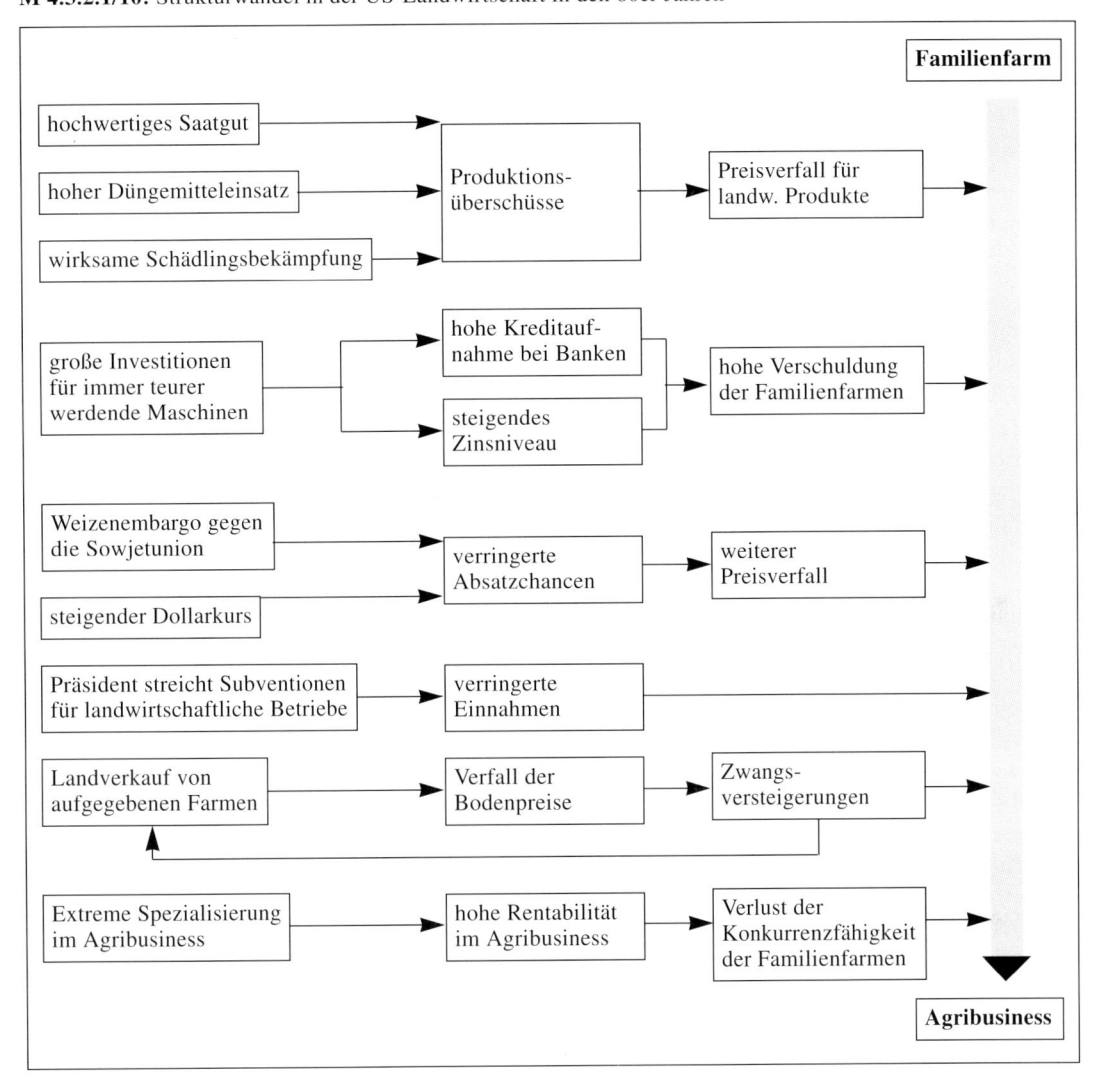

Familienfarm

- hochwertiges Saatgut → Produktionsüberschüsse
- hoher Düngemitteleinsatz → Produktionsüberschüsse → Preisverfall für landw. Produkte
- wirksame Schädlingsbekämpfung → Produktionsüberschüsse

- große Investitionen für immer teurer werdende Maschinen → hohe Kreditaufnahme bei Banken / steigendes Zinsniveau → hohe Verschuldung der Familienfarmen

- Weizenembargo gegen die Sowjetunion → verringerte Absatzchancen → weiterer Preisverfall
- steigender Dollarkurs

- Präsident streicht Subventionen für landwirtschaftliche Betriebe → verringerte Einnahmen

- Landverkauf von aufgegebenen Farmen → Verfall der Bodenpreise → Zwangsversteigerungen

- Extreme Spezialisierung im Agribusiness → hohe Rentabilität im Agribusiness → Verlust der Konkurrenzfähigkeit der Familienfarmen

Agribusiness

aus: *Wallert* 1992, S. 4

– steigende Kosten bei sinkenden Einnahmen trotz Produktionssteigerungen
– Konzentrationsprozesse als Folge zunehmender Konkurse (M 4.3.2.1/9)
– Wertverfall landwirtschaftlicher Nutzflächen
– Verfall der ländlichen Dienstleistungszentren
– Abhängigkeit von Multikonzernen der Agrarindustrie (Contract Farmer) (M 4.3.2.1/10)
– Abhängigkeit von Außenhandelsbedingungen (Schutzzölle, Subventionspolitik)

B. Unterrichtliche Behandlung – Vorschlag zur Strukturierung
Die Unterrichtseinheit sollte in zwei Blöcke unterteilt werden, um dadurch sowohl der historischen Dimension (Steppenumbruch und Dürreperioden) als auch der aktuellen Situation (Strukturwandel der US-Landwirtschaft) gerecht zu werden.

Als Hinführung bieten sich Zeitzeugenberichte und Fotodokumente der großen Staubstürme der 30er und 50er Jahre an. Zur Lokalisierung stehen neben Atlaskarten die Abbildung 3.3.2.2/5 und M 4.3.2.1/1 zur Verfügung. Die verschiedenen, insbesondere physisch-geographischen Folgen der (Natur)katastrophen sollten in arbeitsteiligem Verfahren untersucht werden. Dabei können wirksame Gegenmaßnahmen diskutiert und vorgestellt werden. Die Kleingruppen können dazu

a) die ökologischen Rahmenbedingungen (M 4.3.2.1/2; Abb. 3.3.2.2/6; Abb. 3.3.2.3/1) analysieren,
b) Gunstfaktoren für die Steppengebiete hervorheben (M 4.3.2.1/4),
c) Ungunstfaktoren für die Steppengebiete (M 4.3.2.1/3 und M 4.3.2.1/4) bewerten.

Das Ergebnis ließe sich gemäß M 4.3.2.1/6 darstellen.
Zur Erarbeitung der aktuellen Situation der Farmen, ebenfalls in arbeitsteiligem Gruppenunterricht, dienen Text und Graphik M 4.3.2.1/7: Als Teilproblem kann die Wasserversorgungsproblematik herausgehoben werden. Dazu helfen die Materialien M 4.3.2.1/3 und M 4.3.2.1/8 sowie Abbildung 3.3.2.3/3. Als Gegensatz zum (noch) intakten Betrieb des Fallbeispiels Park Farm (M 4.3.2.1/7) lassen sich die existenzvernichtenden Prozesse summarisch aus M 4.3.2.1/9 ableiten und in einer Synopse gemäß M 4.3.2.1/10 darstellen.
Als Transfer kann die Frage verfolgt werden, inwieweit der Wandel in der Produktionsstruktur Auswirkungen auf die globale Nahrungsmittelversorgung hat.

4.3.2.2 Der Aralsee: ein sterbendes Meer
(Unterrichtseinheit für die Klassen 8–10)

A. Sachanalyse
Wissenschaftler und Betroffene sind sich einig: Die katastrophale ökologische Situation des austrocknenden Aralsees ist nicht nur „zutiefst kompliziert", wie der usbekische Regierungschef *Chabullajew* befand (*Claaßen* 1990); das innerhalb der hochariden mittelasiatischen Wüstenzone gelegene Binnenmeer ist, ökologisch gesehen, bereits tot. Eindringliche Appelle, der Austrocknung mit ihren negativen Auswirkungen auf Menschen und Umwelt entgegenzuwirken, richten sich nicht nur an die Verantwortlichen der GUS, sondern an die Weltöffentlichkeit.
Der Niedergang des Aralsees läßt sich seit der Wende von den fünfziger zu den sechziger Jahren dieses Jahrhunderts verfolgen. Insbesondere zur autarken Versorgung der UdSSR mit Baumwolle wurde Neuland erschlossen, welches aus den Aralzuflüssen Syr Darja und Amu Darja bewässert wurde. Der Abfluß in den Aralsee ging infolgedessen so drastisch zurück, daß seine Fläche von etwa 68 000 km^2 (1960) auf 39 000 km^2 (1989) schrumpfte und sich das Wasservolumen von etwa 900 Milliarden Kubikmeter (1960) auf weniger als die Hälfte verringerte (vgl. M 4.3.2.2/4 und M 4.3.2.2/5). Im gleichen Zeitraum stieg der mittlere Salzgehalt von 8 auf 27‰. Die trockengefallene Seefläche wird in Anlehnung an die südlich gelegenen Wüsten Kysylkum und Karakum sarkastisch als „Aralkum" bezeichnet.
Die Veränderungen hatten gravierende Auswirkungen. Der gestiegenen Salinität fielen sämtliche Fischarten zum Opfer; die Fischereiwirtschaft kam zum Erliegen. Der mäßigende Einfluß des Aralsees auf die Atmosphäre (Seeklima) ging zurück, das Klima wurde zunehmend extremer. Auf dem ausgetrockneten Seeboden bildeten sich Salzkrusten. Salze und Sandstaub wurden verblasen und führten zur Desertifikation des Umlandes und zu steigenden Atemwegserkrankungen der Bevölkerung. Die großangelegte Baumwoll-Monokultur führte zum Niedergang der Landwirtschaft für die Eigenversorgung und vergiftete durch Dünger und Biozide das Trinkwasser. Weil Maßnahmen zur Rettung des Sees bislang nur diskutiert, aber nicht realisiert wurden, verschärft sich die Umweltzerstörung auch jetzt (1993) noch. Der Aralsee droht zu einer hochkonzentrierten Salzlake zu verkommen.

B. Unterrichtliche Behandlung – Vorschlag zur Strukturierung
Der Unterricht in der Klassenstufe 8–10 kann wie folgt in Phasen gegliedert werden:
1. Sensibilisierung für das Problemfeld (M 4.3.2.2/1)
2. Erarbeitung der topographischen Lage und der klimatischen Bedingungen (M 4.3.2.2/2 und /3)
3. Beschreibung des aktuellen hydrographischen Zustands des Aralsees (M 4.3.2.2/4 und /5)
4. Begründung des Schrumpfungsprozesses und seiner Ursachen (M 4.3.2.2/6 und /7)
5. Bewertung der ökologischen Folgen und der veränderten Lebensbedingungen der Betroffenen (M 4.3.2.2/8 und /1)
6. Prüfung der möglichen Maßnahmen zur Rettung des Aralsees und Bewertung ihrer ökologischen Relevanz und Praktikabilität (M 4.3.2.2/9 und /10)

M 4.3.2.2/1: Aralsee

Aral-See

Auf den Landkarten ist er immer noch ein großer See, ein sehr großer sogar, und aus irgendwelchen Gründen bleibt er das dort auch, obwohl die politischen Grenzen auf diesen Karten in den letzten Jahren mehrfach aktualisiert worden sind. Die Sowjetunion ist zerfallen, der Aralsee scheint Bestand gehabt zu haben, doch die Karten trügen.

Dieses Binnenmeer ist wie kein anderes ein Beispiel dafür, daß Menschen nicht nur kleine Tümpel, Froschbiotope und Bäche völlig zerstören können, sondern auch riesige Wasserflächen. Natürlich wissen wir alle, daß wir die Meere der Welt verschmutzen, aber da fehlt es an der dramatischen Deutlichkeit der Folgen wie am Aralsee. *Klaus Bälde* berichtet:

Der Aralsee droht nicht nur auszutrocknen, er ist auch eines der am stärksten vergifteten Gewässer der Welt. Das sagt Professor *Permat Shermuchamedov*, einer der führenden usbekischen Umweltschützer.

Fliegt man tagsüber von Moskau nach Taschkent, kann man tief unten die auf wenig mehr als ein Drittel ihrer ursprünglichen Größe geschrumpfte Wasserfläche erkennen. Eine der Ursachen für die Vergiftung des Aralsees könnte nach den Worten des Professors ein Erprobungszentrum für chemische und bakteriologische Kampfstoffe sein. Es befindet sich auf der Insel Vozroshdenija, in der Mitte des Gewässers.

Die Versuche dort wurden zwar gestoppt, meint *Shermuchamedov*, es sei aber durchaus möglich, daß Giftstoffe aus dem unterirdischen Komplex in den See gelangt seien. Deshalb, so fordert er, müsse die Erprobungsstelle ganz verschwinden. Fische, die von ausländischen Experten im See ausgesetzt wurden, seien binnen einer Minute verendet, sagt er.

Schuld am Umkippen des Seewassers seien aber auch Chemikalien-Rückstände aus der Landwirtschaft. Jahrzehntelang hatten die sowjetischen Planökonomen immer mehr Baumwolle in den alten Oasenlandschaften Usbekistans angebaut, bis Obst und Getreide fast völlig verdrängt waren. Das Wasser war in diesem trockenen Landstrich schon immer knapp und teuer gewesen; nun versickert es in schlampig angelegten und nachlässig gewarteten Kanalsystemen. Schätzungen zufolge gehen bis zu 40% des Wassers durch Lecks oder durch Verdunstung verloren. Die Flüsse Syr Darja und Amu Darja, die in den Aralsee münden, wurden leergepumpt. Das Binnenmeer begann auszutrocknen. Das wenige Wasser, das noch in den Aralsee gelangte, war mit Pestiziden und Düngemitteln belastet.

Heute wird das giftige Salz, das auf dem trockenen Seeboden zurückblieb, vom Wind bis auf die Gletscher des Pamir getragen, es weht bis auf die Teeplantagen Georgiens und bis ins Nördliche Eismeer.

Die meisten Menschen, die in der Umgebung des Aralsees wohnen, sind krank, weil es an sauberem Trinkwasser fehlt. 90% der Frauen dort leiden unter Blutarmut, sagt *Shermuchamedov*. Nach offiziellen Angaben kam noch vor einigen Jahren eines von zehn Neugeborenen tot zur Welt. Zwar wurden inzwischen einige neue Krankenhäuser für die Bevölkerung der Aralregion gebaut, Medikamente und Hilfsgüter aus dem Ausland wurden verteilt, eine neuverlegte Rohrleitung bringt Trinkwasser heran. Doch alle Versuche der Behörden, den See zu retten, blieben bisher erfolglos, meint der Professor. Wenn in den nächsten vier Jahren seitens der Regierungen und mit Hilfe der UNO nichts geschehe, dann sei es endgültig zu spät.

Noch gibt Professor *Shermuchamedov* sich nicht geschlagen. Sein Komitee zur Rettung des Aralsees habe sich zwei Aufgaben gesetzt, erläutert er. Die erste davon, die Weltöffentlichkeit zu alarmieren, sei bereits gelöst. Aufgabe Nummer zwei bestehe darin, die eigene Bevölkerung wachzurütteln. Leider, so gesteht der Professor ein, zeigten seine usbekischen Landsleute bisher wenig Verständnis für Umweltprobleme. Zunächst aber will *Shermuchamedov* die Regierung zum Handeln drängen: zum Verzicht auf den Anbau der Baumwolle und zu einer grundlegenden Überholung der Bewässerungssysteme.

Quelle: Rundfunksendung vom 04.01.1993 im Südwestfunk, 1. Programm/Studio Mainz

M 4.3.2.2/2: Schema des sommerlichen Niederschlagsgeschehens in Mittelasien entlang eines West-Ost-Profils in Höhe von 45° nördlicher Breite.
Eine Kette konvektiver Kreisläufe mit Gewitterniederschlägen sorgt für den Wassertransport ins Landesinnere, wo schließlich nur noch im Stau der Gebirge nennenswerte Niederschläge fallen. Wegen der zur Verdunstung benötigten Wärme kann sich eine solche Kreislaufkette nur im Sommerhalbjahr ausbilden.

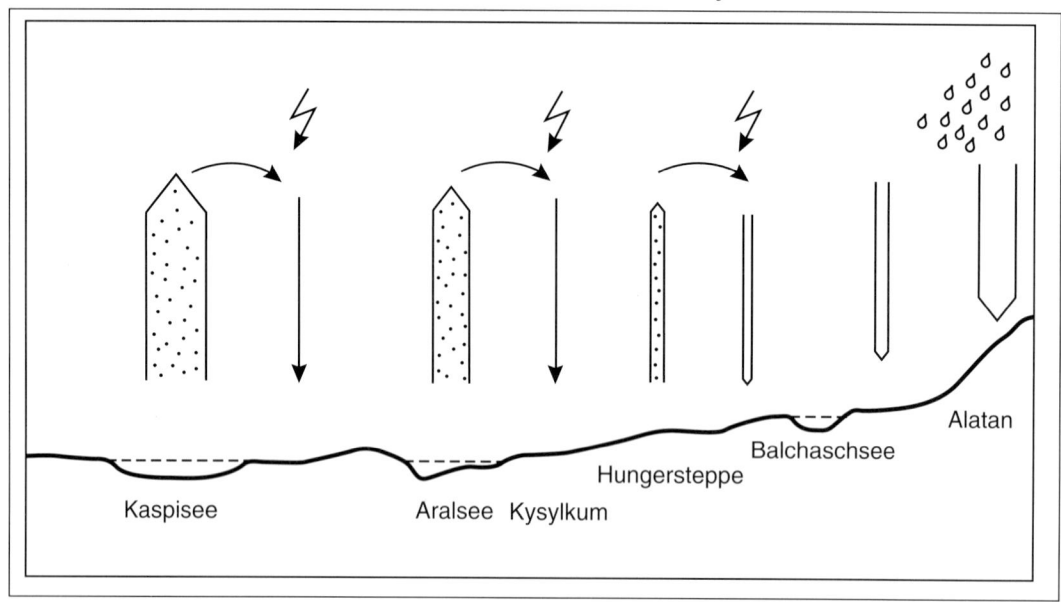

Entwurf: *Wetzler*

M 4.3.2.2/3: Hydrologische Merkmale des Aralsees

Der Aralsee liegt innerhalb der hochariden mittelasiatischen Wüstenzone. Über dem See fallen im langjährigen Mittel 156 mm N, denen eine Verdunstung von ca. 1000 mm/a gegenübersteht. Umgerechnet erhält der See 5,8 km^3 Wasser aus Niederschlägen, über unterirdischen Zufluß weniger als 1 km^3. Über dem Aral verdunsten jährlich 57,7 km^3. Zu mehr als 90% wird der See aus seinen Zuflüssen Amu Darja und Syr Darja gespeist, die aus den mittelasiatischen Gebirgen ca. 117–125 km^3 Wasser abführen, der Syr Darja 42 und der Amu Darja 83 km^3. Zwischen 1913 und 1960 wurden den Flußsystemen jährlich 64 km^3 für Bewässerungszwecke entzogen, ohne daß der Seespiegel fiel. 52 km^3 Wasserzufuhr reichten. Als diese Menge ab 1961 zurückging, sank der Seespiegel.

Das Aralbecken ist der Hauptsammler von Sedimenten und Salzen in Mittelasien: Der Syr Darja transportiert ca. 23 Mio. t, der Amu Darja ca. 130 Mio. t Schwebstoffe in den Deltaraum, beide schwemmen bis zu 32,5 Mio. t/Jahr gelöste Salze in den See. Dessen gesamte Salzvorräte werden auf mehr als 100 Mrd. t beziffert.

aus: *Liebmann* 1990, S. 18

M 4.3.2.2/4: Der Schrumpfungsprozeß des Aralsees

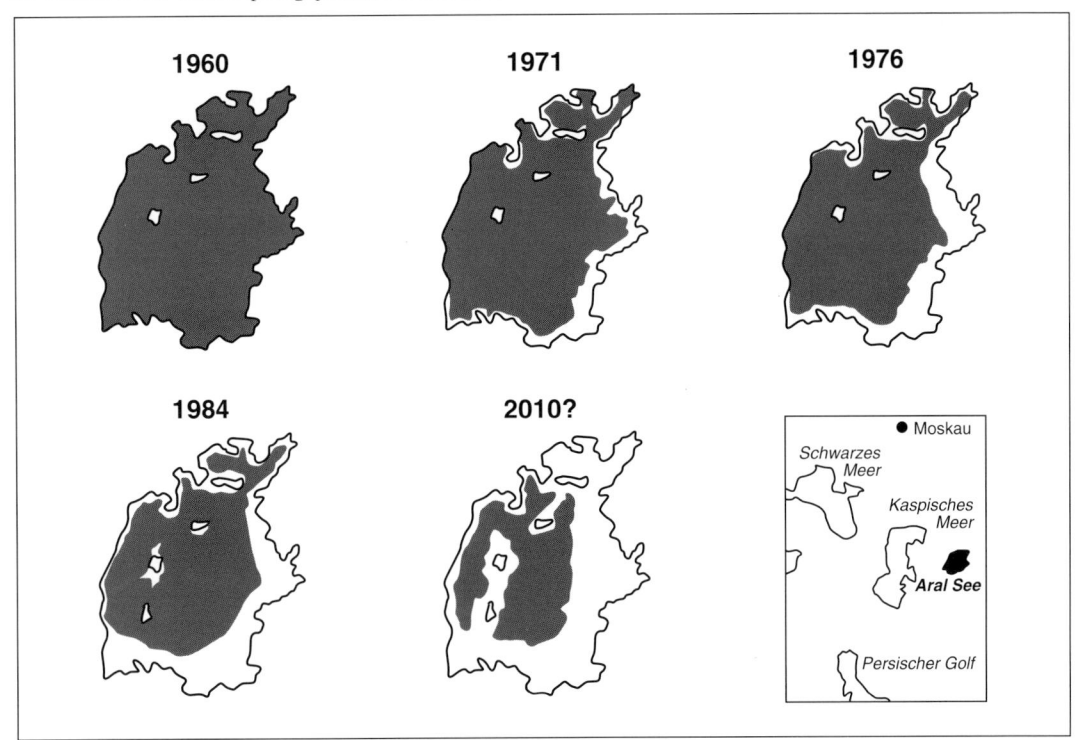

aus: *Liebmann* 1990, S. 21

M 4.3.2.2/5: Quantitative und qualitative Veränderungen des Aralsees

Jahr	Spiegelhöhe (m. ü. d. M.)	Wasserfläche (1000 km^2)	Wasservolumen (Mrd. m^3)	Salzgehalt (Prozent)
1900	53,0	64,5	1000	10
1974	49,9	53,7	839	13
1978	46,8	49,7	720	15
1979	46,0	48,5	630	17
2000	38,1	36,5	380	34
2010	33,0	22,0	150	35

aus: *Claaßen* 1992, S. 39

M 4.3.2.2/6: Das Einzugsgebiet des Aralsees

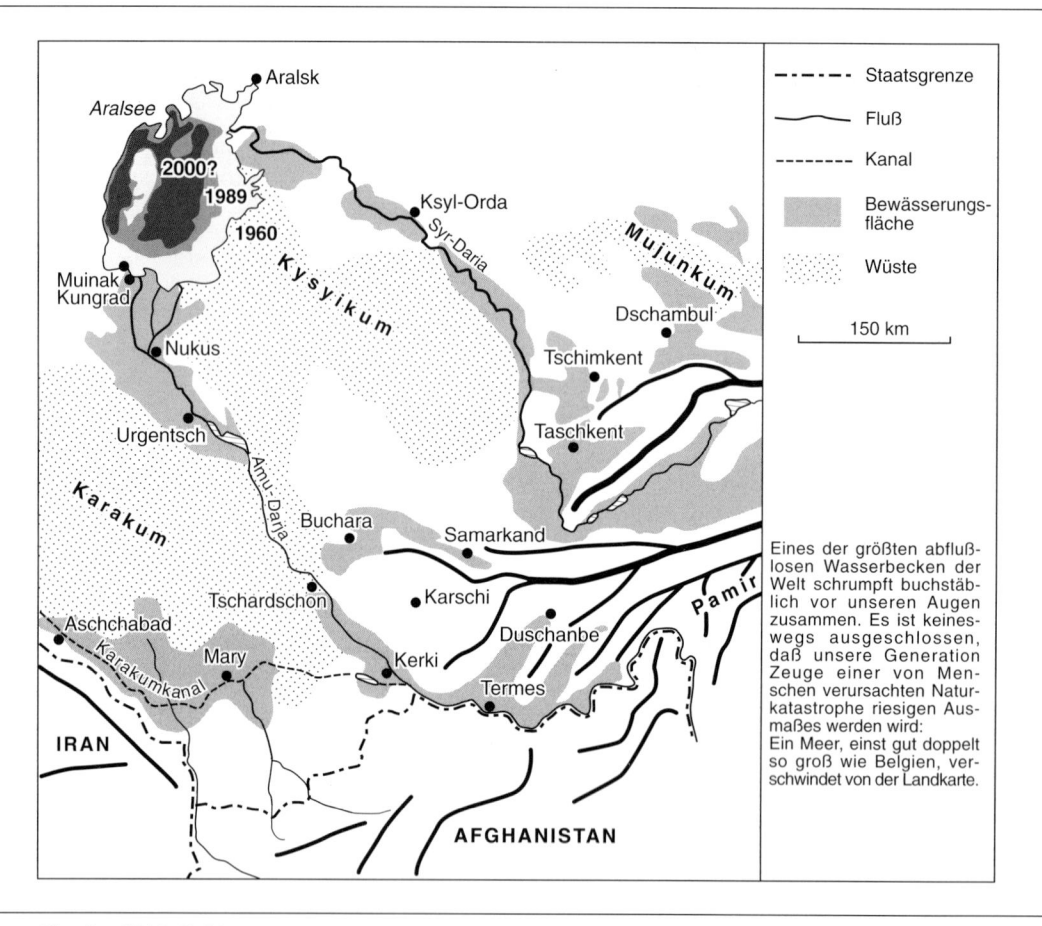

Eines der größten abflußlosen Wasserbecken der Welt schrumpft buchstäblich vor unseren Augen zusammen. Es ist keineswegs ausgeschlossen, daß unsere Generation Zeuge einer von Menschen verursachten Naturkatastrophe riesigen Ausmaßes werden wird: Ein Meer, einst gut doppelt so groß wie Belgien, verschwindet von der Landkarte.

aus: *Claaßen* 1992, S. 38

M 4.3.2.2/7: Wirtschaftliche Ursachen für die Austrocknung des Sees

Von 1950 bis 1989 vergrößerte sich die bewässerte Fläche im Aralgebiet von 2,9 Mio. auf 7,2 Mio. ha. Doch nicht die vergrößerte Bewässerungsfläche, sondern der steigende Wasserverbrauch pro Hektar, eine wachsende Vergeudung sowie die Anlage von künstlichen Speicherbecken führten zu einem Zuflußdefizit für den See: Im Süden werden dem Amu Darja durch den Karakum-Kanal ca. 15 km^3 Wasser entzogen. Mitte der 70er Jahre wurde im Südosten der Ajdarkul'-See mit einer Fläche von 2300 km^2 mit Bewässerungswasser aus der Hungersteppe aufgefüllt, das aus dem Syr Darja stammt. Verbrauchte man um 1960 pro Hektar jährlich bis 12 000 m^3 Wasser, so stieg die Menge bis 1986 auf 14 000–17 000 m^3/ha an. Oft erreicht nicht einmal die Hälfte des Wassers die Felder. In Usbekistan wurden zwischen 1978 und 1988 84 Mrd. m^3 Wasser auf die Felder geleitet, doch 100 Mrd. m^3 versickerten auf dem Wege dorthin.

Denn nur 18% der Bewässerungskanäle und 23% der Verteilerinnen sind innen abgedichtet. Weitere Verluste bringt die Verdunstung von offenen Wasserflächen. Steigende Bodenversalzung, Überfrachtung des Wassers mit Pestiziden und Düngemitteln mindern die Effektivität der Bewässerung. Bewässert werden am Unterlauf des Amu Darja Reisfelder und vor allem in Usbekistan monokulturartige Baumwollflächen. Aufgrund der enormen Wasserentnahme mündet der Syr Darja seit 1976 nicht mehr in den Aralsee, die jährliche Wasserspende des Amu Darja schwankt zwischen 0 und 10 km^3. Wasserverbrauch und Verdunstung übertreffen um ein Vielfaches die natürliche Speisung.

aus: *Liebmann* 1990, S. 18

M 4.3.2.2/8: Ökologische Folgen

Ökologische Folgen

Der usbekische Wissenschaftler Erkin Jussupow, Vizechef der Akademie der Wissenschaften in Taschkent, sagte kürzlich katastrophale Folgen voraus: „Das wird das Wetter, die Niederschläge und schließlich die Nahrungsmittelproduktion bis nach Indien hinein beeinflussen." Weil nämlich die kalten Nord- und Nordwestwinde aus Sibirien und dem Eismeer über dem Aralsee bisher in die Höhe gezwungen werden, laden sie ihre Feuchtigkeit erst im Himalaya ab. Das beeinflußt dort die Eisbildung und damit die Wasserzufuhr der indischen Flüsse. „Die Klimakatastrophe ist umfassend und überschreitet die Staatsgrenzen", sagte Jussupow. Mittlerweile ist das trockengefallene ehemalige Seebecken von einer dichten Salzkruste bedeckt. Salzige Staubstürme steigen von dort auf, bedecken allmonatlich Flächen von 35 Kilometer Breite und über 300 Kilometer Länge mit Sand und Salz, zerstören Ernten und ganze Anbaugebiete. Der alte Reichtum des Sees, die Fischwirtschaft, ist dahin. Noch in den fünfziger Jahren zogen die Nachfahren der Romanfigur Edige hier jeden zehnten Fisch ans Ufer, der in der UdSSR angelandet wurde. Aralsk und Mujnak, damals als zukunftsträchtige Fischzentren ausgebaut, liegen nun achtzig, neunzig Kilometer vom See entfernt. Die Befeuchtung der Wüste, die nach Stalins, Chruschtschows und Breschnews Willen blühen sollte, hat den alten Wirtschaftszweig vernichtet.

Der rauschhafte Ausbau der Baumwollkultur führt auf lange Sicht indes auch zur Zerstörung des Baumwoll-Landes. Nicht nur wegen der Staub- und Salzstürme. Weil die Baumwollfelder zehnmal pro Vegetationsperiode bewässert werden müssen, wurden hastig, in partisanenmäßigen Einsätzen, Kanäle gegraben; weil die nicht ausreichend gesichert waren, versickerten bis zu zwei Drittel des Wassers, das sie auf die Plantagen führen sollten. Der Glaube an die Agrarchemie, ebenso blind-optimistisch wie der an die künstliche Bewässerung, tat ein übriges. Bis zu zwanzigmal soviel Kunstdünger wie in anderen Landesteilen wird hier ausgebracht. Stickstoff und Phosphate werden vom versickernden Naß ins Grundwasser geschwemmt, das daraus – und aus keinem anderen Reservoir – geschöpfte Trinkwasser ist mittlerweile lebensgefährlich. Der Salzgehalt im Rest-Aral hat sich in nur zwei Jahrzehnten mehr als verdoppelt.

„In der Natur geht nichts verloren", dozierte Umweltminister Morgun vor der Moskauer Parteikonferenz. „Die Düngemittel werden durch die Flüsse in die Staubecken verschleppt und erscheinen dann als blau-grüne Algen und Verunreinigungen. Genossen Chemiker, bremst euch, gönnt euch selbst Erholung, laßt die Menschen normale Luft atmen und Flüsse und Böden von allem Dreck säubern!" Auf die landwirtschaftlich bedingte Versalzung des Bodens, die immer dort eintritt, wo stehendes Wasser nicht weggeleitet wird und somit alle möglichen Mineralien aus dem Erdreich lösen kann, ging er nicht ein; aber auch sie ist ein mittelasiatisches Problem, vielleicht so existenzgefährdend für die Bewässerungswirtschaft wie diese für den Aralsee und das ökologische System.

nach: Frankfurter Rundschau vom 18.07.1988; aus: *Liebmann* 1990, S. 21

M 4.3.2.2/9: Ein fragwürdiger Rettungsversuch

Erinnerung an einen Skandal im Skandal: Just um die von ihnen verursachte Katastrophe am Aral zu reparieren, hatten die Wasserwirtschaftler das umstrittene Projekt entworfen, sibirische Flüsse anzuzapfen und das so gewonnene Wasser nach Mittelasien umzuleiten. Dieser Versuch, einem ökologischen Debakel mit einem mutmaßlich zweiten beizukommen, war nach jahrelangen Protesten von Wissenschaftlern und vor allem Schriftstellern erst im Sommer 1986 durch obersten Führungsbeschluß zu den Akten gelegt worden. Das hat die ministerialen Umweltpfuscher aber augenscheinlich nicht nachhaltig beeindruckt: Wie andere Schriftsteller jetzt vor dem Plenum berichteten, basteln sie insgeheim an ihren Plänen weiter.

aus: Badische Zeitung (*U. Engelbrecht*) vom 13.05.1987

M 4.3.2.2/10: Rettung des Meeres: Gibt es noch eine Chance?

Rettung des Meeres: Gibt es noch eine Chance?

Um wenigstens das heutige Wasservolumen im Aralsee zu erhalten, muß er spätestens in zwei Jahren jährlich 30 bis 35 Kubikkilometer Wasser hinzubekommen, das heißt jene Menge, die pro Jahr verdunstet. Wie ist das zu erreichen?
Viele sehen eine Lösung darin, den Baumwollanbau auf 30 bis 40 Prozent herabzusetzen.
Insbesondere betrifft das die Baumwolle minderer Qualität. Andere Fachleute, die sich mit den Problemen des Aralsees beschäftigen, treten für strengste Einsparungen bei der Bewässerung und für angemessene Wasserpreise ein.
Wenn man die Bewässerung auf 10 000 Kubikmeter je Hektar beschränken würde, so könnte schon heute auf den Baumwollfeldern eine enorme Wassermenge freigesetzt werden und der Aralsee die für ihn lebensnotwendigen 30 bis 40 Kubikkilometer Wasser pro Jahr erhalten.
Von großer Bedeutung für das Wiederherstellungsprogramm des Aralsees ist schließlich die Einführung der wassereinsparenden Technologie im ganzen Aral-Gebiet.
Durch Modernisierung der Bewässerungsanlagen könnte in vielen Fällen der Wasserverbrauch auf die Hälfte oder sogar ein Drittel reduziert werden. Große Verluste entstehen heute durch Verdunstung und Versickerung von Wasser. Im Einzugsbereich des Aralsees müßten insgesamt 5 Millionen Hektar mit neuen Bewässerungsanlagen versehen werden; die Kosten hierfür werden auf 25 Milliarden Rubel geschätzt. Um das Jahr 2010 könnten diese Maßnahmen durchgeführt sein, so daß dann rund 50 Milliarden Kubikmeter Wasser jährlich eingespart werden könnten.
Eine rationelle Wassernutzung könnte durch den Einsatz von Wasserentsalzungsanlagen erreicht werden, die mit Hilfe von Sonnenenergie betrieben werden und eine Mehrfachbenutzung des Bewässerungswassers bzw. Wiederverwendung des Dränagewassers ermöglichen sollen. In Mittelasien werden bislang nur 1,3 bis 6 Prozent des Wassers wiederholt genutzt, im Durchschnitt der gesamten Sowjetunion beträgt dieser Anteil jedoch bereits knapp 33 Prozent.
Weitere Wassereinsparungen wären durch Einführung anderer Bewässerungsmethoden zu erreichen: vor allem durch Tropfbewässerung (Wasserverbrauch gegenüber Flächenbewässerung auf ein Zehntel oder weniger reduziert). So wichtig der ökonomische und technische Aspekt dieses Problems auch sein mag, so ist doch die humanitäre Problematik wichtiger. Die Lösung der sozial-ökologischen Probleme bis zur Wiederherstellung des Aralsees zu verschieben, wäre Betrug an den Menschen. Deshalb müssen jetzt gleich alle erforderlichen Schritte im Gesundheitswesen, zur Versorgung mit unbelastetem Trinkwasser getan werden. Außerdem muß man zu der für diese Region traditionellen Struktur der Wirtschaft (Viehzucht, Gemüseanbau, Kürbis- und Melonenkulturen) zurückkehren und dem ressortmäßigen Monopolismus ein Ende setzen, der die Lebensinteressen von Millionen Menschen mißachtet.
Das Beispiel Aralsee gibt Anlaß, sich noch einmal darüber Gedanken zu machen, an welchen Abgrund wir durch Leichtsinn gelangen können. Wir riskieren irgendwann in diesen Abgrund zu stürzen.

nach: *Ananjew* 1989 aus: *Claaßen* 1992, S. 40

4.4 Boreale Zone

4.4.1 Bedeutung der Borealzone für das Schulfach und die Schüler

Für den *Geographieunterricht* sind besonders folgende Merkmale des Borealklimagebiets bedeutsam:
– gemäßigte bis extreme Ausprägungen und Auswirkungen des Kontinentalklimas,
– größtes Waldgebiet der Erde, vorwiegend aus Nadelhölzern zusammengesetzt, die auf kargem Boden unter schwierigen Klimabedingungen wachsen,
– Reichtum an Seen und Mooren,
– naturnahe Nutzungsformen, deren Wandel und Erweiterungen von der Selbstversorgerwirtschaft einheimischer Völker über Pelztierjagd, Land- und Forstwirtschaft, Förderung von Erzen und fossilen Brennstoffen bis zu Industrie und Tourismus und den damit verbundenen Umweltbelastungen.

Schüler haben zu den Eigenheiten und Problemen des Borealgebiets selten einen direkten Bezug. Im Unterschied etwa zum Mittelmeergebiet kennen nur wenige diesen Raum aus eigener Anschauung, mögen auch Gebirgsnadelwälder und Koniferenbestände tieferer Lagen eine gewisse Vorstellung geben. Interessant ist die Taiga vor allem deswegen, weil sie zum überwiegend städtisch geprägten und im ozeanischen oder Übergangsklimagebiet gelegenen eigenen Lebensraum meist scharfe Kontraste bildet. Dies gilt insbesondere für die Länge und Härte der borealen Winter, die elementare Wucht eines Schneesturms oder Eisgangs, die scharfen jahreszeitlichen Zäsuren, die Weite und Menschenarmut, die oft noch anzutreffende Ursprünglichkeit und Ungezähmtheit von Wald und Wasser, die riesigen Dimensionen von Verkehrswegen und Wasserkraftanlagen mit ihren Anforderungen an die Technik und die menschliche Leistungsfähigkeit.

Abb. 4.4.1/1
Beziehungen bzw. Zugänge des Schülers zum Borealgebiet
Entwurf: *Härle*

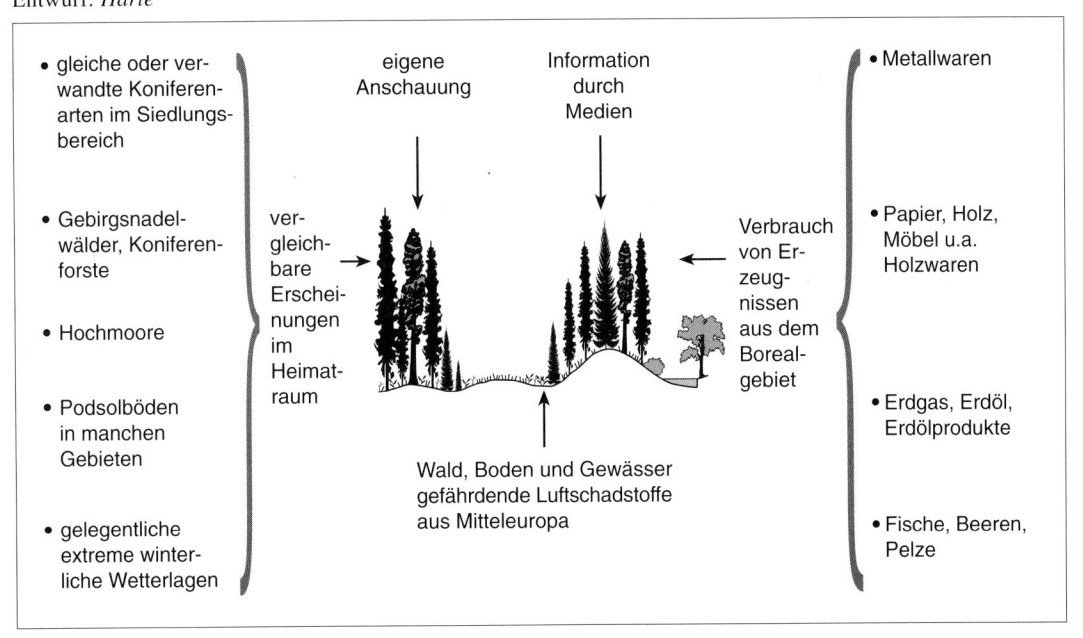

Verständlicherweise werden der kranke Wald im eigenen Land und der schwindende tropische Regenwald mehr beachtet; die Gefährdungen des borealen Waldes sollten jedoch nicht übersehen werden. Deren Ursachen liegen ja auch in den Wald, Boden und Gewässer schädigenden Luftschadstoffen aus Mitteleuropa bzw. den USA und im Konsumverhalten, speziell dem überhöhten Papier-, Energie- und Metallverbrauch.

4.4.2 Untersuchungs- und Beobachtungsmöglichkeiten

4.4.2.1 Kontinental-ozeanisches Phänomen

Untersuchungen
Die unterschiedliche Erwärmungs- bzw. Abkühlungszeit von Wasserschichten verschiedener Mächtigkeit ist beim Sieden- und Abkühlenlassen leicht zu beobachten. Wird ein Fenster des Unterrichtsraumes von der Sonne beschienen, zeigen sich innerhalb einer Schulstunde beim Erwärmen von Wasserschichten schon meßbare Differenzen. Dazu schüttet man in ein breites Gefäß 1 cm hoch Wasser, in ein zweites 5 cm hoch, also im Verhältnis 1:5, und stellt beide Gefäße auf den Sims.
Die ozeanische Verspätung aufgrund der größeren Erwärmungstiefe von Wasser (ca. 5 m) gegenüber Land (rund 1 m) kann folgendermaßen demonstriert werden: In Behälter gleicher Größe und aus demselben Material wird eine Lage Wasser (5 cm) bzw. Erde (1 cm) gefüllt. Darauf schiebt man sie in den Backofen und stellt diesen auf eine bestimmte Temperatur, etwa 50 °C, ein. Nach ca. 5 Minuten nimmt man die Gefäße heraus und mißt die Temperatur. Eine zweite Messung, 10 Minuten später, zeigt die längere Wärmekonservierung im Wasser (See) gegenüber dem Boden (Land). Daß eine größere Wassermenge langsamer abkühlt, läßt sich ganz einfach an zwei mit heißem Wasser im Verhältnis 1:5 gefüllten Tassen aufzeigen. In der höher gefüllten Tasse sinkt die Temperatur nicht so rasch ab, weil die der Abkühlung ausgesetzten Flächen im Verhältnis zum Wasservolumen kleiner sind.

Beobachtungen
Fröste im Herbst und Frühjahr lassen flache Wasserpfützen ganz zufrieren, während tiefere nur von einer Eisschicht bedeckt werden. Bei ruhigem winterlichen Hochdruckwetter wächst das Eis vom flachen Uferrand aus und sind seichte Partien rascher zugefroren als die langsamer abkühlenden – weil über einen größeren Wärmevorrat verfügenden – tiefen. (Beim Bodensee hat der bis 252 m tiefe Obersee nur etwa einmal im Jahrhundert eine Eisdecke („Seegfrörne"), wogegen der nur maximal 46 m erreichende Untersee in jedem kalten Winter zufriert.)
Niedermoore ergrünen im Frühjahr später als gut entwässerte Wiesen, weil ihr mit Wasser gesättigter Boden länger kalt bleibt. Die ozeanische Verzögerung ist auch erkennbar an der gegenüber Standorten landeinwärts verspäteten Baumblüte am Ufer größerer Seen oder der Meeresküste. Diese ist auch kaum von Spätfrösten bedroht, weil das Wasser in kalten Nächten Wärme abgibt.

4.4.2.2 Boden

Wo *Podsole* bzw. *Gebirgspodsole* vorkommen – wie in Teilen des Norddeutschen Tieflandes, Nordostbayerns und in hohen Mittelgebirgslagen –, können diese untersucht und ihre Profile und Eigenschaften mit den Beschreibungen borealer Podsole verglichen werden. Auf einfache Art ist dies schon ab Klasse 7 möglich.
Rohhumusauflagen, ein sehr wichtiges Kennzeichen der Podsole im Borealgebiet, sind weiter verbreitet und finden sich in lichtarmen (Jugend)stadien von Nadelholzreinbeständen. Die mitunter in Platten abhebbare, deutlich vom Boden abgesetzte, mehrere Zentimeter dicke Rohhumus-Schicht enthält unzersetzte Nadeln und Zweige und nahezu keine wühlenden und bodenvermischenden Tiere. Sie hat nied-

rige pH-Werte (3–4) und läßt dort, wo es ein wenig Licht erlaubt, nur kalkfliehende Pflanzen wie Frauenhaarmoos und Heidelbeeren wachsen.

Daß naturwidriges menschliches Wirtschaften die Ursache dieser Bodenverschlechterung ist, belegen oft benachbarte Standorte mit krautreichen Wäldern und Mull oder Moder. (Mull ist eine Humusform fast ohne Streustoffe (vgl. Band 10/II, 2.2.1.2). Die braungraue bis schwarze, von vielen wühlenden und erdfressenden Bodentieren belebte Feinkrume hat den charakteristischen frischen Erdgeruch. Der Boden reagiert schwach sauer bis alkalisch. Moder nimmt zwischen Mull und Rohhumus etwa eine Zwischenstellung ein, besitzt also eine lockere Lagerung der humosen Horizonte, unscharfe Übergänge zwischen ihnen und mehr Spuren tierischer Tätigkeit (nach *Schachtschabel/Blume* 1982, S. 333).) Neben dem genauen Beschreiben und Messen von Rohhumus, Mull bzw. Moder sollte unter Berücksichtigung der Lichtverhältnisse (Lichtstärkemessung) auch die eventuell vorhandene Vegetation erfaßt werden.

4.4.2.3 Hochmoore

Einen Eindruck von einem wichtigen Vegetationstyp der Borealzone vermitteln Hochmoore. Die mitteleuropäischen Hochmoore sind nach Aussehen und Artenbestand den typischen Hochmooren der Borealzone sehr ähnlich. Darüber hinaus zeigen sie mit starken Temperaturausschlägen auch kontinentale Klimazüge. (In großen Hochmooren des Alpenvorlandes können z. B. jeden Monat Fröste vorkommen.) Im fremden, arktischen Charakter besteht ihr besonderer Reiz. Außer Vegetations- und Bodenbeobachtungen lassen sich auch die pH-Werte von Moor- und Mineralbodenwasser messen sowie an klaren Tagen Temperaturunterschiede zwischen gehölzfreiem Moorzentrum und der Umgebung feststellen. Da naturnahe Hochmoore selten und überdies trittempfindlich sind, sollte man sich vorher erkundigen, wo ein schadloses Begehen möglich ist.

Schon Fünft- und Sechstkläßlern, ja Grundschülern, läßt sich ein Eindruck von den Besonderheiten eines Hochmoores vermitteln. Wenn man sich mit dem Biotop samt seiner Entstehung und Gefährdung genauer befassen will, kann dies ab Klasse 7 und – vertieft und bei stärkerer Eigentätigkeit der Schüler – in der Oberstufe erfolgen. (In einigen Hochmooren sind Lehrpfade eingerichtet, zu denen teilweise didaktisch aufbereitete Informationen herausgegeben wurden. Ein sehr gutes Beispiel hierfür ist der von *Schlichtig/Enderle* (1986) eigens für die Schule konzipierte Führer durch das Arrisrieder Moos nördlich von Wangen im Allgäu. Außerdem besteht die Möglichkeit, sich von Naturschutzfachleuten führen zu lassen.)

4.4.2.4 Exotische Koniferen

Eventuell zusammen mit dem Fach Biologie können nichtheimische Nadelhölzer (vgl. 3.3.1.3, Abschnitt b) in Anlagen und Gärten um den Schulbereich kartiert werden. Dies ist – mit Hilfestellungen – ab Klasse 7 durchführbar. Im *vegetationsgeographischen* Teil werden dabei die vorkommenden Arten, ihre Merkmale, Standortansprüche und Herkunftsregionen – zumeist ozeanische Westküste Nordamerikas, Japan und gegenüberliegende Küsten – erfaßt.

Beim *sozialgeographischen* Teil geht es um die Ursachen für die Beliebtheit und weite Verbreitung der fremden Koniferen. Außer dem Wunsch und dem Bewußtsein, etwas Besonderes, Ausgefallenes und Kostbares zu besitzen, zu zeigen, daß man sich gärtnerische Statussymbole wie die einst Villengärten vorbehaltene Blaufichte leisten kann, spielt die Pflegeleichtigkeit der Koniferen eine wichtige Rolle. Bei ihnen entfällt das – weithin unnötige – Entfernen des Herbstlaubes, unter ihrem ganzjährigen Schatten wächst kaum etwa „Störendes", und sie benötigen meist keinen Schnitt. Außerdem gibt es viele schlank- und kleinwüchsige Arten und solche mit blau- und gelbgrünen Nadeln und Schüppchen, die nicht ohne Reiz sind. Nicht zuletzt fördern auch die Angebote von Baumschulen, Gartencentern und Versandhauskatalogen die Exoten.

4.4.3 Unterrichtsvorschläge

4.4.3.1 Kontinentalklima (Klassen 5–9)

Zum Thema

Kontinentales und dazu kontrastierend ozeanisches Klima und kontinentale bzw. ozeanische Merkmale bei anderen Klimaten gehören zum geographischen Grundwissen. Durch gelegentliches Ausgreifen osteuropäischer Hochdruckwetterlagen, mehr aber noch durch das herrschende ozeanische oder Übergangsklima haben auch jüngere Schüler einen Zugang zum Thema. An diesem lassen sich Naturgesetzlichkeiten und deren Auswirkungen aufzeigen sowie die trotz technischer Möglichkeiten starke Beeinflussung menschlichen Lebens und Wirtschaftens durch das Landklima.

Zu den Materialien (M 4.4.3.1/3 und M 4.4.3.1/4 auch für Kl. 5/6, sonst 7–9)

M 4.4.3.1/1 Ozeanischer und kontinentaler Klimatyp im Vergleich (Kl. 7–9)
Die verschiedenen, im Blatt aufgezeigten Aspekte sollten einzeln vorgestellt werden. Die Temperaturen mit abgedeckten Stationsnamen könnten als Impuls am Anfang stehen; die Frage nach den Ursachen der Differenzen führt zu den angegebenen Erklärungen. Ähnlich wäre mit den Niederschlägen zu verfahren. Zumindest einige der Unterschiede können dann die Schüler selbst herausfinden. Mit Strichen lassen sich die klimatischen Auswirkungen des unterschiedlichen Verhaltens von Land und Meer verdeutlichen.

M 4.4.3.1/2 Wirkkräftiges Kontinentalklima (Kl. 7–9)
Die Spitzen des angedeuteten Schneekristalls zeigen auf natur- und kulturgeographische Bereiche, die sich nach Bedarf reduzieren oder – etwa durch den Wintertourismus – erweitern lassen. Als Impuls kann zunächst nur der Kristall gezeichnet werden; die Schüler nennen dann Bereiche, auf die sich das Kontinentalklima auswirkt und begründen dies.

M 4.4.3.1/3 Eisgang (Kl. 5–9)
Beim hier beschriebenen Eisgang (auf dem Jenissei) handelt es sich um den Frühjahrs-Eisgang. Daneben gibt es noch einen zweiten, schwächeren im Herbst, wenn das von Süden heranströmende wärmere Wasser die sich im Norden bildende Eisdecke zunächst noch wegreißt. Der Bericht zeigt auch die Reliefgestaltung durch das Eis.

M 4.4.3.1/4 Vereinfachter Jahresgang des borealen Kontinentalklimas
Der Jahresgang des Klimas in Westsibirien kann als Mittelwert für das gesamte Borealgebiet dienen. Zum Vergleich sollte der Jahresgang des örtlichen oder regionalen Klimas herangezogen werden. Auch als Einstieg zum Thema bietet sich die Beschreibung an. *Versuche und Beobachtungen* zum kontinentalen und ozeanischen Klima sind in 4.4.2.1 beschrieben.

M 4.4.3.1/1: Ozeanischer und kontinentaler Klimatyp im Vergleich

ozeanisch (Atlantisches oder Seeklima)	Ursachen und Beispiele	kontinental (Land- oder Binnenklima)
ausgeglichener geringe tägliche und jährliche Temperaturschwankungen; Unterschied der Monatsmittel im ozeanischen Borealklima 13-19°C, sonst z.T. unter 5°C; wärmster Monat 10-15°C, milde-wenig kalte Winter, seltene Spät- und Frühfröste, lange Übergangsjahreszeiten (Frühjahr und Herbst)	Temperaturen-Diagramm mit Valentia (Irland) 9 m, J. 10,8°; Bergen (Norwegen) 60° 12' 45 m, J. 7,8°; Falun (Schweden) 60° 37' 122 m, J. 4,7°; Ulan Ude (Sibirien) 51° 48' 510 m, J. -1,7°	*extremer* große tägliche und jährliche Temperaturschwankungen; Monatsmittel 20-40°C, im extremen Kontinentalklima bis 65°C auseinanderliegend; wärmster Monat 10-20°C; kalte bis extrem kalte Winter, häufig Spät- und Frühfröste, kurze Übergangsjahreszeiten
später Höchst- und Tiefsttemperaturen verzögert, oft erst im August und Februar, ja vereinzelt September und März erreicht		*früher* Erreichen der Höchst- und Tiefstwerte im Juli und Januar, bald nach dem höchsten bzw. niedrigsten Sonnenstand
einheitlicher über größere Gebiete hinweg wenig Temperaturunterschiede	Ca. 5m mächtige Wasser-, aber nur rund 1m mächtige Boden- bzw. Gesteinsschicht an Erwärmung und Abkühlung beteiligt. Im Meer keine Höhenunterschiede und sich thermisch unterschiedlich verhaltende Oberflächen wie trocken-feucht, offen-vegetationsbedeckt.	*unterschiedlicher* starke Auswirkung regionaler, ja lokaler Relief-, Boden- und Bewuchsunterschiede
wolkenreicher, sonnenärmer wenige sonnige Tage, kürzere Sonnenscheindauer	Unterschiedliches Verhalten Meer - Land	*wolkenärmer, sonnenreicher* viele sonnige Tage, längere Sonnenscheindauer
windreicher in ungeschützten Lagen häufige und heftige Winde	Turbulenz und Strömungen verteilen Wärme im Wasser rascher als auf dem Land. Ausgedehnte, einheitliche, Luftbewegungen kaum bremsende Wasserflächen mit hoher Verdunstung und Wärmespeicherfähigkeit - Land dagegen mit geringerer Verdunstung und Wärmespeicherung und bremsendem Relief.	*windärmer* von exponierten Lagen abgesehen, weniger Wind
niederschlagsreicher in der Regel 600-1200 mm/Jahr, im Gebirgsstau bis 4000, ja 6000 mm; Schauer, Niesel- und Landregen typisch; Herbst- und Wintermaximum, in Meereshöhe Schnee selten liegen bleibend; überall ganzjährig feucht	Niederschläge-Diagramm mit Bergen (Norwegen) 60° 12' 1958 mm/J.; Valentia (Irland) 51° 56' 1400 mm/J.; Falun (Schweden) 60° 37' 561 mm/J.; Ulan Ude (Sibirien) 51° 48' 246 mm/J.	*niederschlagsärmer* meist 300-600 mm/Jahr (Gebirge bis über 1000 mm), Gewitterregen häufig; Sommermaximum, mehrmonatige bis über halbjährige Schneedecke; gebietsweise Trockenperioden
unbeständiger häufiger Wechsel von Hochs und Tiefs, von Sonnenschein, Wolken und Regen		*beständiger* lang anhaltende Hochdruckwetterlagen, besonders im Winter

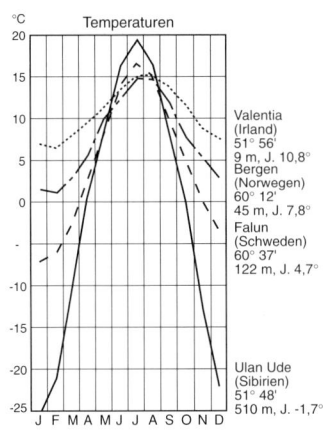

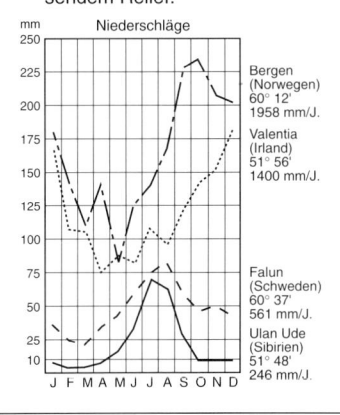

Klimadiagramme aus *Richter, G.* (Hrsg.): Handbuch ausgewählter Klimastationen der Erde, Trier 1979

M 4.4.3.1/2: Wirkkräftiges Kontinentalklima (Kl. 7–9)

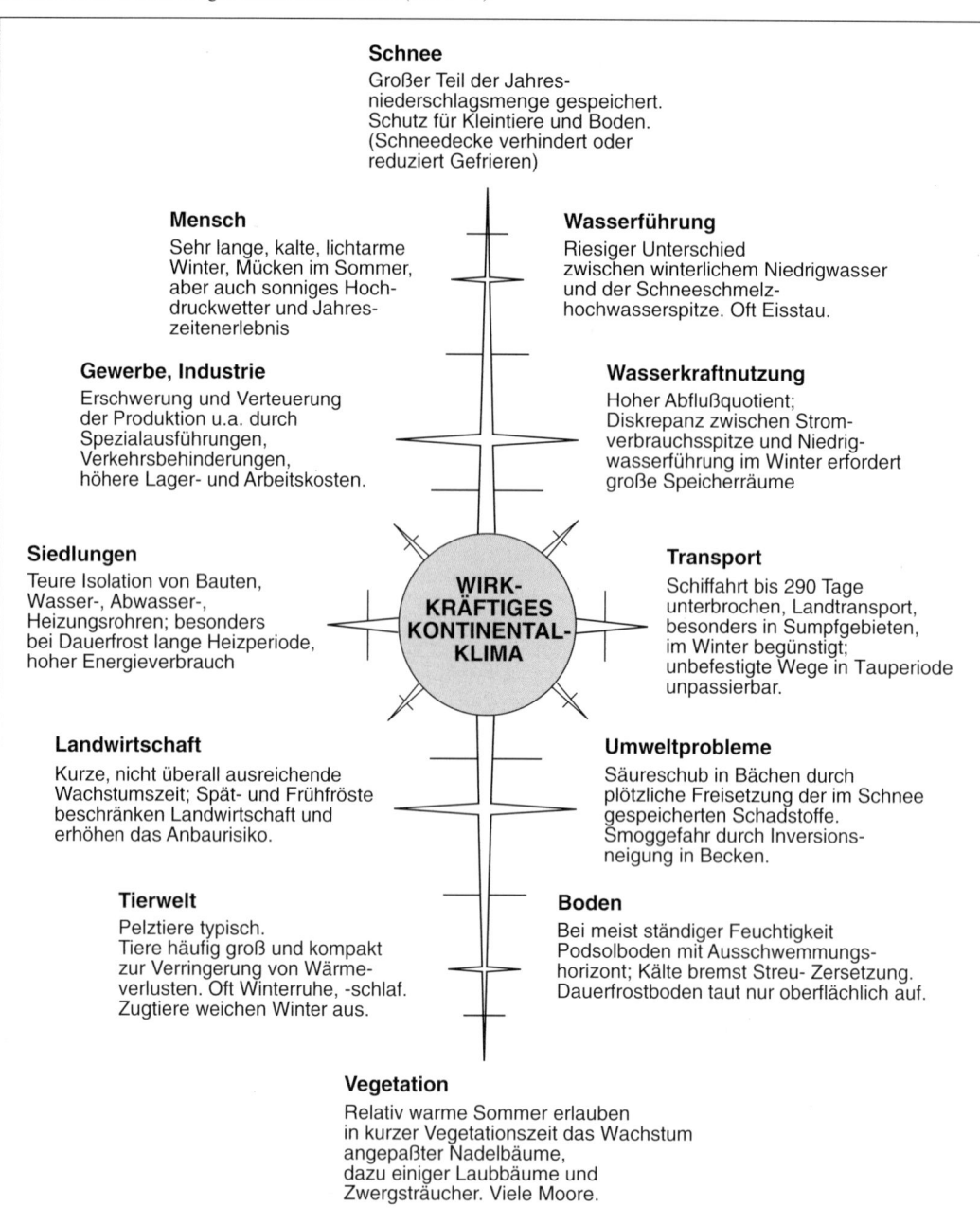

Schnee
Großer Teil der Jahresniederschlagsmenge gespeichert. Schutz für Kleintiere und Boden. (Schneedecke verhindert oder reduziert Gefrieren)

Mensch
Sehr lange, kalte, lichtarme Winter, Mücken im Sommer, aber auch sonniges Hochdruckwetter und Jahreszeitenerlebnis

Wasserführung
Riesiger Unterschied zwischen winterlichem Niedrigwasser und der Schneeschmelzhochwasserspitze. Oft Eisstau.

Gewerbe, Industrie
Erschwerung und Verteuerung der Produktion u.a. durch Spezialausführungen, Verkehrsbehinderungen, höhere Lager- und Arbeitskosten.

Wasserkraftnutzung
Hoher Abflußquotient; Diskrepanz zwischen Stromverbrauchsspitze und Niedrigwasserführung im Winter erfordert große Speicherräume

Siedlungen
Teure Isolation von Bauten, Wasser-, Abwasser-, Heizungsrohren; besonders bei Dauerfrost lange Heizperiode, hoher Energieverbrauch

WIRKKRÄFTIGES KONTINENTALKLIMA

Transport
Schiffahrt bis 290 Tage unterbrochen, Landtransport, besonders in Sumpfgebieten, im Winter begünstigt; unbefestigte Wege in Tauperiode unpassierbar.

Landwirtschaft
Kurze, nicht überall ausreichende Wachstumszeit; Spät- und Frühfröste beschränken Landwirtschaft und erhöhen das Anbaurisiko.

Umweltprobleme
Säureschub in Bächen durch plötzliche Freisetzung der im Schnee gespeicherten Schadstoffe. Smoggefahr durch Inversionsneigung in Becken.

Tierwelt
Pelztiere typisch. Tiere häufig groß und kompakt zur Verringerung von Wärmeverlusten. Oft Winterruhe, -schlaf. Zugtiere weichen Winter aus.

Boden
Bei meist ständiger Feuchtigkeit Podsolboden mit Ausschwemmungshorizont; Kälte bremst Streu-Zersetzung. Dauerfrostboden taut nur oberflächlich auf.

Vegetation
Relativ warme Sommer erlauben in kurzer Vegetationszeit das Wachstum angepaßter Nadelbäume, dazu einiger Laubbäume und Zwergsträucher. Viele Moore.

M 4.4.3.1/3: Eisgang

Der ungeheure (Jenissei) Strom hatte riesige Eisfelder heruntergeschleppt, die er auf den Stromschnellen und den hier und da herausragenden Felsen zerbrach, indem er sie in zornigen Wirbeln packte... Von Zeit zu Zeit stockte der freie Abfluß des Stromes. Dann entstand ein Gebrüll. Die großen Eisfelder wurden gequetscht und häuften sich auf, manchmal bis zu einer Höhe von dreißig Fuß. Sie bildeten so gegen das hinter ihnen befindliche Wasser einen Damm, so daß dieses schnell höher und höher stieg, an niedrigen Uferstellen übertrat und größere Eismengen auf das Land warf. Dann jedoch eroberte die Gewalt der verstärkten Wasser den sperrenden Eisdamm und riß ihn mit dem Klirren brechenden Glases in Stücke.

An den Flußkrümmungen und an den großen Felsen entstand ein schreckliches Chaos. Ungeheure Eisblöcke drängten sich dort und tanzten wild umher, bis sie hoch in die Luft geschleudert wurden, gegen andere Eisblöcke stießen oder gegen die Klippen des Ufers schmetterten, wo sie Geröll, Erde und Bäume herausrissen. Das ganze Ufer entlang häufte dieser Naturriese mit einer ungeheuren Plötzlichkeit eine große, fünfzehn bis zwanzig Fuß hohe Mauer auf, die von den Bauern Zaberega genannt wird und durch die sie nur an den Fluß gelangen können, indem sie sich eine Straße hindurchschlagen.

aus: *Ferdinand Ossendowski*: „Tiere, Menschen und Götter". Frankfurter Societätsdruckerei 1923

M 4.4.3.1/4: Vereinfachter Jahresgang des borealen Kontinentalklimas (Mittleres Westsibirien)

In der zweiten Oktoberhälfte bricht in der Regel unvermittelt der Winter ein. Von Westen und Nordwesten heranziehende Tiefs bringen in den folgenden Wochen und vereinzelt auch im Hoch- und Spätwinter weitere Schneefälle, die eine geschlossene Schneedecke von etwa 60–80 cm ergeben. Mit dem Schnee und den kürzer werdenden Tagen kommt die Kälte. Von Dezember bis Februar liegen die Durchschnittstemperaturen bei $-20\,°C$, es können aber auch bis $-55\,°C$ gemessen werden. Glücklicherweise herrscht im Winter meist Hochdruckwetter mit Windstille und klarem Himmel. Aus der Arktis hereinbrechende Schneestürme, die gefürchteten Burane, sind selten.

Dem steigenden Sonnenstand weicht Anfang Mai der Schnee. In kurzer Zeit werden über Monate gespeicherte Niederschlagsmengen frei, die der gefrorene oder nur ganz oberflächlich aufgetaute Boden nicht aufnehmen kann. Tauwetter ist daher gleichbedeutend mit Schlammperiode und Wegelosigkeit, da zugleich das Eis der „Winterstraßen" – Flüsse und Ströme – unter dem Druck der von Süden herangeführten Wassermassen bricht. Überschwemmungen, zumal bei Eisstau, sind damit verbunden. Länger hält sich die Eisdecke der Seen.

Rasch geht die Hochwasserspitze, allmählich die hohe Wasserführung zurück. Ende Mai beginnen die Birken auszuschlagen und ist der Boden so weit aufgetaut und abgetrocknet, daß auf den wenigen hierfür geeigneten Flächen die Feldbestellung beginnen kann. Zwar kommen bis weit in den Juni hinein noch Spätfröste vor, aber lange Tage und häufige Regenfälle sorgen für rasches Wachstum. Dies ist auch nötig, denn die Vegetationszeit beträgt nur etwa 100 Tage. Die Sommermonate, in denen der Juli durchschnittlich $17\,°C$ erreicht, aber auch $30\,°C$ vorkommen können, sind indes auch die Zeit der Mückenplage.

Ab Mitte August kündigt sich schon der Herbst an. Gelegentlich im Wettlauf mit einsetzenden Frösten wird im September die Ernte eingebracht. Anfang Oktober beginnt der Laubfall der Birken und bereiten sich Menschen und Tiere auf den Winter vor.

4.4.3.2 Borealer Nadelwald (Klassen 7–9, 11–13)

Zum Thema

Die Zone des borealen Nadelwaldes ist eine der wenigen großen Vegetationszonen, die noch überwiegend naturnah oder gar natürlich sind. Deswegen, weil sie das größte Waldgebiet der Erde darstellt, Mitteleuropa Wälder als Vergleichsobjekte besitzt und viele Schüler auch eine emotionale Beziehung zum Wald haben, gehört ihre Vorstellung auch in den Geographieunterricht.

Zu den Materialien

M 4.4.3.2/1 Tropischer Regenwald und borealer Nadelwald (Kl. 7–9)
Der Vergleich mit dem ganz anders gearteten tropischen Regenwald läßt die Kennzeichen des borealen Nadelwaldes deutlicher werden. Das aus Texten und Graphiken baukastenartig zusammengesetzte Übersichtsblatt sollte in einzelnen Teilen dargestellt werden. Als Anfang bietet sich die Taiga-Zeichnung an. Die gefundenen Merkmale lassen sich leicht ergänzen, wenn der tropische Regenwald als Kontrast hinzugenommen wird. Die Hauptursachen der Verschiedenheit liegen im Klima, repräsentiert durch Klimadiagramme, deren Kennzeichnung zunächst von den Schülern selbst versucht wird. Der Vergleich der beiden Waldtypen im Mittelteil der Vorlage bringt noch einige Aspekte, die aus den Zeichnungen und Klimaschaubildern nicht unmittelbar zu entnehmen sind.

M 4.4.3.2/2 Vegetationsgesellschaften im borealen Nadelwald (Kl. 9–13)
Die Zeichnung will eine mögliche falsche Vorstellung von der Taiga als einem uniformen Wald korrigieren. Neben je nach Untergrund und Wasserhaushalt unterschiedlichen Pflanzengesellschaften ist auch der Normalwald nach Altersphasen und Sukzessionsstadien differenziert. Ein Vergleich mit Mitteleuropa und den hier fast verschwundenen Auwäldern, Brand-Stadien und Hochmooren liegt nahe (vgl. Abb. 3.3.1.3/4).

M 4.4.3.2/3 Schema der Brand-Sukzession in der humiden Taiga (Kl. 11–13)
Wie entgegen der früher z. T. herrschenden Meinung „Urwälder" nicht statisch sind, sondern häufigem Wechsel unterliegen, wird besonders nach einem Brand deutlich. Abhängig von Beschattung und Boden entstehen verschiedene Übergangsgesellschaften, aus denen sich, oft unterbrochen von Rückschlägen, schließlich die End- oder Klimaxgesellschaft für den jeweiligen Standort herausbildet. (Bei der Präsentation als Folie regt ein abschnittsweises Aufdecken Phantasie und Nachdenken an.)

M 4.4.3.2/4 Hemmfaktoren im boralen Nadelwald (Kl. 11–13)
Die von Klima und Boden ausgehenden Beschränkungen und deren Auswirkungen werden in der Textgraphik dargestellt. Sie mag dazu dienen, ein entsprechendes Tafelbild zu entwickeln oder mit gewissen Vorgaben und Hilfen von Oberstufenschülern entwickeln zu lassen.

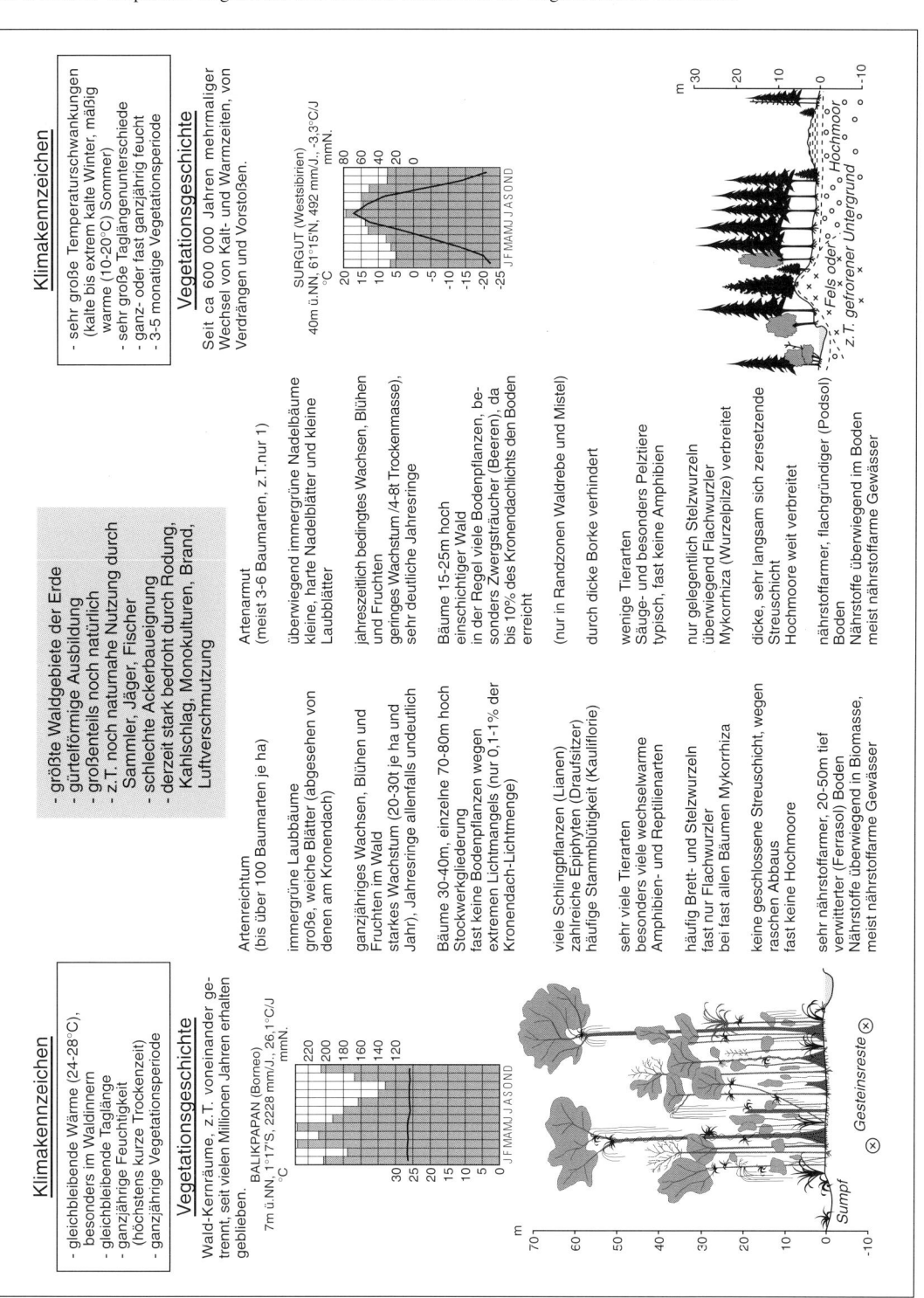

M 4.4.3.2/1: Tropischer Regenwald und borealer Nadelwald im vergleichenden Überblick

Borealer Nadelwald

Klimakennzeichen
- sehr große Temperaturschwankungen (kalte bis extrem kalte Winter, mäßig warme (10-20°C) Sommer)
- sehr große Tagelängenunterschiede
- ganz- oder fast ganzjährig feucht
- 3-5 monatige Vegetationsperiode

Vegetationsgeschichte
Seit ca 600 000 Jahren mehrmaliger Wechsel von Kalt- und Warmzeiten, von Verdrängen und Vorstoßen.

SURGUT (Westsibirien)
40m ü.NN, 61°15'N, 492 mm/J., -3,3°C/J

Tropischer Regenwald

Klimakennzeichen
- gleichbleibende Wärme (24-28°C), besonders im Waldinneren
- gleichbleibende Tageslänge
- ganzjährige Feuchtigkeit (höchstens kurze Trockenzeit)
- ganzjährige Vegetationsperiode

Vegetationsgeschichte
Wald-Kernräume, z.T. voneinander getrennt, seit vielen Millionen Jahren erhalten geblieben.

BALIKPAPAN (Borneo)
7m ü.NN, 1°17'S, 2228 mm/J., 26,1°C/J

Vergleich

Tropischer Regenwald	Borealer Nadelwald
- größte Waldgebiete der Erde	
- gürtelförmige Ausbildung	
- großenteils noch natürlich	
- z.T. noch naturnahe Nutzung durch Sammler, Jäger, Fischer	
- schlechte Ackerbaueignung	
- derzeit stark bedroht durch Rodung, Kahlschlag, Monokulturen, Brand, Luftverschmutzung	
Artenreichtum (bis über 100 Baumarten je ha)	Artenarmut (meist 3-6 Baumarten, z.T. nur 1)
immergrüne Laubbäume, große, weiche Blätter (abgesehen von denen am Kronendach)	überwiegend immergrüne Nadelbäume, kleine, harte Nadelblätter und kleine Laubblätter
ganzjähriges Wachsen, Blühen und Fruchten im Wald, starkes Wachstum (20-30t je ha und Jahr), Jahresringe allenfalls undeutlich	jahreszeitlich bedingtes Wachsen, Blühen und Fruchten, geringes Wachstum /4-8t Trockenmasse), sehr deutliche Jahresringe
Bäume 30-40m, einzelne 70-80m hoch Stockwerkgliederung fast keine Bodenpflanzen wegen extremen Lichtmangels (nur 0,1-1% der Kronendach-Lichtmenge)	Bäume 15-25m hoch einschichtiger Wald in der Regel viele Bodenpflanzen, besonders Zwergsträucher (Beeren), da bis 10% des Kronendachlichts den Boden erreicht
viele Schlingpflanzen (Lianen) zahlreiche Epiphyten (Draufsitzer) häufige Stammblütigkeit (Kauliflorie)	(nur in Randzonen Waldrebe und Mistel) durch dicke Borke verhindert
sehr viele Tierarten besonders viele wechselwarme Amphibien- und Reptilienarten	wenige Tierarten Säuge- und besonders Pelztiere typisch, fast keine Amphibien
häufig Brett- und Stelzwurzeln fast nur Flachwurzler bei fast allen Bäumen Mykorrhiza	nur gelegentlich Stelzwurzeln überwiegend Flachwurzler Mykorrhiza (Wurzelpilze) verbreitet
keine geschlossene Streuschicht, wegen raschen Abbaus fast keine Hochmoore	dicke, sehr langsam sich zersetzende Streuschicht Hochmoore weit verbreitet
sehr nährstoffarmer, 20-50m tief verwitterter (Ferrasol) Boden Nährstoffe überwiegend in Biomasse, meist nährstoffarme Gewässer	nährstoffarmer, flachgründiger (Podsol) Boden Nährstoffe überwiegend im Boden meist nährstoffarme Gewässer

M 4.4.3.2/2: Vegetationsgesellschaften im borealen Nadelwald (vereinfachter Überblick)

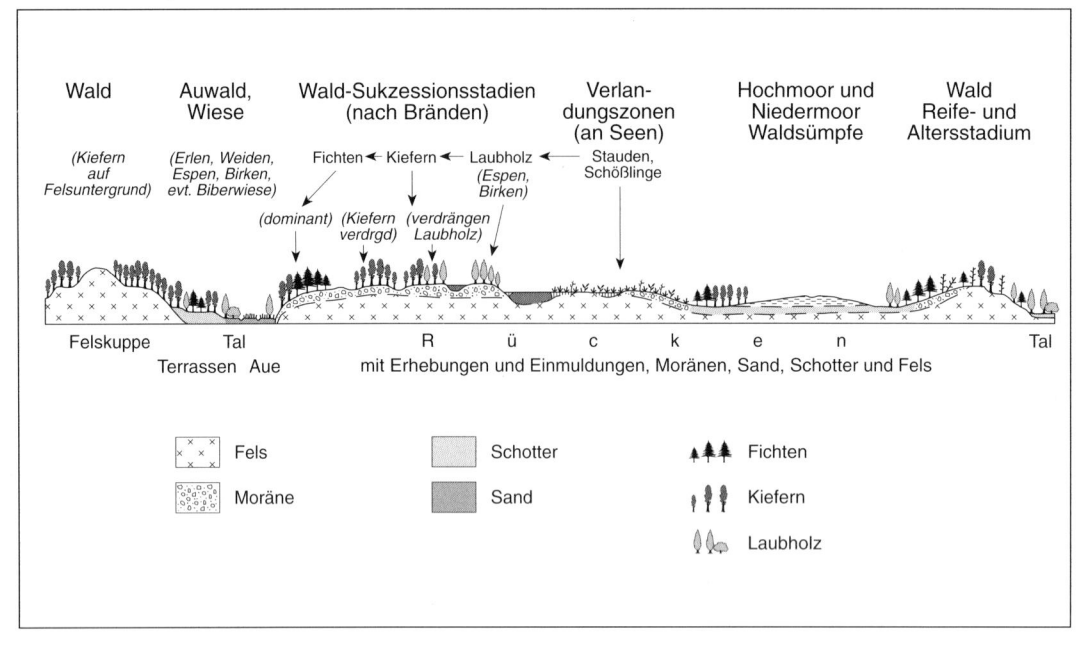

Wald — Auwald, Wiese — Wald-Sukzessionsstadien (nach Bränden) — Verlandungszonen (an Seen) — Hochmoor und Niedermoor Waldsümpfe — Wald Reife- und Altersstadium

(Kiefern auf Felsuntergrund) — (Erlen, Weiden, Espen, Birken, evtl. Biberwiese) — Fichten ← Kiefern ← Laubholz (Espen, Birken) — Stauden, Schößlinge

(dominant) (Kiefern verdrgd) (verdrängen Laubholz)

Felskuppe — Tal Terrassen Aue — R ü c k e n mit Erhebungen und Einmuldungen, Moränen, Sand, Schotter und Fels — Tal

Legende:
- Fels
- Moräne
- Schotter
- Sand
- Fichten
- Kiefern
- Laubholz

M 4.4.3.2/3: Schema der Brand-Sukzession in der humiden Taiga

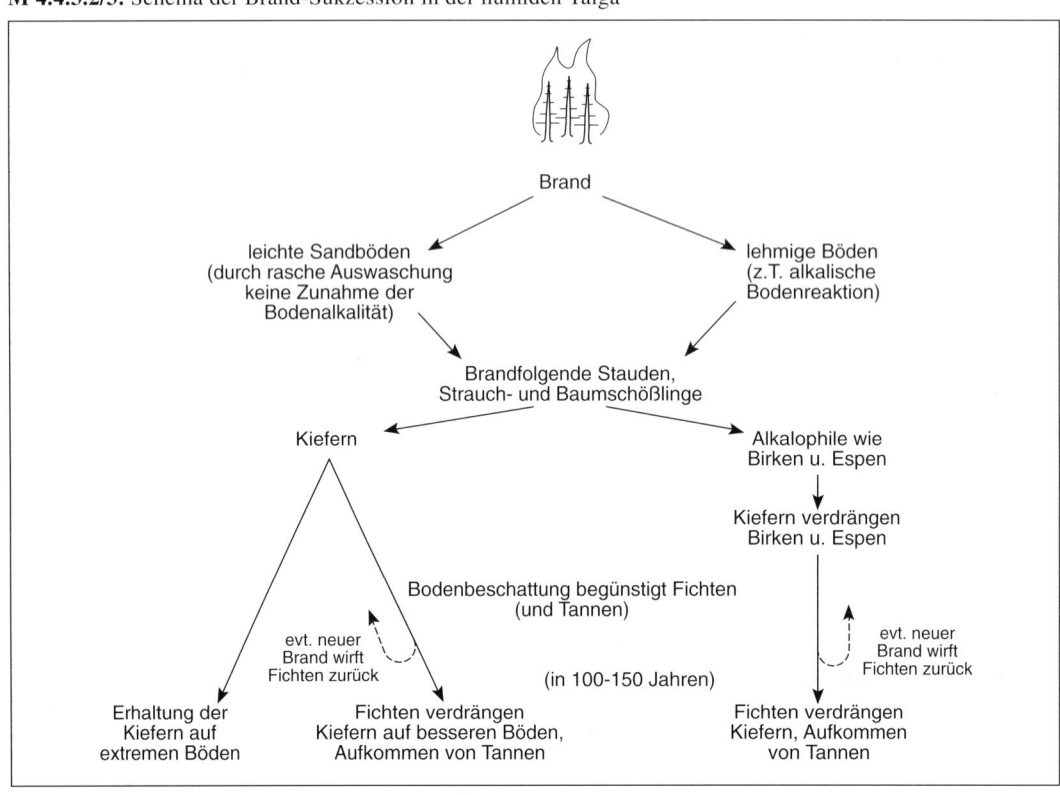

Brand
- leichte Sandböden (durch rasche Auswaschung keine Zunahme der Bodenalkalität)
- lehmige Böden (z.T. alkalische Bodenreaktion)

→ Brandfolgende Stauden, Strauch- und Baumschößlinge

- Kiefern
- Alkalophile wie Birken u. Espen
  ↓
  Kiefern verdrängen Birken u. Espen

Bodenbeschattung begünstigt Fichten (und Tannen)
(in 100-150 Jahren)

evtl. neuer Brand wirft Fichten zurück

- Erhaltung der Kiefern auf extremen Böden
- Fichten verdrängen Kiefern auf besseren Böden, Aufkommen von Tannen
- Fichten verdrängen Kiefern, Aufkommen von Tannen

nach Angaben aus: *Walter/Breckle* 1986, S. 375 f.

M 4.4.3.2/4: Hemmfaktoren im borealen Nadelwald

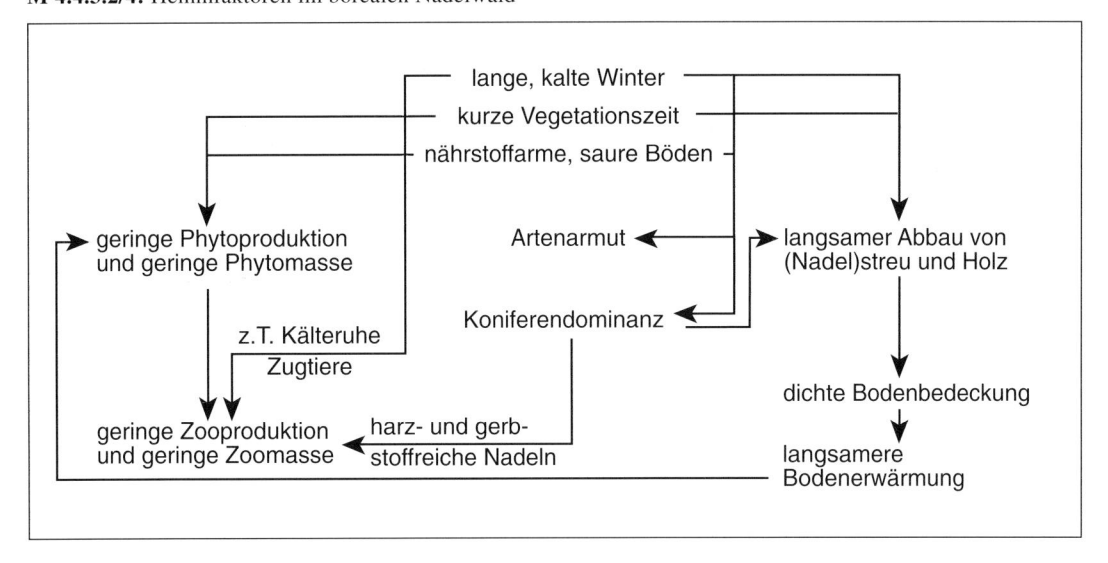

```
                    ┌── lange, kalte Winter ──┐
          ┌─────────┼── kurze Vegetationszeit ─┤
          │         ├── nährstoffarme, saure Böden ─┐
          ▼         ▼                ▼              ▼
  geringe Phytoproduktion      Artenarmut ◄──  langsamer Abbau von
  und geringe Phytomasse                        (Nadel)streu und Holz
          │                          ▲                  │
          │    z.T. Kälteruhe    Koniferendominanz ◄────┤
          │    Zugtiere                                 │
          ▼    ▼                                        ▼
  geringe Zooproduktion ◄── harz- und gerb-      dichte Bodenbedeckung
  und geringe Zoomasse      stoffreiche Nadeln         │
          └──────────────────────────────────────►  langsamere
                                                   Bodenerwärmung
```

4.4.3.3 Holzwirtschaft in Schweden mit besonderer Berücksichtigung des Borealgebietes (Klassen 7–9)

Zum Thema

Von allen Formen der Bodennutzung im borealen Nadelwald – Jagd, Fischfang, Sammel- und Rentierwirtschaft, aber auch Landwirtschaft und Seefischerei – besitzt die Gewinnung und Verarbeitung von Holz die größte Bedeutung. Dies gilt nicht nur für schwach entwickelte, abgelegene Räume, sondern auch für die industrialisierten Borealgebiete Fennoskandiens. Die schwedische Holzwirtschaft, die zu etwa zwei Dritteln auf der Taiga basiert, zeichnet sich durch Produktionsvielfalt, Rationalisierung und Schadstoffreduzierung aus, weshalb sie als Beispiel gewählt wurde.

Zu den Materialien

M 4.4.3.3/1 Waldbedeckung und Holzzuwachs
Der boreale Waldgürtel des mittleren und südlichen Norrlands und des westlichen Mittelschwedens hebt sich durch sehr hohe Waldanteile ab. Wenig Wald haben die Landwirtschaftsgebiete Südschwedens und die Wald- und Höhentundrengebiete Nordnorrlands. Die jährliche Zuwachsrate schwankt auch innerhalb des borealen Waldgebiets fast um das Doppelte. Das höher gelegene, waldreiche Småland nimmt zwischen Mischwald und borealem Nadelwald eine Zwischenstellung ein.

M 4.4.3.3/2 Holzgewinnung und -transport in Schweden früher und heute
Die Gegenüberstellung zeigt die tiefgreifenden Veränderungen durch Holzvollernter und Lastwagentransport. Damit verbunden waren soziale Folgen – Freisetzung von Arbeitskräften in ländlichen Gebieten – und Umweltauswirkungen, besonders wegen der Begünstigung von Monokulturen.

M 4.4.3.3/3 Ökonomie und Ökologie in der schwedischen Forstwirtschaft
Eine naturverträgliche Forstwirtschaft steht in Schweden wie in Mitteleuropa zwischen den Erfordernissen rationeller und hoher Produktion und den Rücksichten auf den Wald als Lebensraum. Der steigende Bedarf nach Holzerzeugnissen dürfte vielerorts die Neigung verstärken, kurzfristigen ökonomischen Zielen den Vorrang zu geben. Der Text mag dazu anregen, sich von einem Förster oder Waldbauern über die Situation der örtlichen Forstwirtschaft informieren zu lassen.

M 4.4.3.3/4 Holzversorgung und Holzverwendung in Schweden
Zellstoff- und Holzwarenindustrie nehmen fast die gesamte schwedische Holzernte auf, die durch kleinere Importe ergänzt wird. Über Holzschnitzel beliefern die Sägewerke auch die Zellstoffindustrie.

M 4.4.3.3/5 Faserstoff-, Papier- und Schnittholzproduktion
Mit seiner relativ kleinen produktiven Waldfläche von 23,5 Mio. ha – die kanadische beträgt z. B. 264 Mio. ha – produziert Schweden bedeutende Mengen von Zellstoff, Papier und Schnittholz und ist einer der großen Exporteure dieser Erzeugnisse. Holzprodukte haben am schwedischen Gesamtexport einen Anteil von knapp 20% und liefern über die Hälfte der Netto-Deviseneinnahmen (Deviseneinnahmen nach Abzug der für die Produktion nötigen Importe).

M 4.4.3.3/6 Konzentration in der Holzindustrie
Mit weniger Anlagen wird mehr produziert. Die Verringerung der Zahl der Arbeitsplätze traf vor allem ländliche Regionen. Atlaskarten zeigen Flußmündungen als bevorzugte Standorte der schwedischen Holzindustrie.

M 4.4.3.3/7 Schadstoffreduzierung in der Holzindustrie
Zellstoff- und Papierfabriken sind traditionell starke Wasserverschmutzer. Durch neue Produktionsverfahren und bessere Reinigungstechniken ist es gelungen, vor allem die Chlor- und Schwefelbelastung stark zu senken. Zellstoffbleiche mit Wasserstoffperoxyd statt Chlorgas bringt eine weitere Reduzierung.

M 4.4.3.3/1: Waldbedeckung und Holzzuwachs (einschließlich Rinde) in den fünf Hauptforstregionen nach dem Forstzensus 1953–1962

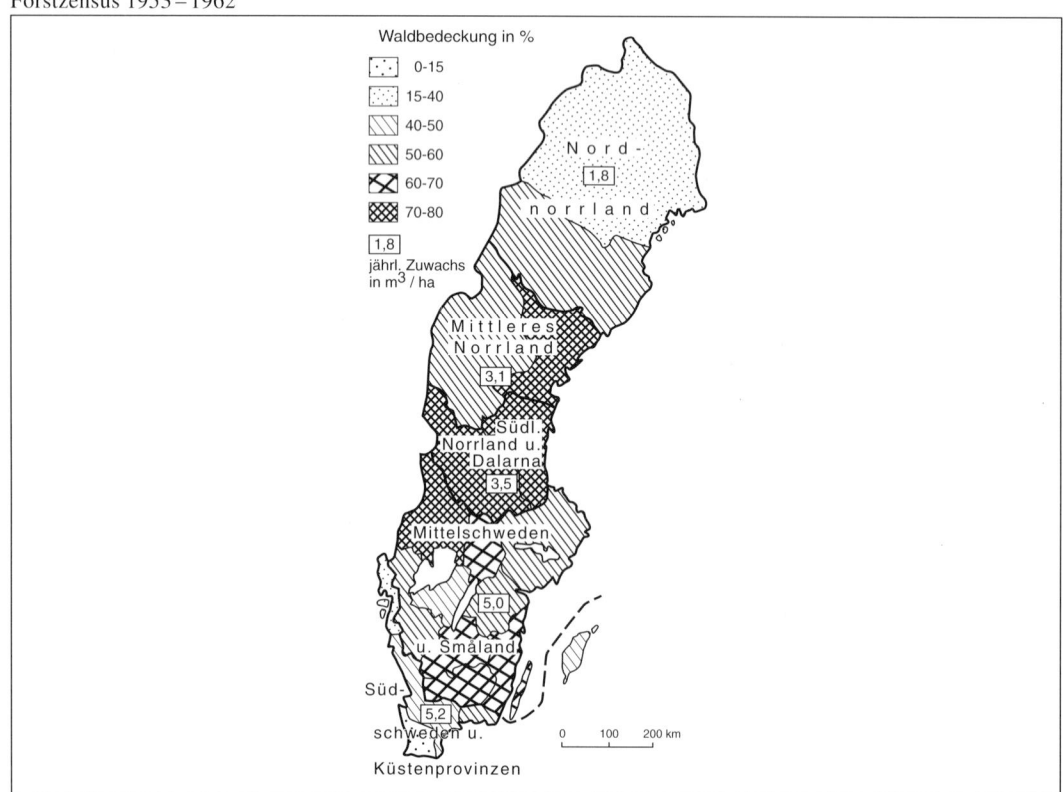

aus: *Sömme, A.*, Die nordischen Länder. Braunschweig 1967, S. 306

M 4.4.3.3/2: Holzgewinnung und -transport in Schweden früher und heute

	um 1955	1990	Begründung (für 1990)
Fällzeit	fast nur im Winter	ganzjährig, Schwerpunkt im Winter	bessere Auslastung der Vollzeitarbeitskräfte, kontinuierliche Belieferung der Fabriken
Fällen und Aufbereitung	manuelles Fällen, Entasten, Entrinden und Einschneiden auf gewünschte Längen	überwiegend Holzvollerntemaschinen. (Fällen, Entasten, Entrinden, Einschneiden in einem Arbeitsgang)	Mechanisierung und Rationalisierung – Arbeitskräfteeinsparung – vor allem bei großen Waldbesitzern. Flaches Relief und Reinbestände begünstigen Maschineneinsatz
Rücken	mit Zugtieren und Traktoren zur Floß- bzw. Abfuhrstelle	mit Spezialtransportern und Traktoren	Technik statt fast verschwundener Zugtiere
Transport zum Holzverarbeitungswerk	ganz überwiegend, in der Taiga fast ausschließlich, druch Flößen	99% mit Lastwagen (obwohl Flößen deutlich billiger)	Unterbrechung der Floßwege durch Kraftwerksstaudämme, Ausbau der Straßen, billiger Treibstoff, laufende Frischholzbelieferung der Fabriken

M 4.4.3.3/3: Ökonomie und Ökologie in der schwedischen Forstwirtschaft

Im Unterschied zu den meisten anderen borealen Waldgebieten wird die schwedische Taiga schon seit vielen Jahrzehnten nach dem Grundsatz der Nachhaltigkeit bewirtschaftet. Öffentliche und private, große und kleine Waldbesitzer kommen ihrer Pflicht zur Aufforstung durch Naturverjüngung und Anpflanzung nach. Kahlschläge haben nie die Dimension wie in Kanada, Alaska oder Sibirien. Auch steht im schwedischen Forstgesetz von 1980 nicht nur, daß Waldboden so zu bewirtschaften ist, „daß er nachhaltig einen hohen und wertvollen Holzertrag abwirft", sondern es wird auch festgehalten: „Bei der Bewirtschaftung sind Umweltbelange und andere allgemeine Interessen zu berücksichtigen."

Dennoch bringt die Nutzung der borealen Wälder auch in Schweden ökologische Probleme. Holzvollernter arbeiten bei gleichartigen und gleichaltrigen Beständen am besten und verstärken so die Tendenz zu einheitlichen Monokulturen. Umpflügen nach der Holzernte gestattet den Einsatz von Setzmaschinen, schädigt aber Vegetation und Boden. Des schnelleren und größeren Holzertrags wegen werden fremde Baumarten wie die kanadische Drehkiefer (Pinus contorta) eingebracht, Bestände gedüngt und Standorte entwässert. Beseitigen oder Zurückdrängen des Unterwuchses erfolgt z.T. mit chemischen Mitteln. Insektizide dienen zur Präparierung von Holz. Zur Verringerung der Arbeitslosigkeit in Teilen Nordschwedens werden bisher ungenutzte, als Rentierweide wichtige Wälder geschlagen. Die Forderungen des Naturschutzes nach Nutzungsverzicht auf Wälder im nördlichen Taigadrittel und in Auen, Naturverjüngung, Unterlassen von Kahlschlägen und – der Tiere wegen – Fällen im Sommer werden noch nicht allgemein akzeptiert.

M 4.4.3.3/4: Holzversorgung und Holzverwendung in Schweden (1988)

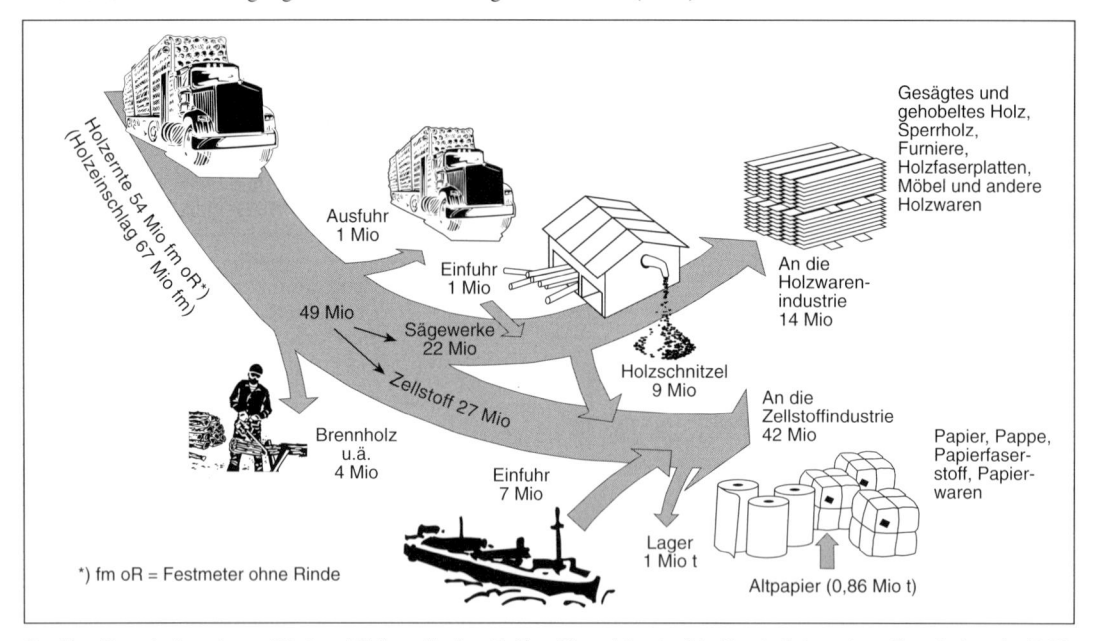

Quelle: *Skogsindustrierna* (Verband Schwedischer Zellstoff- und Papierfabriken): Schwedens Forstindustrie 1989, S. 12; ergänzt

M 4.4.3.3/6: Konzentration in der Holzindustrie

	1960	1970	1980	1993
Zellstoffabriken				
Zahl der Fabriben	127	98	72	48
Totalkapazität 1 000 t	5 588	8 918	10,5	10,9
Kapazität je Fabrik, 1 000 t	44	91	145	22,5
Papierfabriken				
Zahl der Fabriken	76	68	62	51
Totalkapazität, 1 000 t	2 280	4 760	7 200	9 500
Kapazität je Fabrik, 1 000 t	30	70	115	185
Sägewerke				
Zahl der Sägewerke (ca.)	6 500	4 000	2 400	2 500
Zahl der Beschäftigten (ca.)	28 300	27 800	–	14 000
Produktion je Sägewerk in m^3 (ca.)	1 200	3 800	4 500	5 000

Quelle: *Skogsindustrierna* (Verband schwedischer Zellstoff- und Papierfabriken): Auf dem Weg zu einer nachhaltigen Forstwirtschaft. Stockholm 1994, S. 54

M 4.4.3.3/5: Produktion von Faserstoffen, Papier- und Nadelschnittholz

Faserstoffe 1992 Mio. t	Produktion	Weltanteil %	Export	Weltanteil %
USA	59,3	36	6,6	23
Kanada	22,8	14	8,7	31
China	12,0	7	–	–
Japan	11,2	7	–	–
Schweden	9,6	6	2,8	10
Finnland	8,5	5	1,3	5
Ehemalige Sowjetunion	6,8	4	0,2	1
Brasilien	5,4	3	1,6	6
Frankreich	2,6	2	0,4	1
Deutschland	2,2	1	0,2	1
Norwegen	2,0	1	0,5	2
Welt insgesamt	164,1		28,1	

Papier 1992 Mio. t	Produktion	Weltanteil %	Export	Weltanteil %
USA	74,7	30	6,8	11
Japan	28,3	12	1,0	2
China	17,3	7	0,2	–
Kanada	16,6	7	12,4	21
Deutschland	12,9	5	5,0	8
Finnland	9,1	4	8,0	13
Schweden	8,4	3	7,0	12
Frankreich	7,7	3	3,0	5
Ehemalige Sowjetunion	6,1	2	0,2	–
Italien	6,0	2	1,6	3
Welt insgesamt	246,5		60,4	

Nadelschnittholz 1991 Mio. m³	Produktion	Export
USA	80	7
Ehemalige Sowjetunion	62	5
Kanada	51	37
Japan	25	–
Deutschland	13	1
China	12	–
Schweden	11	7
Brasilien	8	–
Finnland	6	4
Österreich	7	4
Frankreich	7	–
Chile	3	1
Polen	3	–
Welt insgesamt	327	73

Quelle: *FAO*, nach *Skogsindustrierna* (Verband schwedischer Zellstoff- und Papierfabriken): Auf dem Weg zu einer nachhaltigen Forstwirtschaft. Stockholm 1994, S. 59

M 4.4.3.3/7: Schadstoffreduzierung in der Holzindustrie

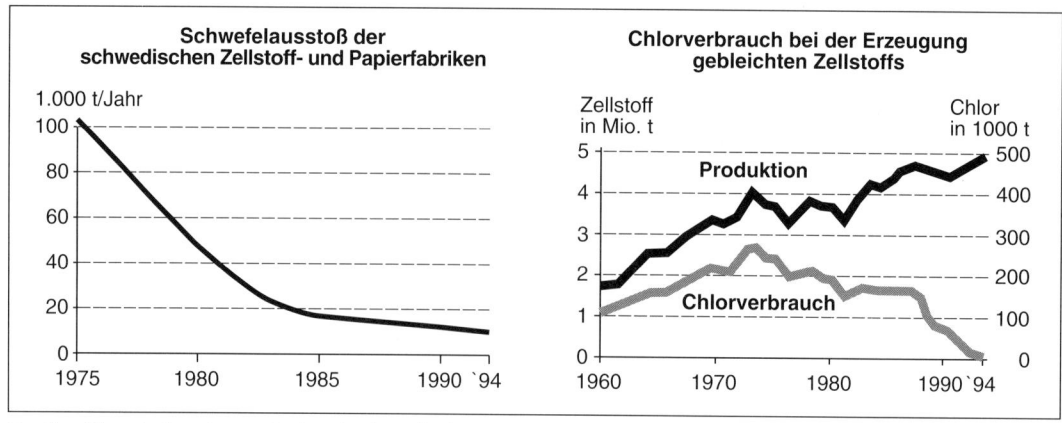

Schwefelausstoß der schwedischen Zellstoff- und Papierfabriken

Chlorverbrauch bei der Erzeugung gebleichten Zellstoffs

Quelle: *Skogsindustrierna* (Verband schwedischer Zellstoff- und Papierfabriken): Auf dem Weg zu einer nachhaltigen Forstwirtschaft. Stockholm 1994, S. 56f

4.4.3.4 Natur, Nutzung und Gefährdung des westsibirischen Borealgebiets (Klassen 11–13)

Das westsibirische Borealgebiet verkörpert thermisch wie hygrisch etwa den Durchschnitt der Borealzone (s. Klimadiagramm in M 4.4.3.1/1, Jahresgang in M 4.4.3.1/4). Ohne störende Gebirge läßt sich der klimatische und vegetationsgeographische Übergang von der Steppe bis zur Tundra beobachten (M 4.4.3.4/1). Nutzungswandel und Naturgefährdung sind im westsibirischen Borealgebiet besonders ausgeprägt.

Für eine vertiefende *unterrichtliche Behandlung* stehen in C. C. Liebmanns Aufsatz über Westsibirien (Geographische Rundschau 9, 1988, S. 16–21) und der kleinen Sibirien-Monographie von *Karger/Liebmann* (Köln, Aulis, 1987) gute Grundlagen zur Verfügung. Vegetationsgeographische Aspekte behandeln *Walter/Breckle* im 3. Band ihrer „Ökologie der Erde" (1986, S. 474–485). Sie können Unterlagen für spezielle Fragen oder Kurzreferate bilden. Mögliche Fragen bzw. Themen könnten sein: Eigenart des Moorgebietes, Ursachen seiner Entstehung und Expansion, frühere Phasen der Nutzung und deren Naturverträglichkeit, aktuelle Erdöl- und Erdgasgewinnung und ihre Folgen, Auswirkungen einer Entwässerung oder Überstauung des Moorgebietes.

M 4.4.3.4/1: Klimatische Kennzeichnung der Vegetationszonen in Westsibirien

	Jan. ∅-T in °C	Minima in °C	Juli ∅-T in °C	Maxima in °C	Temperatursummen (+ 10°) in °C	frostfreie Periode in Tagen	Schneedecke in Tagen und Höhe in cm	Niederschlag in mm	Potentielle Verdunstung in mm
Tundra und Waldtundra bis ca. 67° n. Br.	−22,7 bis −28	−50 bis −57	4,2 bis 13,8	26	500 bis 700	0–60	240–260 50–70	230	bis 125
Sumpfwaldzone bis ca. 59° n. Br.	−16,7 bis −22,4	45 bis 55	15,9 bis 18,6	32 bis 37	800 bis 1600	80–105	160–200 40–80	300 bis 600	bis 375
Waldsteppe und Steppe	−16,1 bis −19,1	−47 bis −55	17,0 bis 20,3	35 bis 40	1800 bis 2400	105 bis 120	150–170 30–50	300 bis 350	bis 675

aus: *Liebmann, C. C.*, 1988, S. 19; Quellen: Russische Atlanten und physische Geographien; *Franz* 1973

Für Relief und Dimensionen aufschlußreich mögen W-O- und N-S-Profile sein, zumal im Vergleich mit entsprechenden aus Deutschland.

Lage, Tektonik, Relief
Das boreale Waldgebiet zwischen Ural und Jenissei, dem nördlichen Polarkreis und etwa der Linie Swerdlowsk-Tomsk, bildet die größere Hälfte des rund 3 Mio. km^2 umfassenden, sich in Atlaskarten gut abzeichnenden Westsibirischen Tieflandes. Dieses seit dem ausklingenden Paläozoikum absinkende riesige Becken wurde mit 500–700 m mächtigen Sedimenten vom Jura bis zum Holozän überdeckt, in denen gewaltige Erdöl- und Erdgasvorräte lagern.
Das heutige Relief prägen Erhebungen, Wälle, Landrücken, etwas erhöhte und vor allem tiefliegende Ebenen.

Moor und hydrologische Verhältnisse
Die Moore des westsibirischen Borealgebiets bedecken nach *Walter/Breckle* 786 000 km^2, was über 40% der Gesamtfläche entspricht. Strang-(Aapa)mooren mit vielen Moorseen im Norden stehen Hochmoore und z.T. Waldhochmoore im Süden gegenüber, wo im Grenzbereich zur Waldsteppe oligotrophe Moore nur noch als kleine, Ryam genannte Inseln auftreten (s. Profil M 4.4.3.4/2). Zur Moorentstehung vor ca. 8000 Jahren gaben der wasserundurchlässige Lehmuntergrund, das ebene Relief mit zahlreichen Hohlformen, der in der Anfangsphase noch vorhandene Permafrostboden, das humide Klima und die wie im gesamten Borealgebiet oligotrophen, sauren Bedingungen den Anstoß. Die Ausdehnung der Moorflächen hielt, wie die Untersuchungen von über 10 000 Torfprofilen ergaben, auch in neuerer Zeit an und beträgt heute jährlich (*Walter/Breckle* 1986, S. 477) um 450 km^2.
Die hydrologischen Gegebenheiten haben an der Moor-Ausdehnung, abgesehen von der jedem wachsenden Hochmoor innewohnenden Expansionstendenz, entscheidenden Anteil. Die Entwässerung des Moorgebiets ist durch den Rückstau aller lokalen Flüsse durch das bis 12 m erreichende Hochwasser von Ob und Irtysch gehemmt, wobei der Ob seinerseits durch den früheren Eisgang des Irtysch gestaut wird. Der 3 bis 4, ja selbst 5 Monate dauernde hohe Wasserstand der Flüsse fördert die seitliche Ausdehnung der Moore, zumal bei einem humiden Klima von 500 mm Jahresniederschlägen und einer potentiellen Verdunstung von 240–300 mm.
Dürreperioden und dadurch begünstigte Waldbrände kommen vor. Letztere, z.T. durch den Menschen ausgelöst, verstärken ebenfalls die Ausbreitung der Moore, deren jährliches Höhenwachstum im Mittel ca. 1 mm beträgt. Im Norden vergrößern oder bilden sich indes, durch einen Überschuß an Wasser verursacht, Moorseen auf Kosten der Moore.

M 4.4.3.4/2: Vegetationsprofil im westsibirischen Moor-Waldgebiet

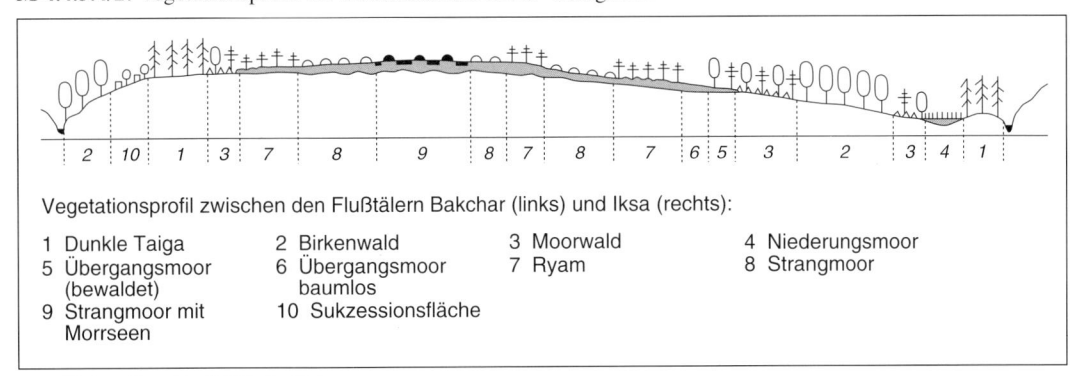

Vegetationsprofil zwischen den Flußtälern Bakchar (links) und Iksa (rechts):

1 Dunkle Taiga
2 Birkenwald
3 Moorwald
4 Niederungsmoor
5 Übergangsmoor (bewaldet)
6 Übergangsmoor baumlos
7 Ryam
8 Strangmoor
9 Strangmoor mit Morrseen
10 Sukzessionsfläche

aus: *Walter/Breckle* 1986, S. 484

Wälder

Die Dunkle Taiga (jakutisch = Wald) ist der für Westsibirien kennzeichnende Waldtyp. In ihr herrschen die (dunklen) immergrünen Nadelbäume Kiefer (Pinus sibirica), Fichte (Picea obovata) und Tanne (Abies sibirica) vor im Unterschied zur Lichten, von Lärchen bestimmten mittel- und ostsibirischen Taiga. Beigemischt sind Lärchen, Birken und Zitterpappeln. Im östlichen Teil der Vasyugan-Ebene haben die Wälder einen Holzvorrat von 300–400 m^3/ha, so daß sie für eine Holznutzung interessant sind. In Hochmooren kommen Bäume und Sträucher nur entlang von Rüllen (Abflußrinnen) und Bächen vor. Mesotrophe Moore und Moorwälder werden vorwiegend von Kiefern, z. T. auch von Fichten und Birken besiedelt.

Wirtschaftliche Entwicklung

Frühere Phasen

Das westsibirische Borealgebiet erhielt als Rußland nächstgelegener Teil Sibiriens schon Ende des 16., Anfang des 17. Jahrhunderts Verwaltungs- und Handelsplätze wie Tobolsk, Surgut und Tomsk. Wichtigstes Handelsgut und Antrieb für die Inbesitznahme durch Kosaken waren Pelze. Für die weitere Erschließung und Nutzung Sibiriens bildeten westsibirische Ströme und Flüsse wichtige west-östliche Verbindungswege.

Die spätere Eroberung und teilweise Besiedlung des Waldsteppen- und Steppengebietes brachte die Verlagerung der Verkehrswege aus dem Waldland in den landwirtschaftlich nutzbaren Süden. Durch den Bau der Transsibirischen Eisenbahn um 1890 und die ihr folgende starke bäuerliche Besiedlung verlor das inzwischen pelzarme und nur entlang von Ob und Irtysch dünn besiedelte Borealgebiet an Bedeutung. Noch in den fünfziger Jahren wurde deshalb eine Überflutung durch einen 250000 km^2 großen Stausee erwogen.

Erdöl- und Erdgaszeit

Unter dem geplanten Stausee wurden seit den sechziger Jahren am mittleren Ob um Surgut so reiche Erdölvorkommen entdeckt, daß sie als „Drittes Baku" bezeichnet wurden. Rund $2/3$ der russischen Erdölförderung stammen aus Westsibirien. Westlich Naryn wurde auch Erdgas gefunden; die bedeutenden, auch westeuropäische Staaten beliefernden Felder liegen aber um Urengoi an der Grenze Waldtundra-Tundra und setzen sich auf der Jamal-Halbinsel weiter nach Norden fort. Große Reserven und gute Qualität – schwefelarmes Leichtöl, 98–99% Methan – rechtfertigen die außerordentlich hohen Investitionen. Sie sind großenteils durch die Schwierigkeiten der Landesnatur bedingt. Im Erdgasgebiet tritt inselförmiger Permafrostboden auf, im bis zu 80% vermoorten und lange überschwemmten Erdölgebiet muß trockenes Gelände gesucht und z. T. geschaffen werden. Dauerfrost macht besondere Vorkehrungen für alle Bauten und Leitungen nötig und verteuert diese um das Fünf- bis Sechsfache gegenüber Normalbedingungen.

Perspektiven

Die wirtschaftliche Zukunft des westsibirischen Borealgebietes wird im Rahmen des Territorialen Produktionskomplexes (TPK) Westsibirien ganz überwiegend in der Lieferung von Erdöl, Erdgas und Holz – vier ausgewiesene Holzeinschlagsgebiete von je 20000–40000 km^2 – gesehen.

„Basisstädte" wie Surgut oder Nishnewartowskij sollen zum einen benachbarte Fördergebiete funktionstüchtig halten und deren Produkte weiterleiten, zum anderen entferntere Lagerstätten mit allem Nötigen versorgen. In den dortigen „Expeditions- und Bereitschaftssiedlungen", Orten von 500 bis 1000 Einwohnern, halten sich die benötigten Arbeitskräfte für etliche Wochen und Monate auf. Tomsk und Tobolsk am Südrand der Taiga erfüllen zwar nicht alle Kriterien der sog. „Hinterlandsstädte" wie die Millionenstädte Omsk und Nowosibirsk, haben aber eine vielseitige Industrie und bedeutende Ausbildungsstätten.

Auch nach einem weitgehenden Auslaufen der Erdölförderung hält *C. Liebmann* (1988, S. 21) die Erschließung am mittleren Ob für dauerhaft, angesichts der Möglichkeiten, Nachfolgezweige der verarbeitenden Industrie anzusiedeln, wogegen er die Erschließung der in der Tundra gelegenen Erdgasregionen als wohl nur vorübergehend ansieht. Expansions- und Intensivierungsmöglichkeiten der Landwirtschaft dürften vor allem in Waldsteppe und Steppe, weniger in der südlichen Taiga gesucht werden.

Ökologische Gefährdungen

Von gravierenden Großeingriffen ist das zentrale Moor-Wald-Gebiet der westsibirischen Taiga bisher verschont geblieben. Der geplante Riesenstausee ist endgültig aufgegeben worden, wogegen die Umleitung von Ob- und Irtyschwasser in das Becken von Turan zur Aufhöhung des dramatisch abgesunkenen Aralsee-Wasserspiegels eines Tages vielleicht doch noch realisiert wird (vgl. 4.3.2.2). Nicht nur das zentrale Moor-Wald-Gebiet wäre davon berührt, sondern auch das weniger Wärme empfangende Nordpolarmeer und nicht zuletzt Kasachstan und Mittelsibirien, die einen Gutteil der sommerlichen Niederschläge den hier verdunsteten Wassermengen verdanken (s. M 4.4.3.4/3).

Die derzeitigen und sich abzeichnenden Gefährdungen dürfen indes nicht unterschätzt werden. Beim Bohren nach Erdöl und Erdgas im nördlichen Teil des Moor-Wald-Gebietes bilden sich durch den Druck des im Torf enthaltenen Methan-Gases Torf-Wasser-Fontänen und danach mit schwarzem Moorwasser gefüllte Seen ohne Leben. Von Winden erzeugter Wellenschlag drängt ihre steilen Torfufer zurück, so daß sie sich auf Kosten der Vegetation laufend vergrößern (*Walter/Breckle*, S. 480). Dämme und Plattformen im Moor beeinträchtigen über die von ihnen direkt beanspruchte Fläche hinaus Landschaftsbild, Kleinklima, Grund- und Oberflächenwasser und erfordern umfangreiche Material-Entnahmestellen. Zahlreiche Ölaustritte und Ölverschmutzungen sind neben Erosion und Versumpfung in

M 4.4.3.4/3: Hydrologische und klimatische Bedeutung des westsibirischen Moor-Waldgebiets

Graphik nach Angaben aus: *Walter/Breckle* 1986, S. 476f.

Permafrostgebieten weitere Gefahren. Offiziell ausgewiesene Holzeinschlaggebiete bedeuten noch keine nachhaltige Forstwirtschaft, und im humiden Westsibirien ist die Versumpfungsgefahr nach Schlag und Brand groß. Angesichts des bisherigen Umgangs mit der vorwiegend als Gegner und Ausbeutungsobjekt erlebten, nur wenig regenerationsfähigen Natur ist an der nötigen Rücksichtnahme bei Eingriffen zu zweifeln.

Daß Eingriffe großen Stils auf ausgedehnte Sumpfgebiete und Wasserflächen nicht auf diese selbst beschränkt bleiben, zeigt der durch übermäßige Wasserentnahme aus seinen Zuflüssen um die Hälfte geschrumpfte Aralsee (vgl. 4.3.2.2): Aus den trockengefallenen Partien wird salzhaltiger Staub aufgewirbelt und weithin verfrachtet, und die Randgebirge erhalten weniger Niederschläge. Reduzierung der Niederschlagsmenge in der Umgebung und darüber hinaus ist auch von den im Gang befindlichen Wasserabzweigungen aus dem Weißnil-Sumpfgebiet (Sudd) und den Okawango-Sümpfen zu befürchten.

4.4.3.5 Eisenerz aus Labrador (Klassen 5 – 7)

Zum Thema

Die rund 1,5 Mio. km^2 große, stark glazial überformte, seen- und moorreiche Halbinsel Labrador bildet ein überwiegend nach Westen einfallendes, 300 – 1200 m hohes Plateau und wird von borealem Wald, Waldtundra und beiderseits der Ungava-Bai von Tundra eingenommen. Sie bildet den Ostflügel des geologisch alten Kanadischen Schildes, der reich an Lagerstätten von Kupfer, Blei, Zink, Nickel, Kobalt, Asbest, Uran, Silber, Gold, Platin und Eisenerz ist. Letzteres ist besonders im rund 1000 km langen und 100 km breiten, die Halbinsel etwa in der Mitte nord-südlich durchziehenden Labrador-Trog (s. M 4.4.3.5/1) konzentriert.

Im Jahre 1948 festgestellte hochwertige Eisenerzlager um Schefferville veranlaßten die US-amerikanische Stahlindustrie, diese zügig zu erschließen, da sie die baldige Erschöpfung der eigenen Lagerstätten am Oberen See befürchtete. Nach dem Bau einer Bahn zum St. Lorenz-Hafen Sept Îles begann 1954 der Abbau. In den sechziger Jahren entstanden weiter im Süden die Minen und dazugehörenden Bergbausiedlungen von Labrador City, Wabush, Fermant und Gagnon, letztere mit einer eigenen Bahnverbindung zum Hafen Port Cartier.

Abbaustätten, Siedlungen, Verkehrswege, dazu Energie liefernde Kraftwerke mit ihren Stauseen und Leitungsschneisen veränderten die z. T. im Permafrostgebiet gelegene Waldtundra und Taiga stark, zumal wenig Rücksicht auf die Landschaft genommen wurde. Noch gravierender sind indes die ökologischen Veränderungen durch Riesenstauseen und Flußumleitungen (z. B. des Kaniaupiskau) im Gefolge der Kraftwerkskette des James-Bai-Projekts.

Eisenerz- wie Wasserkraftstromgewinnung befriedigen den gewaltigen US-amerikanischen Bedarf und bringen Kanada bzw. der Provinz Quebec Geld, gehen aber zu Lasten der einheimischen Dene (Indianer). Beim James-Bai-Projekt konnten sie wenigstens eine beachtliche finanzielle Entschädigung erstreiten.

Den Schülern sollte gezeigt werden, wie der Bedarf nach Rohstoffen – in diesem Falle Eisenerz – dank entsprechendem Einsatz von Kapital und Technik auch schwer zu erschließende und abgelegene Lagerstätten in wenigen Jahren produzieren und aufblühen läßt, wodurch freilich eine Naturlandschaft auf vielfältige Weise beeinträchtigt wird (M 4.4.3.5/2). Ähnlich rasch können indes angesichts der Abhängigkeit von nur einem Bergbauerzeugnis billiger anbietende Konkurrenten und eine schlechte Konjunktur mit sinkenden Preisen Niedergang und sogar Aufgabe bewirken (M 4.4.3.5/3). Durch dieses Auf und Ab und auch generell unterscheiden sich Bergbausiedlungen im amerikanischen Borealgebiet von Siedlungen in Mitteleuropa (M 4.4.3.5/3). Die Schließung aller Eisenerz- und der meisten Kaligruben in Deutschland führte zwar zu zeitweiliger Arbeitslosigkeit für viele Bergleute, aber dank breiter gestreuter Erwerbsmöglichkeiten und staatlicher Stützung nicht zum Auflassen von Siedlungen.

Zu den Materialien

M 4.4.3.5/1 Eisenerzabbau in Zentral-Labrador
Die exponierte und durch Permafrostvorkommen benachteiligte Lage von Schefferville wird deutlich. Für das Massengut Eisenerz bieten sich Bahn und Schiffsweg zu den Hochöfen an den Großen Seen an. Das Eisenerzlager setzt sich nach Norden bis zum Westrand der Ungava-Bai fort. Ins Auge fallen auch die riesigen Stauseen, z. T. durch Aufstau vergrößerte Naturseen.

M 4.4.3.5/2 Tagebau im Borealgebiet, Eingriffe und Belastungen
Die Vielfalt der Landschaftseingriffe und Umweltbelastungen durch den Bergbau wird dargestellt – auch als Anregung für die Schüler, diese, eventuell nach Vorgabe von einigen Stichworten, selbst in Wort und Zeichnung wiederzugeben.

M 4.4.3.5/3 Schlechtere Chancen für Schefferville
Die Gegenüberstellung verdeutlicht die Standortnachteile Scheffervilles gegenüber den südlicher gelegenen Konkurrenten, speziell Gagnon. Auf rasches Aufblühen zu Zeiten einer guten Stahlkonjunktur, einer Jahresförderung um 10 Mio. t und einer Einwohnerzahl um 5000, folgten nach 1973 Nachfrage- und Preisrückgang, die schließlich (1983) zur Aufgabe von Abbau und Siedlung führten. Hohe Eisenerzpreise könnten möglicherweise zur Wiederaufnahme der Förderung führen.

M 4.4.3.5/4 Merkmale von Bergbausiedlungen im amerikanischen Borealgebiet
Die Kennzeichnung der für die amerikanische Borealzone typischen Bergbausiedlungen mag darüber hinaus anregen, Siedlungen in der Heimat mit jenen nach Entstehung, Verwaltung, Lage, Arbeitsstätten, Dienstleistungsangeboten und Bewohnerschaft zu vergleichen.

M 4.4.3.5/1: Eisenerzabbau in Zentral-Labrador

nach: *Glässer/Kolb/Schwackenberg* 1988, S. 5, und *Lenz* 1988, S. 69 und S. 256

M 4.4.3.5/2: Tagebau im Borealgebiet, Eingriffe und Belastungen

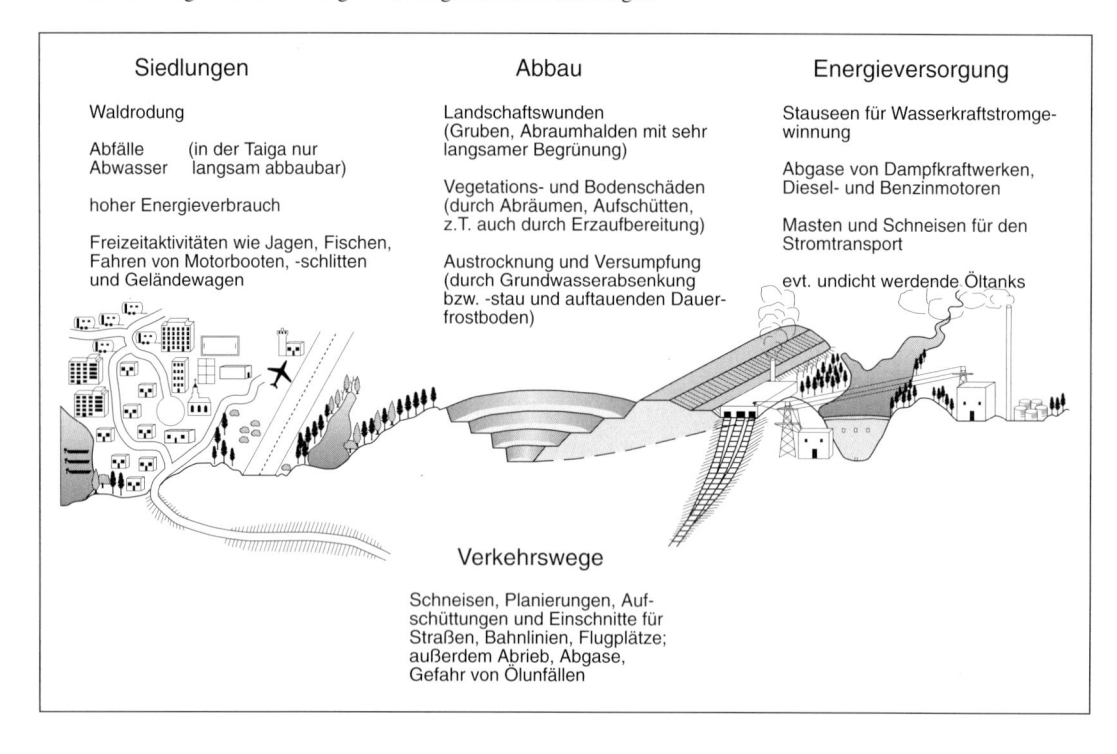

Siedlungen

Waldrodung

Abfälle   (in der Taiga nur
Abwasser langsam abbaubar)

hoher Energieverbrauch

Freizeitaktivitäten wie Jagen, Fischen,
Fahren von Motorbooten, -schlitten
und Geländewagen

Abbau

Landschaftswunden
(Gruben, Abraumhalden mit sehr
langsamer Begrünung)

Vegetations- und Bodenschäden
(durch Abräumen, Aufschütten,
z.T. auch durch Erzaufbereitung)

Austrocknung und Versumpfung
(durch Grundwasserabsenkung
bzw. -stau und auftauenden Dauerfrostboden)

Energieversorgung

Stauseen für Wasserkraftstromgewinnung

Abgase von Dampfkraftwerken,
Diesel- und Benzinmotoren

Masten und Schneisen für den
Stromtransport

evt. undicht werdende Öltanks

Verkehrswege

Schneisen, Planierungen, Auf-
schüttungen und Einschnitte für
Straßen, Bahnlinien, Flugplätze;
außerdem Abrieb, Abgase,
Gefahr von Ölunfällen

M 4.4.3.5/3: Schlechtere Chancen für Schefferville

	Schefferville	**Gagnon**
Gründung	1953	Anfang der sechziger Jahre
Klima	Kontinales Borealklima sehr kalte Winter (Dez.–Febr. ∅ $-20{,}2°C$)	nicht ganz so kalte Winter
Vegetationszone	Waldtundra	Borealer Nadelwald
Dauerfrostboden	ja	nein
Aufbereitungsanlage (Erzanreicherung)	nein (erst ab 1973 im 600 km entfernten Sept Îles)	ja (dadurch 30% Transportkosten- ersparnis)
Bahnlinienlänge (km)	587	310
Verladehafen	Sept Îles St. Lorenz-Seeweg ein halbes Jahr vereist	Port Cartier
Situation	seit 1982/83 Abbau eingestellt, „Geisterstadt"	Abbau

M 4.4.3.5/4: Merkmale von Bergbausiedlungen im amerikanischen Borealgebiet

> Bergbausiedlungen werden von Bergbaugesellschaften für ihre Arbeitskräfte errichtet und größtenteils auch verwaltet. Sie liegen meist abseits und sind auf Straßen oft nur mühsam, teilweise gar nicht zu erreichen. Außer wenigen Wohnhaustypen und Wohnwagen für Familien und Alleinstehende und einem Krankenhaus sind eine oder mehrere Einkaufs-, Sport- und Unterhaltungsstätten, Schulen und Kirchen vorhanden. Nicht nur das harte Klima und die oft schwierige, wenn auch meist gut bezahlte Arbeit, sondern auch das Gefühl der Abgeschiedenheit und das wenig Abwechslung bietende Unterhaltungsangebot führen zu einem starken Wechsel der Bewohnerschaft. Unter ihr überwiegen jüngere Männer ganz verschiedener Herkunft. Preisschwankungen für die gewonnenen Erze bestimmen neben Menge und Güte der abbaubaren Erze Wachsen und Schrumpfen der Siedlung, die auch ganz aufgelassen und zur „Geisterstadt" werden kann.

4.4.3.6 *Baikalregion* (Klassen 8–10)

Zum Thema

Abgesehen von den maritim beeinflußten, ozeannahen Borealklimagebieten ist die Baikalregion in der sonst weithin gleichförmigen Taiga der Raum mit der wohl ausgeprägtesten natürlichen und, dank einer vielseitigen Wirtschaft, auch ökonomischen Individualität. Welche Gegebenheiten sie ermöglicht haben, wie es um Natur, Gefährdung und Schutz des einzigartigen Baikalsees steht und welche Schwierigkeiten und Erwartungen mit dem Eisenbahnbau, speziell der BAM (Baikal-Amur-Magistrale) verbunden sind, ist zur Abrundung des Bildes von der Borealzone wichtig.

Die etwa in der Mitte Südsibiriens gelegene Baikalregion hat zwar überwiegend hochkontinentales Borealklima, erfreut sich aber dank ihrer Lage zwischen 51 und 56°N relativ warmer, wenn auch kurzer Sommer mit Julimitteln bis 20°C und längerer Helligkeit im Winter. In Talweitungen und Becken an der unteren Selenga, oberen Lena und von dort zur Angara und vor allem an dieser kann auf braun- und z. T. sogar schwarzerdeartigen Böden in größerem Umfang Ackerbau getrieben werden. Er gestattet eine dichtere Besiedlung und weitgehende Selbstversorgung des über eine beachtliche Energie- und Rohstofferzeugung und eine vielseitige Industrie verfügenden, auch verkehrsmäßig relativ gut erschlossenen Gebiets. Bis hierher, genauer bis nach Irkutsk am Ende der von über einer Million Menschen bewohnten Angara-Städtereihe, reicht der im Westen zwischen St. Petersburg und Odessa ansetzende Keil dichterer Bevölkerung. Vom in den Gunstlagen erschlossenen und besiedelten Südwesten der Baikalregion unterscheiden sich der Norden, Osten und Nordosten, in denen einzelne Großprojekte wie Bratsk (Wasserkraftwerk, Aluminiumhütte, Holzindustrie), Schelenogorsk (Eisenerzgewinnung) und nicht zuletzt die BAM und ihre westliche Fortsetzung als Stützpunkte und Voraussetzungen einer modernen wirtschaftlichen Erschließung vollendet wurden.

Im Südteil der Region liegt der 31 500 km² große, fischreiche Baikalsee – tiefster, wasserreichster, ältester und vielleicht endemismenreichster Süßwassersee der Welt. Nachdem die Transsibirische Eisenbahn die den See im Süden schädigende Industrialisierung begünstigt hat, droht nun dem Nordteil das gleiche Schicksal. Die Gefährdung des nicht nur wirtschaftlich und ökologisch, sondern auch emotional – das auf der Südseite lebende Volk der Burjäten spricht vom „heiligen Baikal" – wichtigen Sees hat für die Enwicklung des Umweltbewußtseins in der einstigen UdSSR eine entscheidende Rolle gespielt. Der Baikalsee wurde zum Symbol für die vielen anderen geschädigten Seen und die bedrohte Natur überhaupt.

Zum Unterricht und den Materialien

Als Einstieg bietet sich der auf jeder Karte gut erkennbare Baikalsee an. Die langgestreckte, schmale Gestalt (636 km lang, 48 km breit), die Einfassung durch Gebirge und die ungewöhnliche Tiefe sind Indizien für eine tektonische Entstehung (M 4.4.3.6/1), wobei auf den ähnlich breiten, knapp halb so langen und tiefen Oberrheingraben verwiesen werden kann. Weitere Besonderheiten des Baikalsees (M 4.4.3.6/2) lassen sich daran anschließen.

Die immer noch anhaltende Gefährdung des Baikal, der zum wertvollsten natürlichen Erbe der Menschheit gehört, zeigt M 4.4.3.6/3. Hier empfiehlt sich ein schrittweises Vorgehen, indem durch Abdecken von Teilen der Textgraphik nach Aufzeigen der Gefährdungsarten die Schüler zunächst selbst mögliche Auswirkungen nennen. Ähnlich könnte man bei den spät verfügten und erst teilweise realisierten Schutzmaßnahmen verfahren.

Bevölkerungsdichtekarten und die Städtereihe nördlich Irkutsk zeigen, daß der eurasische Dichtekeil gerade noch den Baikalsee erreicht. Ursachen für die stärkere Besiedlung lassen sich großenteils Atlaskarten entnehmen: relative Klima-, Boden-, Lagegunst, ausgedehntere Landwirtschaftsflächen, Vorkommen von Holz, Fischen, Wasserkraft, Bodenschätzen und darauf aufbauende Industriezweige, Möglichkeiten für den Tourismus. Das einzeln oder in Gruppen Erarbeitete wird zweckmäßigerweise (Vorschläge hierzu M 4.4.3.6/4 und M 4.4.3.6/5 als Tafelanschrieb oder -zeichnung festgehalten und gegebenenfalls ergänzt.

Die mit dem Bau und der Inbetriebnahme der BAM verbundenen Probleme, Motive, Hoffnungen und Befürchtungen sind im Text M 4.4.3.6/6 umrissen. Mögliche Aufgaben hierzu sind die Beschreibung des Bahnverlaufs, die Aufzählung von Schwierigkeiten und Motiven und die Ursachen für die Ernüchterung.

M 4.4.3.6/1: Entstehung und Eigenschaften des Baikalsees

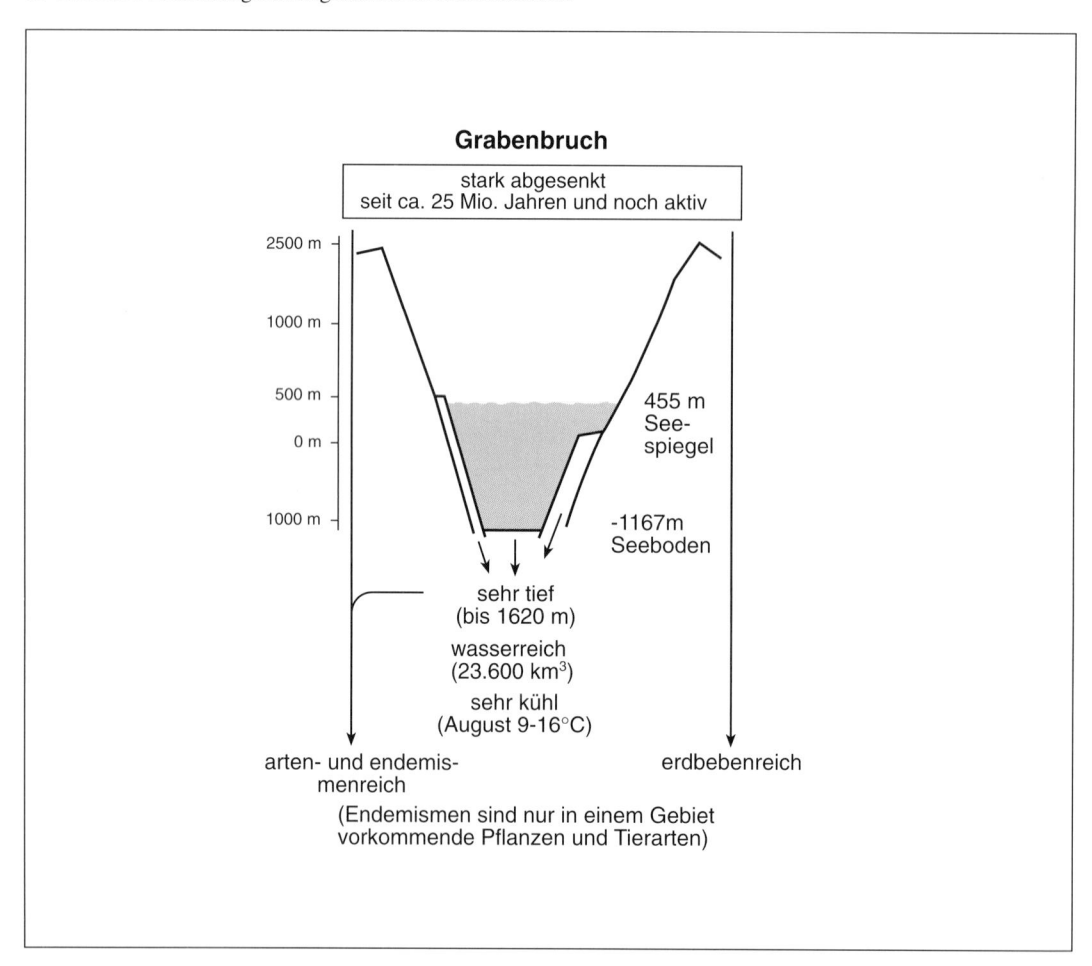

Grabenbruch

stark abgesenkt
seit ca. 25 Mio. Jahren und noch aktiv

- 2500 m
- 1000 m
- 500 m
- 0 m
- 1000 m

455 m Seespiegel

-1167m Seeboden

sehr tief (bis 1620 m)
wasserreich (23.600 km^3)
sehr kühl (August 9-16°C)

arten- und endemismenreich
(Endemismen sind nur in einem Gebiet vorkommende Pflanzen und Tierarten)

erdbebenreich

M 4.4.3.6/3: Gefährdung des Baikalsees. Arten, Auswirkungen und Abhilfen

Arten

ungereinigte Abwässer
- Zellstoff- und Papierindustrie
- übrige Industrie, Bergbau, besonders im Selenga-Gebiet, Gewerbe und Haushalte, Tiermassenhaltung

Boden-, Gestein- und Holzeinschwemmungen
als Folge von Abholzung und besonders Kahlschlag

Schadstoffe
(Öl, Blei u.a.) durch Schiffs- und Kfz-Verkehr (auch auf dem Eis)

Ruß, Stäube, Schwefel- und Stickoxide
durch Kraftwerke, Metallhütten, Zementfabriken u.a. Fabriken und Fahrzeuge

Abhilfen

nach ersten Gesetzen von 1969 und 1971 strenge Schutzzonen-Vorschriften seit 1988, aber z.T. noch ungewisser Realisierung.

Reinigung
(biologisch) der Abwässer der Zellstoff- und Papierindustrie seit Ende der siebziger Jahre; angestrebt werden geschlossene Wasserkreisläufe, die salzhaltige Abwässer vermeiden.

Schutzzone
bis 200 km um den Baikalsee mit z.B.:

Einschlagverbot
in geschützten Waldstreifen am Baikalufer,

"Ökologiepässen"
für Betrieb zur Vermeidung oder Verringerung umweltbelastender Produktionen,

Fangbeschränkungen
für die Fischerei.

Auswirkungen

Rückgang
von Arten, speziell eines als Fischnahrung und zur Wasserreinigung wichtigen Kleinkrebses und des Baikalstörs Omul. Evtl. Aussterben nur hier vorkommender Arten.

Algen-Massenvermehrung
infolge eingeschwemmter Nährstoffe

Trübung
des einst kristallklaren Wassers mit einer Sichttiefe von 40m

Qualitätsverschlechterung
des früher sehr sauberen, weichen Wassers

durch sehr langsamen Wasseraustausch - jährlicher Abfluß nur 1/400 der Gesamtwassermenge - und extreme Tiefe sehr langes bis endgültiges Verweilen von Schadstoffen im See

M 4.4.3.6/2: Weltrekorde und Besonderheiten des Baikalsees

tiefster See
- bis 1637 m, Sohle 1161 m unter dem Meeresspiegel. Höhenunterschied zwischen umliegenden Gebirgen und Seeboden bis 4000 m – Oberrheingraben maximal 1300 m.

erdbebenreichster See (wahrscheinlich)
- jährlich etwa 1500 Erdstöße; 1881 Fläche von 200 km² mit 5 Dörfern im See versunken.

wasserreichster See
- 23 000 km³ Wasserinhalt (Bodensee 50 km³), faßt allein so viel Wasser wie die dreizehnmal größere Ostsee, enthält ein Fünftel der weltweiten Süßwasservorräte.

ältester See
- mindestens 25 Mio. Jahre alt; außer ostafrikanischen Grabenbruchseen meiste Seen jung, speziell die durch Gletscher entstandenen.

vermutlich endemismenreichster See
- nur der noch weniger untersuchte Tanganyika- oder der Malawisee könnten evtl. mehr nur in ihnen vorkommende Arten aufweisen. Im Baikalsee leben von 560 Pflanzen- und 1200 Tierarten fast 50% ausschließlich hier, sind also Endemismen, darunter die einzige Süßwasserrobbe.

M 4.4.3.6/4: Baikalregion – Gunstraum im Borealgebiet

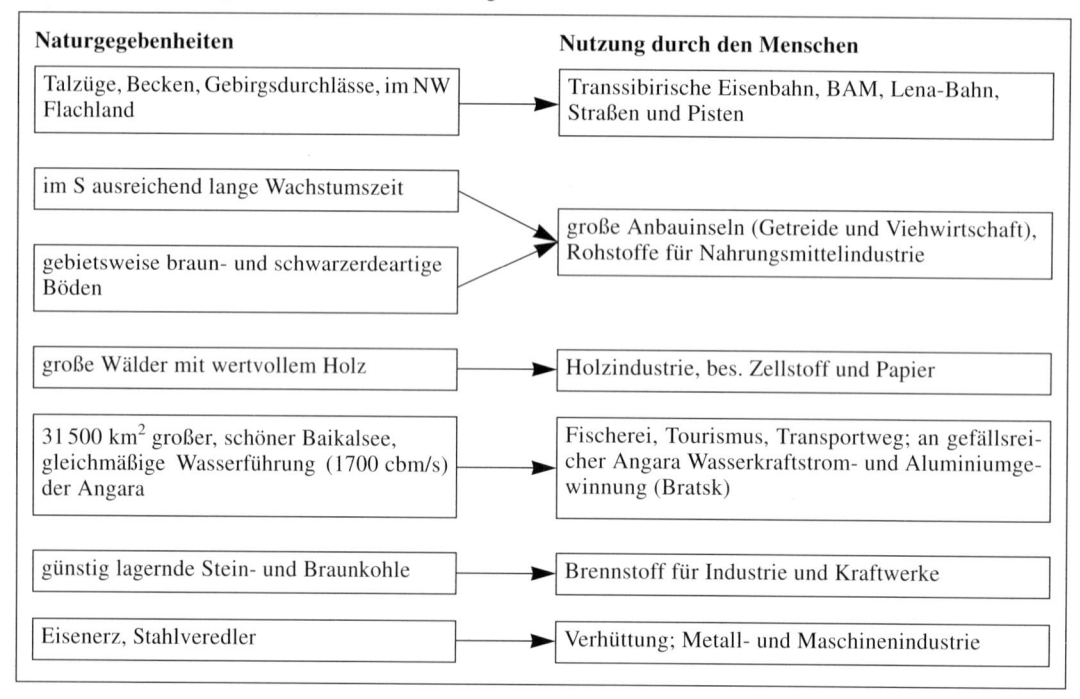

Naturgegebenheiten	Nutzung durch den Menschen
Talzüge, Becken, Gebirgsdurchlässe, im NW Flachland	Transsibirische Eisenbahn, BAM, Lena-Bahn, Straßen und Pisten
im S ausreichend lange Wachstumszeit	große Anbauinseln (Getreide und Viehwirtschaft), Rohstoffe für Nahrungsmittelindustrie
gebietsweise braun- und schwarzerdeartige Böden	
große Wälder mit wertvollem Holz	Holzindustrie, bes. Zellstoff und Papier
31 500 km² großer, schöner Baikalsee, gleichmäßige Wasserführung (1700 cbm/s) der Angara	Fischerei, Tourismus, Transportweg; an gefällsreicher Angara Wasserkraftstrom- und Aluminiumgewinnung (Bratsk)
günstig lagernde Stein- und Braunkohle	Brennstoff für Industrie und Kraftwerke
Eisenerz, Stahlveredler	Verhüttung; Metall- und Maschinenindustrie

M 4.4.3.6/5: Verkehr und Wirtschaft in der Baikalregion (Tafelskizzen-Vorschlag)

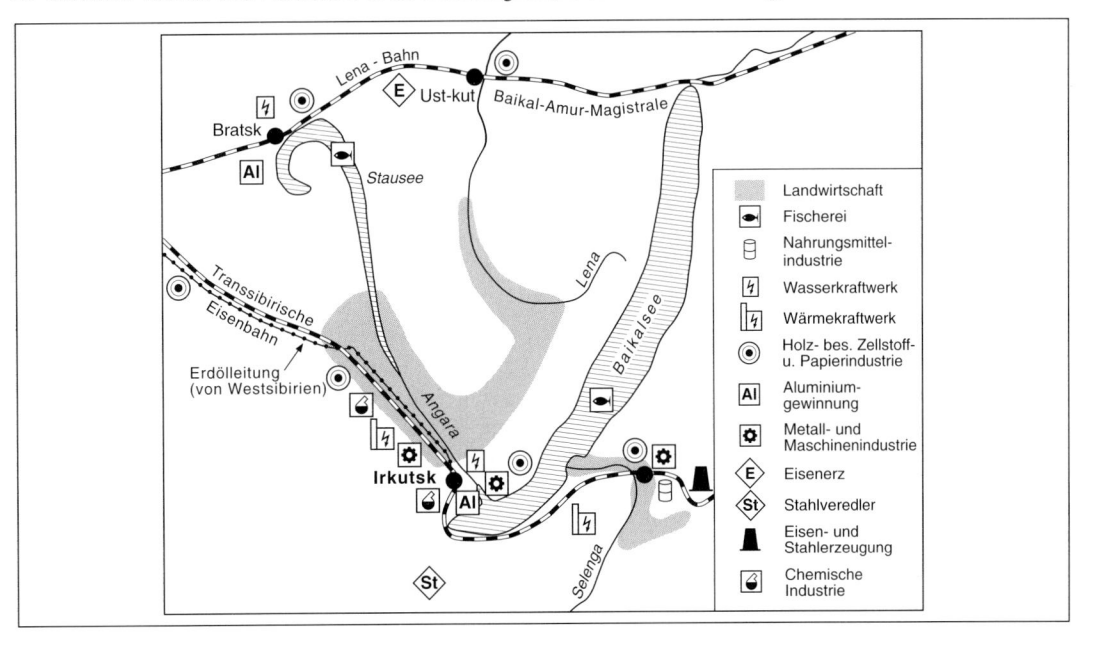

M 4.4.3.6/6: BAM – schwieriger Bau, große Erwartungen und Ernüchterung

Verlauf
Zu der bereits seit 1900 am Südrand des Baikalsees entlangführenden, von Moskau bis Wladiwostok (9245 km!) reichenden Transsibirischen Eisenbahn ist zwischen 1973 und 1989 am Nordrand des Sees eine zweite, west-östlich verlaufende Bahn, die BAM (Baikal-Amur-Magistrale) gebaut worden. Sie verbindet über 3145 km, was der Entfernung Madrid-Moskau entspricht, Ust Kut an der oberen Lena mit Komsomolsk am unteren Amur, von wo eine Anschlußstrecke, die „Amurbahn" zum Pazifikhafen Sowjetskaja Gawan führt. Von der oberen Lena besteht eine Verbindung, die „Lenabahn" über Bratsk nach Taischet zur Transsibirischen Eisenbahn. Die Strecke Taischet-Sowjetskaja Gawan, die BAM im weiteren Sinn, ist 4260 km lang.

Probleme und Leistungen beim Bahnbau
Der mit Abstand längste Eisenbahn-Neubau in der Welt seit vielen Jahrzehnten war außerordentlich schwierig. Die Bahntrasse führt durch extrem kalte, im Frühjahr schlamm-, im Sommer mückenreiche und heiße, im Westen stark erdbebengefährdete Gebiete. Sie muß vier Gebirgszüge mit insgesamt 25 km Tunnel überwinden, erforderte 2300, davon 136 große Brücken und besondere Techniken wie Dammschüttungen, um ein Auftauen des Dauerfrostbodens zu verhindern. Im Unterschied zu früheren Bahnbauten in Sibirien waren dank guter Bezahlung, mehr Urlaub und anderen Vergünstigungen die meisten der über 100 000 Beschäftigten Freiwillige.

Motive
Mit der BAM wollte man bisher kaum zugängliche Gebiete mit reichen Rohstoffen – besonders Holz, Kohle, Kupfer, Asbest, Eisenerz – erschließen, vor allem, um diese zu exportieren. Die neue Bahn mit einer Transportkapazität von 35 Mio. t im Jahr sollte außerdem die überbeanspruchte Transsibirische Eisenbahn entlasten, den Containerverkehr zwischen Japan und Mitteleuropa ausweiten und im Kriegsfall eine sichere Alternative zu der grenznahen und daher gefährdeten Transsib bieten.

Erwartungen und Ernüchterung
Im 150–200 km breiten Einzugsbereich der Bahn sind fünf „Territoriale Produktionskomplexe" (TPK) und vier Industriezonen geplant. In rund 60 neuen Siedlungen sollten 1990 ungefähr 1 Mio. Menschen leben – 1988 waren es erst etwa 250 000. Auf der hohe Unterhaltskosten erfordernden, streckenweise nur provisorisch befahrbaren Bahn wird an Bodenschätzen bisher nur die nördlich von Tynda, bei Nerjungri, gewonne-

> ne Steinkohle nach Japan ausgeführt. Wegen der gesunkenen Rohstoffpreise, der verschlechterten Wirtschaftslage und der Auflösung der Sowjetunion sind andere Projekte auf später verschoben worden. Aus Umweltschutzgründen sind manche, wie das vorgesehene Industriegebiet am Nordende des Baikalsees, ohnehin äußerst problematisch. Aus den Beckenlagen östlich des Baikalsees können im Winter Abgase kaum entweichen und werden Abwässer und organische Abfälle zwanzig- bis dreißigmal langsamer als in Mitteleuropa abgebaut.

4.4.3.7 Umweltschäden (Klassen 8–10)

Zum Thema

Das Borealklimagebiet scheint auf den ersten Blick keinen gravierenden ökologischen Belastungen ausgesetzt zu sein. Dafür sprechen die noch weithin erhaltene natürliche Vegetation, die überwiegend Wiederaufforstung betreibende Forstwirtschaft, die geringe, eher extensive landwirtschaftliche Nutzung, die dünne Besiedlung und die begrenzte Zahl von Bergbau- und Industriestandorten. Tatsächlich gibt es, zumal im Norden, noch unberührte und unbelastete Räume; die Mehrzahl leidet aber unter teils selbst verursachten, teils von fern herangeführten Belastungen, die in anderen Klimazonen nicht oder nicht in dieser Intensität oder Kombination auftreten. Die Hauptursachen liegen in der Langsamkeit der Wachstums- und Abbauprozesse, im Dauerfrostboden und in der auf die besondere Empfindlichkeit dieser Räume meist wenig Rücksicht nehmenden Ausbeutungsmentalität.

Zu den Materialien

Der rund die Hälfte des Borealgebiets einnehmende *Dauerfrostboden* verursacht nicht nur beim Bauen Probleme, sondern reagiert auf jede Schädigung der Vegetations- und Bodendecke mit Versumpfung oder Erosion (M 4.4.3.7/1, M 4.4.3.7/2).

Hochkontinentale Beckenräume in Süd- und Ostsibirien, relative Gunsträume im Vergleich zur Umgebung, dürfen nur mit größter Vorsicht genutzt und besiedelt werden (M 4.4.3.7/3).

Die tiefgreifenden Auswirkungen einer rücksichtslosen *Holznutzung* auf die Umwelt, zumal in hügelig-bergigem Gelände, zeigt M 4.4.3.7/4. Sie ist in der Sowjetunion, in Kanada und Alaska noch weithin üblich, wogegen z. B. in Schweden die Holzindustrie ihren Schadstoffausstoß (s. M 4.4.3.3/7) drastisch reduziert hat und Holzernte und Waldpflege sorgsamer betrieben werden.

Nicht nur der Assuan-Staudamm, sondern alle *Aufstauungen* großen Stils haben gravierende Auswirkungen auf die Umwelt. In der südlichen Taiga sind großflächige Stauseen so zahlreich wie in kaum einem anderen Gebiet der Erde – und sie sollen noch durch weitere vermehrt werden (s. Tab. 3.4.2.2/3). Bisher stand der preisgünstige Strom für Ballungsräume und Aluminiumwerke im Vordergrund; die ökologischen Folgen faßt M 4.4.3.7/5 zusammen.

Wie verschiedene *Nutzungsansprüche* sich z. T. gegenseitig beeinträchtigen, vor allem aber auf Kosten des borealen Waldes gehen, ist in M 4.4.3.7/6 dargestellt.

Außer selbst produzierten *Schadstoffen* an Bergbau- und Industriestandorten wie Sudbury, Noranda und Bratsk sind große Teile des Borealgebietes noch durch den Ferntransport von Schwefel- und Stickoxiden aus Mittel-, Westeuropa und den nordöstlichen USA betroffen. Weit verbreitete kalkarme bzw. -freie Gesteine im Bereich der alten Schilde, belastungsschwache, arme Podsolböden und die geringe Widerstandskraft der schon durch das harte Klima geforderten Vegetation erklären, weshalb die Auswirkungen der sauren Niederschläge im borealen Waldgebiet viel gravierender sind als, von wenigen Gebirgslagen abgesehen, in der Misch- und Laubwaldzone (M 4.4.3.7/7). Oft verstärken sich die Schäden gegenseitig. Saure Ablagerungen setzen z. B. nicht nur den Blättern bzw. Nadeln zu, sondern lassen auch Feinwurzeln absterben, und das verbliebene Wurzelwerk hat Mühe, aus dem durch Ausschwemmung verarmten Boden den Baum mit genügend Nährstoffen zu versorgen. Wasserlebewesen leiden unter der aus dem Boden laufend ausgeschwemmten Säure und vor allem durch die Säurestöße bei der Schneeschmelze, wenn innerhalb kurzer Zeit die im Schnee monatelang gespeicherten Schadstoffe frei werden, so daß vor allem empfindliche Jungtiere den plötzlichen Säureanstieg nicht überleben. Viele Bäche und Seen haben auf diese Weise ihren Fischbestand verloren.

M 4.4.3.7/1: Pingo-(Aufeishügel), Bildung durch menschliche Eingriffe

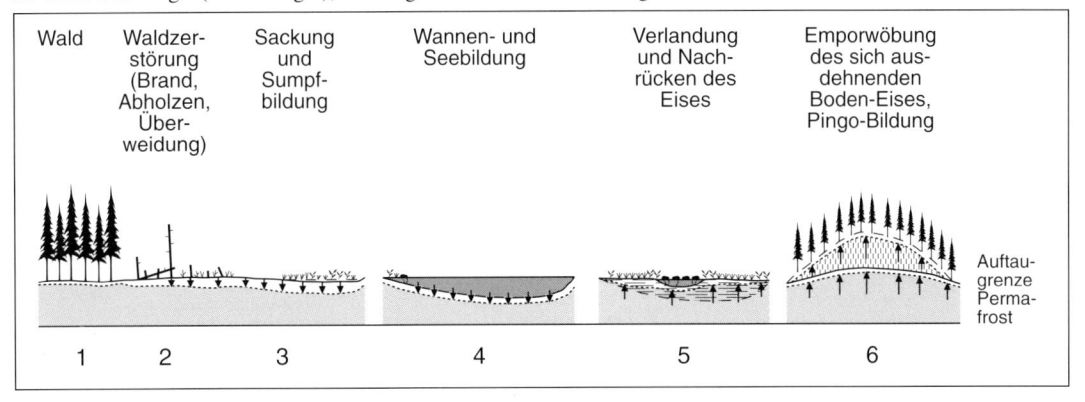

Wald	Waldzerstörung (Brand, Abholzen, Überweidung)	Sackung und Sumpfbildung	Wannen- und Seebildung	Verlandung und Nachrücken des Eises	Emporwölbung des sich ausdehnenden Boden-Eises, Pingo-Bildung
1	2	3	4	5	6

M 4.4.3.7/2: Auflösung und Fortschritte der Erosion im Permafrostgebiet

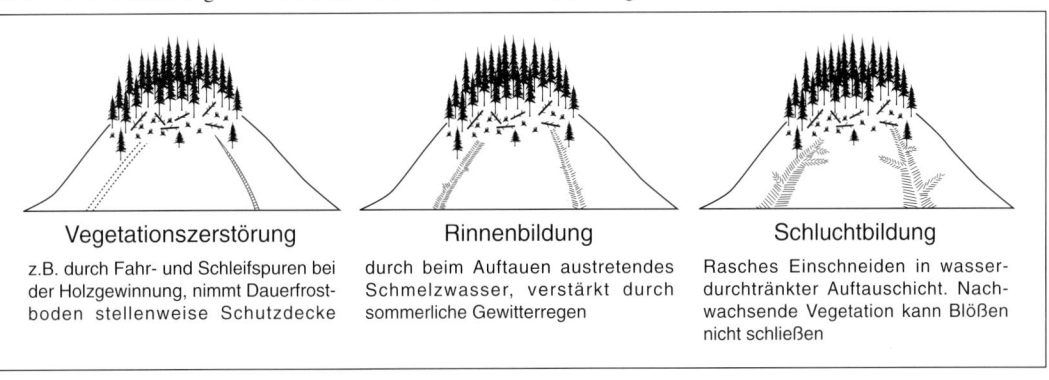

Vegetationszerstörung	Rinnenbildung	Schluchtbildung
z.B. durch Fahr- und Schleifspuren bei der Holzgewinnung, nimmt Dauerfrostboden stellenweise Schutzdecke	durch beim Auftauen austretendes Schmelzwasser, verstärkt durch sommerliche Gewitterregen	Rasches Einschneiden in wasserdurchtränkter Auftauschicht. Nachwachsende Vegetation kann Blößen nicht schließen

M 4.4.3.7/3: Leicht zu schädigende hochkontinentale Beckenräume

Kaltluftseen sammeln sich in ihnen, es kommt zur Ausbildung von Kältenebeln, die sich in Zukunft mit Industrieemissionen zu tagelang andauerndem Smog verbinden werden. In Tynda, einer der zentralen Siedlungen des BAM-Gebietes, wo die Industrialisierung gerade erst begonnen hat, ist diese Zukunft schon Gegenwart. Werden die Hänge abgeholzt, ist ihre erosive Zerstörung kaum noch zu verhindern. Die Beckenböden sind in der Regel klimatisch so trocken, daß sie auch schon bei leichter Beschädigung der nur sehr langsam nachwachsenden (Steppen-)Vegetation Flugsande und entsprechende Flugsandfelder bilden. Fast unlösbare ökologische Probleme verursachen Versorgung und Entsorgung neuer Siedlungen: Die Wasserversorgung ist auf Taliki (Talik = Insel ungefrorenen Bodens) oder auf größere Flüsse angewiesen, der Transport von Wasser im Winter ist schwierig. Deshalb gilt für die Entsorgung, Abwasser muß neben Warmwasserleitungen abgeführt werden – aber wohin? Oft gibt es ja keine Flüsse, in die eingeleitet werden kann. Die Zersetzung von Abfällen dauert 20- bis 30mal länger als unter normalen Klimabedingungen. Zur Versorgung der Siedlungen mit Gemüse und Milch werden in der Regel Wälder gerodet und zu Feldern, Wiesen und Weiden umgestaltet, was zu den oben genannten Folgen führt. Die Rodung von Waldland im Anschluß an städtische und ländliche Siedlungen ist alte sibirische Praxis.

M 4.4.3.7/4: Auswirkungen rücksichtsloser Holznutzung speziell in Kanada und in Sibirien

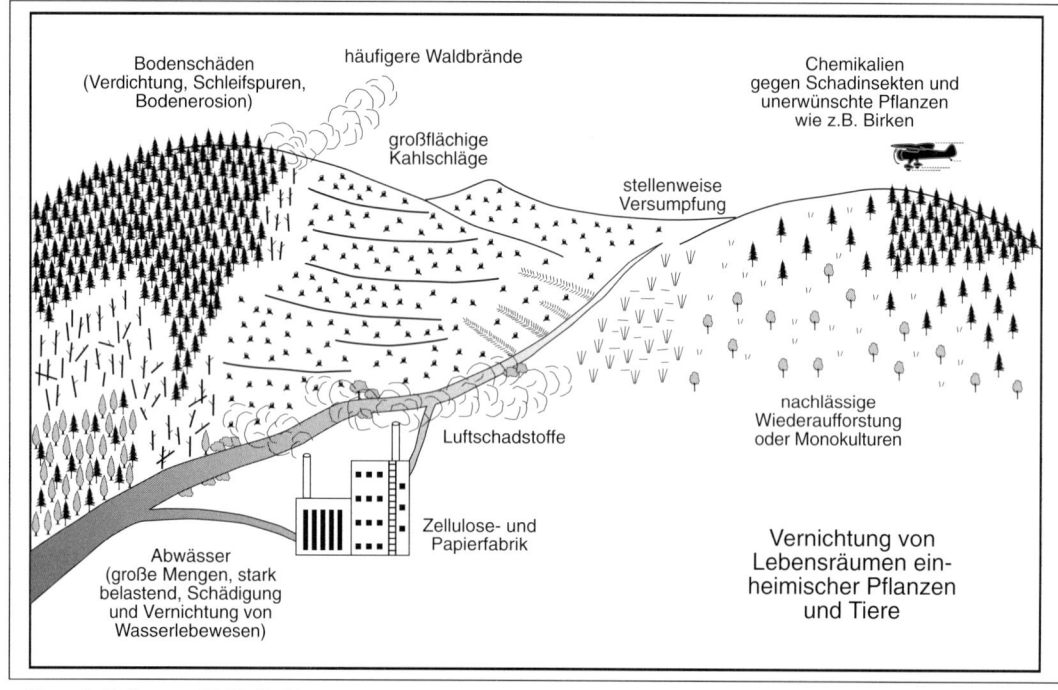

Bildbeschriftungen:
- Bodenschäden (Verdichtung, Schleifspuren, Bodenerosion)
- häufigere Waldbrände
- Chemikalien gegen Schadinsekten und unerwünschte Pflanzen wie z.B. Birken
- großflächige Kahlschläge
- stellenweise Versumpfung
- nachlässige Wiederaufforstung oder Monokulturen
- Luftschadstoffe
- Zellulose- und Papierfabrik
- Abwässer (große Mengen, stark belastend, Schädigung und Vernichtung von Wasserlebewesen)
- Vernichtung von Lebensräumen einheimischer Pflanzen und Tiere

z. T. nach *Volkmann* 1989, S. 29

M 4.4.3.7/5: Stausee-Folgen in der Borealzone

Gewässergüte, -leben, Klima, Tektonik

- Tod und Lebensraumschwund für typische Fließgewässerarten
- Temperaturänderung, Verringerung der Selbstreinigungskraft und Verschlechterung der Wasserqualität
- Unterbindung natürlicher Wasser- und Grundwasserschwankungen, Veränderung des Grundwasserspiegels
- Lokal- bis regionalklimatische Änderungen wie Nebelbildung, höhere Luftfeuchtigkeit
- Wasser-Last auf Untergrund löst u.U. Erdbeben aus

AUFSTAU Fließgewässer wird zu Stehgewässer

- Artenwanderung und Transportwege unterbunden oder erschwert
- Sedimentation im Stausee, unterhalb stärkeres Eintiefen, an Küste eventuell Landverlust

Landschaft, Wirtschaft, Mensch

- Reduzierung natürlicher oder naturnaher Flußlandschaften
- Verlust von Heimat- und Lebensraum für Einheimische
- Verringerung der begrenzten ertragreichen Waldstandorte und agrarischen Nutzflächen
- Beeinträchtigungen durch Hochspannungsleitungen, -schneisen, Trassen für Straßen und Bahnen, Flächen für Siedlungs- und Industrieerweiterung mit Abwässern, Abfällen, Abgasen
- Freizeitbedingte Umweltschäden neben und auf dem Stausee

M 4.4.3.7/6: Taiga unter Druck, Boreale Wälder als Hauptbetroffene von Nutzungskonflikten

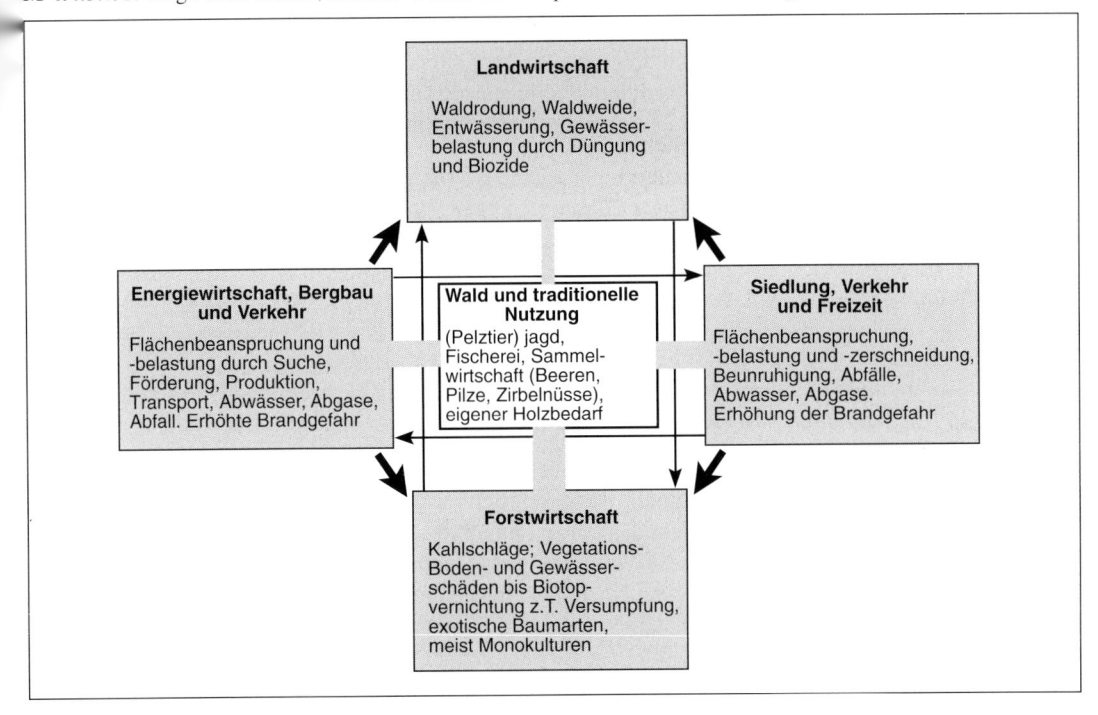

Landwirtschaft
Waldrodung, Waldweide, Entwässerung, Gewässerbelastung durch Düngung und Biozide

Energiewirtschaft, Bergbau und Verkehr
Flächenbeanspruchung und -belastung durch Suche, Förderung, Produktion, Transport, Abwässer, Abgase, Abfall. Erhöhte Brandgefahr

Wald und traditionelle Nutzung
(Pelztier)jagd, Fischerei, Sammelwirtschaft (Beeren, Pilze, Zirbelnüsse), eigener Holzbedarf

Siedlung, Verkehr und Freizeit
Flächenbeanspruchung, -belastung und -zerschneidung, Beunruhigung, Abfälle, Abwasser, Abgase. Erhöhung der Brandgefahr

Forstwirtschaft
Kahlschläge; Vegetations- Boden- und Gewässerschäden bis Biotopvernichtung z.T. Versumpfung, exotische Baumarten, meist Monokulturen

M 4.4.3.7/7: Auswirkungen des sauren Regens

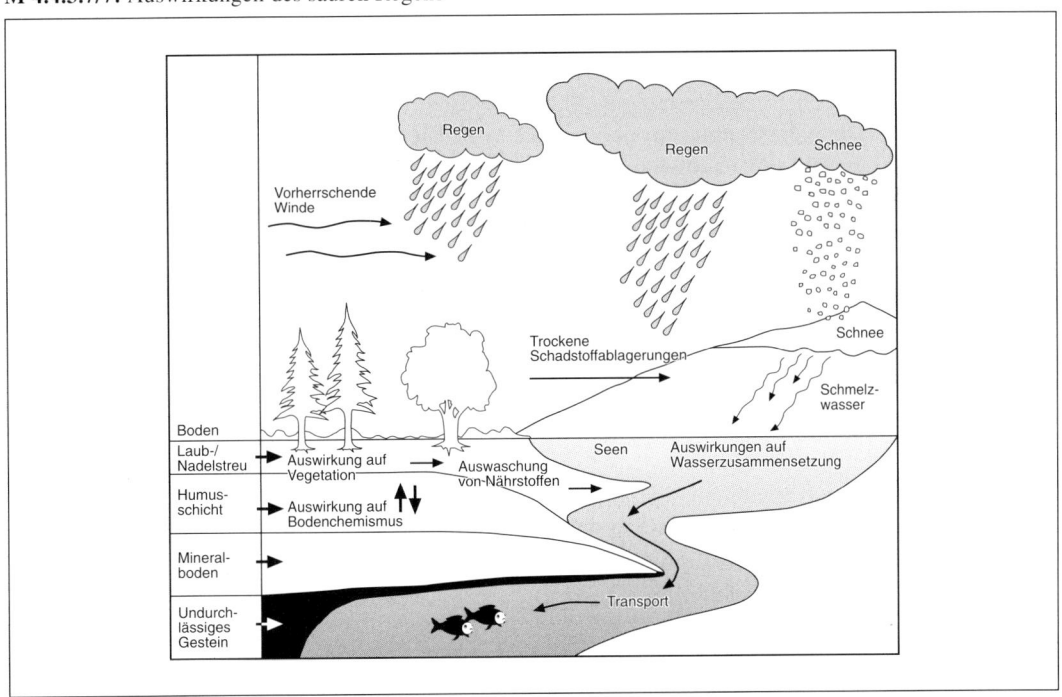

aus: *Moore, T. R., Lewis, J. E.*, 1983, S. 382

4.5 Polare und subpolare Zonen (*W. Nübler*)

Aus mitteleuropäischer Perspektive sind die polare und die subpolare Zone extreme Räume. Die Lage im Bereich oder jenseits der Grenze der Ökumene macht diesen Teil der Erde zu einem nicht ganz selbstverständlichen Objekt modernen Geographieunterrichts, in dessen Mittelpunkt allenthalben die Raumerfahrung und Raumwirkung des Menschen steht.
Trotzdem ist die Behandlung polarer Regionen legitimer Bestandteil des Geographieunterrichts. Gerade wegen der vergleichsweise geringen Inanspruchnahme durch den Menschen lassen sich an ihrem Beispiel lohnende Unterrichtsziele modellhaft ansteuern. Dazu gehören zum Beispiel:

– Beobachtung und Analyse der Wirkung verschiedener Geofaktoren bei der Gestaltung eines Naturraumes;
– Einsicht in Labilität und globale Abhängigkeit eines extremen Ökosystems;
– Erkenntnis der engen Wechselbeziehung zwischen menschlichem Handeln und Naturlandschaft;
– Einsicht in Möglichkeiten, Folgewirkungen und Grenzen der Nutzung extremer Räume.

Die geringe Größe der raumwirksamen Populationen und die vergleichsweise einfach strukturierten Ökosysteme gewährleisten eine prinzipielle Übersichtlichkeit der Zusammenhänge; der Hauch des Fremdartigen und Ungewohnten, mit dem das Leben unter extremen Bedingungen umgeben ist, weckt Interesse. Beide Faktoren begünstigen die Vermittlung im Unterricht.
Im folgenden wird an exemplarischen Raumbeispielen die allgemeine Darstellung aus Kapitel 3.5 konkretisiert. Die Ausführungen sind nicht als Stundenentwürfe zu verstehen. Sie weisen vielmehr auf Gesichtspunkte hin, die bei der unterrichtlichen Umsetzung berücksichtigt werden sollten.

4.5.1 Leben am Polarkreis: Island – Unterrichtshinweise und Materialien für die Sekundarstufen I und II

Island ist in mancher Hinsicht ein Modellbeispiel für Natur- und Lebensbedingungen in der subpolaren Zone, andererseits eher eine Ausnahmeregion – in jedem Fall aber ein geeignetes Objekt für die unterrichtliche Auseinandersetzung mit polaren Räumen. Dies umso mehr, weil die Verhältnisse in Island in der Literatur gut dokumentiert sind und Island für Mitteleuropäer die nächstgelegene Region ist, die vollständig in der subpolaren Zone liegt.
Als charakteristisches Modell bietet es sich vor allem deshalb an, weil hier die Gegebenheiten und Probleme der subpolaren Zone in einer klar begrenzten Region von noch überschaubarer Größe dargestellt bzw. erarbeitet werden können. Die Palette möglicher thematischer Ansätze ist dabei besonders breit: Sie reicht – um nur wenige Beispiele zu nennen – von typisch subpolaren geomorphologischen Prozessen über klimatische Bedingungen im Nordmeer bis zur Bedeutung der Fischereiwirtschaft oder den Möglichkeiten und Risiken des Tourismus in eigentlich tourismusfeindlicher Umgebung.
Ausnahmefall mit einer Sonderstellung innerhalb der subpolaren Zone ist Island dagegen in folgender Hinsicht:

a) Island liegt zwar knapp unter dem Polarkreis und damit weit nördlicher als z. B. weite Teile der kanadischen Subarktis, die Begünstigung durch den Golfstrom beschert ihm aber ein für die Breitenlage untypisches, mildes Klima mit Mittelwerten der Sommermonate um 12 °C und an der Südwestküste Jahresschwankungen der Monatsmittel von nur rund 10 °C. Abgesehen von den Inseln des Aleutenbogens und einigen kleinen Inseln im Südatlantik (Südgeorgien, Falkland-Inseln) ist es die einzige Region der subpolaren Zone mit ausgesprochen ozeanischem Klima. Dies hat erhebliche Bedeutung für die Möglichkeiten der Landnutzung: Nur hier ist z. B. ganzjähriger Weidegang für Großvieh möglich.

b) Die flächenmäßig ausgedehntesten Teile der Subpolarzone, d. h. die in Nordalaska, Kanada und Sibirien, liegen im Bereich der alten kristallinen Schilde. Island ist dagegen vollständig jungvulkanischen Ursprungs. Ablauf und Ergebnis der Verwitterung des anstehenden Gesteins unterscheiden sich entsprechend.

c) Island ist der einzige selbständige Staat, der vollständig in der subpolaren Zone liegt (Grönland hat zwar Selbstverwaltung, aber noch enge Bindungen an Dänemark). Alle anderen Subpolargebiete sind periphere Territorien größerer Staaten, deren Bevölkerungs- und Wirtschaftskernraum in der gemäßigten Zone liegt. Nur am Beispiel Islands läßt sich also verdeutlichen, mit welchen Problemen eine eigenständige Volkswirtschaft konfrontiert ist, deren Wirtschaftsraum polwärts außerhalb der gemäßigten Zone liegt.

d) Die Bevölkerung Islands ist europäischen Ursprungs; eine nicht-europide Urbevölkerung anderer Kulturstufe, wie sie in allen übrigen Gebieten der Subarktis vertreten ist, fehlt hier. Die Probleme der kulturellen Entwurzelung bzw. Anpassung ethnischer Minderheiten stellen sich hier nicht.

e) Verglichen mit allen anderen Teilen der subpolaren Zone weist Island eine leistungsfähige und differenzierte Volkswirtschaft auf. Sie ist nicht auf die sonst in dieser Zone typischen Extreme der Nutzung beschränkt, nämlich das für die Urbevölkerung typische Jagen und Sammeln bzw. die industriemäßige Rohstoffextraktion. Lebensstil und -standard der Bevölkerung orientieren sich am Modell Europa und, noch augenfälliger, Nordamerika.

Nach diesen didaktisch relevanten Grundsatzüberlegungen werden im folgenden einige praktische Hinweise gegeben.

Jede Behandlung Islands im Unterricht, egal unter welchem Aspekt, sollte damit beginnen, Breitenkreislage, *Größenverhältnisse* und *Bevölkerungsdichte* zu veranschaulichen, weil unsere mitteleuropäische Wahrnehmung meist stark durch die fast immer sehr kleinmaßstäbigen Karten geprägt ist, auf denen wir Island normalerweise als kleinen Fleck im Nordatlantik sehen. Als Gedächtnisstütze zur geographischen Breite kann dienen, daß die der Nordküste Islands unmittelbar vorgelagerte kleine Insel Grimsey vom Polarkreis geschnitten wird. Zur Veranschaulichung der Flächengröße und der Bevölkerungsdichte lassen sich folgende Zahlen anführen:

	Fläche (km^2)	Einwohner	EW/km^2
Island	103 000	265 000	2,5
Baden-Württemberg + Bayern	106 000	20 839 000	196,6

(Zahlen für 1991)

Es bietet sich an, diesen Vergleich von Island und Baden-Württemberg + Bayern anhand einer abwechselnden Betrachtung einer Süddeutschland- und einer Islandkarte etwas auszubauen, zumal die beiden süddeutschen Bundesländer und Island eine grob vergleichbare kompakte Grundform mit ähnlichem Verhältnis von West-Ost- und Süd-Nord-Erstreckung haben. Auf der Fläche beider Bundesländer würden danach rund 250 000 Menschen leben, davon 140 000 im äußersten Südwesten, etwa in Freiburg (Großraum Reykjavik). Nach Lage und Größe käme in diesem Vergleich Haßfurt am Main der Rang der zweitgrößten Stadt zu (Akureyri, 14 000 Einwohner). An den Außengrenzen Bayerns lägen noch einige kleine Siedlungen mit jeweils wenigen Hundert bis wenigen Tausend Einwohnern. Zwischen Ulm und München erstreckte sich ein gewaltiger Plateaugletscher (Vatnajökull), und das ganze Viereck zwischen diesem und den Städten Stuttgart, Würzburg und Regensburg wäre – außer einigen Tausend Sommertouristen – menschenleer. Das Netz asphaltierter Straßen würde übrigens von Freiburg aus nur bis Basel, Straßburg und an den Bodensee reichen; der Rest der Fahrt, z. B. nach Haßfurt, wäre über gepflegte Schotterpisten zu bewältigen. – Sehr viel plastischer als durch bloße Nennung der o. g. Zahlen kann Schülern mit einem solchen Vergleich die Größe und Menschenleere Islands vor Augen geführt werden.

Häufig wird Island im Unterricht zur *Illustration plattentektonischer Vorgänge* herangezogen. Dies ist kein für die hier behandelte Geozone spezifisches Phänomen und wird deshalb nur gestreift. Die Unterrichtsskizze eines Modellversuchs zur Plattentektonik findet sich in Band 10/I, 3.1.2.2. Der dort geschilderte Versuch zum sea-floor-spreading läßt sich gut durch eine knappe Behandlung der geologischen Entwicklung Islands ergänzen: In eine einfache (Tafel)skizze werden die Orte aktiven Vulkanismus und jungvulkanischer Erscheinungen eingetragen; sie treten nur in einer die Insel von SW nach NE querenden Zone auf. Sowohl nach Westen als auch nach Osten nimmt das Alter der anstehenden Basalte immer mehr bis auf rund 3 Mio. Jahre zu; dies wird durch jeweils gleichartig markierte Streifen beidseits der Zone aktiven Vulkanismus angedeutet. Der Zusammenhang zwischen Spreizung des Mittelatlantischen Rückens und Vorkommen von Vulkanismus wird von Schülern leicht erfaßt. Eine entsprechende Abbildung enthält *Seydlitz – Physische Geographie* (1989), S. 22. Zur Demonstration im Unterricht eignet sich eine spektakuläre Graphik im Merian-Heft 8/42 *Island* (1989), S. 68/69, zusammen mit der Übersichtsgraphik auf S. 67 dieses Heftes.

Auch wenn Island als Insel aus „Feuer und Eis" häufig zur Veranschaulichung allgemeiner physischgeographischer Erscheinungen dient, sollte nicht verkannt werden, daß sich an diesem Raumbeispiel auch vorzüglich die Besonderheiten des Lebens unter subarktischen Bedingungen aufzeigen lassen. Im folgenden werden Hinweise zur Behandlung zweier für die Subarktis typischer anthropogeographischer Prozesse gegeben: des demographischen Wandels, insbesondere der Bevölkerungsmigration von peripheren Räumen hin zu städtischen Zentren, und des Bedeutungswandels der Fischerei als Basis der Wirtschaft.

4.5.1.1 Demographische Prozesse in Island

Soll die Bevölkerungsentwicklung einer subarktischen Region am Beispiel Islands erarbeitet werden, empfiehlt es sich, den oben angestellten Vergleich Island – Süddeutschland zunächst nur auf die Flächengröße zu beschränken, seine Erweiterung auf die Bevölkerungsverteilung dagegen als Zusammenfassung an den Schluß der Betrachtung zu stellen. Zwischen beiden Schritten erfolgt a) eine Darstellung der traditionellen Siedlungsstruktur bzw. -verteilung, vorbereitet durch einen knappen Abriß der Besiedlungsgeschichte und b) eine Erarbeitung der jüngeren demographischen Entwicklung. Als Material dazu kann folgende, auch als Lesetext geeignete Sachinformation dienen:

Besiedlungsgeschichte Islands

Den Beginn dauerhafter Besiedlung der Insel markiert die Landung des norwegischen Wikingers Ingolfur Arnarson im Jahr 874. Wegen der heißen Quellen und ihren Dampffahnen nannte er den Landeort Reykjavik, d. h. „Rauchbucht". Die folgenden 60 Jahre sind die Landnahmezeit der Wikinger. Durch das Anfang des 13. Jahrhunderts entstandene „Landnamabok" sind wir sehr gut über Flur-, Orts- und Geschlechternamen dieser Zeit unterrichtet: Rund 400 Einwanderersippen ließen sich in Island nieder und legten noch im 9. Jahrhundert die Basis für einen organisierten Staat ohne Zentralgewalt. Im Jahr 930 wurde das „Althing" eingerichtet, d. h. eine gesetzgebende und rechtsprechende Versammlung aller freien Männer, die einmal jährlich zusammentrat. Die Isländer berufen sich gern auf diese „älteste Demokratie der Welt", auch wenn ihr Charakter eher oligarchisch-aristokratisch war. Daß es überhaupt zu einer solchen staatlichen Organisation kam, bleibt angesichts der großen Entfernungen zwischen den Siedlungsgebieten erstaunlich. Denn schließlich verteilte sich die Bevölkerung damals ohne wesentliche räumliche Konzentrationen über die Küstensäume längs der Buchten und Fjorde vor allem im Südwesten, Westen und Norden der Insel.

Die Zeit zwischen 930 und etwa 1300 wird als „Goldenes Zeitalter" Islands bezeichnet. Während dieser Landnahmezeit wurde, von politischer Unabhängigkeit und vorteilhaften klimatischen Bedingungen (postglaziales Klimaoptimum) begünstigt, die Siedlungsgrenze weit vorgeschoben. Gegen Ende dieser Periode lebten in Island rund 80 000 Menschen, die landwirtschaftlich genutzte Fläche war größer als heute und umfaßte, bei freilich größtenteils sehr extensiver Nutzung, rund 40% der Insel.

Vom 14. bis Ende des 18. Jahrhunderts erlebte Island Rückschläge. Die Bevölkerung ging zurück, zahlreiche Siedlungen, d. h. Einzelhöfe, wurden aufgegeben. Gegen Ende des 14. Jahrhunderts soll es nur noch

> 40 000 Isländer gegeben haben. Der drastische Bevölkerungsrückgang und die zugehörigen wiederholten Wüstungsperioden hatten vielfältige Ursachen:
> - Die allgemein verschlechterten klimatischen Bedingungen (Kleine Eiszeit), angezeigt z. B. durch mehrfache Folgen von Jahren, in denen die Treibeisgrenze die isländische Nordküste erreichte, wirkten sich hier am Rande der Ökumene besonders gravierend aus: Ernten fielen aus, die Weidefläche degradierte, es folgten Hungersnöte und Seuchen. Der Pest fiel 1402–1404 fast die Hälfte, den Pocken in den Jahren 1707–1709 rund ein Drittel der Bevölkerung zum Opfer (*Gläßer/Schnütgen* 1986, S. 149).
> - Mit dem aktiven Vulkanismus in Zusammenhang stehende Naturkatastrophen wirkten sich bei ohnehin kritischer Gesamtlage besonders katastrophal aus. Durch Lavafluß, Ascheregen oder toxische Wirkung austretender Gase zerstörte Weideflächen bedeuteten in einer Zeit ohne interregionale Ausgleichsmöglichkeiten unmittelbare Not. Besonders berüchtigt als Landschaftszerstörer sind übrigens die als „Gletscherlauf" bekannten Überschwemmungen, die durch subglaziale vulkanische Eruption ausgelöst werden.
> - Aus einem Land freier Bauern mit eigener politischer Organisation wurde gegen Ende des Hochmittelalters ein abhängiges Gebiet mit Fremdherrschaft: 1264 mußte sich Island norwegischer Herrschaft unterwerfen, 1380 kam es zusammen mit Norwegen an Dänemark, von dem es bis ins 20. Jahrhundert abhängig blieb. Die freie wirtschaftliche Entfaltung wurde von dänischen Handelsprivilegien behindert, jahrhundertelange Stagnation war die Folge.

Aufbauend auf einem solchen, gegebenenfalls noch zu kürzenden, Abriß der Besiedlungsgeschichte kann dann die heutige Siedlungsverteilung erarbeitet werden. Heute liegt die Höhengrenze für Siedlungen bei 200 m; der höchste Hof Islands liegt 450 m hoch – und er gehört zu den wenigen Ausnahmen im Nordosten der Insel, wo die genannte Grenze überschritten wird. Man macht also keinen großen Fehler, wenn man die in allen gängigen Atlanten in den topographischen Übersichtskarten kenntlich gemachte Höhenstufe bis 200 m mit der maximal möglichen Siedlungsfläche gleichsetzt. Allenfalls wird diese durch überschwemmungsgefährdete Sanderflächen oder reine Lavafelder auch in der Höhenstufe bis 200 m noch eingeschränkt. Die enge Begrenzung des Lebensraumes auf schmale Küstenstreifen und einige weit voneinander entfernte Tieflandsflächen wird sofort augenfällig. (Es sei an dieser Stelle nochmals betont, daß gerade bei der Atlasarbeit durch Streckenvergleiche unserer durch kleinmaßstäbige Karten Islands – meist nur 1:6 Millionen – geprägten Wahrnehmung entgegengearbeitet werden muß.)

In diesem Küstensaum bewirtschaftbaren Landes liegen alle Siedlungen. Dies sind vor allem die Einzelhöfe, seien es die traditionellen, z. T. aus Torfsoden errichteten Gehöfte, von denen nur noch sehr wenige, z. T. als Museum, existieren, oder aber die modernen Nachfolger mit ihrer klaren Trennung in Wohnbungalow und Wellblechzweckbau als Wirtschaftsgebäude.

Entsprechend der Verteilung der rein ländlichen Siedlungen finden sich auch alle größeren Orte an der Peripherie der Insel, wobei es aus mitteleuropäischer Sicht schwerfällt, von städtischen Siedlungen zu sprechen. Die wenigen Siedlungsverdichtungen, die sich um Kirchen, Schulen oder vor allem Häfen ergeben haben, erfüllen aber durchaus schon bei wenigen hundert Einwohnern übergeordnete, zentralörtliche Funktionen. Dem trägt die isländische Größeneinteilung der „Kaupstadir" (mit Stadtrecht) und „Kauptún" (ohne Stadtrecht, aber u. U. mit derselben zentralörtlichen Bedeutung wie Kaupstadir) Rechnung. Mit wenigen Ausnahmen im Süden und Osten der Insel liegen alle diese Marktflecken und Kleinstädte an der Küste; die größeren unter ihnen verdanken ihren Aufstieg dem in unserem Jahrhundert intensivierten Fischfang. Der Großraum Reykjavik spielt natürlich als Hafen, als Industriestandort und vor allem als Dienstleistungszentrum eine Sonderrolle.

Aus Abbildung 4.5.1.1/1 und Tabelle 4.5.1.1/1 lassen sich Verteilung und Entwicklung der isländischen Städte herausarbeiten. Der dynamischen Entwicklung des Südwestens mit der Hauptstadtregion steht das wesentlich langsamere Wachstum aller anderen Städte gegenüber. Berücksichtigt man, daß die Kleinstädte des Nordens und Ostens zu einem guten Teil auch durch Entsiedelung ihres ländlichen Umlandes wuchsen, kommt dies einer relativen Stagnation der peripheren Räume gleich. Betrachtet man einen längeren Zeitraum, wird dies noch deutlicher: Trotz starken Wachstums der Gesamtbevöl-

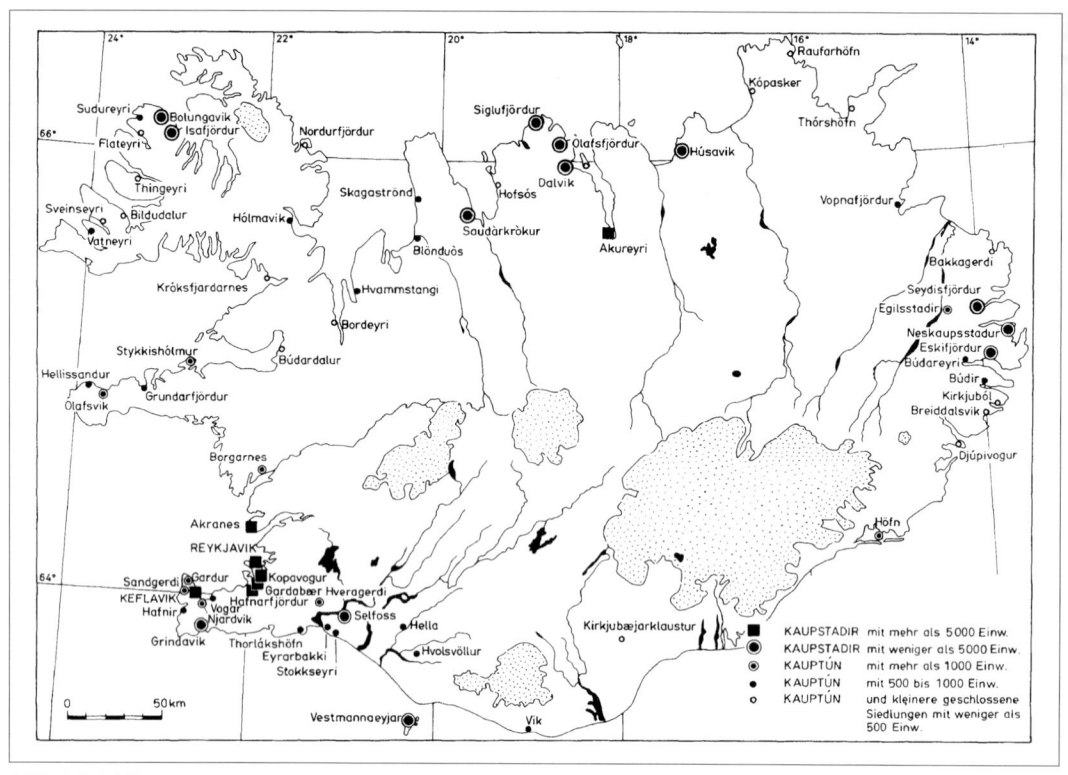

Abb. 4.5.1.1/1
Die zentralen Orte Islands 1980
nach isländischen Quellen aus: *Glässer/Schnütgen* 1986, S. 176

Tab. 4.5.1.1/1: Die Wohnbevölkerung der isländischen Städte (Kaupstadir) im Zeitraum 1901–1980

Kaupstaðir	Stadt-recht seit	1901	1910	1920	1930	1940	1950	1960	1970	1980
Reykjavík	1786	6 682	11 600	17 679	28 304	38 196	56 251	72 407	81 693	84 593
Kópavogur	1955	–	–	–	–	–	1 514	6 213	11 165	13 996
Akureyri	1862	1 370	2 084	2 575	4 198	5 564	7 188	8 835	10 755	13 137 [a]
Hafnarfjörður	1908	599	1 547	2 366	3 591	3 686	5 087	7 160	9 696	12 312
Keflavík	1949	314	469	510	838	1 551	2 395	4 700	5 663	6 622
Vestmannaeyjar	1918	344	768	2 426	3 393	3 587	3 726	4 643	5 186	4 727
Akranes	1942	747	808	938	1 262	1 905	2 583	3 822	4 253	5 170
Ísafjörður	1866	1 220	1 854	1 980	2 533	2 833	2 808	2 725	2 680	3 399
Selfoss	1978	–	–	–	–	213	967	1 767	2 397	3 409
Seltjanarnes	1974	–	440	440	1 062	627	686	1 310	2 153	3 340
Húsavík	1950	313	599	630	871	1 002	1 279	1 514	1 993	2 401 [a]
Siglufjörður	1918	146	415	1 159	2 022	2 884	3 015	2 680	2 161	2 047 [a]
Saudárkrókur	1947	407	473	501	779	959	1 023	1 205	1 600	2 109 [a]
Neskaupstaður	1929	75	529	779	1 118	1 106	1 301	1 436	1 552	1 704 [b]
Grindavík	1974	–	–	–	–	257	267	492	740	1 169	1 929
Dalvík	1974	–	–	121	228	314	639	907	1 065	1 253 [a]
Ólafsfjörður	1945	–	192	336	559	736	947	905	1 086	1 181 [a]
Bolungarvík	1974	–	815	767	685	649	704	775	978	1 266
Eskifjörður	1974	302	425	619	758	671	673	741	936	1 084 [b]
Seyðisfjörður	1895	841	928	871	936	904	744	745	884	989 [b]

[a] Zahlen für 1979; [b] Zahlen für 1981.

aus: *Glässer/Schnütgen* 1986, S. 179

kerung seit Beginn des 18. Jahrhunderts (Abb. 4.5.1.1/2) sind alle Regionen im Norden, Osten und Süden gegenüber dem Südwesten zurückgefallen (Abb. 4.5.1.1/3, hier bezogen auf die Gesamtbevölkerung der isländischen Bezirke). Dem in Abbildung 4.5.1.1/3 eingesetzten Balkendiagramm ist zu entnehmen, daß zu Beginn des vergangenen Jahrhunderts nur 1%, zu Beginn dieses Jahrhunderts immer noch erst 22%, 1974 aber schon 86% der Isländer Stadtbewohner waren. 1991 sind es sogar 90% (Angabe nach *Fischer Weltalmanach* 1992).

Modellhaft läßt sich damit am Beispiel Island ein Problem der subpolaren Ökumene illustrieren: Trotz steigender Gesamtbevölkerung werden Einzelhöfe aufgegeben, die Wirtschaftsfläche zurückgenommen, ganze Regionen entvölkert. Lediglich die städtischen Zentren wachsen, wobei die Hauptstadt als Magnet wirkt und gegenüber den Zentren der Peripherie immer mehr an Gewicht gewinnt.

4.5.1.2 Wandel der isländischen Fischereiwirtschaft

Das zweite Beispiel, an dem die unterrichtliche Verwertbarkeit Islands als Modell für die Lebens- und Wirtschaftsbedingungen in der subpolaren Zone gezeigt werden soll, betrifft den Wandel der Fischereiwirtschaft. Es ist unmittelbar einsichtig und auch den Schülern in der Regel schon bekannt, daß die Fischerei in den Polarmeeren von großer Bedeutung ist, sei es in ihrer ursprünglichen Form zur Selbstversorgung der lokalen Bevölkerung oder in ihrer modernen Form zur Ergänzung der Nahrungsmittelversorgung meist weit entfernter Regionen. Für die Behandlung des Themas „Fischerei" im Unterricht ist Island aus verschiedenen Gründen besonders geeignet:

– Die isländische Fischerei hat eine lange Tradition und sie ist vergleichsweise gut dokumentiert;
– Fang, Verarbeitung und Vermarktung erfolgen in Island, die räumliche Konzentration erleichtert die Vermittlung (bei der Beschäftigung mit den Fischfangnationen Norwegen oder Japan sind dagegen z.B. sehr weiträumige wirtschaftliche Verflechtungen zu berücksichtigen);

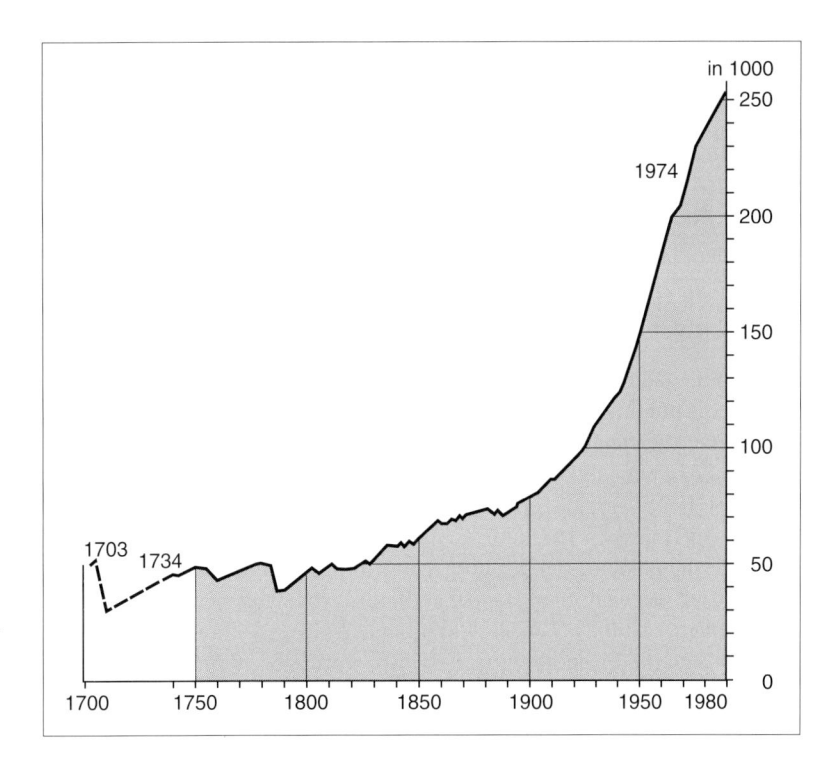

Abb. 4.5.1.1/2
Die Bevölkerungsentwicklung Islands im Zeitraum 1703 bis 1990
nach: *Gläßer/Schnütgen* 1986, S. 153

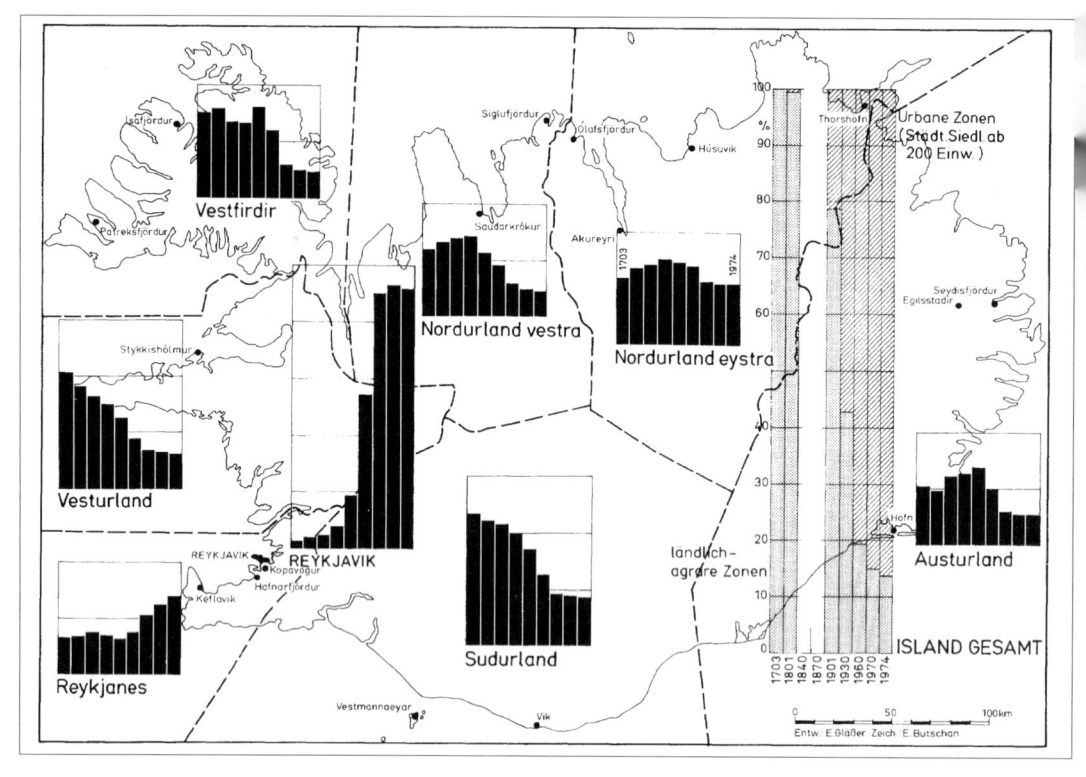

Abb. 4.5.1.1/3
Entwicklung und räumliche Differenzierung der isländischen Bevölkerung im Zeitraum 1703 bis 1974
aus: *Gläßer/Schnütgen* 1986, S. 157
Im rechten Teil der Abbildung (Grau gerastert) prozentuale Aufteilung der Gesamtbevölkerung nach Bewohnern von städtischen Siedlungen (> 200 Einwohner!) bzw. ländlichen Siedlungen. Die übrigen Balkendiagramme (schwarz) beziehen sich auf die isländischen Verwaltungsbezirke. Die Abbildung geht auf eine Quelle zurück, deren Daten bis 1974 reichen und danach nicht in vergleichbarer Form vorliegen. Die bis 1974 erkennbaren Entwicklungstendenzen haben sich aber auch danach fortgesetzt.

– Die isländische Fischerei ist nach Fangmethode, technischem Standard und Fangziel sehr vielgestaltig;
– Die Rolle der Fischerei innerhalb der isländischen Wirtschaft ist nach wie vor überragend, andere Wirtschaftsbereiche treten ihr gegenüber zurück.

Das frühe Island der Saga-Zeit war ein Bauernland; zwar wurde Fischfang betrieben, er hatte aber ergänzende Funktion und diente ausschließlich der Selbstversorgung. Das moderne Island ist eine Fischfangnation, die sich als Ergänzung eine hoch subventionierte Landwirtschaft leistet. Das ist zugegebenermaßen überspitzt formuliert, kennzeichnet aber zutreffend den Bedeutungswandel der Fischerei Islands. (Nicht berücksichtigt wird bei dieser Verkürzung, daß schon im 14. Jahrhundert unter dem Einfluß der Hanse die Fischerei so intensiviert wurde, daß sie die Agrarwirtschaft an Bedeutung übertraf. Allerdings kam es in der Folgezeit mit dem Niedergang der Hanse und im 17. Jahrhundert unter dem Einfluß des dänischen Handelsmonopols in Island zu einem signifikanten Niedergang der Fischereiwirtschaft.) – Im 19. Jahrhundert und nach kriegsbedingten Rückschlägen vor allem nach 1945 entwickelte sich die Fischereiwirtschaft zum wertmäßig dominierenden Wirtschaftszweig, und ihr wirtschaftlicher Erfolg begründete in den Jahrzehnten nach dem Zweiten Weltkrieg den Wohlstand des Landes. Noch 1965 wurden mit Fischereierzeugnissen 97% der Exporterlöse erzielt. Erst in den letzten beiden Jahrzehnten macht sich das Bemühen um eine Diversifikation der Wirtschaft in einem Rückgang des Anteils der Fischereiwirtschaft am gesamten Export bemerkbar.

Der wirtschaftliche Aufschwung, den Island der Entwicklung seiner Fischerei verdankt, läßt sich im Unterricht anhand weniger Daten erarbeiten. Daß dabei recht spektakuläre Ereignisse eine Rolle spielen (Kabeljaukriege), begünstigt die Vermittlung der Einsicht, daß die Rolle der Fischerei in der Subarktis von existentieller Bedeutung ist. Als Grundlage für die unterrichtliche Behandlung kann folgende, auch als Lesetext geeignete Sachinformation dienen, die im wesentlichen auf der Darstellung von *Gläßer/Schnütgen* (1986, S. 200 ff.) basiert:

Fischereikriege und Hoheitsansprüche – Islands Fischerei seit 1900

Die Intensivierung der Fischerei in internationalen Gewässern vor allem nach dem Zweiten Weltkrieg führte den Isländern vor Augen, daß die Fischbestände „vor ihrer Haustür" zunehmend von Fangschiffen anderer Nationalitäten in Anspruch genommen wurden. In fast 30jährigen Auseinandersetzungen bemühte sich Island deshalb um eine schrittweise Ausdehnung seiner Hoheitsgewässer. Ziel war der Schutz der Fischbestände vor Übernutzung, aber auch die Erweiterung der eigenen Fangmöglichkeiten. Die wichtigsten Stufen waren folgende:

– Seit 1901 gilt ein küstenparalleler Meeresstreifen von drei Meilen Breite als Hoheitsgewässer.
– Island kündigt 1949 das Drei-Meilen-Abkommen und führt 1952 die Vier-Meilen-Zone auf der Grundlage sogenannter Basislinien ein, d. h. als Basis der Zone gelten gerade Verbindungslinien zwischen Küstenvorsprüngen, Fjorde werden wie Festland behandelt. Großbritannien reagiert mit einem Importverbot für isländische Fischereierzeugnisse.
– Eine Seerechtskonferenz in Genf bleibt ergebnislos. Danach erweitert Island 1952 seine Fischereizone einseitig auf zwölf Seemeilen. Großbritannien setzt Kriegsschiffe zum Schutz britischer Fangboote innerhalb der Zwölf-Meilen-Zone ein (Erster Kabeljaukrieg). Island protestiert vor der UN und vor dem NATO-Rat, dies letztere besonders wirkungsvoll, ist Island doch während des Kalten Krieges strategisch wichtiges NATO-Mitglied. Ein Übergangskompromiß ermöglicht Großbritannien die Anerkennung der Zwölf-Meilen-Zone.
– Die Fischereiwirtschaft wird zum Motor des isländischen Wirtschaftswunders. Dieser Motor stottert, als nach 1966 die Heringsschwärme ausbleiben und auch bei anderen Arten die Fangerträge stagnieren. Das Althing (Parlament) beschließt deshalb 1972 eine erneute Erweiterung der Fischereizone auf 50 Seemeilen und eine 100-Meilen-Zone mit isländischer Jurisdiktion. Großbritannien und die Bundesrepublik Deutschland, deren Fangflotten am stärksten betroffen sind, protestieren heftig. Isländische Fischer kappen die Schleppleinen ausländischer Fangboote, Großbritannien bietet wieder Kriegsschiffe zum Schutz der Fangflotte auf. Im Mai 1973 wird ein englischer Trawler von einem isländischen Küstenschutzboot aus beschossen (Zweiter Kabeljaukrieg). Island erkennt einen Schiedsspruch des Internationalen Gerichtshofes in Den Haag nicht an und droht mit dem Austritt aus der NATO. Nach Vermittlung der Vereinigten Staaten stimmen Großbritannien und die Bundesrepublik Deutschland 1974 einem Vertrag zu, der ohne völkerrechtliche Anerkennung von einer Respektierung der 50-Meilen-Zone ausgeht.
– Schon ein Jahr später, im Oktober 1975, dehnt Island seine Fischereizone auf 200 Meilen aus, der Konflikt und seine Lösung wiederholen sich (Dritter Kabeljaukrieg): Die Bundesrepublik Deutschland verbietet die Einfuhr isländischer Fischereiprodukte, Island bricht die diplomatischen Beziehungen zu Großbritannien ab und droht mit NATO-Austritt, die USA schalten sich ein, 1976 werden die Verhandlungen für Island erfolgreich beendet, die 200-Meilen-Zone wird allgemein anerkannt und ist heute internationaler Standard für Küstenstaaten.

Parallel zu diesen langanhaltenden Auseinandersetzungen vollzog sich ein markanter technischer Wandel des Fischfangs. Neben kleine, küstengebundene Fischkutter, die noch heute in isländischen Häfen zahlreich zu sehen sind, traten hochseetüchtige Trawler. Zwischen 1950 und 1980 verdoppelte sich die Tonnage der Fangflotte, die Antriebsleistungen und die Netze wurden größer, die technischen Hilfsmittel zur Aufspürung der Fischschwärme aufwendiger und effektiver. Gegenüber den großen Fischfangnationen hatte Island in dieser Hinsicht einen besonders großen Nachholbedarf.

Zusammenfassend läßt sich feststellen, daß sich Island nach 1950 aus einer David-Goliath-Situation heraus unter den großen Fischfangnationen fest etablierte. Es konnte seine Fischereizone enorm ausdehnen, damit seinen Anteil am Fang vor den isländischen Küsten von ursprünglich nur 50% auf fast 100% steigern und die Fangerträge trotz abnehmender Ressourcen bedeutend steigern.

Abb. 4.5.1.2/1
Die Entwicklung der isländischen Fischereiwirtschaft 1958–1988
aus: *Altmann* 1989, S. 93

Die wesentlichen Fakten dieser Entwicklung lassen sich aus den Abbildungen 4.5.1.2/1 und /2 herausarbeiten. Entsprechend der einfachen, aber doch inhaltsreichen Struktur kann die Abbildung 4.5.1.2/1 schon in der Sekundarstufe I als Modell für ein Tafelbild dienen.
Abbildung 4.5.1.2/3 erfordert Übung im Umgang mit komplexeren Abbildungen. Hier lassen sich für ein Beispieljahr Informationen zur regionalen und jahreszeitlichen Aufteilung der Fänge und vor allem zu den unterschiedlichen Formen der Verarbeitung bzw. der Vermarktung entnehmen. Bei den Fang-

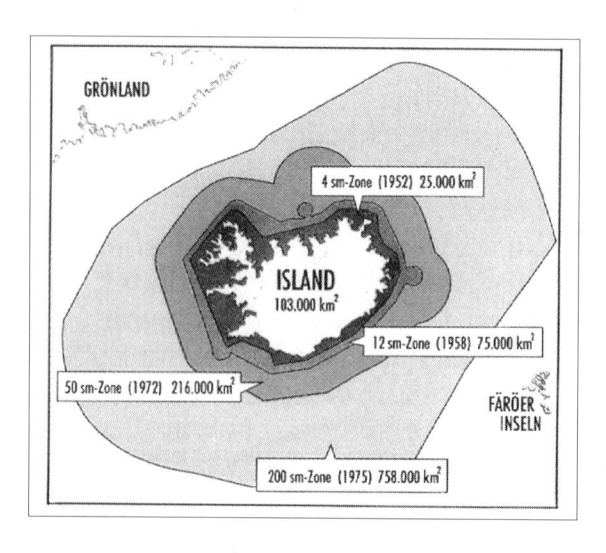

Abb. 4.5.1.2/2
Die Erweiterung der isländischen Hoheitsgewässer
aus: *Altmann* 1989, S. 93

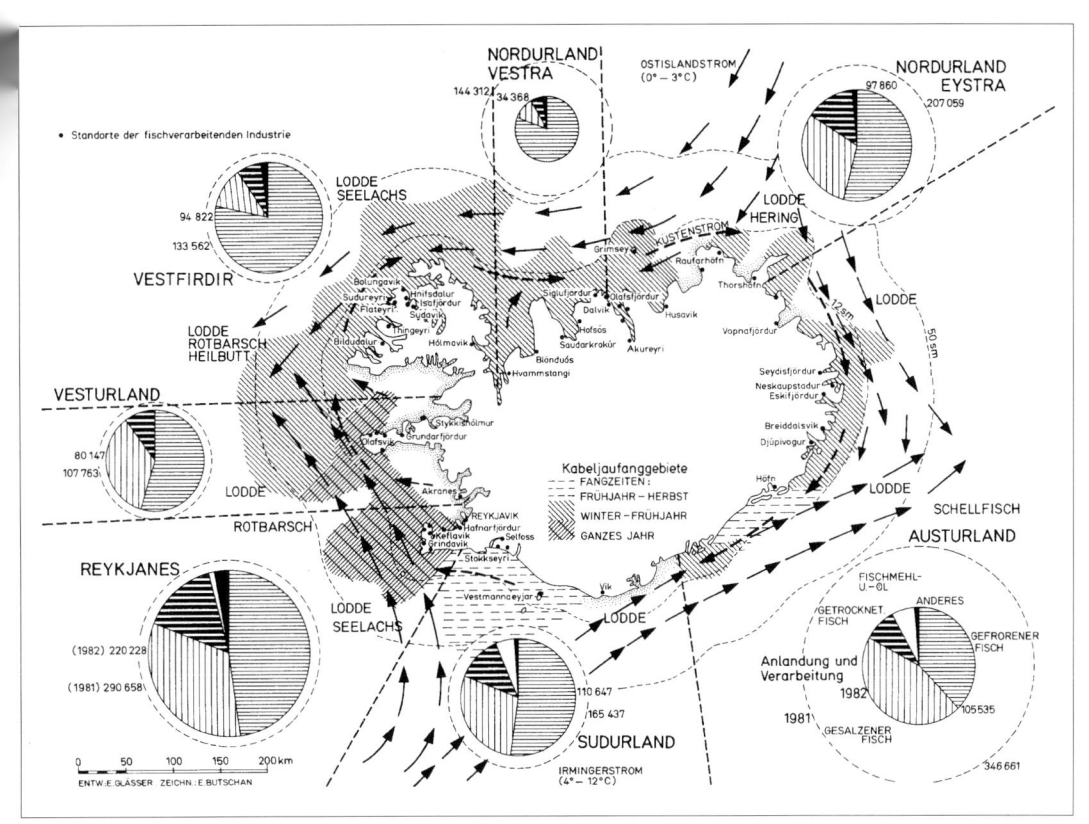

Abb. 4.5.1.2/3
Fischereiwirtschaft Islands 1982
aus: *Gläßer/Schnütgen* 1986, S. 214

mengen ist die Dominanz des alten Siedlungszentrums auf der Halbinsel Reykjanes offensichtlich, aber auch die immer noch starke Stellung der Fischerei im fjordreichen, d.h. hafengünstigen Nordwesten, aus dem jegliche agrarische Nutzung inzwischen fast vollständig verschwunden ist. Die wegen der Gletscher und ihnen vorgelagerten Sanderflächen unzugängliche Südküste spielt dagegen eine untergeordnete Rolle. Was die Fischverarbeitung bzw. -vermarktung angeht, sollte im Unterricht weniger auf die regionalen Unterschiede abgehoben werden als auf das Problem der Konservierung eines leicht verderblichen, marktfern anfallenden Handelsgutes. Gegenüber dem dargestellten Beispieljahr 1982 hat sich der Trend zu tiefgefrorenem Fisch noch verstärkt; nach wie vor spielen aber auch die traditionellen Konservierungsformen eine wichtige Rolle. In zahlreichen Ländern der Dritten Welt ist luftgetrockneter Fisch aus Island eine wichtige Proteinquelle.

Von der Eintragung der Meeresströmungen in Abbildung 4.5.1.2/3 ausgehend, kann die Begründung für den Fischreichtum um Island behandelt werden: Im Mischbereich des kalten Ostislandstromes und des rund 10 °C wärmeren Nordatlantik- bzw. Irmingerstromes kommt es, begünstigt durch die topographische Situation auf dem Schelfsockel und angrenzender untermeerischer Schwellen, zu lebhafter Bildung von Phytoplankton, das die Grundlage für eine artenreiche marine Nahrungskette bildet (vgl. Band 10/II, 2.1.4.3). Dieser Themenbereich ist ein geeigneter Ansatzpunkt für ein fächerübergreifendes Unterrichtsprojekt.

Es ist mehr als ein Scherz, wenn man – etwa in einer entsprechenden Tafelzeichnung – die Isländer als das Endglied der erwähnten Nahrungskette darstellt. Sie haben nach Jahrhunderten bescheidenen

Daseins am Rande der Ökumene der einzigen reichlich verfügbaren Ressource ihrer Geozone, dem Nahrungsangebot des Meeres, einen soliden Wohlstand abgetrotzt.

4.5.2 Leben jenseits des Polarkreises – Tradition und Moderne

Im Gegensatz zum vorangegangenen Abschnitt, bei dem die systematische Bereitstellung von unterrichtsrelevanten Hintergrundinformationen den Schwerpunkt bildete, wird im folgenden auf eine umfangreiche textliche Sachanalyse verzichtet. Stattdessen werden – nach einordnenden Vorbemerkungen – knapp kommentierte Materialien als Bausteine für den eigenen Unterricht angeboten.
Jenseits des Polarkreises leben nur wenige Menschen in einer lebensfeindlichen Umgebung. Das gilt für die auf Rentierzucht, Jagd oder Fischfang angewiesene Urbevölkerung wie auch für die in der Gegenwart zur Rohstofferschließung eingeschleusten Bewohner der gemäßigten Zone. Bei der Behandlung der polaren Zone im Unterricht wird in der Regel die Auseinandersetzung des Menschen mit einer für ihn feindlichen Umwelt im Mittelpunkt stehen.
Meier-Hilbert/Thies (1987, S. 63) weisen darauf hin, daß insbesondere jüngere Schüler von der Lebensweise am Rande des Eises angesprochen werden und häufig bereits Vorkenntnisse in den Unterricht einbringen. Die beiden Autoren nennen folgende häufig behandelte Unterrichtsthemen:

– Eskimos zwischen Tradition und Fortschritt
– Leben jenseits des Polarkreises
– Polartag und Polarnacht
– Eine Forschungsstation in der Antarktis
– Der nordöstliche Seeweg
– Land und Meer unter ewigem Eis

Diese Themen werden unterschiedlichen allgemeingeographischen Komplexen zugeordnet und zur Behandlung insbesondere in den Klassenstufen 5/6 und 7/8 vorgeschlagen.
Für die Orientierungsstufe ist es immer noch interessant, sich mit den traditionellen Lebensformen der Bewohner der Arktis auseinanderzusetzen, obwohl sie nur noch selten, z.B. in Teilen Sibiriens, in unverfälschter Form anzutreffen und anderswo meist zur Touristenattraktion degeneriert sind. Die ökonomische Bedeutung des Vorführens alter Lebensformen darf übrigens nicht unterschätzt werden: Der begleitete Jagdausflug, der Pelzverkauf, die Kajakfahrt, die Vermarktung der nach traditionellen Mustern hergestellten Specksteinskulpturen, – all dies trägt vor allem in Grönland und Kanada z.T. wesentlich zum Einkommen von Inuit-Gemeinden bei. Im Unterricht der Orientierungsstufe sollte auf dem einfachen Kennenlernen „exotischer" Lebensweisen der Hauptakzent liegen; Anregungen dazu bieten die Lehrwerke. Sachinformationen zu den kulturellen Anpassungsleistungen der Urbevölkerung finden sich in Kapitel 3.5.3.
Für die obere Sekundarstufe I bietet sich eine vertiefende, der heutigen Situation Rechnung tragende Betrachtung an, für die Sekundarstufe II ist sie zwingend. Hier muß der Akzent auf der grundlegenden Veränderung der Lebensumstände der Urbevölkerung während der letzten Jahrzehnte bzw. auf den komplexen Auswirkungen moderner Erschließungsmaßnahmen liegen.
Ergänzend zu den in Lehrwerken häufig behandelten Beispielen und aufbauend auf Vorschlägen in der Fachliteratur wird Material zu folgenden Unterrichtsthemen angeboten:

4.5.2.1 „Eskimo spielen" (Orientierungsstufe)

M. Noll (1984) zeigt einen originellen, handlungsorientierten Weg auf, sich in spielerischer Weise einigen Aspekten des Lebens der Inuit zu nähern. Die bei Kindern der Sekundarstufe I oft beliebten Geschicklichkeitsspiele mit einem über die Finger beider Hände gespannten Faden werden dabei zu

„Fadenspielen der Eskimo". Einfache Informationen wecken Interesse an den Besonderheiten der Jagd und des Fischfangs unter arktischen Bedingungen.

4.5.2.2 Die Sami (Lappen) – Rentierhaltung früher und heute (Sekundarstufe I)

Die aus *Bronny* (1991, S. 15) übernommenen Materialien geben kurze Einführungstexte zu Herkunft, Anzahl und Siedlungsgebiet der Sami/Samen/„Lappen" (M 4.5.2.2/1), eine Schilderung des parallel zur Verlagerung der Weidegebiete eingerichteten Sommerlagers im Jahr 1960 (M 4.5.2.2/2) und einen Text zu den Veränderungen, die sich 30 Jahre später in der Rentierhaltung eingestellt haben (M 4.5.2.2/3). Die Graphik M 4.5.2.2/4 kann von Schülern verwendet werden, um eine verbale Darstellung der Merkmale der Rentierhaltung abzustützen. Ergänzende Materialien zur Rentierwirtschaft bietet die – zum Teil nicht mehr aktuelle – Unterrichtseinheit von *Bronny* (1984).

M 4.5.2.2/1: Die Sami – ein uraltes Kulturvolk

> Die Sami Nordskandinaviens gehören zu einer alteuropiden Rasse, deren Angehörige seit dem Ende der letzten Eiszeit vor allem in Finnland immer weiter nach Norden abgedrängt wurden. In Finnland, Schweden, Norwegen und der Sowjetunion stellen die Sami heute Minderheiten von insgesamt ca. 40 000 Personen. Mit der Rentierwirtschaft, die sich aus der Jagd auf das Ren entwickelt hat, sind allerdings nur noch einige hundert Familien als Haupterwerb beschäftigt, sie sind die Träger der uralten Sami-Kultur.
> Trotz vieler Verdrängungsprozesse besteht die Hoffnung, daß die Sami ihre Lebens- und Wirtschaftsweise auf der Basis der Rentierhaltung beibehalten, zumal Rentiere die einzige Möglichkeit darstellen, die ausgedehnten Tundren Lapplands zu nutzen.

aus: *Bronny* 1991, S. 15

M 4.5.2.2/2: Im Sommerlager bei Aslak Juuso

> Es war im Sommer 1960. Ich mußte einige Tage wandern, um im Norden des sog. Finnischen Arms das Sommerlager der Siida[1] Aslaks zu finden. Es lag am Ufer des Porojärvi, des Rentiersees.
> Das Lager bestand aus fünf Zeltkoten, traditionellen Stangenbogenzelten (s. Foto S. 14). Die fünf Familien, jeweils fünf bis acht Personen umfassend, besaßen zusammen über 3000 Rentiere. Man rechnet in Lappland mit 400 Tieren als Existenzminimum für eine Familie! Ein Teil der erwachsenen Sami war nicht im Lager, sondern, begleitet von ihren Hunden, bei der Herde. Die Hirten sorgten dafür, daß es auf den Hochflächen einerseits nicht zur Überweidung kam, andererseits aber gras- und kräuterreiche Areale nicht ungenutzt blieben. Während der Mittagshitze suchten die Rentiere hochgelegene Berghänge auf, wo der Wind etwas Kühlung brachte und die lästigen Mückenschwärme fernhielt, eine günstige Zeit für den Wachwechsel der Hirten.
> In einigen Tagen sollte der Sommerauftrieb stattfinden, die Pferche waren bereits eingerichtet. Und dann war es soweit: die Herde wurde unter lautem Rufen der Hirten und dem Gebell der Hunde in den Hauptpferch getrieben. Die Geweihe der Rentiere – auch die Renkühe tragen ein Geweih – bildeten einen unüberschaubaren Stangenwald. Mit dem Lasso wurden geschickt die Kälber aus der Herde herausgefangen und erhielten die gleichen Ohrmarken als Besitzzeichen wie die Muttertiere. Renkühe wurden gemolken (ca. 0,2 l je Tier mit 24% Fettgehalt!) und einige Hirsche wurden kastriert, um sie im Winter gefügiger vor die Schlitten spannen zu können. In Staub und Hitze gab es Tag und Nacht zu tun, aber alle waren zufrieden, als die Rentiere nach zwei Tagen wieder in die Freiheit entlassen wurden. Viele Kälber hatten die ersten beiden Monate überlebt, und so würde man im Herbst entsprechend viele Tiere schlachten und verkaufen können, ein gutes Jahr für die Rentierzüchter stand bevor.
> Nach der Arbeit saßen die Sami noch stundenlang in ihrer bunten Tracht am qualmenden Birkenholzfeuer, tranken viel Kaffee und erzählten Geschichten aus alter Zeit.
>
> [1] Siida = Familienverband bzw. Sippe, in der allerdings nicht alle Familien miteinander verwandt sein müssen = Wirtschaftsverband

aus: *Bronny* 1991, S. 15

M 4.5.2.2/3: Rentierhaltung im Jahre 1990

> Es war im Sommer 1990. Das Knattern eines Motorrades war schon eine ganze Weile unüberhörbar. Dann tauchte überraschend schnell der Fahrer auf, ein junger Sami, namens Antti, auf einem Cross-Rad mitten in der Tundra. Er war unterwegs, um die frei weidenden Rentiere seiner Siida zu kontrollieren. Riesige Areale von mehr als 100 km² waren eingezäunt, so daß die umherwandernden, nach Futter suchenden Rentiere von Finnland aus weder auf schwedisches noch norwegisches Gebiet wechseln konnten. Die einzelnen Siiden hatten auf diese Weise ihre angestammten Weidegebiete abgegrenzt.
> Antti erzählte uns dann, daß ein Großteil der Familie auch während des Sommers in Enontekiö, der Wintersiedlung, bliebe. Nur einige junge Hirten seien unterwegs, um z. B. die Zäune zu überprüfen. Geländegängige Fahrzeuge, Schnee-Skooter, Mobilfunk, ja sogar Hubschrauber werden heute eingesetzt, um den Rentierzüchtern das Leben zu erleichtern.
> Wanderungen der ehemals halbnomadischen Sami mit Kind und Kegel gibt es heute nicht mehr, es sei denn, man kann die Wanderwege bequem mit dem Auto oder Lkw zurücklegen. An vielen Stellen, wo vor 30 Jahren noch Stangenbogenzelte der Sami standen, bieten heute feste Blockhütten einen besseren Schutz.
> Die Weidewirtschaft wurde also „extensiviert", das bedeutet aber auch: der freie Weidegang der Rentiere bringt neben der Arbeitserleichterung für die Hirten ökologische Probleme mit sich, da die Tiere, sich selbst überlassen, schnell bevorzugte Areale überweiden. Ein überweidetes Gebiet müßte 10–15 Jahre ungenutzt liegen bleiben, aber auch das läßt sich nicht regeln.
> Im Vordergrund steht heute die Fleischproduktion. Vielfach kommen im Herbst mobile Schlachtanlagen in die Nähe der Sommerweiden. Die überzähligen Rentiere werden an Ort und Stelle geschlachtet und nehmen gar nicht mehr an der Rückwanderung in die Winterweidegebiete teil. Trotz der hohen Preise, die für Rentierfleisch erzielt werden, bleibt die Rentierhaltung sehr risikoreich. Eine Tauperiode im Frühjahr mit anschließend starkem Frost kann die Schneedecke so verhärten, daß die Rentiere nicht mehr an die Flechten, ihr Hauptfutter im Winter, gelangen, die sie unter dem Schnee zu wittern vermögen und mit den Hufen freischarren. Ist eine schnelle Hilfe z. B. durch Abwerfen von Heuballen vom Hubschrauber nicht möglich, kann ein reicher Rentierbesitzer innerhalb weniger Tage bettelarm werden. Das ist im übrigen ein Grund, warum so viele Sami (über die Hälfte!) heute als Fischer an den nordnorwegischen Fjorden leben.

aus: *Bronny* 1991, S. 15

M 4.5.2.2/4: Jahreszyklus rentierhaltender Sami

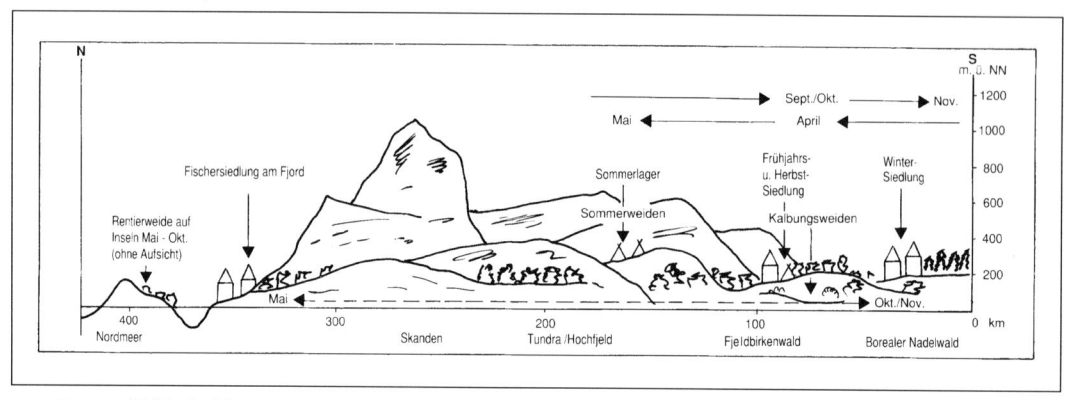

aus: *Bronny* 1991, S. 15

4.5.2.3 Inuit (Eskimos) im Fertighaus – neue Lebensgewohnheiten und die Folgen (obere Sekundarstufe I und Sekundarstufe II)

Der Erlebnisbericht von *Plemper* (M 4.5.2.3/1) aus der neuen Inuit-Siedlung Paulatuk in der kanadischen Arktis kann in der Sekundarstufe I als einfache Hinführung zu den Veränderungen des Lebens der Inuit und den daraus resultierenden gegenwärtigen Problemen verwendet werden. Für die Sekundarstufe II bietet sich zur Erarbeitung derselben Problematik der Text M 4.5.2.3/3 an. Dieser Text ist auch als Einstieg in den Problemkreis „Umweltbelastung in der Arktis" bzw. „Gefährdung eines labilen Ökosystems durch unangepaßte menschliche Aktivität" geeignet. Die politischen Implikationen des Wandels in der kanadischen Arktis werden aus dem Text M 4.5.2.3/4 deutlich. Das Schema M 4.5.2.3/5 faßt am Beispiel des oben genannten Ortes Paulatuk Ursachen und Folgen des Wandels der Lebensbedingungen zusammen. Eine vergleichbare abstrahierende Darstellung kann auch als Arbeitsergebnis aus dem Text M 4.5.2.3/3 gewonnen werden.

M 4.5.2.3/1: Eskimodorf Paulatuk

Das arktische Dorf
Die „Twin Otter" flog noch eine Schleife über Paulatuk, ehe sie in der Bucht wasserte. Das war also ein Eskimodorf? Ich weiß nicht, was mich mehr störte, die riesige Antenne für Satellitenempfang, die Planierraupe oder das Kühlhaus.
Das Dorfgelände war schnell erforscht. Etwa vierzig Häuser säumen die drei Straßen aus festgestampfter Erde. Vor fast jedem Haus wartet ein Motorschlitten (ski-dro) auf den nächsten Winter. Hundegespanne gibt es nur noch drei. Man sagt mir, es sei sehr viel Arbeit, die Mengen an Futter (früher meist Seehundfleisch) zu erjagen. Die beiden neuesten Häuser sind zweistöckig. Die älteren sind schlecht isoliert und einige geradezu baufällig.

Zu Gast bei den Inuit
Zum Abendessen gab es Karibu und „Bannock", selbstgebackenes Brot. Dazu grüne Erbsen aus der Dose. Als Getränk goß man sich reichlich Wasser ein, in dem ein blaues Zuckerpulver gelöst war, das sollte Traubensaft simulieren. Ich war heilfroh, daß es nicht wieder „mŭktŭk", also Walspeck gab, oder „Eskimowürstchen" – Karibudarm, gefüllt mit Seehundfett!
Den ganzen Tag lief, mehr oder weniger unbeachtet, der Fernseher. An der Decke hingen, wie Wäsche über der Leine, einige dürre Stücke Karibufleisch zum Trocknen. Am Fernseher lehnte ein aufgespanntes Seehundfell. Vom Schrank schaute uns eine Marienstatue zu. Frau Illassiak begann eine Gans zu rupfen. Die Federn, Deckfedern und Daunen, wurden sauber getrennt aufgehoben.

Versorgung
Einmal im Jahr, wenn Ende Mai die Bucht eisfrei wird, legt das Frachtschiff in Paulatuk an. Dann biegen sich im Laden die Regale unter der Last der Lebensmittel. Tausende von Konservendosen, acht Sorten Schokolade, sechs Sorten Erfrischungsgetränke in Dosen – kein Wunder, daß viele Inuit an Vitaminmangel und Zivilisationskrankheiten leiden. Alkohol gibt es hier nicht zu kaufen. Den bringen sie manchmal von Besuchen in Inuvik mit – kistenweise. Dann kann man in den folgenden Tagen einige unschöne Szenen erleben.

Wovon leben sie?
Roy Illassiak lebt noch von Jagd und Fallenstellen. Er versorgt nicht nur seine Familie mit Fisch und Fleisch. Im Sommer hängen im Kühlhaus einige Hundert große Lachsforellen, eine Delikatesse der Arktis. Er hat sie mit dem Netz gefischt, an guten Tagen mehr als 50. Später werden sie mit dem Flugzeug nach Süden geflogen. Er bekommt etwa 2 $ pro Kilo dafür. Ob er weiß, was eine Portion in den Großstädten kostet?
Etwas mehr als ein Dutzend „hauptberufliche" Jäger gibt es noch in Paulatuk. Wer keine Arbeit hat und sich auch nicht selbst versorgen kann bekommt Sozialfürsorge vom Staat. In Paulatuk war die alte Hilfsbereitschaft nicht ausgestorben: Von unseren Jagdausflügen brachten wir der alten Witwe Nora Ruben immer ein Stück Karibu, eine Gans etc. mit.
Albert Ruben ist der Dorfverwalter. Wie er haben auch andere einen Job vom Staat, nicht besonders viel zu tun, aber ein festes Gehalt: Charly versorgt das Dorf per Tankwagen mit Trinkwasser aus dem nahen See, Ray verwaltet die Wohnungen, Nelson muß die Landebahn in Ordnung halten, Joe sitzt im „Wetteramt" usw. – So hat jedes Dorf eine bestimmte „Grundausstattung" mit Regierungsjobs, d. h. daß in einem sehr kleinen Ort eine relativ hohe Zahl gutbezahlter Leute wohnt.
Diese Familien sind nicht mehr so häufig auf der Jagd, sie kaufen ihre Lebensmittel im Geschäft. Ihre Kinder werden sich später nicht mehr selbst versorgen können. Viele Fähigkeiten der Inuit gehen verloren.

In der Schule
In der Schulbaracke sind die „9 Klassen" in drei Räumen zusammengefaßt. Ein paar „Klassen" bestehen nur aus 5–7 Schülern.
Das wichtigste Fach ist Englisch. Wenn man Englisch spricht, macht ja z. B. auch das Fernsehen viel mehr

Spaß, denn fast das ganze Programm wird in dieser Sprache gesendet. Sendungen in Inuktitut, der Inuitsprache, gibt es erst wenige.

Viele Jugendliche zeigen sich ihrer Sprache gegenüber recht gleichgültig. Doch die Schulbehörde der Inuit will nicht, daß ihre Sprache ausstirbt. Nicht nur die kulturelle Eigenständigkeit steht auf dem Spiel, sondern auch das Verstehen zwischen jung und alt. Denn die alten Leute sprechen ausschließlich Inuktitut.

Im Jagdlager
Es war schon kurz vor Mitternacht, aber die Sonne stand noch dicht über dem Horizont, als wir mit dem Motorboot an ein paar Eisbergen vorbei über die Bucht fuhren. Nach einer Stunde erreichten wir das Jagdlager am Hornaday River. Zuerst die Arbeit: Die Netze einholen und überprüfen, Fische ausnehmen und zum Trocknen aufhängen, ein Karibu schießen und schlachten, sein Fell aufspannen, Gewehr reinigen, das Lager richten. Ich staunte über die Geschicklichkeit und die Routine, mit der diese jungen Inuit die Arbeit erledigten. Aus dem Lautsprecher des Kofferradios dudelte laute Musik, während Steve auf dem Benzinkocher ein Stück Fleisch briet. Und William? Der filmte die ganze Szene auf seiner neuen Videokamera!

aus: *Plemper* 1991, S. 43

M 4.5.2.3/2: Plan des Inuitortes „Paulatuk", 1985

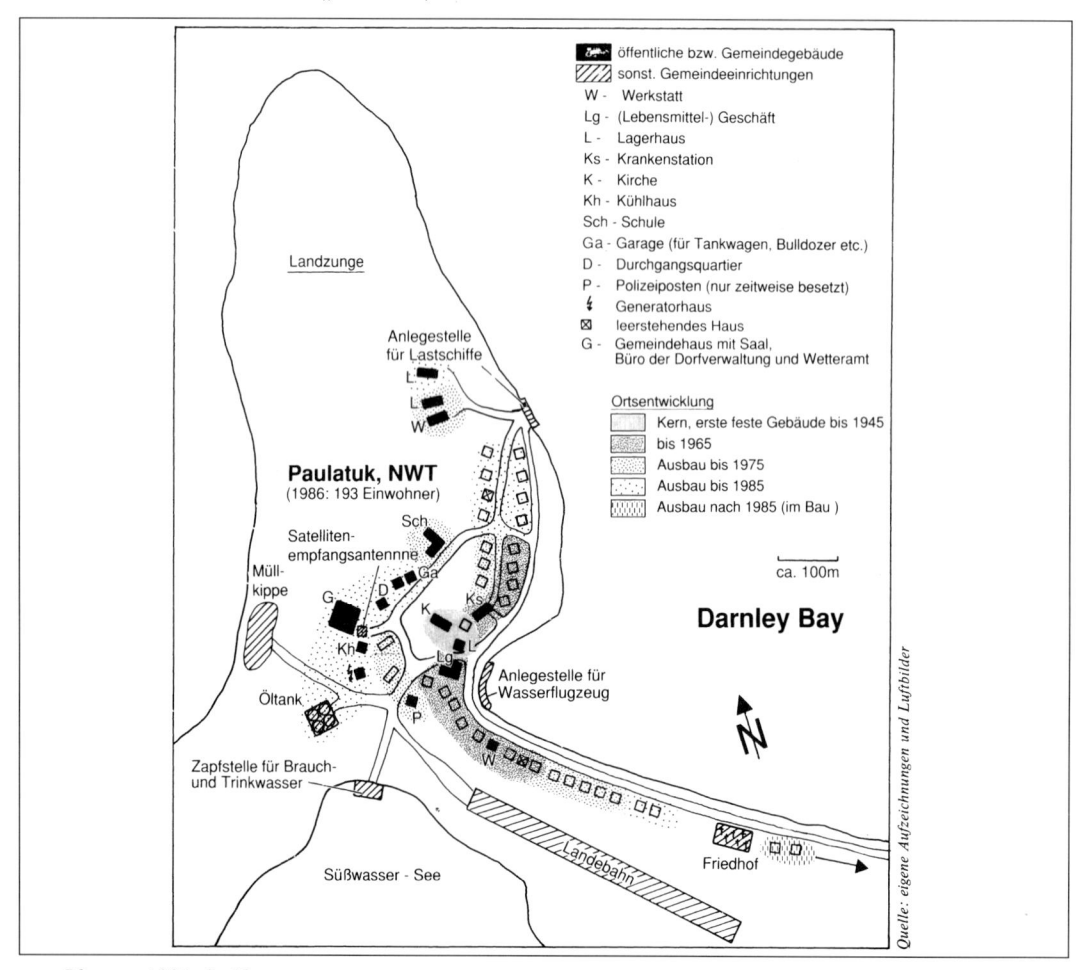

aus: *Plemper* 1991, S. 43

M 4.5.2.3/3: Immer mehr Motorbootlärm vertreibt die Robben

Eskimos leben kaum noch von der Jagd / Die letzte große Fängersiedlung auf Grönland
Von Harald Steinert

Kiel, 29. April. Nur wenige grönländische Eskimos leben noch von Jagd und Fischfang, auf der Basis von Erfahrungen über das Vorkommen und Verhalten der Tiere und mit Jagdtechniken, die in den Grundzügen über Jahrhunderte tradiert wurden. Der größere Teil der Bevölkerung lebt in festen Häusern in den Siedlungszentren und arbeitet zum Beispiel auf dem Bau oder in Fabriken. Die letzte große Fängersiedlung ist die Stadt Umanak nördlich der Disko-Bucht in Nordwestgrönland, mit sieben „Satellitensiedlungen" und zusammen knapp 3500 Bewohnern. Der Bochumer Geograph Bronny beobachtete deren Entwicklung über viele Jahre. Innerhalb von zwölf Jahren kam es von der weitgehenden Selbstversorgung zur Fremdwarenversorgung. Die grönländische Handelsgesellschaft KNI verzeichnete in Umanak im Jahre 1973 erst einen Umsatz von einer halben Million Kronen, bis zum Jahre 1985 stieg er auf sechzehn Millionen Kronen.

Dabei ist die Haupttätigkeit der Bewohner immer noch die Robbenjagd und im Sommer der Fischfang. Der Fischfang ist jedoch wichtiger als die Robbenjagd geworden. Robbenfelle sind nach den Aktionen gegen das Schlachten junger Robben kaum mehr abzusetzen, obwohl man in Grönland nur erwachsene Robben erlegt, und nur etwa drei bis fünf Prozent des Robbenbestandes jährlich geschossen werden.

Während früher durch die Robbenfelle Bargeld in das Haus der Fängerfamilie kam und das Fleisch als Nahrung diente, muß sie heute anders Geld verdienen. Die Zahl der verkauften Robbenfelle sank von 20 000 im Jahr 1978 auf knapp 5000 im Jahre 1986. Die Preise sanken. Dennoch sind große Mengen von Robbenfellen noch nicht verkauft und der Staat hofft jetzt, daß über die Verarbeitung der Felle zu Leder doch noch Absatzmärkte erschlossen werden können.

Mit dem Robbenfleisch – etwa 20 bis 25 Kilogramm pro Tier – füllen die Familien ihre riesigen Tiefkühltruhen. Ein guter Fänger bringt 80 bis 90 Robben im Jahr nach Hause. Noch immer ist der Erfolg bei der Robbenjagd für das Sozialprestige groß, und ein Eskimojunge muß mit 14 oder 15 Jahren seine erste Robbe erlegt haben.

Die Jagdboote der alten Zeit – die Kajaks – sind verschwunden oder zu Sportfahrzeugen geworden. Im Jahr 1915 gab es in der Zentralsiedlung Umanak noch 29 Kajaks, außerdem ein Frauenboot aus Fell (Umiak) und ein Holzboot. Im Jahre 1982 lagen dort außer zwölf kleinen Fischkuttern, 17 Holzjollen und 17 größeren Motorbooten, 140 „Speedboote" mit Außenbordmotor, die modernen Jagdboote.

Mit diesen „Speedbooten" kann ein Fänger schnell zu den oft weit entfernten Jagdgebieten gelangen. Ein Teil der geschossenen Robben geht verloren, weil das Boot bis zum Schuß still liegen muß. Der Jäger muß erst einmal den Motor anlassen, um seine Beute zu holen. Bis dahin kann das tote Tier versunken sein. Bei der Kajakjagd wurde ursprünglich mit angeleinter Harpune gearbeitet. Dabei erreichte die Ausbeute fast 100 Prozent.

Dieser Nachteil der Speedbootjagd führt dazu, daß die Jäger immer stärkere Motoren anschaffen, um die erlegten Robben zu erreichen. Die stärkeren Motoren verursachen in den Fjorden um die Stadt immer mehr Lärm, der die Robben immer weiter forttreibt. Auch Vogelfelsen veröden, die früher von den Fängern mit ausgebeutet wurden. Hinzu kommt, daß auch zahlreiche Hobbyjäger in diesem Gebiet umherfahren. Selbst der grönländische Ministerpräsident Pastor Jonathan Motzfeldt jagt in freien Stunden Robben.

Das Bargeld für die wachsenden Konsumbedürfnisse kommt mehr und mehr aus der Fischerei auf Kabeljau, Schwarzen Heilbutt und Fjorddorsch. Seit den siebziger Jahren können in den Außensiedlungen die Fänge vorverarbeitet werden. Sie werden von dort in die Fischfabrik in Umanak transportiert, die inzwischen rund 50 Arbeitskräfte beschäftigt. Die Fischabfälle werden für die Hunde der Gespanne verwendet, die in den Außensiedlungen der Stadt immer noch gehalten werden.

Diese Außensiedlungen – „Udsteder" – stammen aus dem 19. Jahrhundert, als die Politik der dänischen Verwaltung der Kolonie Grönland darauf zielte, solche Siedlungen in der Nähe der Fangplätze zu schaffen. In den südlicheren Distrikten veröden die „Udsteder" heute mehr und mehr, weil der Fang aufgegeben wurde. Nur im Gebiet von Umanak ist diese Struktur noch intakt. Die sieben „Udsteder" haben seit dreißig Jahren Bewohner nicht mehr verloren. „Selbst jüngere Familien haben entdeckt, daß man in einem 'udsted' auch ohne das in den Städten übliche Kabelfernsehen gut leben und verdienen kann", schreibt Bronny.

In diesen Siedlungen mit 80 bis 250 Einwohnern hat man elektrischen Strom aus Dieselmotoraggregaten. Die Kleinkraftwerke wurden vom Staat finanziert, den notwendigen Eigenanteil brachten die Bewohner durch Bingospielen zusammen. Aus dem örtlichen Laden oder per Katalog werden die großen Tiefkühltruhen für den Wintervorrat, Farbfernseher mit Videorekorder und der neue, noch größere Motor für das Boot bestellt. Ein vom Staat subventionierter Flugtaxidienst hält den Verkehr aufrecht, wenn bei Eisgang die Boote nicht mehr ausreichen.

Noch gibt es letzte Rasensodenhäuser, doch das Gros der Bevölkerung lebt in modernen hölzernen Fertighäusern. Die traditionelle Großfamilie jedoch löst sich auch hier in den Fängersiedlungen auf, so daß auch Altenheime eingerichtet werden mußten. In der Stadt Umanak gibt es zahlreiche Geschäfte, ein Krankenhaus mit drei Ärzten, eine Zahnklinik, eine weiterführende Schule, ein Versammlungshaus und eine Vielzweckhalle. Die Arbeitslosen lassen sich an den Fingern zweier Hände abzählen (im Sommer 1987 waren es vier), während im Durchschnitt auf Grönland der Anteil der Arbeitslosen etwa bei zehn Prozent liegt. Diese erfreuliche wirtschaftliche Situation hat jedoch einen Pferdefuß. Sie basiert mit auf der Existenz des fast einzigen Bergbauunternehmens von Grönland – der kanadischen Gesellschaft „Greenex" in Marmorilik rund 50 Kilometer Luftlinie von Umanak entfernt. Dort wird an einer steilen Felswand am Fjord Blei-Zink-Erz mit hohem Silbergehalt gefördert und aufbereitet. Die Erzvorräte gehen zu Ende, doch exploriert die kanadische Firma intensiv weiter.

Marmorilik ist die achte Außensiedlung von Umanak. Im Jahre 1987 hatte sie 157 Bewohner. Das hohe Steueraufkommen des Erzbergbaus ist es, das in Umanak hohe öffentliche Investitionen ermöglichte. Doch die hochbezahlten Bergarbeiter verursachen einen starken privaten Bootsverkehr um Marmorilik, der sich störend auf die Fängerarbeit vor allem der Außensiedlung Uukussissat auswirkt. Außerdem werden jährlich rund 30 000 Tonnen schwermetallhaltiger Erzschlamm, Rückstand aus der Aufbereitung in den Fjord geschüttet, der vor allem quecksilberhaltig ist. Das Quecksilber gelangt über die am Ende der Nahrungskette stehenden Robben durch den hohen Robbenfleischkonsum der Eskimos (bis zu 350 Kilogramm pro Jahr) in den menschlichen Körper. Das Blut der Bewohner der Fängerorte in der Nähe des Bergbaustandorts enthält etwa 30 Mal mehr Quecksilber als das Blut einer dänischen Vergleichsgruppe in der Gegend von Aarhus. Viele Einwohner des Gebietes hoffen auf das Ende der Förderung – falls nicht neue Erzvorräte entdeckt werden. Als kleinen Ersatz kann Umanak eine Touristenattraktion bieten: ein Alfred-Wegener-Museum. Aus diesem Gebiet, fünf Kilometer von Marmorilik entfernt, stieg der deutsche Polarforscher auf den grönländischen Eisschild auf, hier warb er seine Eskimo-Helfer. Im Rathaus von Umanak gibt es schon einen Erinnerungsraum mit vielen Fotos, und man hofft, einen Propellerschlitten der Expedition – der auf dem Gletscher gut erhalten blieb – als Attraktion aufstellen zu können.

aus: *Frankfurter Allgemeine Zeitung*, 30. April 1990

M 4.5.2.3/4: Eigenes Territorium für Kanadas Eskimos

cja, Ottawa, im Mai

Eine nicht bindende Volksabstimmung in Kanadas arktischen *Nordwestterritorien* (NWT) hat eine Mehrheit von 54 Prozent der Stimmen für die Teilung der NWT erbracht. Die mittleren und östlichen Gebiete der riesigen Territorien sollen vor Ende des Jahrhunderts abgetrennt und unter dem Namen *Nunavut* zu einer Art Heimstätte für Kanadas Eskimos gemacht werden. Nunavut (in der Sprache der Inuit „unser Land") wird *2,2 Millionen Quadratkilometer* umfassen. Derzeit leben in diesem Gebiet nur 17 500 Eskimos, die allerdings 85 Prozent der Inuit-Gesamtbevölkerung bilden. Die Schaffung eines eigenen Territoriums stellt für die Eskimos die Erfüllung langjähriger Forderungen dar. Gegner dieses Vorhabens weisen allerdings auf gewisse Schwächen der Regelung hin: Das Territorium wird nach wie vor *ohne Provinzstatus* bleiben und daher politisch-administrativ eng an Ottawa gebunden sein; und den Eskimos wird keine Garantie gegeben, daß sie auch in Zukunft die Mehrheit der Bevölkerung in „ihrem" Territorium bilden werden – einige größere Entwicklungsprojekte könnten das Bild radikal ändern.

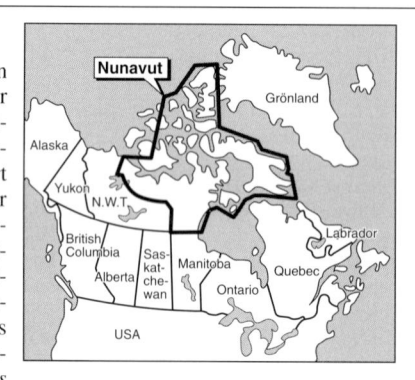

Diesen Befürchtungen soll ein besonderes Abkommen zwischen der Bundesregierung und den Inuit des künftigen Nunavut begegnen. Ottawa will den Inuit im Rahmen des neuen Territoriums *350 000 Quadratkilometer* als Eigentum übertragen und ihnen (neben einer Beteiligung an der Ausbeutung der Bodenschätze) die runde Summe von 580 Millionen Dollar als Entschädigung für den Verzicht auf alle weiteren Landforderungen überlassen. Dieses „Final Land Claims Agreement" soll im November in einer weiteren Volksabstimmung von den betroffenen Inuit ratifiziert werden. Ein positives Ergebnis scheint gesichert. Andere Ureinwohner, vor allem die in der westlichen Arktis beheimateten *Dene-Indianer*, stehen der Neuregelung ablehnend gegenüber. Die Indianer protestieren nicht nur gegen die neue Grenze Nunavuts, die gewisse indianische Jagdgründe durchschneiden wird. Noch gravierender ist in ihren Augen das von den Inuit gegebene „schlechte Beispiel" des Verzichts auf den Großteil ihrer angestammten Territorien.

aus: *Neue Zürcher Zeitung*, 9. Mai 1992

M 4.5.2.3/5: Ursachen und Folgen des veränderten Lebens in der Arktis

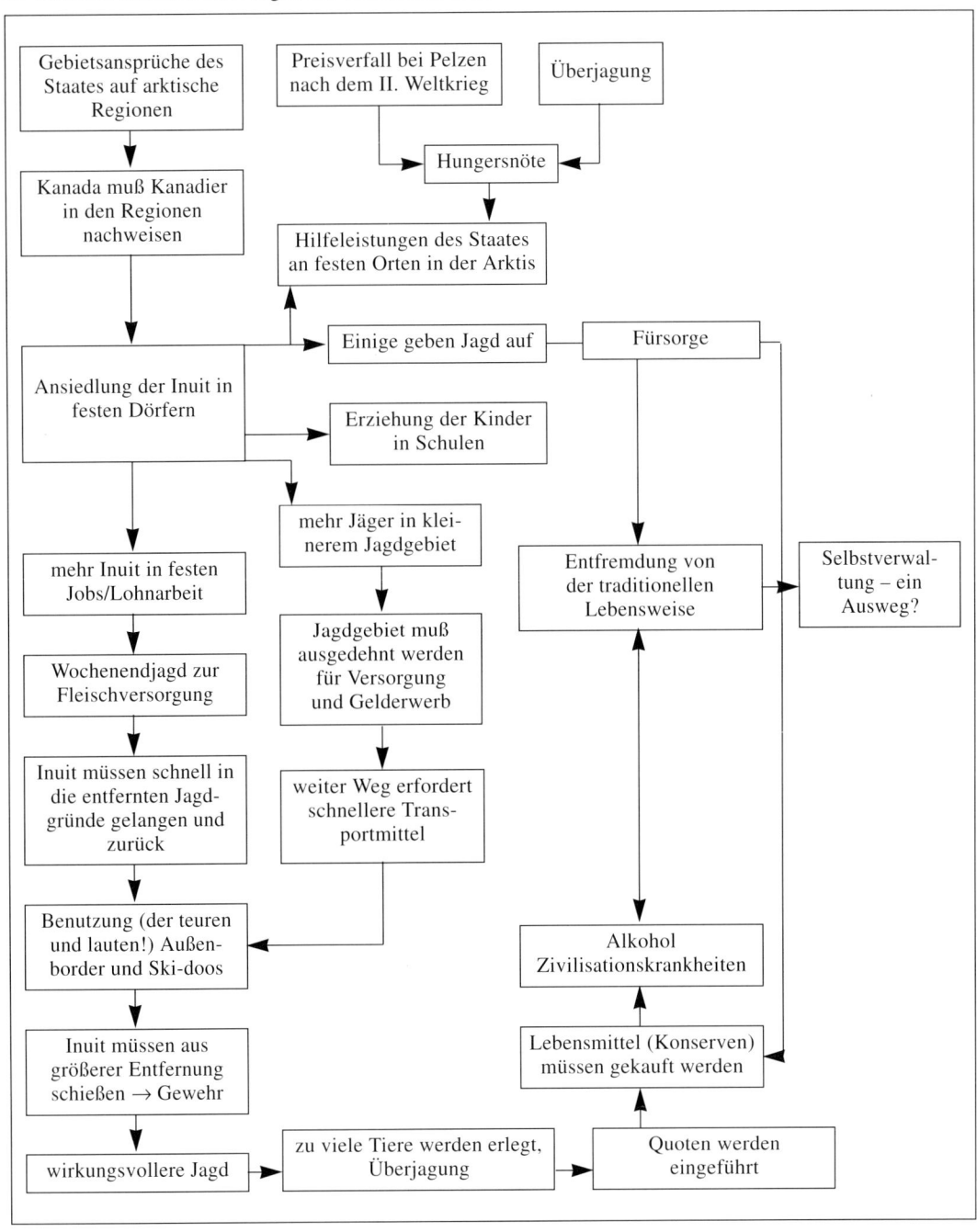

```
┌─────────────────┐   ┌─────────────────┐   ┌─────────────┐
│ Gebietsansprüche│   │Preisverfall bei │   │ Überjagung  │
│   des Staates   │   │Pelzen nach dem  │   │             │
│ auf arktische   │   │ II. Weltkrieg   │   │             │
│    Regionen     │   └────────┬────────┘   └──────┬──────┘
└────────┬────────┘            │                   │
         │                     ▼                   ▼
         ▼                  ┌─────────────┐
┌─────────────────┐         │ Hungersnöte │◄──────┘
│ Kanada muß      │         └──────┬──────┘
│ Kanadier in den │                │
│ Regionen nach-  │                ▼
│    weisen       │         ┌──────────────────────┐
└────────┬────────┘         │ Hilfeleistungen des  │
         │                  │ Staates an festen    │
         │                  │ Orten in der Arktis  │
         │                  └──────────┬───────────┘
         ▼                             ▲
┌─────────────────┐  ┌──────────────────┐  ┌──────────┐
│  Ansiedlung der │─►│ Einige geben     │◄─│ Fürsorge │
│  Inuit in festen│  │ Jagd auf         │  └────┬─────┘
│     Dörfern     │  └──────────────────┘       │
└──┬──────────┬───┘                             │
   │          │   ┌──────────────────┐          │
   │          ├──►│ Erziehung der    │          │
   │          │   │ Kinder in Schulen│          │
   │          │   └──────────────────┘          │
   │          │                                 │
   │          ▼                                 ▼
   │    ┌──────────────┐              ┌──────────────────┐   ┌─────────────┐
   │    │ mehr Jäger   │              │ Entfremdung von  │──►│Selbstverwal-│
   │    │ in kleinerem │              │ der traditio-    │   │tung – ein   │
   │    │ Jagdgebiet   │              │ nellen Lebens-   │   │Ausweg?      │
   │    └──────┬───────┘              │ weise            │   └─────────────┘
   │           ▼                      └─────────┬────────┘
   │    ┌──────────────┐                        ▲
   ▼    │ Jagdgebiet   │                        │
┌─────┐ │ muß ausge-   │                        │
│mehr │ │ dehnt werden │                        │
│Inuit│ │ für Versor-  │                        │
│in   │ │ gung und     │                        │
│Jobs │ │ Gelderwerb   │                        │
└──┬──┘ └──────┬───────┘                        │
   ▼           ▼                                │
┌─────────┐ ┌──────────────┐                    │
│Wochen-  │ │weiter Weg    │                    │
│endjagd  │ │erfordert     │                    │
│zur Fleis│ │schnellere    │                    │
│-versorg.│ │Transportmitt.│                    │
└──┬──────┘ └──────┬───────┘                    │
   ▼               │                            │
┌──────────────┐   │                            │
│Inuit müssen  │   │                            │
│schnell in die│   │                  ┌─────────────────┐
│entfernten    │   │                  │ Alkohol         │
│Jagdgründe    │   │                  │ Zivilisations-  │
│gelangen und  │   │                  │ krankheiten     │
│zurück        │   │                  └────────┬────────┘
└──────┬───────┘   │                           ▲
       ▼           ▼                           │
┌──────────────────┐                  ┌─────────────────┐
│Benutzung (der    │◄─                │Lebensmittel     │
│teuren und lauten!)│                 │(Konserven)      │
│Außenborder und   │                  │müssen gekauft   │
│Ski-doos          │                  │werden           │
└──────┬───────────┘                  └────────▲────────┘
       ▼                                       │
┌──────────────────┐                           │
│Inuit müssen aus  │                           │
│größerer Entfer-  │                           │
│nung schießen →   │                           │
│Gewehr            │                           │
└──────┬───────────┘                           │
       ▼                                       │
┌──────────────┐   ┌──────────────────┐  ┌─────────────┐
│wirkungsvol-  │──►│zu viele Tiere    │─►│Quoten werden│
│lere Jagd     │   │werden erlegt,    │  │eingeführt   │
└──────────────┘   │Überjagung        │  └─────────────┘
                   └──────────────────┘
```

aus: *Plemper* 1991, S. 41

4.5.2.4 Rohstoffgewinnung in der Arktis und die Folgen (obere Sekundarstufe I und Sekundarstufe II)

Dieser Themenbereich wurde in den jüngeren Lehrwerken für verschiedene Altersstufen häufig behandelt, die Atlanten bieten dazu aufschlußreiches Material. Die mit dem Bau der Trans-Alaska-Pipeline verbundenen Probleme oder die Schwierigkeiten bei der Erschließung der Erdgasfelder Westsibiriens um Urengoj sind zwei bekannte, häufig dargestellte Beispiele. Eine zusammenfassende Karte der Standorte gegenwärtiger industrieller Erschließung findet sich in Abbildung 3.5.3/3. Hier wird deshalb lediglich ein Quellentext zu einem Teilaspekt, der Umweltverschmutzung durch Rohstofferschließung, angefügt (M 4.5.2.4/1).

M 4.5.2.4/1: Arktische Umwelt

Wenn der Wind aus Süden weht, trübt neuer Dreck den klaren Norden

Die Bilanz des „Fish and Wildlife Service", der Abteilung für Fischerei und Jagd im US-Innenministerium, fiel unerwünscht eindeutig aus. Seit der Erschließung von Ölfeldern in der Prudhoe Bay an der Nordküste Alaskas und dem Bau der Trans-Alaska-Pipeline seien, berichtete die Behörde Ende 1987 ihrem Diensthern, 4500 Hektar Wildnis verlorengegangen. Jedes Jahr würden an den Bohrstellen 750 Millionen Liter Süßwasser verdreckt, die Bestände vieler Vogelarten seien geschrumpft, Bären und Wölfe seltener geworden.
Der Bericht sollte auf Umweltgefahren hinweisen, die bei einem umstrittenen, neuen Erschließungsprojekt entstehen: der Ölsuche im Küstengebiet des „Arctic National Wildlife Refuge", eines 77 000 Quadratkilometer großen Naturparks zwischen Prudhoe Bay und der Grenze zu Kanada. Doch der Report wurde monatelang vom Innenministerium zurückgehalten: Dessen Staatssekretär Donald Hodel hatte längst empfohlen, das Reservat für die Bohrungen freizugeben. Nach der Havarie des Öltankers „Exxon Valdez" vor der Südküste Alaskas im März 1989 schwand allerdings die Aussicht auf breite Unterstützung für Hodels Empfehlung: 38 Millionen Liter Rohöl flossen in den Prince William Sound, Tausende Seevögel, Seeotter, Fische und Wale fielen der Ölpest zum Opfer. Doch jetzt könnte die Angst vor einer Ölkrise als Folge des Konflikts mit dem Irak die Stimmung wieder kippen lassen und den einmaligen Naturpark in der amerikanischen Arktis erneut gefährden. Das Schutzgebiet dient der mit 180 000 Tieren zweitgrößten Karibu-Herde Alaskas als Kinderstube. Seine Preisgabe wäre eine spektakuläre Niederlage für den amerikanischen Naturschutz – und doch nur eine von vielen Belastungen für die fragile arktische Umwelt. Denn anders als die Antarktis ist das Nordpolargebiet eingekreist von Industrienationen.
Neben den USA und Kanada bohrt auch die Sowjetunion schon seit Jahren nördlich des Polarkreises nach Öl und Erdgas. Niemand weiß, mit welchen Mengen diese Projekte zu den 3,4 Millionen Tonnen „technischen Verlusten" an Öl beigetragen haben, die für das Jahr 1989 von der UdSSR erstmals öffentlich zugegeben wurden. Im westsibirischen Fördergebiet Tjumen südlich des Polarkreises wurden Rohre ohne Isolationsmaterial auf Sumpfgelände verlegt. Im Sommer 1990 gingen allein an einer einzigen Leitung 400 Tonnen Öl „wegen Metallkorrosion" verloren. Dagegen nehmen sich die summierten Leckagen in Alaska von 1977 bis 1987 fast bescheiden aus: 10 000 Tonnen Rohöl durch Rohrbrüche, Ventilfehler und Tankerkollisionen.
Nicht nur verlorengegangenes Öl belastet Wasser und Erde, auch ganze Flußbetten werden leergekratzt, um Kies für Bohrfüllungen und den Bau von Erschließungsstraßen zu gewinnen. Entlang der Transportpisten legt sich Staub auf die helle Decke des arktischen Dauerfrostbodens. Da die verdunkelte Oberfläche mehr Strahlungswärme aufnimmt, kommt ein „Thermokarst" genannter Prozeß in Gang: Die vereiste Erde schmilzt oberflächlich und versumpft, da das Tauwasser den Frostboden in der Tiefe nicht durchdringen kann.
Aber auch dort, wo nicht nach Öl gebohrt wird, wohin zuvor noch nicht einmal ein Mensch den Fuß gesetzt hat, finden sich Spuren der Zivilisation: Aus Industrieschloten rund um den Polarkreis werden Ruß, Schwefelverbindungen und andere Schadstoffe Richtung Norden geblasen. Die Stoffe ballen sich zu Partikeln – Aerosolen – zusammen, die wie winzige Federn in der Luft hängen. Sie bewirken in der Arktis, wo der Himmel von Natur aus nahezu staubfrei ist, bei bestimmten Wetterlagen den „Arktischen Dunst". Der amerikanische Atmosphärenforscher Russ Schnell fand in solchen Dunstlagern über Spitzbergen so hohe Aerosol-Konzentrationen, wie sie nicht einmal vor stark industrialisierten Regionen der US-Ostküste gemessen werden.
Schwermetall-Analysen von grönländischem Schnee ergaben, daß der Bleigehalt seit prähistorischer Zeit um das Zweihundertfache gestiegen ist. Einen ganzen Cocktail giftiger Chemikalien fanden Wissenschaftler in kanadischem Schnee, darunter Hexachlorcyclohexan (HCH), ein Abbauprodukt des Herbizids Lindan, und

Polychlorierte Biphenyle (PCB), die meist durch Industriemüll an die Umwelt gelangen. Die PCBs wurden auch im Fleisch von Walen, Robben und Eisbären nachgewiesen – und natürlich auch bei Menschen, die sich von Wildtieren ernähren: den Inuit. Die Muttermilch von Inuit-Frauen aus dem Norden der kanadischen Provinz Québec enthielt sogar die weltweit höchste Konzentration des krebserzeugenden Gifts.
Angesichts solch handfester und im Prinzip längst bekannter Gefahren ist es erstaunlich, daß erst 1989 der finnische Diplomat Esko Rajakoski auf die Idee verfiel, eine Umweltschutz-Konferenz der acht Arktis-Anrainerstaaten anzuregen. Rajakoski war aufgefallen, daß die Arktis in Sachen Landschaftsschutz noch rechtliches Entwicklungsland ist: Im Unterschied zur Antarktis ist im Norden bisher nur die Wasserverschmutzung durch Schiffe international geregelt.

Martin Meister

aus: *Geo-Wissen* 1990, S. 74/75

4.5.3 Menschen in der Antarktis

Mangels echter Dauersiedlungen und bei allenfalls potentieller Rohstoffnutzung scheint die Antarktis als Gegenstand im Geographieunterricht höchstens von rein physisch-geographischem Interesse. Tatsache ist aber, daß in zahlreichen quasi-permanent besiedelten Forschungsstationen unterschiedlichster Nationalität viele Menschen leben und bis vor kurzem angesichts der Weite des Kontinents sehr nachlässig mit ihrer unmittelbaren Umgebung umgegangen sind. Aufgabe dieser Stationen ist zum einen die Gewinnung wissenschaftlicher Erkenntnisse, zum anderen aber die Sicherung des Anspruches der Betreiberländer auf Teilhabe am letzten noch nicht durch Staatsgrenzen aufgeteilten Kontinent – und angesichts des großen finanziellen Aufwandes kann man vermuten, daß dies der wichtigere Aspekt ist. In Abschnitt 3.5.4 wurde die besondere rechtliche Stellung der Antarktis dargestellt, die sich aus den territorialen Ansprüchen zahlreicher Staaten ergibt.
Für die Behandlung im Unterricht ergeben sich daraus zwei verschiedene Ansätze: Schüler der Orientierungsstufe können aktiviert werden, indem man den Abenteueraspekt des Lebens in der Eiswüste bzw. der Überwinterung fern der Versorgungsbasis betont. Dieser Ansatz wird hier nicht weiter verfolgt (vgl. dazu *Schallhorn* 1991). Mit Schülern der oberen Sekundarstufe I bzw. der Sekundarstufe II kann ergiebiger den Fragen nachgespürt werden, wie es zu den unterschiedlichen hoheitlichen Ansprüchen kommt, welche Auswirkungen die Existenz der Forschungsstationen auf die Umwelt hat und wie die weitere Entwicklung des sechsten Kontinents aussehen könnte.
Im folgenden wird Material für eine solche Unterrichtseinheit bereitgestellt, die – *Geo-Wissen* (1990) folgend – den Titel tragen könnte:

4.5.3.1 Erste Flecke auf der weißen Weste des sechsten Kontinents (obere Sekundarstufe I und Sekundarstufe II)

Als Einstieg läßt sich zunächst aus M 4.5.3.1/1 die Existenz zahlreicher Forschungsstationen in der Antarktis und deren nationale Zugehörigkeit erarbeiten (Sekundarstufe I). Als Problemstellungen drängen sich danach auf:

– Warum gibt es überhaupt so viele Stationen?
– Weshalb gibt es keine supranationalen Forschungsstationen, in denen mehrere Länder gemeinsam forschen?
– Wie ist die Ballung von Stationen an den Südamerika gegenüberliegenden Küsten (Grahamland) zu erklären?

Die Lösung der letzten Frage ist scheinbar einfach: relative klimatische Bevorzugung und gute Erreichbarkeit. Da die Einrichtung von Forschungsstationen sich jedoch weniger nach solchen Gesichtspunkten als vielmehr nach der Lage der zu erforschenden Objekte bzw. Gebiete zu richten hat, kann die Massierung der Stationen im Bereich von Grahamland auch zu der Vermutung führen, daß diese Stationen neben der Forschung auch der Dokumentation nationaler Präsenz in der Antarktis und damit der Erhärtung von Gebietsansprüchen dienen sollen.

Die beiden ersten Fragen führen zurück zur Geschichte der Erforschung des Kontinents (Internationales Geophysikalisches Jahr 1957/58) und weisen in die Zukunft (noch nicht abgeschlossene Klärung unterschiedlicher Gebietsansprüche).

Mit Hilfe der Materialien M 4.5.3.1/2 – M 4.5.3.1/6 können auch vom Schüler selbständig viele der in Abschnitt 3.5.4 dargestellten Ergebnisse erarbeitet werden. Die politische Sonderstellung der Antarktis wird deutlich.

Die Folgen des Forschungsbetriebs in unwirtlicher Umgebung lassen sich aus M 4.5.3.1/7 herausarbeiten. Es muß hinzugefügt werden, daß unter dem Druck internationaler Proteste bei den Betreiberstaaten inzwischen ein Umdenkprozeß in Gang gekommen ist. Mehrere Staaten lassen bereits den gesamten, an ihren Antarktisstationen anfallenden Müll per Schiff abtransportieren. In jüngster Zeit wurde der Interessenkonflikt zwischen möglicher Nutzung (Suche nach Rohstoffen, bedingt auch Tourismus) und dem Schutz eines noch unbelasteten, aber labilen Teils der Erdoberfläche als solcher erkannt. Dies hat zur viel diskutierten Idee eines „Weltparks Antarktis" geführt. Nach diesem Konzept soll der ganze Kontinent als gemeinsames Erbe der Menschheit bewußt ungenutzt und damit unverschmutzt bleiben. Die Antarktis kann dabei zum Gegenstand einer allgemeinen Diskussion von Nutzungskonflikten bzw. des Problemfeldes „Realismus – Utopie" werden.

M 4.5.3.1/2: Die Geburt des Antarktisvertrages

> Bis heute blieb die Antarktis in ihrer Unberührtheit weitgehend erhalten.
> Während des Internationalen Geophysikalischen Jahres (IGJ) 1957–1958 führten Wissenschaftler aus 67 Ländern ein breitgefächertes Forschungsprogramm in der Antarktis durch. Im Bestreben, auf dieser wissenschaftlichen Zusammenarbeit aufzubauen und um die menschlichen Aktivitäten in der Region zu regeln, wurde der Antarktisvertrag ausgehandelt. Der Vertrag wurde am 1. Dezember 1959 unterzeichnet und trat am 23. Juni 1961 in Kraft. Ab 1991 kann der Antarktisvertrag überprüft und geändert werden.
> Der Vertrag wurde ursprünglich von 12 Nationen unterzeichnet, die zu entscheidungsberechtigten Konsultativmitgliedern des Vertrags wurden. Um Konsultativmitglied zu werden, muß ein Land „erhebliche wissenschaftliche Forschungsarbeiten" durchführen. Dies bedeutet in der Regel die Errichtung einer durchgehend bewohnten wissenschaftlichen Station. Nationen, die zwar nicht in erheblichem Umfang an wissenschaftlichen Arbeiten beteiligt sind, sich aber an die Vertragsbedingungen halten, haben Beobachterstatus. Inzwischen gibt es 39 Vertragsstaaten, von denen 26 Stimmrecht haben.
> Der Antarktisvertrag-Vertrag weist einige einzigartige Merkmale auf: Antarktika soll ausschließlich für friedliche Zwecke genutzt werden. Vorrangig soll die Freiheit der wissenschaftlichen Forschung und die internationale Zusammenarbeit erhalten bleiben. Militärische Aktivitäten sind nur zur Versorgung der Stationen zugelassen. Die Erprobung von Waffen, Kernexplosionen und die Lagerung radioaktiven Abfalls sind verboten. Vorhandene Territorial-Konflikte wurden stabilisiert. Bis heute aber ist unklar, ob Staaten Besitzansprüche auf den Kontinent anmelden können, oder ob er niemandem gehören soll.

aus: *Wesnigk, J./Missine-Schwarz, A.* 1991, S. 29

M 4.5.3.1/1: Forschungsstationen in der Antarktis

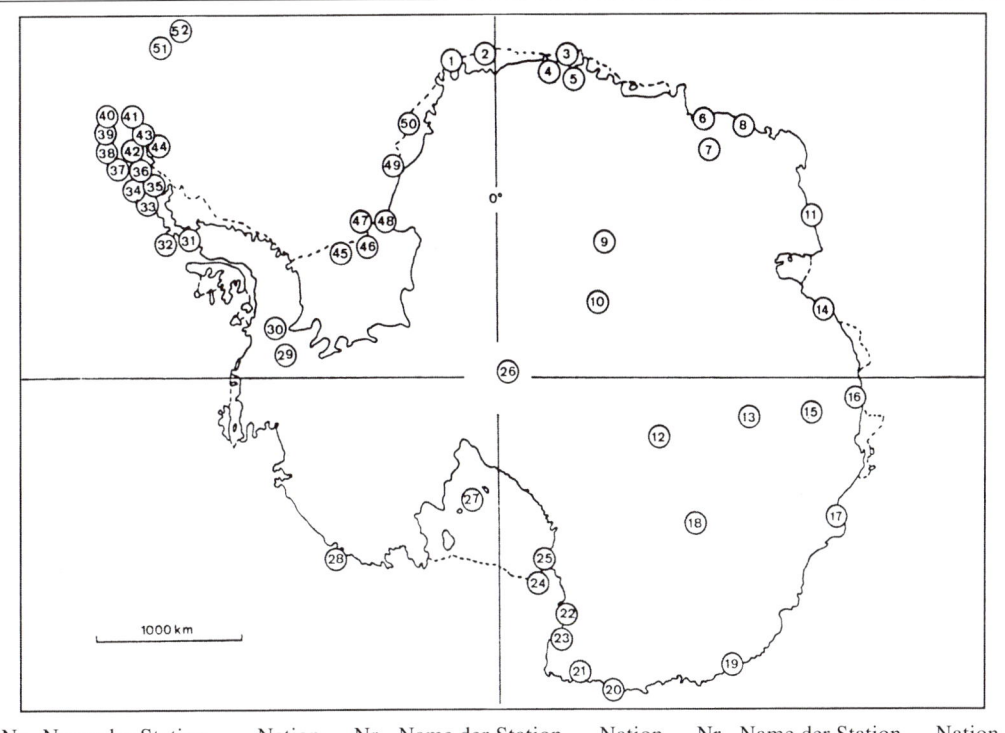

Nr.	Name der Station	Nation	Nr.	Name der Station	Nation	Nr.	Name der Station	Nation
1	Georg von Neumayer	D	21[2]	Lilli Marleen	D	40	Arctowski	POL
2	Sanae	ZA	22[2]	Gondwana	D	41	Jubany	RA
3	Dakshin Gangotri	IND	23	Baia Terra Nova	I	42	General Bernardo	
4	Novolazarerskaya	SU	24	Scott Base	NZ		O'Higgins	RCH
5	Georg Forster	D	25	McMurdo	USA	43	Esperanza	RA
6	Syowa	JAP	26	Amundsen-Scott	USA	44	Vicecomodore	
7	Mizuho	JAP	27[1]	J9	USA		Marambio	RA
8	Molodezhnaya	SU	28	Russkaya	SU	45[1]	Filchner	D
9[1]	Plateau	USA	29	Siple	USA	46	General Belgrano I	RA
10[1]	Pole of Relative		30[1]	Eights	USA	47[2]	Druzhnaya	SU
	Unaccessibility	SU	31	San Martin	RA	48	General Belgrano II	RA
11	Mawson	AUS	32	Rothera	GB	49	Halley	GB
12	Vostock	SU	33	Faraday	GB	50[2]	Drescher	D
13	Komsomolskaya	SU	34	Palmer	USA	51	Signy	GB
14	Davis	AUS	35	Almirante Brown	RA	52	Orcadas	RA
15	Pionerskaya	SU	36	De Ejercito				
16	Mirnyy	SU		Primavera	RA	[1] Forschungsstation außer Betrieb		
17	Casey	AUS	37	Capitan Arturo Prat	RCH	[2] zeitweise besetzte Forschungsstati-		
18	Dome C	F	38	Bellingshausen	SU	on (i. d. R. während der Sommermo-		
19	Dumont d'Urville	F	39	Teniente Rudolfo		nate)		
20	Leningradskaya	SU		Marsh Martin	RCH			

aus: *Schallhorn* 1991, S. 33

M 4.5.3.1/3: Mitgliedschaften im Antarktischen System (Stand: 1991)

Der Antarktisvertrag vom 01.12.1959 wurde von **12 Staaten** unterzeichnet, die zur gleichen Zeit Konsultativstaat wurden (d.h. stimmberechtigt sind).
Davon sind

7 Anspruchstaaten:
— Argentinien
— Australien
— Chile
— Frankreich
— Neuseeland
— Norwegen
— Vereinigtes Königreich v. Groß Brit.

5 Nichtanspruchstaaten:
— Belgien
— Japan
— Südafrika
— UdSSR
— USA

Zum **heutigen Zeitpunkt** gibt es 26 Konsultativstaaten
Hinzugekommen sind:
— Polen (1977)
— BRD (1981)
— Brasilien (1983)
— Indien (1983)
— China (1985)
— Uruguay (1985)
— DDR (von 1987 bis 1990)
— Italien (1987)
— Schweden (1988)
— Spanien (1988)
— Finnland (1989)
— Peru (1989)
— Republik Korea (1989)
— Ecuador (1990)
— Niederlande (1990)

Es gibt **13 Mitglieder ohne Konsultativstatus:**
— Bulgarien (1978)
— Dänemark (1965)
— Griechenland (1987)
— Tschechoslowakei (1962)
— Ungarn (1984)
— Kanada (1988)
— Österreich (1987)
— Papua-Neuguinea (1981)
— Rumänien (1971)
— Kuba (1984)
— Volksrepublik Korea (1987)
— Kolumbien (1989)
— Schweiz (1990)

Gebietsansprüche an die Antarktis

Quelle: Greenpeace e.V. Deutschland

aus: *Wesnigk, J./Missine-Schwarz, A.* 1991, S. 29

M 4.5.3.1/4: Die Zusammenarbeit der Vertragspartner

ATCM: Antarctic Treaty Consultative Meeting: Antarktis-Vertragsstaaten-Treffen
SCM: Special Consultative Meeting: Sonderkonsultativtreffen

Formal ist die Zusammenarbeit zwischen den Vertragsländern durch Konsultativtreffen (ATCM) geregelt, die alle zwei Jahre abgehalten werden. Zur Verhandlung wichtiger Angelegenheiten können Sonderkonsultativtreffen (SCM) einberufen werden.

Die auf den ATCM's gefällten Entscheidungen werden zum großen Teil als „Empfehlungen" formuliert und sind daher freiwillige Übereinkünfte. Damit eine Entscheidung bindend wird, muß sie in nationalen Gesetzen verankert werden. Dieser Prozeß kann Jahre dauern.

aus: *Wesnigk, J./Missine-Schwarz, A.* 1991, S. 29

M 4.5.3.1/5: Der Antarktis-Vertrag und der Umweltschutz

Bis jetzt gibt es keine bindenden Vorschriften, die sich mit dem Umweltschutz in der Antarktis beschäftigen. Die Empfehlungen z. B. zur Müllbeseitigung oder zum Tourismus werden unterschiedlich streng gehandhabt. Verstöße werden nur selten aufgedeckt. Strafmaßnahmen gegen Umweltsünder fehlen. Große Projekte, wie der Bau einer Landebahn, werden weder gemeinsam diskutiert noch durchgeführt. Jedes Land will seine Unabhängigkeit bewahren.

aus: *Wesnigk, J./Missine-Schwarz, A.* 1991, S. 29

M 4.5.3.1/6: Zusatzabkommen

Im Laufe der Jahre wurden zahlreiche Zusatzabkommen als Ergänzung zum Antarktisvertrag verabschiedet. Die bisherigen Abkommen betreffen den Schutz der antarktischen Flora und Fauna (Agreed Measures 1964), den Schutz der Robben (CCAS: Convention on the Conservation of Antarctic Seals, 1972) und den Schutz der lebenden Meeresschätze (CCAMLR: Convention on the Conservation of Antarctic Marine Living Resources, 1980).

Zusätzlich kam es im Juni 1988 nach sechsjährigen zähen Verhandlungen zum Abschluß eines antarktischen Rohstoffabkommens. Es sollte den Rohstoffabbau in der Antarktis gesetzlich regeln. Bisher wurde es nicht ratifiziert, weil einzelne Länder prinzipielle Bedenken zur Umweltverträglichkeit von Rohstoffabbau in der Antarktis hatten.

aus: *Wesnigk, J./Missine-Schwarz, A.* 1991, S. 29

M 4.5.3.1/7: Antarktische Umwelt

Erste Flecke auf der weißen Weste des sechsten Kontinents

Jungfräulich ist sie schon lange nicht mehr, die „letzte Wildnis der Erde". Sie hat leider viel zuviel zu bieten. Kaum hatte der Weltumsegler James Cook im Jahr 1775 von großen Pelzrobbenherden an den Küsten Südgeorgiens berichtet, da strömten Jäger in die Antarktis. Später lockten Wale die Menschen in die eisige Region. Aber auch schiere Neugier – der Drang, die weiße Einöde zu erkunden- trieb sie in den tiefsten Süden, ebenso die vage Aussicht auf Bodenschätze.

Doch obwohl die Antarktis so viele Liebhaber angezogen hat, leidet sie unter vergleichsweise geringen Umweltproblemen. Zwar schaffen einige tausend menschliche Antarktis-Bewohner um sich herum mehr oder weniger große Dreck-Enklaven, aber Schwermetalle und Staub aus Industrieschornsteinen verbleiben fast ausschließlich auf der nördlichen Erdhalbkugel. Nur Global-Gifte wie das Insektenvertilgungsmittel DDT und der atomare Fall-out von Bombentests verpesten selbst den eisigen Süden. Nachdem die Pelzrobben und viele Walarten brutal dezimiert worden waren, erholen sich die Bestände allmählich wieder: Jedes Säugetier südlich des 60. Breitengrads steht seit 1964 unter Schutz. Auch die in den dreißiger Jahren fast ausgerotteten Blauwale und ihre Verwandten – für sie gilt nicht antarktisches „Landrecht", sondern das Internationale Walfangabkommen – dürfen vorerst nicht mehr gejagd werden.

Noch ist die Situation auch für die antarktische Flora und Fauna erträglich. Gefährdet aber sind besonders die Pflanzen und Tiere zu Lande und in den wenigen Süßwasserseen, die auf jegliche Veränderungen empfindlich reagieren. Denn sie leben in jungen, artenarmen Ökosystemen, die noch in Entwicklung begriffen sind. In Südgeorgien beispielsweise hat das Eis erst vor 12 000 Jahren das Land freigegeben – eine geradezu winzige Zeitspanne für die Besiedlung von lebensfeindlichem und insular-abgelegenem Neuland. Artenarme Ökosysteme sind durch Umweltveränderungen wahrscheinlich noch gefährdeter als artenreiche. Selbst kleinere Verletzungen heilen hier unendlich langsam. Öl wird in der Kälte noch schleppender abgebaut, und eine Fußspur im Moos verschwindet manchmal erst nach Jahren. Da klingt es fast zynisch, wenn ein Antarktis-Reiseunternehmen mit dem Motto „Hinterlasse nur Fußspuren" auf seine ökologische Sensibilität hinweist. Mehrere tausend Touristen besuchen in jedem Jahr den sechsten Kontinent. „Wir werden uns mit Schlauchbooten ganz nah an die Pinguinkolonien heranpirschen, ohne sie zu stören" – mit diesen Worten wirbt eine Kreuzfahrt-Agentur. Die schwarz-weißen Vögel kümmern sich scheinbar einen Dreck um die neugierigen Besucher. Doch Biologen wissen, daß Pinguine ihr Brutgeschäft aufgeben, wenn sie dabei von Neugierigen beunruhigt werden.

„Interessenkonflikte" zwischen Mensch und Natur sind in der Antarktis programmiert: Nur zwei Prozent des Gebiets sind nicht mit Eis bedeckt. In diesen eisfreien Küstenzonen lebt jedoch ein Großteil aller Tiere und Pflanzen. Vor allem an den Gestaden der relativ milden Antarktischen Halbinsel machen die Südmeer-Kreuzfahrer ihre Landgänge, und dort – oft an ökologisch besonders interessanten Orten – stehen auch die meisten Forschungsstationen.

Nicht nur Touristen, auch Wissenschaftler zerstören mitunter die empfindlichen Objekte ihrer Neugierde. Sie vergiften einen hochinteressanten See – so geschehen auf der chilenischen Station Teneiente Marsh. Oder sie lassen, wie auf dem französischen Stützpunkt Dumont D'Urville, eine Rollbahn durchs Pinguin-Brutgebiet bauen.

Immerhin werden die antarktischen Gäste heute das Gefühl nicht mehr los, unter ständiger Beobachtung zu stehen – ein Erfolg der großangelegten Umweltschutz-Kampagnen. „Was immer du tust", warnte ein Ingenieur einen Journalisten auf dem Flug in die Antarktis, „laß dich nicht dabei erwischen – nicht einmal, wenn du eine Zigarettenkippe wegwirfst."

Auch haben einige Staaten inzwischen begonnen, die in Jahrzehnten angehäuften Relikte einer gedankenlosen Wegwerf-Wirtschaft zu beseitigen und für neu produzierten Müll umweltschonendere Entsorgungs-Strategien zu entwickeln. Allerdings wird damit eher wie Kritiker argumentieren, der Abfall in eine ästhetisch akzeptable Form gebracht als das Übel an der Wurzel gepackt.

Die Gegenwart hält düstere Perspektiven für die Zukunft parat. Die durch das Ozonloch vermehrte UV-Strahlung schädigt die Algen des südpolaren Meeres und damit auch alle Meerestiere; Bohrungen setzen dunklen Staub frei, der mehr Sonnenlicht absorbiert und so das Eis zum Schmelzen bringt; Öl-Tanker-Terminals stehen an den Küsten und verpesten die See. Der amerikanische Biologe Andrew Clarke schrieb nicht ohne Zynismus, es sei an der Zeit, die Antarktis möglichst genau auf Umweltgifte zu untersuchen. Dann könne man später wenigstens feststellen, was von Menschen verändert worden ist.

Susanne Paulsen

aus: Geo-Wissen 1990, S. 72/73

5 Literatur

zu 1:

Bramer, H (1985): Geograpische Zonen der Erde. In: Lehrbuch der Physischen Geographie, hrsg. von *H. Harke* u. a. Thun, Frankfurt/Main.
Meier-Hilbert, G./Thies, E. (1987): Geozonen. Unterricht Geographie. Modelle, Materialien, Medien. Band 1. Köln.
Müller-Hohenstein, K. (1979): Die Landschaftsgürtel der Erde. Stuttgart.
Schultz, J. (1988): Die Ökozonen der Erde. (UTB 1514). Stuttgart.

zu 3.3.0:

Eimern, J. van/Häckel, H. (1979): Wetter- und Klimakunde. Stuttgart.
Endlicher, W. (1991): Klima, Wasserhaushalt, Vegetation, Grundlagen der Physischen Geographie II. Darmstadt.
Weischet, W. (1979^2): Einführung in die allgemeine Klimatologie. Stuttgart.

zu 3.3.1:

Andreae, B. (1983^2): Agrargeographie. Berlin.
Bauer, F. (1972): Die Wälder Europas. – In: Der Wald. München, Bern, Wien. S. 5–8.
Bick, H. (1982): Landbau. – In: Funkkolleg Mensch und Umwelt. Studienbegleitbrief 7. Weinheim, Basel.
– (1989): Ökologie, Grundlagen, terrestrische und aquatische Ökosysteme, angewandte Aspekte. Stuttgart, New York.
– (1992): Von der Hand in den Mund. Ökologie und Geschichte der Nahrungsgewinnung. – In: Funkkolleg Humanökologie, Weltbevölkerung, Ernährung, Umwelt, Studienbrief 7. Weinheim, Basel. S. 45–79.
Bramer, H. (1985): Geographische Zonen der Erde. – In: Lehrbuch der Physischen Geographie, hrsg. von *H. Harke* u. a. Thun, Frankfurt/Main.
Bundesumweltministerium (Hrsg. 1992): Umweltschutz in Deutschland. Nationalbericht der Bundesrepublik Deutschland für die Konferenz der Vereinten Nationen über Umwelt und Entwicklung in Brasilien im Juni 1992. Bonn.
Cox, C. B./Moore, P. D. (1987): Einführung in die Biogeographie. UTB 1408. Stuttgart.
Eimern, J. van/Häckel, H. (1979^3): Wetter- und Klimakunde: Ein Lehrbuch der Agrarmeteorologie. Stuttgart.
Ellenberg, H. (1978): Vegetation Mitteleuropas mit den Alpen aus ökologischer Sicht. Stuttgart.
FAO-Unesco (1988): Soil map of the world (überarbeitete Legende). FAO, Rom.
Firbas, F. (1949): Spät- und nacheiszeitliche Waldgeschichte Mitteleuropas nördlich der Alpen, Bd. I (Bd. II 1952). Stuttgart.
Hofmeister, B. (1985): Die gemäßigten Breiten. Insbesondere die kühlgemäßigten Waldländer. Braunschweig.
Hopf, M. (1978): Zu den Anfängen des Ackerbaues im Vorderen Orient. – In: *Hrouda, B.* (Hrsg.): Methoden der Archäologie. München. S. 280–297.
Jäger, E. J. (1985): Allgemeine Vegetationsgeographie. – In: Lehrbuch der Physischen Geographie, hrsg. von *H. Harke* u. a. Thun, Frankfurt/Main.
Keller, R. (1968): Die Regime der Flüsse der Erde – Ein Forschungsvorhaben der IGU-Commission on the IHD. In: *Keller, R.* (Hrsg., 1968): Flußregime und Wasserhaushalt. 1. Bericht der IGU-Commission on the International Hydrological Decade. Freiburger Geographische Hefte, H. 6. Freiburg. S. 65–86.
– (1969): Die Eisverhältnisse und Hochwasser der mitteleuropäischen Gewässer. – In: Mélanges à Maurice Pardé. Grenoble. S. 327–335.
– (Gesamtleitung 1978/79): Hydrologischer Atlas der Bundesrepublik Deutschland. Atlas- und Textband. Boppard.
Klink, H.-J./Glawion, R. (1982): Die natürlichen Vegetationsformationen der Erde. – In: Geographische Rundschau 34, H. 10. Braunschweig. S. 461–470.
Krebs, N. (1952^2): Vergleichende Länderkunde. Stuttgart.
Mantel, K. (1965): Der Standort der Forstwirtschaft im Wettbewerb um den Raum. – In: Der Forst- und Holzwirt 1965. S. 530–533.

Marcet, E. (1972): Die Baumarten. – In: Der Wald (S. 23–34). München, Bern, Wien.
Marcinek, J. (1967): Über das Abflußverhalten mitteleuropäischer Flüsse. – In: Wiss. Zeitschrift der Humboldt-Universität zu Berlin, Math.-Nat. Reihe, Band 16. Berlin. S. 351–358.
Mitchell, A. u. a. (1981): Die Wälder der Welt. Bern, Stuttgart.
Müller, P. (1976): Lebenszonen der Erde. – In: *Böhme, W.* u. a.: Tiere der Welt. Glashütten.
Paffen, K. H. (1980): Flächengröße und -anteile der Klimaregionen und Zonen nach der Karte der Jahreszeitenklimate der Erde von *C. Troll* und *K. H. Paffen* (vervielfältigtes Manuskript). Kiel.
Scheffer/Schachtschabel (1992[13]): Lehrbuch der Bodenkunde. Stuttgart.
Schubert, R. (1991): Lehrbuch der Ökologie. Jena.
Schultz, J. (1988): Die Ökozonen der Erde (UTB 1514). Stuttgart.
– (1990): Die ökozonale Gliederung der Erde. – In: Geographische Rundschau 42, H. 7–8. Braunschweig. S. 423–431.
Seymour, J./Girardet, H. (1985): Fern vom Garten Eden. Die Geschichte des Bodens, Kultivierung, Zerstörung, Rettung. Frankfurt/M.
Stern, H. u. a. (1979): Rettet den Wald. München.
Vetter, H. (1980): Umwelt und Nahrungsqualität. München.
Walter, H. (1984): Vegetation und Klimazonen. Grundriß der globalen Ökologie. Stuttgart.
Walter, H./Breckle, S.-W. (1986): Ökologie der Erde. Band 3: Spezielle Ökologie der Gemäßigten und Arktischen Zonen Euro-Nordasiens. Stuttgart.
– (1991): Ökologie der Erde. Band 4: Gemäßigte und Arktische Zonen außerhalb Euro-Nordasiens. Stuttgart.
Weinschenk, G. (1992): High Tech auf dem Acker. Landwirtschaft in Industrieländern. – In: Funkkolleg Humanökologie, Weltbevölkerung, Ernährung, Umwelt, Studienbrief 8. S. 11–48. Weinheim, Basel.
Wilhelmy, H. (1974): Klimageomorphologie in Stichworten. Teil IV der Geomorphologie in Stichworten. Kiel.

zu 3.3.2:

Aario, L./Illies, J. (1970): Biogeographie. Braunschweig.
Andreae, B. (1985): Allgemeine Agrargeographie. Berlin, New York.
Baumann, B. (1990): Takla Makan. München.
Bick, H. (1989): Ökologie. Stuttgart, New York.
Blume, H. (1979): USA. 2 Bände. Darmstadt.
Blüthgen, J./Weischet, W. (1980): Allgemeine Klimageographie. Berlin, New York.
Bramer, H. (1977): Geographische Zonen der Erde. Gotha, Leipzig.
Caviedes, C. N. (1992): Naturkatastrophenforschung in Nordamerika. – In: Geographische Rundschau. Braunschweig. S. 380–386.
Czaya, E. (1981): Ströme der Erde. Köln.
Endlicher, W. (1991): Klima, Wasserhaushalt, Vegetation. Darmstadt.
– (1991): Südpatagonien. – In: Geographische Rundschau. Braunschweig. S. 143–151.
Fickenscher, W. (Hrsg. 1959): Die UdSSR. Leipzig.
Franz, H.-J. (1973): Physische Geographie der Sowjetunion, Gotha.
Ganssen, R. (1968): Trockengebiete. Mannheim, Zürich.
Haase, E. (1922): Die Erdrinde. Leipzig.
Hahn, R. (1990): USA. Stuttgart.
Heinrich, D./Hergt, M. (1991): dtv-Atlas zur Ökologie. München.
Hendl, M./Bramer, H. (Hrsg. 1987): Lehrbuch der Physischen Geographie. Thun, Frankfurt/M.
Henning, I. (1988): Zum Pampa-Problem. – In: Die Erde. Berlin. S. 25–30.
Klink, H.-J./Glawion, R. (1982): Die natürlichen Vegetationsformationen der Erde. In: Geographische Rundschau. Braunschweig. S. 461–470.
Klink, H.-J./Mayer, E. (1983): Vegetationsgeographie. Braunschweig.
Klötzli, F. (1983): Einführung in die Ökologie. Herrsching.
Larcher, W. (1984): Ökologie der Pflanzen. Stuttgart.
Lenz, K. (1988): Kanada. Darmstadt.
Leser, H. (1971): Landschaftsökologische Grundlagenforschung in Trockengebieten. – In: Erdkunde. Bonn. S. 209–223.
Mangelsdorf, J./Scheurmann, K. (1980): Flußmorphologie. München.
Money, D. C. (1985): Steppen. Stuttgart.
– (1985): Wüsten. Stuttgart.

Müller, P. (1977): Tiergeographie. Stuttgart.
– (1980): Biogeographie. Stuttgart.
Müller-Hohenstein, K. (1981): Die Landschaftsgürtel der Erde. Stuttgart.
Neef, E. (Hrsg. 1970): Das Gesicht der Erde. Frankfurt/M., Zürich.
Praxis Geographie (11/1984): Steppengürtel. Braunschweig.
– (10/1986): Wüsten und Halbwüsten. Braunschweig.
Remmert, H. (1984): Ökologie. Berlin, Heidelberg, New York, Tokio.
Schaefer, M./Tischler, W. (1983): Ökologie. Stuttgart, New York.
Scheffer, F./Schachtschabel, P. (1992): Lehrbuch der Bodenkunde. Stuttgart.
Schmithüsen, J. (1968): Allgemeine Vegetationsgeographie. Berlin.
Schultz, J. (1988): Die Ökozonen der Erde. Stuttgart.
Spielmann, H. O. (1989): Agrargeographie in Stichworten. Unterägeri.
Steubing, L./Schwantes, H. O. (1981): Ökologische Botanik. Heidelberg.
Szujko-Lacza, J. (1982): The Flora of the Hortobagy National Park. Budapest.
Tischler, W. (1979): Einführung in die Ökologie. Stuttgart, New York.
Troll, C./Paffen, K. H.: Karte der Jahreszeiten-Klimate der Erde. – In: *Rodenwaldt, E./Jusatz, M. J.* (Hrsg. 1963): Weltkarten zur Klimatologie. Berlin, Göttingen, Heidelberg.
Verlag für fremdsprachliche Literatur (Hrsg. 1984): China-Buchreihe Geographie. Beijing.
Walter, H. (1990): Vegetation und Klimazonen. Stuttgart.
Walter, H./Breckle, S.-W. (1986): Ökologie der Erde. Band 3: Spezielle Ökologie der Gemäßigten und Arktischen Zonen Euro-Nordasiens. Stuttgart.
– (1991): Ökologie der Erde. Band 4: Gemäßigte und Arktische Zonen außerhalb der Euro-Nordasiens. Stuttgart.
Zimm, A./Markuse, G. (1980): Geographie der Sowjetunion. Gotha.

zu 3.4:

Andreae, B. (1977): Agrargeographie. Berlin, New York.
Beil, G.: (1989): Schatzkammer Sibirien. – In: Praxis Geographie 19, H. 5. S. 34–37.
Bronny, H./Hemmer, I./Sokki, N. T. (1985): Samische Rentierwirtschaft. Reliktform oder Wachstumsbranche? – In: Geographische Rundschau 37, H. 10. S. 529–536.
Bruenig, E. F. (1989): Die borealen Nadelwälder. – In: Praxis Geographie 19, H. 5. S. 6–11.
Ehlers, E. (1965): Das nördliche Peace River Country, Alberta, Kanada. Genese und Struktur eines Pionierraumes im borealen Waldland Nordamerikas. Tübingen (Tübinger Geographische Studien 18).
– (1985): Die agraren Siedlungsgrenzen der Erde. – In: Geographische Rundschau 37, H. 7. S. 330–338.
Giese, E./Klüter, H. (1990): Industrielle Erschließung und Entwicklung Sibiriens. – In: Geographische Rundschau 42, H. 7–8. S. 386–395.
Hemmer, I. (1989): Tschernobyl und kein Ende. Die Langzeitwirkung der Katastrophe auf die skandinavische Rentierwirtschaft. – In: Praxis Geographie 19, H. 5. S. 30–33.
Hendinger, H. (1956): Die schwedische Waldlandschaft. Ihre Struktur und Dynamik unter besonderer Berücksichtigung von Hälsingland-Härjedalen. Hamburg (Hamburger Geographische Studien, H. 7).
Höfling, H. (1985): Sibirien. Das schlafende Land erwacht. Braunschweig.
Hofmeister, B. (1988): Nordamerika. Frankfurt a. M. (Fischer Länderkunde, Bd. 6).
Karger, A./Liebmann, C. C. (1986): Sibirien. Strukturen und Funktionen ressourcenorientierter Industrieentwicklung. Köln.
Karger, A./Stadelbauer, J. (1987): Sowjetunion. Frankfurt a. M. (Fischer Länderkunde, Bd. 9).
Knauth, P./Olson, S. F. (1977): Die Wälder Kanadas. Amsterdam (Die Wildnisse der Welt/Time-Life-Bücher).
Larssen, J. A. (1980): The boreal ecosystem. New York et al. (Physiological Ecology).
Lenz, K. (1988): Kanada. Darmstadt.
– (1990): Der boreale Waldgürtel Kanadas. Erschließung und aktuelle Entwicklungen. – In: Geographische Rundschau 42, H. 7–8. S. 408–415.
Leptin, G. (1987): Sibirien. Ein russisches und sowjetisches Entwicklungsproblem. Berlin.
Liebmann, C. C. (1988): Westsibirien. Naturräumliche Gliederung und wirtschaftsräumliche Erschließung. – In: Geographische Rundschau 40, H. 9. S. 10–16.
Militz, E. (1988): Speicherseen in Finnisch Lappland. – In: Geographie und Schule, H. 55. S. 40–45.
Moore, T. R./Lewis, J. E. (1983): Saurer Regen in Nord-Kanada. Das Beispiel Nouveau Québec. – In: Geographische Rundschau 35, H. 8. S. 381–385.
Müller-Hohenstein, K. (1981): Die Landschaftsgürtel der Erde. Stuttgart.

Priggert, D. (1990): Rezente Wandlungen von der agrar- zur freizeitorientierten Gesellschaft im Norden Finnlands. – In: Geographische Rundschau 42, H. 7–8. S. 409–416.
Ramme, W. H./Despain, D. G. (1990): Die Yellowstone-Brände: Feuer als Lebensspender. – In: Spektrum der Wissenschaft, H. 1. S. 114–123.
Richter, G. (Hrsg. 1979): Handbuch ausgewählter Klimastationen der Erde. Trier.
Rostanowski, P. (1981): Getreideerzeugung nördlich 60 °N. – In: Geographische Rundschau 33, H. 4. S. 147–151.
– (1983): Zur Frage der Umgestaltung der Natur in der Sowjetunion. – In: Geographische Rundschau 35, H. 11. S. 566–568.
Schachtschabel, P./Blume, H.-P./Hartge, K.-H./Schwertmann, U. (1982): Lehrbuch der Bodenkunde. Stuttgart.
Schmithüsen, J. (1961): Allgemeine Vegetationsgeographie. Berlin.
Schroeder, D. (1984): Bodenkunde in Stichworten. Würzburg.
Schultz, J. (1988): Die Ökozonen der Erde. Stuttgart.
Stäblein, G. (1985): Permafrost. Faktor des Naturraumpotentials in den kalten Randsäumen der Ökumene. – In: Geographische Rundschau 37, H. 7. S. 322–329.
Treter, U. (1984): Die Baumgrenzen Skandinaviens. Ökologische und dendroklimatologische Untersuchungen. Wiesbaden.
– (1990): Die borealen Waldländer. Ein physisch-geographischer Überblick. In: Geographische Rundschau 42, H. 7–8. S. 372–381.
– (1990): Holzvorrat und Holznutzung in den borealen Nadelwäldern. – In: Geographische Rundschau 42, H. 7–8. S. 382–385.
Trochim, G. (1986): Sibiriens Flüsse werden nicht rückwärts fließen. – In: Geographie heute 45. S. 38–45.
Varjo, U./Tietze, W. (1987): Norden. Man and Environment. Berlin, Stuttgart.
Walter, H. (1974): Die Vegetation Osteuropas, Nord- und Zentralasiens. Stuttgart.
– (1990): Vegetationszonen und Klima. Stuttgart.
Walter, H./Breckle, S.-W. (1986): Ökologie der Erde, Band 3. Spezielle Ökologie der Gemäßigten und Arktischen Zonen Euro-Nordasiens. Stuttgart.
– (1991): Ökologie der Erde, Band 4. Gemäßigte und Arktische Zonen außerhalb Euro-Nordasiens. Stuttgart.
Walter, H./Lieth, H. (1967): Klimadiagramm-Weltatlas. Jena.
Wein, N. (1989): Umweltprobleme in der Baikalregion. – In: Die Erde 120, H. 4. S. 239–252.
Weißenburger, U. (1990): Umweltprobleme in der borealen Nadelwaldzone der UdSSR. – In: Geographische Rundschau 42, H. 7–8. S. 403–407.
Wieger, A. (1983): Wüstungsvorgänge an der Peripherie Kanadas. Das Beispiel New Brunswick. – In: Geographische Rundschau 35, H. 8. S. 386–391.
Windhorst, H.-W. (1978): Geographie der Wald- und Forstwirtschaft. Stuttgart.

zu 3.5:

Armstrong, T./Rogers, G./Rowley, G. (1978): The Circumpolar North. A Political and Economic Geography of the Arctic and Sub-Arctic. London, New York.
Augstein, E. (Hrsg. 1988 u. 1989): Meteorologie und Klimatologie der Antarktis. – I in: „promet" 18, H. 4; II/III in: „promet" 19, H. 1/2. Offenbach.
Becker, H. (1977): Kulturgeographische Prozesse am polaren Nordsaum der Ökumene. – In: Polarforschung 47. S. 47–60.
Bronny, H. (1984): Die Polarregionen als Lebensraum. – In: Geographie heute 5, H. 23. S. 2–7.
– (1991): Leben in polaren Räumen. – In: Praxis Geographie 21. S. 14–17.
Bronny, H./Butzin, E. (1987): Greenland. – In: *Tietze, W.* (Hrsg. 1987): Norden – Man and Environment. Berlin. S. 484–499.
Bronny, H./Hegels, F. (1992): Tourismusentwicklung in Arktis und Antarktis. – In: Geographische Rundschau 44. S. 209–216.
Ehlers, E. (1985): Die agraren Siedlungsgrenzen der Erde. – In: Geographische Rundschau 37. S. 330–338.
Fütterer, D. (1988): Marine polare Geowissenschaften. – In: Geographische Rundschau 40. S. 6–14.
Gellert, J. F. (Hrsg. 1983): Die Erde – Sphären, Zonen, Regionen, Territorien. Berlin.
Geographie heute 5 (1984), H. 23: Polare Räume.
Geographische Rundschau 35 (1983), H. 3: Antarktis und Arktis.
Geographische Rundschau 37 (1985), H. 7: Natürliche Grenzsäume.
Geographische Rundschau 44 (1992), H. 4: Polarregionen.
Gläßer, E./Schnütgen, A. (1986): Island. Darmstadt (Wissenschaftl. Länderkunden, Bd. 28).

Gläßer, E./Kolb, H.-J./Schwackenberg, J. (1988): Wirtschaftliche Nutzungsmöglichkeiten an der Kältegrenze – dargestellt an Raumbeispielen in Nordeuropa und Kanada. – In: Geographie und Schule, H. 55. Köln. S. 2–15.
Hasse, L. (1988): Klima und Wetter des europäischen Nordmeeres. – In: Die Geowissenschaften 6. S. 235–241.
Kohnen, H. (1992): Polarforschung. – In: Geographische Rundschau 44, H. 4. S. 201–208.
Lauer, W./Frankenberg, P. (1988): Klimaklassifikation der Erde. – In: Geographische Rundschau 40, H. 6. S. 55–59.
Lockwood, J. G. (1976): World Climatology – An Environmental Approach. London.
Meier-Hilbert, G./Thies, E. (1987): Geozonen. Köln (Unterricht Geographie – Modelle, Materialien, Medien, Bd. 1).
Money, D. C. (1983): Kalte Zonen – Landschaftszonen und Ökosysteme. Stuttgart (Klett Lesehefte Geographie).
Müller, M. (1979): Handbuch ausgewählter Klimastationen der Erde. Trier.
Müller-Hohenstein, K. (1981): Die Landschaftsgürtel der Erde. Stuttgart.
Noll, E. (Hrsg. 1984): Polare Räume der Erde. Geographie heute 5, H. 23.
Orvig, S. (Hrsg. 1970): Climates of the Polar Regions. Amsterdam (World Survey of Climatology, Vol. 4).
Pfirman, S./Thiede, J. (1992): Bathymetrie und Plattentektonik der Fram-Straße zwischen Grönland und Svalbard: Schlüsselregion für die geologische Geschichte der Arktis. – In: Geographische Rundschau 44. S. 237–244.
Praxis Geographie (13/1983), H. 11: Arktis, Antarktis.
Praxis Geographie (21/1991), H. 11: Polare Wüsten und Tundren (Landschaftsgürtel der Erde 8).
Richter, H./Gellert, J. F. (1983): Landschaftszonen und Naturregionen. – In: *Gellert, J. F.* (Hrsg. 1983): Die Erde – Sphären, Zonen, Regionen, Territorien. Berlin. S. 250–270.
Sahrhage, D. (1992): Nutzung der lebenden Ressourcen in den Polarmeeren. – In: Geographische Rundschau 44. S. 217–222.
Schultz, J. (1988): Die Ökozonen der Erde. Stuttgart (Uni-Taschenbücher).
Schutzbach, W. (1985): Island – Feuerinsel am Polarkreis. 3. Aufl. Bonn.
Schwerdtfeger, W. (1970): The Climate of the Antarctic. – In: *Orvig, S.* (Hrsg. 1970): Climates of the Polar Regions (World Survey of Climatology, Vol. 4). Amsterdam. S. 253–330.
Semmel, A. (Hrsg. 1985): Periglazialmorphologie (Erträge der Forschung, Bd. 231). Darmstadt.
Stäblein, G. (1982): Grönland am Rande der Ökumene. – In: Geoökodynamik, Bd. 3. S. 219–246.
– (1985): Permafrost – Faktor des Naturraumpotentials in den kalten Randsäumen der Ökumene. – In: Geographische Rundschau 37. S. 322–329.
– (1991): Polare Wüsten und Tundren. – In: Praxis Geographie 21. S. 6–12.
Tessensohn, F. (1984): Die Antarktis – Teil eines geologischen Puzzles mit wirtschaftlich-politischem Hintergrund. – In: Geographie heute 5, H. 23. S. 8–12.
Thorarinsson, S. (1987): Physical geography of Iceland. – In: *Varjo, U./Tietze, W.* (Hrsg. 1987): Norden – Man and Environment. Berlin, Stuttgart. S. 184–201.
Treude, E. (1982): Nutzungswandel, Nutzungspotential und Raumnutzungskonflikte in der kanadischen Arktis. – In: Geoökodynamik, Bd. 3. S. 247–269.
– (1983): Die Polargebiete. – In: Geographische Rundschau 35. S. 126–132.
– (1991): Die Arktis. Köln (Problemräume der Welt, Bd. 14).
Troll, C./Paffen, K. H. (1964): Karte der Jahreszeiten-Klimate der Erde. – In: Erdkunde 18. S. 5–28.
Varjo, U./Tietze, W. (Hrsg. 1987): Norden – Man and Environment. Berlin, Stuttgart.
Vowinckel, E./Orvig, S. (1970): The Climate of the North Polar Basin. – In: *Orvig, S.* (Hrsg. 1970): Climates of the Polar Regions (World Survey of Climatology, Vol. 4). Amsterdam. S. 129–225.
Weise, O. (1983): Das Periglazial. Berlin, Stuttgart.
Weiss, W. (1975): Arktis. Wien, München.
Wolfrum, R. (1992): Wem gehört die Antarktis? – In: Geographische Rundschau 44. S. 196–200.

zu 4.3.1:

Bauer, F. (1972): Die Wälder Europas. – In: Der Wald. München, Bern, Wien. S. 5–8.
Bauer, J. u. a. (1989): Mensch und Raum, Seydlitz Physische Geographie. Hannover.
Bender, H. u. a. (1986): Landschaftszonen. Fundamente. Stuttgart.
Birkenhauer, J. (Hrsg. 1987): Stundenblätter Landwirtschaft, Sekundarstufe I. Klett-Verlag, Stuttgart.
Blickpunkt Welt 1 (1979): Ein Erdkundewerk für die Sekundarstufe I, Bd. 1, 5./6. Schuljahr (Herausgeber: J. Birkenhauer, H. Hendinger. Mitarbeiter: R. Bosse, D. Geers, W. Grau, B. Hoch, S. Mahlendorff, H. Nolzen, G. Rosenbohm, U. Theißen). Verlag Ferdinand Hirt, Unterägeri; Verlag Ferdinand Schöningh, Paderborn.
Blickpunkt Welt 2 (1980): Ein Erdkundewerk für die Sekundarstufe I, Bd. 2, 7./8. Schuljahr (Herausgeber: J. Bir-

kenhauer, H. Hendinger. Verfasser: J. Birkenhauer, R. Bosse, H. Hendinger, B. Hoch, W. Matthies, J. Nebel, H. Nolzen, G. Rosenbohm, U. Theißen). Verlag Ferdinand Hirt, Unterägeri; Verlag Ferdinand Schöningh, Paderborn.

Burschel, P. (1979.1): Der Waldbau. – In: *Stern, H.* (Hrsg.): Rettet den Wald. München. S. 74–87.
– (1979.2): Der Wald als Gesellschaft von Bäumen. – In: *Stern, H.* (Hrsg.): Rettet den Wald. München. S. 74–87.
Eimern, J. van/Häckel, H. (1979³): Wetter- und Klimakunde: Ein Lehrbuch der Agrarmeteorologie. Stuttgart.
Geiger, M. (1988): Vom Waldland zum Kulturland. – In: Praxis Geographie, H. 12, 1988. S. 12–15.
Geographie und Schule (Der Erdkundeunterricht) (1985), H. 37, Oktober 1985. Köln.
Hegi, G./Merxmüller, H./Reisigl, H. (1977): Alpenflora. Berlin, Hamburg.
Heimat und Welt (1987): Erdkunde für Rheinland-Pfalz/Saarland, Bd. 1 (Klassen 5/6). Westermann Schulbuchverlag, Braunschweig.
– (1989): Erdkunde für Rheinland-Pfalz/Saarland, Lehrerband. Westermann Schulbuchverlag, Braunschweig.
Klohn, W. u. a. (1988): Landwirtschaft zwischen Überschußproduktion und Konzentration. – In: Praxis Geographie, H. 12. Braunschweig. S. 42–46.
Meier-Hilbert, G. (1988): Die gemäßigten Breiten: Hauptemährungsgebiete der Erde (SI). – In: Praxis Geographie, H. 12. Braunschweig. S. 38–41.
Meier-Hilbert, G./Thieß, E. (1987): Geozonen. Unterricht Geographie (Modelle, Materialien, Medien), Bd. 1. Köln.
Nolzen, H. (1980): Leben im Landschaftshaushalt. – In: *Birkenhauer, J./Hendinger, H.* (Hrsg.): Blickpunkt Welt 2, Erdkundewerk für die Sekundarstufe I, Bd. 2. Unterägeri, Paderborn. S. 56–63.
– (1981): Leben im Landschaftshaushalt. – In: *Birkenhauer, J./Hendinger, H.* (Hrsg.): Blickpunkt Welt 2, Lehrerbuch zu Bd. 2. Unterägeri, Paderborn. S. 56–63.
– (1981): Gleichgewicht und Ungleichgewicht im Haushalt der Natur. – In: *Birkenhauer, J./Hendinger, H.* (Hrsg.): Blickpunkt Welt 3. Ein Erdkundewerk für die Sekundarstufe I, Bd. 3. Verlag F. Hirt, Unterägeri; Verlag F. Schöningh, Paderborn. S. 83–89.
– (1982): Gleichgewicht und Ungleichgewicht im Haushalt der Natur. – In: *Birkenhauer, J./Hendinger, H.* (Hrsg.): Blickpunkt Welt, Bd. 3, Lehrerbuch. Verlag F. Hirt, Unterägeri; Verlag F. Schöningh, Paderborn. S. 111–119.
– (1993): Höhenstufen in den Alpen. – In: *TERRA Geographie 5, Ausgabe für Sachsen.* Stuttgart, Düsseldorf, Berlin, Leipzig, Gotha. S. 130–131.
– (1993): Höhenstufen in den Alpen. – In: *TERRA Lehrerband Sachsen 5.* Klett Perthes, Ernst Klett Schulbuchverlag, Stuttgart, Düsseldorf, Berlin, Leipzig, Gotha. S. 135–138.
Reisigl, H./Keller, R. (1987): Alpenpflanzen im Lebensraum. Stuttgart.
– (1989): Lebensraum Bergwald. Stuttgart.
Richter, G. (1988): Bodenerosion in den Mittelbreiten. – In: Praxis Geographie, H. 12. Braunschweig. S. 47–51.
Schauer, T./Caspari, C. (1978): Pflanzen- und Tierwelt der Alpen. München.
Stern, H. u. a. (1979): Rettet den Wald. München.
TERRA Geographie 5 (1993): Ausgabe für Sachsen. Ernst Klett Schulbuchverlag, Klett Perthes. Stuttgart, Düsseldorf, Berlin, Leipzig, Gotha.
TERRA Lehrerband Sachsen 5 (1993): Klett Perthes, Ernst Klett Schulbuchverlag. Stuttgart, Düsseldorf, Berlin, Leipzig, Gotha.
Weinschenk, G. (1992): High Tech auf dem Acker, Landwirtschaft in Industrieländern. – In: Funkkolleg Humanökologie, Studienbrief 8. Weinheim, Basel. S. 11–48.
Windhorst, H.-W. (1972): Die Waldländer der gemäßigten Breiten. Die natürliche Ausstattung und wirtschaftliche Nutzung eines Landschaftsgürtels, Lehrprogramm, Schöningh-Reihe für Unterricht und Schulen, Arbeitshefte, H. 1 (mit mehrfarbigem Beiheft sowie Antwort- und Testbögen). Paderborn.

zu 4.3.2:

Bender, H.-U. et al. (1986): Landschaftszonen. Stuttgart.
Bender, H.-U./Stadelbauer, J. (1987): Sowjetunion. Stuttgart.
Buller, H.-G. (1985): Dürre- und Frostperioden als ökologische Limitierungsfaktoren in den kontinentalen Weizenbaugebieten der USA und der UdSSR. Freiburger Geographische Hefte, H. 24. Freiburg.
Chadwick, D. H. (1989): Sagebrush Country: America's Outback. – In: National Geographic. Washington, D. C. S. 53–83.
Claaßen, K. (1992): „Vergib uns Aral, bitte komm zurück!". – In Geographie heute. Seelze. S. 36–40.
Deutsches Nationalkomitee für das UNESCO-Programm „MAB" (Hrsg. 1990): Der Mensch und die Biosphäre. Bonn.
Engelbrecht, U. (1987): Wind, Salz und wachsende Wüste. – In: Badische Zeitung vom 13.05.1987.

Engelmann, D./Latz, W. (1993): Landschaftsgürtel. Braunschweig.
Hofmeister, B. (1985): Mittlere Breiten. Braunschweig.
Kirchberg, G. (1985): USA – Sowjetunion. Braunschweig.
Klohn, W. (1990): Die Farmer-Genossenschaften in den USA. Vechta.
Kümmerle, U./Vollmar, R. (1988): USA. Stuttgart.
Liebmann, C. (1990): Die Austrocknung des Aralsees. – In: Praxis Geographie. Braunschweig. S. 18–21.
Mabbutt, J. A./Floret, C. (Hrsg. 1980): Case studies on desertification. Paris.
Meier-Hilbert, G. (1988): Die gemäßigten Breiten: Haupternährungsgebiete der Erde. – In: Praxis Geographie. Braunschweig. S. 38–41.
Meier-Hilbert, G./Thies, E. (1987): Geozonen. Köln.
Mensching, H. G. (1990): Desertifikation. Darmstadt.
Praxis Geographie (11/1984): Landschaftsgürtel der Erde 1, Steppengürtel.
Praxis Geographie (10/1986): Landschaftsgürtel der Erde 3, Wüsten und Halbwüsten.
Richter, G. (1988): Bodenerosion in den Mittelbreiten. – In: Praxis Geographie. Braunschweig. S. 47–51.
Sick, W.-D. (1983): Agrargeographie. Braunschweig.
Windhorst, H.-W. (Hrsg. 1989): Industrialisierte Landwirtschaft und Agrarindustrie. Vechta.
Windhorst, H.-W./Klohn, W. (1991): Entwicklungsprobleme ländlicher Räume in den Great Plains der USA. Vechta.

zu 4.4:

Beil, G. (1989): Schatzkammer Sibirien. – In: Praxis Geographie 19, H. 5. S. 34–37.
Bruenig, E. F. (1989): Die borealen Nadelwälder. – In: Praxis Geographie 19, H. 5. S. 6–11.
Geiger, M. (1989): Pelztiere und Menschen. Ein „hautnahes" Unterrichtsthema. – In: Praxis Geographie 19, H. 5. S. 42–45.
Giese, E./Klüter, H. (1990): Industrielle Erschließung und Entwicklung Sibiriens. – In: Geographische Rundschau 42, H. 7–8. S. 386–395.
Gläßer, E./Kolb, H.-J./Schwackenberg, J. (1988): Wirtschaftliche Nutzungsmöglichkeiten an der Kältegrenze – dargestellt an Raumbeispielen in Nordeuropa und Kanada. – In: Geographie und Schule, H. 55. S. 2–14.
Hofmeister, B. (1988): Nordamerika. Frankfurt a. M. (Fischer Länderkunde, Bd. 6).
Karger, A./Liebmann, C. C. (1986): Sibirien. Strukturen und Funktionen ressourcenorientierter Industrieentwicklung. Köln.
Karger, A./Stadelbauer, J. (1987): Sowjetunion. Frankfurt a. M. (Fischer Länderkunde, Bd. 9).
Klüter, H./Giese, E. (1990): Territoriale Produktionskomplexe in der Sowjetunion. – In: Geographische Rundschau 42, H. 7–8. S. 396–402.
Lenz, K. (1988): Kanada. Darmstadt.
– (1990): Der boreale Waldgürtel Kanadas. Erschließung und aktuelle Entwicklungen. – In: Geographische Rundschau 42, H. 7–8. S. 408–415.
Liebmann, C. C. (1988): Westsibirien. Naturräumliche Gliederung und wirtschaftsräumliche Erschließung. – In: Geographische Rundschau 40, H. 9. S. 10–16.
Militz, E. (1988): Speicherseen in Finnisch Lappland. – In: Geographie und Schule, H. 55. S. 40–45.
Moore, T. R./Lewis, J. E. (1983): Saurer Regen in Nord-Kanada. Das Beispiel Nouveau Québec. – In: Geographische Rundschau 35, H. 8. S. 381–385.
Ramme, W. H./Despain, D. G. (1990): Die Yellowstone-Brände: Feuer als Lebensspender. – In: Spektrum der Wissenschaft, H. 1. S. 114–123.
Richter, G. (Hrsg. 1979): Handbuch ausgewählter Klimastationen der Erde. Trier.
Schachtschabel, P./Blume, H.-P./Hartge, K.-H./Schwertmann, U. (1982): Lehrbuch der Bodenkunde. Stuttgart.
Schroeder, D. (1984): Bodenkunde in Stichworten. Würzburg.
Schultz, J. (1988): Die Ökozonen der Erde. Stuttgart.
Stadelbauer, J. (1981): Die Baikal-Amur-Magistrale (BAM). – In: Praxis Geographie 11, H. 4. S. 145–149.
Treter, U. (1990): Die borealen Waldländer. Ein physisch-geographischer Überblick. – In: Geographische Rundschau 42, H. 7–8. S. 372–381.
– (1990): Holzvorrat und Holznutzung in den borealen Nadelwäldern. – In: Geographische Rundschau 42, H. 7–8. S. 382–385.
Venzke, J.-F. (1989): Landschaftsgestalter Schnee. Die Bedeutung des Schnees im Naturhaushalt der borealen Landschaft. – In: Praxis Geographie 19, H. 5. S. 18–21.
Volkmann, H. (1989): Kanadas Wälder. Wichtige Rohstoffquelle, nicht unerschöpflich. – In: Praxis Geographie 19, H. 5. S. 26–29.

Walter, H. (1990): Vegetationszonen und Klima. Stuttgart.
Walter, H./Breckle, S.-W. (1986): Ökologie der Erde, Bd. 3. Spezielle Ökologie der Gemäßigten und Arktischen Zonen Euro-Nordasiens. Stuttgart.
Walter, H./Lieth, H. (1967): Klimadiagramm-Weltatlas. Jena.
Weißenburger, U. (1990): Umweltprobleme in der borealen Nadelwaldzone der UdSSR. – In: Geographische Rundschau 42, H. 7–8. S. 403–407.
Windhorst, H.-W. (1981): Forst- und Holzwirtschaft in den borealen Nadelwäldern (Reihe Fragenkreise Nr. 23 558 des Schöningh-Verlags). Paderborn.

zu 4.5:

Altmann, A. (1989): Der Fisch ist der Gott. – In: Island. Merian-Heft 8/42. S. 88–93.
Bronny, H. (1984): „Unsere Rentiere fressen kein Geld" – Unterrichtseinheit für die Sekundarstufe I und II. – In: Geographie heute 5, H. 23. S. 62–66.
– (1991): Leben in polaren Räumen. – In: Praxis Geographie 21, H. 11. S. 14–17.
Fahn, H. J./Tessensohn, F. (1984): Wem gehört die Antarktis? Unterrichtseinheit für die Sekundarstufe II. – In: Geographie heute 5, H. 23. S. 67–70.
Fischer Weltalmanach 1992 (1991). Frankfurt.
Fiedler, I. (1984): Geheimnis des Nordens – Unterrichtseinheit für die Sekundarstufe I. – In: Geographie heute 5, H. 23. S. 67–70.
Geiger, M. (1991): Norilsk – Großstadt in der Tundra. – In: Praxis Geographie 21, H. 11. S. 24–27.
Gläßer, E./Schnütgen, A. (1986): Island. Darmstadt (Wissenschaftliche Länderkunden, Bd. 28).
Geographie heute (1984), H. 23: Polare Räume.
Geo-Wissen (1990), Nr. 4: Arktis und Antarktis. Hamburg.
Hemmer, I. (1988): Die Nutzungsprobleme an der Kältegrenze der Ökumene im Geographieunterricht. – In: *Schmidt, K. L.* (Hrsg. 1988): Nutzungsprobleme an der Kältegrenze der Ökumene. Geographie und Schule, H. 55. Köln. S. 15–22.
Hug-Fleck, C. (1988): Islands Geologie. Kiel.
Island. Merian-Heft 8/42 (August 1989) Hamburg.
Kolb, H.-J. (1988): Schwierigkeiten wirtschaftlicher Nutzung in Grönland – eine Unterrichtseinheit mit Materialien für die Sekundarstufe II. – In: *Schmidt, K. L.* (Hrsg. 1988): Nutzungsprobleme an der Kältegrenze der Ökumene. Geographie und Schule, H. 55. Köln. S. 22–33.
Lükenga, W. (1981): Die Alaska-Pipeline – Fallstudie eines Flächennutzungskonflikts am Nordrand der Ökumene. Paderborn (Reihe Fragenkreise).
Meier-Hilbert, G./Thies, E. (1987): Geozonen. Köln (Unterricht Geographie – Modelle, Materialien, Medien, Bd. 1).
Meyer, T. (1991): Die Tierwelt der Antarktis in Gefahr. – In: Praxis Geographie 21, H. 11. S. 20–23.
Noll, E. (Hrsg. 1984): Polare Räume der Erde. Geographie heute 5, H. 23.
– (1984): Polare Räume als Thema im Unterricht. – In: Geographie heute 5, H. 23. S. 13–14 (mit kommentierter Bibliographie).
Noll, E./Tessensohn, F. (1984): Antarktisforschung – Ein aufwendiges Unternehmen. – In: Geographie heute 5, H. 23. Schülerarbeitsbogen. S. I–IV.
Noll, M. (1984): Eskimo spielen. – In: Geographie heute 5, H. 23. S. 19–22.
Olafsdóttir, G./Ingvarsson, G. O. (1987): The population, settlement and economy of Iceland. – In: *Varjo, U./Tietze, W.* (Hrsg. 1987): Norden – Man and Environment. Berlin, Stuttgart. S. 438–465.
Plemper, M. (1991): Tausche Harpune gegen Videokamera! – In: Praxis Geographie 21, H. 11. S. 40–44.
Praxis Geographie (21/1991), H. 11: Polare Wüsten und Tundren.
Schallhorn, E. (1991): Forscher in der Kälte. – In: Praxis Geographie 21, H. 11. S. 32–36.
Schmidt-Wulffen, W. (1984): Zurück in die Vergangenheit? – Wie die Polarvölker die Zukunft organisieren wollen. Unterrichtseinheit für die Sekundarstufe I. – In: Geographie heute 5, H. 23. S. 56–61.
Schutzbach, W. (1985): Island – Feuerinsel am Polarkreis. 3. Aufl. Bonn.
Seydlitz – Mensch und Raum. Physische Geographie (1989). Cornelsen und Schroedel – Geogr. Verlagsgesellschaft. Berlin.
Treude, E. (1991): Die Arktis. Köln (Problemräume der Welt, Bd. 14).
Wesnighk, J./Missine-Schwarz, A. (1991): „Macht die Antarktis zum Weltpark." – In: Praxis Geographie 21, H. 11. S. 28–32.

6 Glossar

Aapa: → Strangmoor
Abflußquotient: Anteil des Abflusses an der Gesamtniederschlagsmenge.
Alass: Bis zu mehreren Kilometern lange Senke infolge Sackungen von Lockermaterial nach Abschmelzen des Eises im Permafrostgebiet.
Albedo: Anteil der von einem Körper (z. B. der Erdoberfläche) reflektierten solaren Strahlung. Angabe in Prozent (100% = vollständige Reflexion).
Annuelle (lateinisch: annuus = jährig, auf ein Jahr): Pflanzen, deren gesamter Lebenslauf von der Keimung über die Fruchtreife bis zum Absterben sich innerhalb von zwölf Monaten, im engeren Sinn innerhalb einer Vegetationsperiode, vollzieht. Zu den annuellen Pflanzen gehören Frühjahrsblüher (häufig Frühjahrsgeophyten), Sommerannuelle (sommergrüne A.), Winterannuelle (wintergrüne A.) und Therophyten, welche die ungünstige Jahreszeit als Samen im Boden überdauern.
Ansatz, thematisch-regionaler: Während der Erdkundeunterricht der siebziger Jahre durch → Lernzielorientierung gekennzeichnet war, wurden seit Mitte der achtziger Jahre zunächst in den Lehrplänen Baden-Württembergs und Bayerns wieder regionalgeographische Begriffe als Gliederungselemente nach dem Prinzip „vom Nahen zum Fernen" (→ länderkundlicher Durchgang) verwendet. Innerhalb der regionalen Gliederung wird vor allem thematisch, d. h. allgemein-geographisch gearbeitet, wobei wiederholt Orientierungsphasen eingeschaltet sind.
äolisch (griechisch: Äolos = Gott der Winde): Durch den Wind gebildet, bedingt. Beispiel: Löß, ein äolisches Staubsediment.
Assimilationseffizienz: Entspricht bei photoautotrophen Pflanzen dem photosynthetischen Wirkungsgrad (Assimilationsgrad). Sie gibt die Wirkungs-Relation zwischen dem Energiegehalt der durch Assimilation gebildeten organischen Substanz und der auftreffenden Strahlungsenergie an. Die photosynthetische Effizienz beträgt bei höheren Pflanzen 1 bis 5% unter der Annahme einer Absorption von allenfalls 50% des Strahlungs-Inputs. Bei heterotrophen Lebewesen ist die A. das Verhältnis der über Nährstoffe aufgenommenen und in körpereigene Substanz überführten Energie (assimilierte Energie) zur Energie der konsumierten Nahrung (konsumptive Energie).
astronomische Dämmerung: → Dämmerung, astronomische
azonal: Unabhängig von den Klima- und Landschaftszonen der Erde vorkommend (Gegensatz zu → zonal).
BAM = Baikal-Amur-Magistrale: In schwierigem Gelände ab 1973 gebaute, 3145 km lange Bahnstrecke im östlichen Sibirien. Von Ust-Kut an der oberen Lena nach Komsomolsk am unteren Amur mit Anschlußstrecken zum Pazifik (Sowjetskaja Gawan), Richtung Jakutsk und zur Transsibirischen Eisenbahn (Taischet). Zur Erschließung rohstoffreicher Gebiete und Entlastung der strategisch gefährdeten Transsibirischen Eisenbahn geplant. Erwartungen bisher nur zum Teil erfüllt.
Baumgrenze: Verbindet als gedachte Linie die am weitesten vorgeschobenen Bäume oder Baumgruppen, die Vorposten des geschlossenen Waldes. Liegt in Gebirgen (montane B.) 100 bis 200 m höher als die → Waldgrenze. Polare B. in maritimen Gebieten von Birken, in kontinentalen von Fichten bzw. Lärchen (Sibirien) gebildet.
Biberwiesen: Durch Verlandung von Biber-Stauteichen in Bach- und Flußtälern entstehende und sich allmählich wieder in Wald verwandelnde natürliche Grasflächen, die als Lebensraum für Flora und Fauna sowie als Futterfläche für Haustiere bedeutsam sind.
biogeographische Konvergenz: → Konvergenz, biogeographische
Biom: Großer, klimatisch einheitlicher Lebensraum innerhalb der Geo-Biosphäre.
Blattspreite: Der flächig verbreitete Teil des Blattes, der mit einem Blattstiel oder direkt der Sproßachse ansitzt.
Bleicherde: → Podsol
Blizzard: Schneesturm in Nordamerika, ausgelöst durch plötzliche Vorstöße arktischer Luft, die wegen fehlender Gebirgsschranken Kälte und Schnee bis weit nach Süden bringen können. Verkehrsbehinderungen und bei gelegentlichem Auftreten im späten Frühjahr und Frühherbst Schäden an landwirtschaftlichen Kulturen.
Borealer Nadelwald: Aus wenigen, überwiegend immergrünen Nadelbaumarten (Fichte, Kiefer, Tanne, Lärche), begleitenden kleinblättrigen Laubhölzern (Birke, Espe, Weide, Erle, z. T. Eberesche) und meist spärlichem Unterwuchs von Zwergsträuchern, Moosen und Flechten gebildeter, 700–2300 km breiter Waldgürtel der nördlichen Halbkugel zwischen Mischwald/Waldsteppe und Tundra. Mit 17 Mio. km^2 größtes, von zahlreichen Seen und Mooren durchsetztes Waldgebiet der Erde. Bei 2–4$\frac{1}{2}$monatiger Vegetationsperiode nur geringer Jahreszuwachs, aber durch große Bestandsvorräte und Einheitlichkeit ca. $\frac{2}{3}$ nutzbar, besonders für Zellstoff- und Papierherstellung. Sein Reichtum an Pelztieren (v. a. Zobel, Nerz, Biber) stellte das Hauptmotiv für die europäische Durchdringung ab dem 16. Jahrhundert dar.
Borealklima (griechisch: boréas = Nordwind): Wie der Name sagt, auf der Nordhalbkugel vorkommendes, aus-

geprägtes bis extremes → Kontinentalklima mit 4 1/2 bis 7 1/2 Monate langen, kalten bis sehr kalten Wintern (−5 bis −50 °C), sehr kurzen Übergangsjahreszeiten und kurzen, aber für Baumwuchs ausreichend langen und warmen (Juli über 10 °C) Sommern. Starke bis extreme Temperaturschwankungen (Monatsmittel 20–40 °C, ja 65 °C auseinanderliegend). Niederschläge – meist 300–700 mm im Jahr – fallen überwiegend im Sommer; im hochkontinentalen Bereich aride Periode im Sommer und schneearme Winter mit ausgeprägten Hochdruckwetterlagen.

Bulten: Bis etwa 50 cm hohe kleine Kuppen auf Mooren, die von polster- oder rasenförmig wachsenden Pflanzen, besonders Moosen, gebildet werden.

Buran (turktatarisch): Verheerender Sturm aus Nordost in den russischen, kasachischen und zentralasiatischen Steppen- und Wüstengebieten. Der drückend heiße Sommerburan oder Kataburan (schwarzer Buran) führt bei Windgeschwindigkeiten von 20 bis 30 m/s große Staubmengen (Sichtweiten von 2 bis 5 m) mit. Den Randzonen des Kulturlandes gehen dadurch große Mengen humusreichen Oberbodens verloren. Der Winterburan (weißer Buran) wirkt sich als eisiger Schneesturm durch Ausblasen und Umverteilen des Schnees negativ aus.

bürgerliche Dämmerung: → Dämmerung, bürgerliche

Büschelgras: Wuchsformtyp von Gräsern mit dichtgedrängten, aufrechtstehenden Halmen (→ Horstgras).

C_3-Pflanzen: → C_4-Pflanzen

C_4-Pflanzen: Höhere Pflanzen, die bei der Photosynthese als erstes CO_2-Fixierungsprodukt eine Verbindung mit 4 Kohlenstoff-Atomen (Oxalessigsäure) bilden. Gegenüber dem Standard-Typ der C_3-Pflanzen erhöht sich die CO_2-Aufnahme mit steigender Lichtintensität. Darüber hinaus ist der Wasserverbrauch geringer. Atmungsverluste sind auch bei sehr hohen Lichtintensitäten kaum nachweisbar. Wegen der ökonomischeren Assimilatverwertung sind C_4-Pflanzen vor allem in trocken-heißen Lebensräumen mit hoher Sonneneinstrahlung im Vorteil. C_4-Arten finden sich in den Tropen und Subtropen ebenso wie in ariden Mittelbreiten oder auf salzhaltigen Standorten.

Carnivoren: Fleischfressende Tiere

Center-Pivot-System (englisch/französisch: pivot = Drehpunkt, Kreisbewegung): Bewässerungsverfahren, das sich seit 1970 in den Great Plains ausbreitete und durch seine kreisrunden Bewässerungsflächen das Erscheinungsbild der Agrarlandschaft stark veränderte. Das Funktionsprinzip beruht auf einem horizontalen, auf Rädern kreisförmig rotierenden Sprinklerrohr, das mit einer Länge von 396 m so bemessen ist, daß eine Quarter Section (65 ha; abzüglich der 11 ha Eck-Anteile) beregnet werden kann. Mittels schwenkbarer Zusatzrohre können auch die Ecken erreicht werden.

choristisch: Klassenlogische Analyse räumlicher Erscheinungen (→ chorologisch).

chorologisch: Relationslogische, d. h. auf Beziehungen und Strukturen ausgerichtete Analyse räumlicher Erscheinungen (→ choristisch).

Dämmerung, astronomische: Zeit nach Sonnenuntergang bzw. vor Sonnenaufgang, in der die Sonne bis etwa 16–18° unter dem Horizont steht. Während der astronomischen Dämmerung sind schwach leuchtende Sterne noch nicht bzw. nicht mehr erkennbar (→ Dämmerung, bürgerliche).

Dämmerung, bürgerliche: Zeit nach Sonnenuntergang bzw. vor Sonnenaufgang, in der die Sonne weniger als 6,5° unter dem Horizont steht. Während der bürgerlichen Dämmerung ist es bei klarem Himmel hell genug, um im Freien lesen zu können. Die Dauer der Dämmerung steigt mit dem Flacherwerden der Sonnenbahn. Daher ist sie in hohen Breiten stark ausgeprägt (→ Dämmerung, astronomische).

Dauerfrost- oder Permafrostboden: Unter sommerlicher Auftauschicht von wenigen Zentimetern bis 6 m ständig gefroren bleibender Untergrund, die bis 1500 m mächtige „ewige Bodengefrornis", die dem „Niefrostboden" aufliegt. Im N meist kontinuierlich und rezent, im S nur stellenweise verbreitet und Eiszeitrelikt. Unterschiedliches Auftauen und Gefrieren führt zu Vertiefungen und Eiskernhügeln. Auf menschliche Wärmezufuhr durch Abholzung, Bauten, Leitungen mit Sumpf-, Wannenbildung, Bodenfließen und Erosion reagierend.

Deckungsgrad: In der Pflanzensoziologie bezeichnet der D. den auf eine Flächeneinheit bezogenen Mengenanteil der einzelnen Arten einer Pflanzengesellschaft. Der D. wird ermittelt, indem die von den Individuen einer Art bedeckte Fläche senkrecht auf den Boden projiziert und deren prozentualer Anteil an der Gesamtarealfläche errechnet wird.

Deduktion (lateinisch: deductio = Herleitung): Durch logische Ableitung aus einer allgemeinen Erkenntnis gewonnene Aussagen über einen Einzelfall (Gegensatz: → Induktion; siehe auch → Reduktion).

Durchgang, länderkundlicher: → länderkundlicher Durchgang

Dürreschäden: Trockenschäden der Vegetation, die sich als Folge zeitweiliger Dürreperioden einstellen. Sie können sich als Auflaufschäden (bei verhinderter Keimung und Entwicklung) oder als Ertragsminderung auswirken.

Dürrezeit: Trockenperiode mit sehr geringen oder fehlenden Niederschlägen bei gleichzeitig hohen Temperaturen und hoher Verdunstungskraft der Luft. Der Feuchtemangel führt zur Austrocknung des Bodens und zur Schädigung der Bodengare. Wenn der Boden wegen fehlender Reserven kein pflanzenverfügbares Wasser nachliefern kann, führen die hohen Transpirationsverluste zur Schädigung der Vegetation (→ Dürreschäden).

Eisgang: Aufbrechen der Eisdecke und Abtreiben der Schollen. Häufig Überschwemmungen wegen z. T. durch einmündende Flüsse verursachtem Eisstau. Für Relief (starke Ufererosion) und Vegetation (Zurückdrängung von Auegehölzen und Erhaltung von Wiesen) bedeutsam.

Eisrindeneffekt: Materialauflockerung und -transport in Flußbetten von Frostklimaten. Das im Winter durch tiefreichende Frostsprengung gelockerte Material wird in der Auftau- und Fließzeit während des Polarsommers transportiert.

Endemismen: Nur in einem Gebiet vorkommende Pflanzen und Tiere.

endogen: Innenbürtig, aus dem Erdinnern stammend. Endogene Prozesse: Erdbeben, Vulkanismus u. a., endogene Formen: Vulkan, Grabenbruch u. a. (Gegensatz zu → exogen).

Ephemere (griechisch: ephemérios = eintägig): Kurzlebige Pflanzen, deren aktive Phase (Austreiben, Blühen, Fruchten) zeitlich eng begrenzt ist. Sie überdauern die ungünstige Zeit im Jahr als Samen (Therophyten) oder unter der Bodenoberfläche als Rhizome, Zwiebeln bzw. Knollen (Krypto- oder Geophyten) (→ Annuelle).

Ersatzgesellschaft: Pflanzengesellschaft, die sich als Folge menschlicher Eingriffe in eine natürliche Pflanzengesellschaft gebildet hat. Beispiele: Forst-, Acker- und Grünlandgesellschaften (deren Nutzpflanzen und die mit ihnen konkurrierenden Wildpflanzen („Unkräuter" etc.)).

eustatische Meeresspiegelschwankung: Schwankungen des Meeresspiegels infolge von Veränderungen im Wasserhaushalt der Erde. Die pleistozäne Bindung von Wasser in großen Eis- und Schneemassen ließ den Meeresspiegel um 100 m und mehr absinken; nachfolgendes Abschmelzen führte zu entsprechendem Meeresspiegelanstieg (Glazialeustasie). Auch Temperaturänderung des Ozeanwassers führt zum Anstieg bzw. Absinken des Meeresspiegels; einer Erwärmung/Abkühlung um 0,1 K entspricht ein Anstieg/Absinken von 60 cm.

exogen: Außenbürtig, von Kräften ableitbar, die von außen auf die Erdoberfläche einwirken, wie Wasser, Wind, Wärmestrahlung, Organismen. Exogene Prozesse: Verwitterung, Erosion, Denudation u. a. exogene Formen (Gegensatz zu → endogen).

Expositionsunterschied: Lage (eines Hanges, Tales, Gebirges oder einer anderen Reliefeinheit) in bezug auf Sonneneinstrahlung, Wind, Niederschlag usw. Für den lokalklimatisch bedeutsamen Wärmegewinn ist die Hang-Exposition in Verbindung mit der Hangneigung wesentlich.

Feed Lots (= feedlots) (englisch: to feed = mästen; lot = Parzelle, Platz): Offene Ställe oder Pferche, die mit arbeitssparenden technischen Einrichtungen zur Versorgung des Viehs und zur Abfallbeseitigung ausgestattet sind. Sie werden bei der großbetrieblichen Fütterungswirtschaft zur Organisation der Massentierhaltung (bis zu 200 000 Rinder) auf begrenztem Raum eingesetzt.

Flächenbildung: Für tropisch-wechselfeuchte Gebiete typischer → geomorphodynamischer Prozeß, bei dem vor allem das Zusammenwirken von intensiver Gesteinsverwitterung und Denudationsvorgängen (Flächenspülung) zur Entstehung nahezu ebener Geländeoberflächen führt. Die so entstandenen → Rumpfflächen (Rumpfebenen) schneiden den Gesteinsuntergrund als Kappungsfläche unabhängig von Gesteinsart und tektonischer Lagerung. Vorzeitliche Rumpfflächenreste in den mittleren Breiten werden als Relikte einer dort im Tertiär (Alttertiär bis etwa Mittelpliozän) unter tropisch-wechselfeuchtem Klima erfolgten Flächenbildung gedeutet.

Flößen: Traditionelle, früher auch in Mitteleuropa übliche Art des Holztransports; heute besonders im borealen Nadelwald verbreitet, begünstigt durch hohe Flußdichte und periodisches Hochwasser. Aufstau von Flüssen, zunehmende Verkehrserschließung und Notwendigkeit kontinuierlicher Holzbelieferung verringern Bedeutung des Flößens.

fluvial (auch fluviatil; lateinisch: fluvius = Fluß): Von Flüssen herrührend, abgelagert, abgetragen, fortgetragen, angereichert.

Formationen: Äußere (morphologische) Anpassungstypen der Vegetation an das Klima.

fossil: Aus der erdgeschichtlichen Vergangenheit stammend (z. B. Reste von Lebewesen oder vorzeitliche Landschaftsformen).

Frosttrocknis: Austrocknungsschäden durch frostbedingten Wassermangel.

Geodeterminismus (auch: Naturdeterminismus, Environmentalismus): Erklärung des menschlichen Verhaltens (und damit der kulturgeographischen Erscheinungen, wie Siedlungen, Verkehrswege, Anbausysteme etc.) durch Wirkungen der natürlichen Umwelt. Obwohl der Geodeterminismus als Erklärungsmodell menschlichen Verhaltens nur in den seltensten Fällen (z.B. in der Biometeorologie) berechtigt ist, findet er bei der unterrichtlichen Erklärung kulturgeographischer Phänomene mitunter noch Anwendung, wobei dann historische, soziale und ökonomische Erklärungsdimensionen in Verkennung der Realität unzureichend oder gar nicht beachtet werden.

Geofaktor: Sachverhalt(-skategorie) im Wirkungsgefüge der Geosphäre. Die physischen Geofaktoren als naturgesetzlich bestimmte Raumsachverhaltskategorien können unterteilt werden nach lithosphärischen, atmosphärischen, hydrosphärischen, pedosphärischen und biosphärischen Geofaktoren.

Geographische Gürtel und Zonen: → Geozonen

Geographische Zonen der Erde: → Geozonen

Geomorphodynamik (auch Morphodynamik): Gesamtheit der geomorphologischen Prozesse, Dynamik der Reliefbildung.

geosphärische Dimension: Ranghöchste Größenordnung geographischer Betrachtungsweise von Natursystemen. Sie beschreibt planetarisch-zonale bzw. planetarisch-kontinentale Ausmaße. In der hierarchischen Abstufung von der größten zur kleinsten Dimension werden unterschieden: geosphärische D., regionische D., chorologische D. und topologische D.

Geozonen: Erdräume → geosphärischer Dimension, in denen gleichartige Klimabedingungen zu mehr oder weniger großer Einheitlichkeit bzgl. vieler naturräumlicher Erscheinungen, Prozesse und Wirkungsgefüge geführt haben bzw. führen. Bedingt durch die Abhängigkeit vom Strahlungshaushalt und von der atmosphärischen Zirkulation – beides beeinflußt durch die geographische Breite – ordnen sich diese Räume → zonal, d. h. gürtelförmig, etwa parallel zu den Breitenkreisen an. In etwa synonym sind die Begriffe: Landschaftsgürtel der Erde, Geographische Gürtel und Zonen, Landschaftszonen, Geographische Zonen der Erde, Zonobiome, Ökozonen der Erde.

Geozonten (griechisch: geo = erd-, zôon = Lebewesen, Tier): Nur morgens oder nachts aktive Wüstensäugetiere, die tagsüber in Bodenhöhlen leben. Wegen der in Erdhöhlen höheren Luftfeuchte und Kühle benötigen sie weniger Wasser zur Regulierung der Körpertemperatur. Ihren Wasserbedarf decken sie aus dem oxidativen Abbau der Nahrungsmoleküle (Stoffwechselwasser). Sie geben stark konzentrierten Urin und trockenen Kot ab.

glazial (lateinisch: glacies = Eis, Kälte): 1. (auch: glaziär, glazigen) Bezeichnung für die Wirkungen des Gletschereises und die daraus resultierenden Sedimente und Formen. Einige Autoren unterscheiden zwischen den unmittelbar vom Gletscher stammenden glazigenen und den im Eisumland entstandenen glaziären Bildungen. 2. Zeit- und Klimabegriff: kaltzeitlich, innerhalb von Eis- oder Kaltzeiten.

glazifluvial (auch fluvioglazial, glazio-fluvial, glazio-fluviatil): Bezeichnung für Formen und Sedimente, die von Gletscherschmelzwässern herrühren und sowohl → glaziale als auch → fluviale Merkmale zeigen.

glazigen: → glazial

Globalstrahlung: Strahlungssumme aus der zum Erdboden gelangenden direkten Sonnenstrahlung und dem diffusen Himmelslicht (= durch Luftmoleküle, Wassertröpfchen, Eiskristalle und feste Schwebeteilchen gestreute, indirekte Sonnenstrahlung). Bei bedecktem Himmel ist die Globalstrahlung gleich dem diffusen Himmelslicht.

Golfstrom: Vom Golf von Mexiko ausgehende Meeresströmung, die bis an die europäische Küste des Nordatlantik eine positive Wärmeanomalie verursacht.

Gramineen (lateinisch: gramen = Gras): Süßgräser (echte Gräser, Poaceae), einzige Familie der Ordnung Graminales. Windblütige Pflanzenfamilie mit sehr einfachen, von Spelzen umgebenen Blüten. Die G. besitzen stielrunde, durch Knoten gegliederte Stengel (Halme) und zweizeilig angeordnete Blätter. Sie sind mit etwa 4000 Arten über die ganze Erde verbreitet und dominieren in Steppen, Savannen und Wiesen. (Zu den Gramineen gehören die Getreidearten Weizen, Roggen, Gerste, Hafer, Mais, Reis und Hirse, ferner Zuckerrohr, Bambus-Arten und Futtergräser.)

Halbsträucher: Wuchsform von → Kormophyten, die einen Übergang von Kraut zu Strauch darstellt. Die unteren Sproßteile, an denen die Erneuerungsknospen sitzen, sind verholzt. Die oberen Pflanzenteile bleiben krautig und sterben am Ende der Vegetationszeit bzw. mit einsetzender Dürre ab.

Hickory (Carya ovata = Schuppenrinden-Hickory): Bis 35 m hoher Walnußbaum des östlichen Nordamerika. Neben Eichen charakteristische Baumart der parkartigen Waldsteppe (parkland belt) des zentralen Tieflandes der USA.

Holzwirtschaft: Nutzung von Holz und Baumprodukten aus Forsten oder Naturwäldern in verschiedenen Formen: selektiv unter Erhaltung des Bestandes, als Kahlschlag im Stile des Raubbaus oder der Nachhaltigkeit mit Wiederaufforstung und Bestandspflege. Nachhaltige Forstwirtschaft außerhalb Europas erst ansatzweise; Wiederaufforstung oft mit standortfremden Monokulturen (Eukalyptus, Kiefern); in tropischen Wäldern überwiegend Raubbau und Waldzerstörung. Rationalisierte Forstwirtschaft tendiert zu großflächigen Reinbeständen und Kahlschlägen im Gegensatz zum naturnahen Waldbau.

Horstgras: Halbkugelige, büschelartige Wuchsform oder Bestockungsform von Gräsern. An den unteren, am Boden liegenden Halmknoten wachsen zahlreiche Seitentriebe sehr dicht neben- und übereinander aus. Weil das seitliche Wachstum nur langsam vonstatten geht, können Horstgräser allein keine lückenlose Grasnarbe bilden.

Humanökologie: Ökologie des Menschen. Sie untersucht die Beziehungen der Spezies Mensch zu anderen organischen und anorganischen Bestandteilen unserer Welt. Sie umfaßt die Gesamtheit der Beziehungen zwischen Menschen und Umwelt sowie den Energieaustausch mit anderen Organismenarten, nämlich Pflanzen, Tieren und anderen Menschengruppen.

Humanökosystem: Ökosystem, dessen Funktionen erheblich auf menschliche Bedürfnisse abgestellt wurden, so daß im Extremfall die Fähigkeit zur natürlichen Selbstregulierung verloren ging. Die Erhaltung des – z. B. aus wirtschaftlichen Gründen – gewünschten Gleichgewichtszustandes obliegt dann dem Menschen, z. B. bei den Humanökosystemen Acker, Wiese oder Forst.

Humidität: Auf eine Region zu beziehender Begriff, mit dem für einen definierten Zeitraum ein mehr oder weniger großer Überschuß der mittleren Niederschläge über die mittlere potentielle Verdunstung gekennzeichnet wird. Angabe nach verschiedenen Berechnungsverfahren.

Hydratation: Bildung von Hydraten, Wasseraufnahme bzw. Wasseranlagerung bei Mineralien; H. ist oft mit Quellung und Volumenvergrößerung verbunden, was zum Gesteinszerfall führt.

hygrisch (griechisch: hygros = feucht): Die Feuchtigkeitsverhältnisse (z. B. Niederschlag, Bodenfeuchte) betreffend, „feuchtemäßig".

Hygrophyten (griechisch: hygros = feucht, phyton = Pflanze): An ständig feuchte Standorte angepaßte Landpflanzen, die z. T. besondere Einrichtungen zur Förderung der Wasserabgabe besitzen.

Induktion (lateinisch: inductio = Einführung): Im philosophischen Sinne der logische Schluß vom Besonderen auf das Allgemeine in der Annahme, daß die Eigenschaften einer Reihe gleichgearteter Dinge allen gleichgearteten Dingen eigen sind (Gegensatz: → Deduktion; siehe auch → Reduktion).

intrazonal: Bezeichnung für Erscheinungen, die letztlich zwar vom Klima der betroffenen Zone abhängig sind, bei deren Ausbildung jedoch ein anderer Geofaktor (z. B. geologisches Substrat, Grundwasserflurabstand) dominiert.

Isohygromene (griechisch: hygros = feucht, men = Monat): Linien, welche auf Karten Orte mit der gleichen Anzahl humider oder arider Monate im Jahr verbinden. Die einer Zahl von 7 humiden bzw. 5 ariden Monaten ensprechende I. fällt in etwa mit der Penckschen Trockengrenze zusammen, bei der sich Niederschlagshöhe und Verdunstungshöhe das Gleichgewicht halten. Die I. von 4½ Monaten deckt sich mit dem Grenzsaum des Regenfeldbaus (agronomische Trockengrenze).

Isotherme: Linie, die Orte mit gleicher mittlerer Lufttemperatur verbindet. Der Zeitraum, auf den sich das Mittel bezieht, muß zusätzlich angegeben werden (Beispiel: 10°-Juli-Isotherme).

Kammeis: Schicht dicht benachbarter, senkrecht von der Bodenoberfläche emporgewachsener Eisnadeln, welche im Extremfall 20 bis 30 cm lang werden können. Beim Auskristallisieren der Eisnadeln werden überlagernde Bodenpartikel oft beträchtlich angehoben. Die Bildung von K. erfordert einen feuchten, feinkörnigen, allenfalls schwach bewachsenen Boden, der jedoch nicht völlig durchgefroren sein darf. Sie erfolgt nach der Entstehung primärer Eiskristalle an der Bodenoberfläche durch kontinuierliche Anlagerung und Auskristallisation von Bodenwasser an bereits vorhandenen Eiskristallen.

Kausalprofil: Im Unterricht verwendeter Querschnitt durch eine Landschaft, in dem graphisch die Gebiete verschiedenartiger Inwertsetzung dem jeweiligen Naturpotential gegenübergestellt sind. Die Bezeichnung K. (lateinisch: causa = Ursache, Grund) ist insoweit irreführend, als das K. in aller Regel keine echte Begründung für die Standorte verschiedener Inwertsetzung, sondern allenfalls Hinweise zu deren Erklärung liefert.

Konsumeffizienz: Maß für die Ausnutzung des Nahrungsangebots (auch als Exploitationseffizienz bezeichnet). Die K. bezeichnet das prozentuale Verhältnis der von den Primärproduzenten gelieferten verfügbaren Nahrung und des von den Primärkonsumenten verzehrten Anteils. Die nicht verzehrte, unbeachtete Nahrung geht früher oder später in den Bestandsabfall über.

Kontinentalklima: Klima meerferner, sich rasch erwärmender und abkühlender Landmassen besonders mittlerer nordhemisphärischer Breiten mit kalten Wintern, warmen Sommern, starken Temperaturunterschieden, kurzen Übergangsjahreszeiten, niedriger Luftfeuchtigkeit und Bewölkung und relativ geringen Niederschlägen mit Sommermaximum.

Konvergenz, biogeographische: Parallele Ausbildung von Merkmalen unter gleichen Umweltbedingungen bei nicht verwandten Organismen.

Kormophyten (griechisch: kormos = (Baum-)Stumpf): In Wurzeln, Sproßachse und Blättern gegliederte Pflanzen. Dazu gehören alle Samenpflanzen und Farne.

Kräuter: Kormuspflanzen (→ Kormophyten), deren oberirdische Sprosse mehr oder weniger weich und saftig und allenfalls an der Sproßbasis verholzt sind. Kräuter sterben am Ende der Vegetationsperiode ganz oder bis auf ihre unterirdischen Teile ab.

kryogen (griechisch: kryos = Frost, Kälte) durch Frostwirkung entstanden. Beispiel: kryogene Verwitterung (Frostsprengung, Bodendurchmischung infolge des Kristallisationsdrucks von Bodenwasser).

Kulturökologie: Betrachtung der Kulturlandschaft im Zusammenhang mit deren Naturraumpotential und ökologischem Wirkungsgefüge.

Lagg: Vertiefung am Rand von Hochmooren, Sammelrinne des von dort abfließenden Wassers.

länderkundlicher Durchgang: Anordnungsprinzip für die im Unterricht zu behandelnden Räume nach den Gesichtspunkten „vom Nahen zum Fernen", „vom Bekannten zum Unbekannten", „von den Einzellandschaften zum Erdganzen" (→ Lernzielorientierung, → thematisch-regionaler Ansatz).

Landschaftsgürtel der Erde: → Geozonen

Landschaftszonen: → Geozonen

Lentizellen (lateinisch: lenticula = kleine Linse): Linsenförmige Rindenporen. Beim Dickenwachstum eines Sprosses bildet sich an Stelle der Epidermis ein Korkmantel als sekundäres Abschlußgewebe. Als Ersatz für die dabei zerstörten Spaltöffnungen der Epidermis entstehen linsenförmige Rindenporen. Sie übernehmen den Gasaustausch zwischen Atmosphäre und Sproßinnerem. Lentizellen sind als vorspringende Warzen an jungen Stämmen oder Zweigen oft deutlich sichtbar (Korkwarzen).

Lernzielorientierung: Theorie und Praxis des Unterrichts gehen von den zu erreichenden Zielen, d. h. den anzustrebenden Qualifikationen aus. Diese werden von den Lebenssituationen des Schülers bzw. des späteren Erwachsenen abgeleitet. Erst zuletzt erfolgt die Auswahl der Lehrinhalte (Stoffe), an denen sich die geforderten Qualifikationen erwerben lassen. Die mittels L. aufgestellten Curricula unterscheiden sich somit wesentlich von den bis zum Anfang der siebziger Jahre verbreiteten Lehr- oder Stoffplänen des → länderkundlichen Durchgangs. Die L. hatte ihren Höhepunkt in den siebziger Jahren. In den achtziger Jahren wurde sie in einigen Bundesländern durch den → thematisch-regionalen Ansatz abgelöst.

Massenerhebung: Sehr allgemeiner Begriff für großdimensionierte geomorphologische Vollformen, die sich als Hochgebirgsblöcke oder Hochplateaus von ihrem Umland deutlich abheben. M. ist Ursache des hypsometrischen Formenwandels, d. h. der geozonenspezifischen Höhenabhängigkeit im Erscheinungsbild natur- und kulturlandschaftlicher Faktoren.

Massenerhebungseffekt (= Gesetz der großen Massenerhebungen): Über Massenerhebungen liegt die Umsatzfläche für die Strahlungsenergie weit oberhalb jener der Tieflandsniveaus. Infolgedessen liegt die mittlere Lufttemperatur über einem Gebirge (= hochgelegene Heizfläche) höher als im gleichen Niveau der freien Atmosphäre über dem benachbarten Tiefland.

Meeresspiegelanstieg, eustatischer: → eustatische Meeresspiegelschwankung

Mennoniten: Nach ihrem Gründer, dem Friesen Menno Simons (1496–1561), benannte christliche Glaubensgemeinschaft, deren u. a. wegen Ablehnung des Kriegsdienstes wiederholt zur Auswanderung gezwungene Anhänger heute vor allem in Teilen Süd- und Nordamerikas leben und für ihre landwirtschaftlichen Pionierleistungen bekannt sind.

Moore: Feuchtgebiete mit moorigem Boden aus abgestorbener pflanzlicher Substanz. Nieder- oder Flachmoore haben hohen Grundwasserstand, sind nährstoff- und artenreich und meist durch Verlandung oder Versumpfung entstanden. Torf- oder Hochmoore werden nur von Niederschlägen gespeist und sind nährstoffarm (oligotroph). Unter den wenigen, z. T. arktischen Pflanzenarten sind → Torfmoose (Sphagnen) besonders wichtig, deren im Zentrum stärkstes Wachstum zu einer Emporwölbung des Moores führt. Meist baumfrei, mit Mikro-Relief aus → Bulten und → Schlenken. Weiteste Verbreitung in kühl-kaltfeuchten Gebieten mit → Podsolboden (ozeanische Gebiete, Tundra und besonders Borealgebiete und hier v. a. Westsibirien). In Mitteleuropa durch Entwässerung und Torfabbau fast keine ungestörten Moore mehr.

Morphodynamik: → Geomorphodynamik

Mykorrhiza: Symbiose zwischen Pilzen und den Wurzeln höherer Pflanzen, besonders Bäumen des tropischen Regenwaldes, aber auch z. B. Birken, Erlen, Fichten und Lärchen. Die M. verbessert, oft entscheidend, die Nährstoffversorgung der Bäume, wobei das Pilzgeflecht die Wurzeln teils umspinnt (Ekto-M.), teils in sie eindringt (Endo-M.).

Naturpotential, Naturraumpotential: Vom wirtschaftenden Menschen nutzbare natürliche Ressourcen eines Raumes, z. B. Wasser, Bodenschätze, Böden, Biomasse.

nemoral (griechisch: nemos = Hain, Waldung): Zum Hain bzw. zum Laubwald gehörig.

Nettoprimärproduktion: Als primäre Nettoproduktion PP_N (Nettoprimärproduktion, Nettophotosynthese) bezeichnet man die Menge des jährlich durch die Pflanzengemeinschaft organisch fixierten Kohlenstoffs (Bruttoprimärproduktion) abzüglich der Verluste an Kohlenstoff, die von den Pflanzen durch Atmung wieder freigesetzt werden (Nettophotosynthese = Bruttoprimärproduktion – Atmungsverluste).

Ökoton (griechisch: oîkos = Haushalt, tónos = Spannung): In der „Ökologischen Gliederung der Erde" nach *H. Walter* kennzeichnet ein Ö. einen Übergangsbereich oder Grenzsaum, d. h. einen Spannungsraum zwischen verschieden ausgestatteten ökologischen Raumeinheiten. *Walter* unterscheidet auf der Grundlage der genetischen Klimaklassifikation neun große ökologische Einheiten oder zonale Lebensräume und definiert sie als → Zonobiome (ZB I–IX). „Spannungsräume" zwischen benachbarten Zonobiomen werden als Zono-Ökotone (ZÖ) ausgewiesen. Die abweichende vertikale Klimagliederung der Gebirge führt zur Aussonderung von Orobiomen (OB). Hinsichtlich ihrer biotischen Ausstattung zeichnen sich Ö. bzw. Zono-Ökotone durch größere ökologische Vielfalt (Diversität) aus.

Ökozonen der Erde: → Geozonen

oligotroph (griechisch: oligos = wenig, trophä = Nahrung): Nährstoff-, humusarm (von Böden und Gewässern). Gegensatz: eutroph, dazwischen: mesotroph.

osmotischer Wert: Eigenschaft einer Lösung (z. B. Zellsaft), auf Grund der gelösten Stoffe in einem osmotischen System (z. B. Pflanzenzelle/Substrat) Wasser an sich zu ziehen.

osmotisches Spektrum: Der Bereich zwischen dem niedrigsten und dem höchsten → osmotischen Wert der einzelnen Pflanzenarten eines bestimmten Lebensraumes. Ein enges o. S. zeichnet Wiesenpflanzen und Geophyten aus, ein weiteres o. S. Steppen- und Wüstenpflanzen sowie Zwergsträucher.

Palsas: (auch Palsen). Bis 10 m hohe Torfhügel mit Eiskern in Mooren der Tundra und Waldtundra.

Pediment: Felsfußfläche eines Gebirges.

Pelztierwirtschaft: Basiert auf besonders im borealen Nadelwald häufigen Tieren mit begehrten Pelzen (Eichhörnchen, Iltis, Hermelin, Marder, Fuchs und vor allem Zobel, Nerz, Otter, Biber). Hauptgrund für die europäische Durchdringung Sibiriens und Kanadas. (Pelzhandelsgesellschaft Hudson's Bay Company hatte bis 1869 Hoheitsrechte über drei Viertel Kanadas.) Traditionelle Pelztierjagd mit oft tierquälerischem Fallenstellen, die Biber, Zobel und Seeotter fast ausgerottet hätte, liefert nur noch einen kleinen Teil der Pelze, die zumeist aus Pelztierfarmen (überwiegend in Skandinavien) kommen. Zukunft der P., die aus Artenschutzgründen keine tropischen Großkatzenfelle mehr verwenden darf, wegen stark gesunkenen Käuferinteresses ungewiß.

periglazial (auch: periglaziär): Bezeichnung für die Lage im Umland von ständig durch Eis, Gletscher oder Schnee bedeckten Gebieten. Periglazialgebiete sind in verstärktem Maße Frost- sowie Auftauwirkungen und der Erosion und Ablagerung durch Schmelzwasser ausgesetzt.

Permafrost: Zustand ständiger Bodengefrornis (Synonym: Dauerfrostboden). Trotz des Namens gehört eine oberflächliche sommerliche Auftauschicht zum Permafrost.

photoautotroph (griechisch: phôs, photós = Licht, auto = selbst, trophé = Ernährung): Bezeichnung für Pflanzen, die ihren gesamten Energiebedarf zur Aufrechterhaltung der Lebensfunktionen und zum Aufbau organischer Substanz aus der Strahlungsenergie der Sonne decken. Die Energie des Lichts wird über die Photosynthese in chemische Energie überführt.

Phytomasse: Von Klima, Pflanzengesellschaft und Standort abhängiger, entsprechend stark schwankender pflanzlicher Bestandsvorrat (ähnlich Zoomasse) im Unterschied zur jährlichen Bioproduktion, dem Jahreszuwachs.

Pingo: In Permafrostgebieten emporgedrückter Hügel mit Eiskern, der nach einiger Zeit aufbricht und durch Abschmelzen zu einem Krater oder einer Senke wird.

Plaggen: In rechteckiger Form abgestochene Gras- oder Heidesoden, die zur Bodenverbesserung auf Äcker gebracht wurden. Durch wiederholte Plaggendüngung entstand ein Auftragsboden, sog. Plaggenesch.

Plattentektonik: Geotektonisches Modell zur Erklärung der Entwicklung von Ozeanen und Kontinenten.

Podsol: Bodentyp kühl- und kaltfeuchter Klimate, besonders des humiden Borealklimas, von russisch „Asche-Boden", daher deutsch auch „Bleicherde". Bildung einer Rohhumusdecke wegen stark gehemmtem Abbau der Streu infolge geringer Aktivität der durch saures Milieu, Nässe, Kälte und schwer zersetzbare Koniferennadeln wenig leistungsfähigen Bodentiere. Ausschwemmung von Huminstoffen, Eisen- und Aluminiumverbindungen aus dem dadurch ausgebleichten, grauen A-Horizont und Anreicherung im oben schwärzlichen, unten bräunlichen B-Horizont zu Orterde und – seltener – Ortstein. Ackerbaulich nutzbar, aber geringe Fruchtbarkeit (niedriger Nährstoffgehalt, saure Bodenreaktion). Anthropogene Förderung der Podsolbildung durch Verheidung und Koniferen-Monokulturen; Anfälligkeit gegenüber sauren Niederschlägen durch geringe Pufferkapazität.

Polartag: Zeitraum von mehr als 24 Stunden Länge, während dem die Sonne immer über dem Horizont bleibt. Je nach Breitenlage schwankt dieser Zeitraum zwischen einem Tag an den Polarkreisen und einem halben Jahr an den Polen. Ursache ist die Schrägstellung der Erdachse gegenüber der Ekliptikebene.

Portage (französisch: porter = tragen): Tragestrecke für Boote in Nordamerika zur Umgehung nicht befahrbarer Flußstrecken oder um über Wasserscheiden ein anderes Flußgebiet zu erreichen. Entspricht den Schleppstrecken in Rußland (Handelswege der Waräger von der Ostsee nach Konstantinopel) und Sibirien. An wichtigen Portagen und Schleppstrecken bildeten sich oft Siedlungen.

PP$_N$: → Nettoprimärproduktion

Pufferkapazität: Die P. gibt an, in welchem Ausmaß ein Boden fähig ist, Schadstoffe und Säuren zu binden und weitgehend festzulegen, was kalkreiche Böden eher vermögen als kalkarme.

Rasengräser: Nichthorstbildende, ausläufertreibende Gräser. Sie bleiben niedrig und bilden den überwiegend feinblättrigen, halmarmen Unterwuchs der Grasnarbe (Untergräser). Dank ihrer Ausläufer vermögen sie die Lücken zwischen den → Horstgräsern zu schließen.

Raster, globaler: Allgemeingeographisch-kategoriale Gliederung des Raumkontinuums, z. B. die Gliederung der Erdoberfläche nach Kontinenten und Ozeanen, Klima- und Vegetationszonen (Landschaftsgürteln), Wirtschaftsformen oder Kulturerdteilen. Die Kenntnis von und der Umgang mit globalen Rastern soll durch Einordnung von Raumbeispielen erdumspannende topographische Orientierung ermöglichen.

Reduktion (lateinisch: reductio = Zurückführung): Im philosophischen Sinne die Zurückführung einer Einzelerkenntnis auf das grundlegende Prinzip (→ Deduktion, → Induktion).

Rekret: Von der Pflanze aufgenommener mineralischer Ballaststoff, der nicht in den pflanzlichen Stoffwechsel eingeht, sondern unverändert in deren Zellwänden abgelagert wird (→ Rekretion).
Rekretion: Wiederausscheiden von Rekreten durch Pflanzen (→ Rekret).
Rentierwirtschaft: Extensive Weidewirtschaft einheimischer Völker – Samen (Lappen), Nenzen u. a. – in der Waldtundra und Tundra Nordeuropas und Sibiriens. Saisonale Wanderungen führen die hirschähnlichen Tiere im Sommer in die Tundra oder Höhentundra, im Winter in Schutz und Nahrung (Rentierflechte) bietende Wälder. Durch Erschließungsmaßnahmen aller Art beeinträchtigt.
rezent (lateinisch: recens = neu, noch frisch): In der Gegenwart oder unter gegenwärtigen Bedingungen ablaufend bzw. entstanden (Gegensatz: → fossil).
Rumpffläche (auch: Peneplain, Fastebene, Rumpfebene): Eine durch Prozesse der → Flächenbildung entstandene, leichtgewellte oder nahezu ebene Landoberfläche, die den Gesteinsuntergrund ohne Beziehung zu dessen Gesteinsarten sowie dessen Bruch- oder Faltentektonik schneidet.
Schlammperiode: „Wegelose Zeit" (russisch: Rasputitza), wenn Schneematsch und Schmelzwasser oberste, aufgetaute Bodenschicht durchtränken. Durch weiteres Auftauen, Abfließen und Abtrocknen beendet.
Schlenken: Zwischen den → Bulten liegende, oft wassergefüllte kleine Senken im → Hochmoor.
Solifluktion: Erscheinung des Bodenfließens in Hanglagen im Zustand der Wassersättigung im Auftaubereich über periodisch oder dauernd gefrorenem Boden. Verbreiteter Prozeß in → periglazialen Gebieten. Heute wirksam innerhalb der polaren Frostschutt- und subpolaren Tundrenzone sowie in den subnivalen und nivalen Stufen der Hochgebirge.
Sphagnum: (Plural: Sphagnen), botanische Bezeichnung für → Torfmoos.
Stomata (griechisch: stóma = Mund, Mz. stómata): Spaltöffnungen der Pflanzen, die sich vor allem auf der Epidermis der Blattunterseiten befinden. Sie bestehen aus zwei bohnenförmig gestalteten Schließzellen, welche einen Spalt zwischen sich frei lassen. Durch Öffnen und Schließen des Spaltes regeln sie den Gasaustausch und die Transpiration. Bei starkem Turgor, d. h. bei praller Füllung der Schließzellen mit Wasser, öffnet sich der Spalt.
Strangmoor: Moor, zwischen dessen quer zur Hangneigung verlaufenden girlandenförmigen, torfmoos- und zwergstrauchbewachsenen Wülsten meist wassergefüllte schmale Vertiefungen liegen.
Strukturboden (auch: Frostmusterboden): Boden, bei dem durch Gefrier- und Auftauvorgänge steinige und erdige Bodenbestandteile mehr oder weniger voneinander getrennt und durch → Solifluktion in besonderen Mustern (in ebenem Gelände: Steinring- oder Steinnetzböden, in Hanglagen: (Stein-)Streifenböden) angeordnet wurden. Typische Erscheinungsform → periglazialer Gebiete.
Sukzession: Regelhafte Aufeinanderfolge verschiedener, immer wieder neuer Pflanzengesellschaften am gleichen Ort, ausgehend von der Anfangs- über z. T. mehrere Folgegesellschaften bis zur Schlußgesellschaft.
Taiga: Von Mooren durchsetzter Nadelwaldgürtel in Sibirien zwischen Tundra und Mischwald bzw. Waldsteppe; oft auch synonym für den borealen Nadelwald gebraucht. Nadelabwerfende Lärchen und immergrüne Arven im hochkontinentalen Mittel- und Ostsibirien bilden die *Lichte Taiga;* der Fichten-Tannen-Arvenmischwald in Westsibirien wird als *Dunkle Taiga* bezeichnet. Beigemengte kleinblättrige Laubhölzer (Espen, Weiden, Birken), wenig Unterwuchs. Vor dem Holz waren Pelze der Reichtum der T.; geringe, wenig ergiebige Landwirtschaft im Süden.
tellurisch (lateinisch: tellus = Erde): Auf die Erde bezüglich, von der Erde herrührend.
tellurische Gliederung: Gliederung der Erdoberfläche nach orographischen, geomorphologischen und geologischen Gesichtspunkten (→ tellurisch).
thematisch-regionaler Ansatz: → Ansatz, thematisch-regionaler
Thermokarst: Vertiefungen im Karst ähnelnde, oft wassergefüllte Abschmelzhohlformen in Permafrostgebieten, die durch örtlich stärkeres, durch Vegetationsschädigung ausgelöstes Auftauen entstehen und durch Verlandung oder Eisaufpressung (→ Pingo) wieder verschwinden können.
Torf: Zersetzungsprodukt pflanzlicher Substanzen, erste Stufe der Inkohlung mit noch hohem Wassergehalt (frisch bis 90%, lufttrocken noch 25–30%). Je nach Bildungsort – Nieder- oder Hochmoor – und vorherrschenden Pflanzen – Schilf, Seggen, Bruchwaldhölzer, Torfmoose – verschiedene Torfarten und Verwendungsmöglichkeiten: Brenntorf, auch für Kraftwerke, besonders in Irland, im nördlichen Rußland und Sibirien, technische Verwendung (Torfteer, Torfkoks) und vor allem für gärtnerische Zwecke. Abbau früher von Hand (Torfstiche), heute meist maschinell. Größte Vorräte im borealen Nadelwald, besonders in Westsibirien, dazu in ozeanischen Gebieten, kleine in Nordwestdeutschland.
Torfmoose: Wichtigste Pflanzen der Hochmoore und extrem saurer und nährstoffarmer Böden mit der Fähigkeit, Wasser zu speichern (bis zum Vierzigfachen des Eigengewichts), nur von Niederschlägen und eingewehten Nährstoffen zu leben und bei gleichbleibenden Bedingungen ständig weiterzuwachsen (→ Moore).
TPK: Territorialer Produktionskomplex. Zwischen 1962 und 1976 in der Sowjetunion eingeführter Planungsraum zum Zweck der beschleunigten integrierten industriellen Erschließung meist schwach bevölkerter Gebiete, besonders in Sibirien. TPKs sollten in verkehrsgünstiger Lage über ausreichende Energiequellen und Rohstoffe verfü-

gen. Trotz starker Förderung nur mäßige Produktionserfolge bei weitgehender Vernachlässigung des Umweltschutzes, der Infrastruktur und der Bedürfnisse der Bevölkerung.

Transpiration: Pflanzenverdunstung. Wasserabgabe der Pflanzen durch biologische Prozesse.

Trapper: Nordamerikanischer Fallensteller und Pelztierjäger.

Trockenzeit: a) Regelmäßig wiederkehrende niederschlagsarme oder -freie Zeit der wechselfeuchten Tropen und Subtropen. b) In *Walter*-Klimadiagrammen ausgewiesene relativ trockene Sommerzeit der semiariden Steppengebiete. Da dortige Sommerniederschläge eine geringe pflanzenökologische Wirkung haben, weil sie als heftige Gewitterregen kaum in den Boden eindringen, wurde den Klimadiagrammen der Steppenstationen als Hilfslinie eine erniedrigte Niederschlagskurve im Maßstab $10\,°C = 30$ mm Regen hinzugefügt. Die Fläche zwischen der erniedrigten Niederschlagskurve und der Temperaturkurve kennzeichnet die Trockenzeit.

Vegetationskegel (= Vegetationspunkt): Der Bereich des Pflanzenkörpers, von dem aus die Neubildung von Organen durch teilungsfähiges Bildungsgewebe erfolgt.

Vegetationsperiode: Vegetationszeit, Wachstumszeit. Zeitdauer, in der pflanzliches Wachstum möglich ist. In unseren Breiten wird darunter meist die Zeit verstanden, in der – bei ausreichender Wasserversorgung der Pflanzen – die Tagesmittel der Lufttemperatur über $+5\,°C$ bleiben, auch wenn einzelne Nachtfröste gelegentlich auftreten. Die Abgrenzung der V. ist unheitlich. So gelten z. B. auch Tagesmittel von $+10\,°C$ oder Monatsmittel von $+5\,°C$ als thermische Schwellenwerte.

Waldbrand: In der Natur meist durch Blitzschläge ausgelöste leichte Streu- oder schwere Kronenbrände. Durch Verbrennung Mineralisieren der angesammelten Streu – besonders im borealen Nadelwald – und Chance der Waldverjüngung über bestimmte, auch Lebensmöglichkeiten für Tiere verbessernde Sukzessionsstadien (Stauden, Sträucher, Laubhölzer, Kiefern, Fichten/Tannen). Ökologen sind daher gegen prinzipielles Löschen von Bränden. Brandauswirkungen bei einzelnen Waldarten jedoch verschieden, für tropischen Regenwald z. B. schädlich. Zu häufige – von Menschen verursachte – Brände verstärken im borealen Nadelwald Nährstoffabschwemmung und Versumpfung.

Waldgrenze: Linie, bis zu der geschlossener Wald reicht. Abhängig von Groß- und Kleinklima, Exposition und Boden. Vertikale W. im Gebirge, in Zentralalpen z. B. in 2400 m Höhe, Im O-Himalaya in 4700 m. Horizontale W. im Flachland aufgrund Wälder verhindernder Trockenheit und Bodenbeschaffenheit, polare W. infolge ungenügender Wärme – weniger als 3 Monatsmittel über $5\,°C$ oder wärmstes Monatsmittel unter $10\,°C$. Entsprechend weites Vorstoßen (bis $72°40'$ an der Chatanga-Mündung) in kontinentalen Gebieten und Zurückbleiben in Bereichen mit kühlen Meeresströmungen (Labrador $51½°N$).

Waldtundra: Umfaßt den im Durchschnitt über 100 km breiten Grenzbereich zwischen den geschlossenen borealen Wäldern und der baumfreien Tundra, in dem sich die Baumbestände mehr und mehr verlichten und von Tundrainseln durchsetzt werden.

Wüstensteppe: Übergangsformation zwischen der Vollwüste und den anschließenden semiariden Steppengebieten. Die Pflanzendecke setzt sich vor allem aus Zwerg- und Halbsträuchern sowie Annuellen zusammen, perennierende Gräser und Kräuter treten zurück. Der mäßig lückige Bestand weist einen Deckungsgrad von über 50% auf. Bei Deckungsgraden dieses Formationstyps von unter 50% spricht man von Halbwüsten. Beide Bezeichnungen werden gelegentlich synonym verwandt.

zonal: Zu einer Zone gehörend, gürtelförmig (synonym: zonar). Im Zusammenhang mit Geo- und Klimazonen: streifenförmig mehr oder weniger parallel zu den Breitenkreisen verlaufend ($\rightarrow$ Zone).

zonar: $\rightarrow$ zonal

Zone (griechisch: zone = Gürtel, Band): 1. Großräumig sich mehr oder weniger breitenkreisparallel ausdehnendes Gebiet der Erdoberfläche mit letztlich strahlungsklimatisch bedingten einheitlichen Merkmalen, z. B. Geozone, Vegetationszone, Bodenzone. 2. Im Sinne von Höhenstufen verwendeter Begriff, z. B. Krummholzzone. 3. Allgemein: umgrenztes Gebiet mit bestimmten einheitlichen Merkmalen ohne vorherrschende Ausdehnungsrichtung, z. B. Erdbebenzone, Zeitzone.

Zonobiom: Zonaler Lebensraum in Entsprechung zu einer Klimazone; große ökologische Einheit der Geo-Biosphäre, die durch bestimmte Klimadiagrammtypen gekennzeichnet ist ($\rightarrow$ Biom, $\rightarrow$ zonal, $\rightarrow$ Geozonen).

7 Register

200-Meilen-Zone 185
Aapamoore 77, 163
Abflußgang 69
Abflußtypen 10
Abfußregime 9
Abies (Tanne) 74
Abies sibirica (Tanne) 164
Abkühlungszeit 148
Abtragung 21
Acer saccharum 17, 79
Ackerbau 91, 112, 130
Ackerbaugrenze 112
Ackerbaurevolution 25
Ackerlandverbreitung 90
Acrisols 24
Agrarökosystem 27, 28, 30, 31, 32
Agribusiness 138, 139
Agroindustrie 32
agronomische Trockengrenze 48
Alasse 69
Albedo 59, 103, 104
Albic luvisols (Fahlerden) 23
Alfred Wegener 194
Alnus (Erle) 74
Alpentiere 131
alpine Stufe 127
Alpwirtschaft 130
Aluminiumerzeugung 93
Aluminiumhütte 169
Anbaugrenze 112
Anbaugrenze, polare 91
Anemochorie 41
Antarktis 101, 103, 104, 105, 109, 117, 197, 198, 201
Antarktisvertrag 117, 198, 201
Anthrosole 23
Aralsee 61, 94. 140 ff., 165, 166
Arbutus unedo 9
Arktis 101, 103, 109, 117
Artenarmut 18
Arve 76
Arve, sibirische (Pinus cembra) 78
Asche-Boden 71
Aspe 124
Aspektfolge 45
Atlantikum 24
atlantische Heidegebiete 18
Au-Wiesen 76
Aueböden 91
Auelehm 21
Auerhuhn 81
Auerochse 21
Auflagehumus 71
Auftauschicht 107, 108
Ausbrennen 45
ausgeräumte Landwirtschaft 32

außertropische Ostseitenklimate der hohen Mittelbreiten 6
Auwald 156

Badland 48, 133
Baikal 170
Baikalregion 169, 172, 173
Baikalsee 169, 171, 172
Balki 48
BAM (Baikal-Amur-Magistrale) 169, 170, 173, 175
Bandkeramiker 25, 27
Bären 81
Bärlapp (Lycopodium annatinum) 74
basale Vegetationskegel 37
Baumgrenze 113
Baumgrenze, polare 79
Belastungen, ökologische 174
Beleuchtungsklimazonen 3
Beleuchtungsverhältnisse 102
Bergahorn 125
Bergbau 95
Bergbausiedlungen 166, 167, 169
Bestandesumsätze von Ökosystemen 14
Bestandesvorräte von Ökosystemen 14
Bestandstemperatur 54
Betula papyrifera 65, 79
Betula pubescens 66
Betula verrucosa 79
Bewässerungsmethoden 146
Beweidung 46
Biber 69, 81, 81, 84
Biberwiesen 69, 76
Binnenwüsten 60
Biomasse 80
Bioturbation 47
Biozide 88
Birke 65, 66, 74, 79, 124, 174
Birkhuhn 81
black blizzards (Staubstürme) 133
Blasenrost 19
Bleicherde 71
Blizzards 37, 67
Blühaspekte 40
Bodenerosion 21, 46, 58
Bodenfließen (Solifluktion) 69
Bodenfruchtbarkeit 48, 132
Bodentrocknis 59
Bodenwasserreserve 37
Bodenzahlen 23
Boreal 24
Boreale Zone 15
Borealer Nadelwald 154, 155
Borealer Wald 73
boreales Kontinentalklima 153

Borealklima 63, 65, 67
Borkenkäfer 81
Brache 28
Brachjahre 132
Brandgefahr 89
Brandsukzession 43, 154, 156
Braunerde, basenreiche (Eutric Cambisols) 23
Bronzezeit 27
Buche (Fagus silvatica) 16, 17, 124, 125
Buchenklima 9
Buchprogramm 122
Büffeln (Bison bison) 46
bur oak (Quercus macrocarpa) 17
Burane 37, 67
Burjäten 169
Büschelgräser 50
Bussard 81
Bevölkerungsmigration 180

C3-Pflanzen 45
C4-Arten 45
C4-Pflanzen 41
Carbonatausbl‚hungen 47
Center-Pivot-Anlage 137
center-pivot-system 51
Chernozeme 47
Chernozems (Schwarzerde) 24
Chernozeme / Tschernoseme 42
Chinook 50
Cold Waves 37
contour ploughing 136
cultus 24
Cystric Cambisols (Basenarme Braunerde) 23

Dämmerung 6, 103
Dauerfrostboden 108, 174
Dauertagsbedingungen 67
Deckenmoore 77
Deckungsgrad 60
Deflation 46
Degradation 55
Dene 109, 166
Dene-Indianer 194
Denudation 21
Desertifikation 140
deserts 59
dimiktisch 11
doppelten Vegetationsruhe 35
Dornpolsterpflanzen 54
Douglasfichte 19
Douglasie 19, 65
Douglastanne 19
Drehkiefer (Pinus contorta) 88
Dreifelderwirtschaft 28 ff.
Dryfarming (Trockenfarmsystem) 48, 132
dunkelgraue Waldböden (Phaeozeme) 42
Dürrekatastrophen 57

Dürreperioden 132
Dürrestreß 40, 48
dust bowl 48, 133
Dystric Luvisols 23

Eberesche (Sorbus) 74
Ebersberger Forst 122, 123, 124
Edelkastanien 127, 130
Edelkastanienwälder 126
Eiche 17, 79, 90, 124 f.
Eichenklima 9
Eichhörnchen 81
einphasiger Vegetationsrhythmus 57
einphasiger Wachstumsrhythmus 36
Eis, ewiges 188
Eisbewegung 11
Eisdecke 148
Eisenerz 166
Eisenerzabbau 167
Eisenerzgewinnung 169
Eisführung von Flüssen 11
Eisgang 11, 69, 147, 150, 153
Eiskeile 107
Eiskeilzone 108
Eisstand 11
Eisstau 11, 70
Eistage 11
Eisversetzung 11
Eiswüsten 98
Eiszeiten 18
eiszeitliche Gletscher 68
Elch 81, 88
Elfenbein 113
Endemismen 169, 170
endorheische Flüsse 59
Endpfannen 61
Endseen 60
Energiebeihilfen 32
Energiegewinnung 66
Energierohstoffe 96
Entsalzung 61
Entsorgung 175
Erbsen 92
Erdbeerbaum Arbutus unedo 18
Erdflechten (Cladonia) 74
Erdgas 164
Erdgaslager 96
Erdhaus 110
Erdhöhlenbewohner (Geozonten) 62
Erdhörnchen (Citellus) 47
Erdhügel 47
Erdölförderung 164, 165
Erdöllager 96
Erica arborea 9
Erneuerungsknospen 40
Erosion 175
Erosionsschäden 58
Erosionsschluchten 48

Ersatzgesellschaften 20, 24
Erwärmung, global 89
Erwärmungszeit 148
Eskimodorf 191
Eskimos 110, 188, 189, 190, 193, 194
Espen 74, 79
Eule 81
Europide 110
Eutric Cambisols () 23
Eutric Gleysols (basenreiche Gleye) 23
Exoten 149
Expositionsunterschiede 103
extensive Weidewirtschaft 50

Fagus grandiflora (großblättrige Buche) 17
Fagus silvatica 16, 17
Färbereiche (Quercus velutina) 17
Faserstoffe 161
Faserstoffproduktion 158
Federgras-Wiesensteppe 36
Federgräser 39, 50
Federgrassteppe 39, 41, 58
feedlots 52, 137
Feigen 127
Feinerdkreise 108
Feld-Graswirtschaft 28 f.
Fellhandel 84
feuchte Mittelbreiten 7
Feuchtsteppe 36
Fichte (Picea abies) 19
Fichte 17, 19, 65, 76, 79, 82, 124 ff.
Fichtenmonokulturen 122
Fischerei 66, 84, 183 ff., 187, 193
Fischereikriege 185
Fischereiwirtschaft 178, 183 ff.
Fischereiwirtschaft Islands 187
Fischereizone 185
Fischfang 83, 109, 112, 181, 193
Fischreichtum 187
Fjell 65
Fjorddorsch 193
Fleckentundra 78
Fledermäuse 120
Flieder (Syringa) 17
Flugstaub 58
Flurbereinigung 32
Flußumleitung 166
Föhneffekt 50
Forschungsstationen 115 f, 188, 197, 199
Forstwirtschaft 87, 89, 130 f, 157, 159
Fram-Drift 106
Fremdländer 19
Fröste 148
Frostklimate 100
Frostmusterformen 72, 107, 108
Frostpolygone 107
Frostrisse 107
Frostschuttgebiete 98

Frosttrocknis 78
fruchtbarer Halbmond 25
Fruchtwechsel 29, 30
Fruchtwechselwirtschaft 29
Frühling 6
Frühlingsgeophyten 40
Fuchs 81
Futterwert 41

Gabelantilopen 46
Galeriewald 43
Gebietsansprüche 117
Gebirgsnadelwälder 147
Gebirgspodsole 148
Gebirgstundra 78
Gegenstrahlung 104
gemäßigte Breiten 5, 8
Gemischte Prärie 44 f
Gemsen 131
Geozonen 125
Gerste 92
Getreideanbeu 48
Getreideproduktion 93
Gewässergüte 176
Gewitterregen 59
Gingko (Gingko biloba) 17, 18
Glaziale 19
glaziale Regime 11
glaziale Überprägung 68
Gleditschie (Gleditschia) 17
Gleichgewicht 124
Gletscherlauf 181
Gley-Podsole 72
Gleye, basenreiche (Eutric Gleysols) 23
Gleyic Luvisols (Pseudogleye) 23
Gliederung der Erde, tellurische 3
Gliederung der Erde, zonale 3, 4
Gliederung der Erde, zonare 3
Globalstrahlung 103
Golezstufe 78
Golfstrom 104, 178
Götterbaum (Ailanthus peregrina) 17
Grasland 33, 43
Graslandbiom 56
Greyzems 24
Grizzlybär 81
Großtierarten 20
Grundwasserböden 47
Grünerle (Alnus viridis) 125
Gullies 136
gully-erosion 133

Haarmützenmoos (Polytrichum) 74
Habicht 81
Hafer 92
Häher 81
Hainbuche (Carpinus betulus) 16

Halbstrauch-Kurzgrassteppe 50
Halbsträucher 50, 60
Halbstrauchformation 60
Halbtrockenrasen 20
Halbwüste 33, 34, 36, 58
Hangspülprozesse 21
Harpune 111, 112
Haselhuhn 81
Hasen 81
Hauptaspekte eines Jahres 13
Heidekraut-Heiden 20
Heidelbeere 74, 92
Heimatraum 118, 119, 120
Hemlocktanne (Tsuga heterophylla und Tsuga mertensiana) 65
Hemmfaktoren 154, 157
Herbst 6
Hering 185
Hermelin 81
Herz-Zweiblatt (Listera cordata) 74
Hexachlocyclohexan (HCH) 196
Hickory Carya ovata 17
Highlandprärie 45
Hirsche 81
Histosole (Moorböden) 72
Histosols (Hochmoore) 24
Hitzetief 57
Hochgebirgswinter 131
Hochgebirgswüsten 59
Hochgrasprärie (true-grass-prairie) 43, 45
Hochmoor 76, 77, 78, 149, 156, 163
Hoheitsgewässer 186
Höhenströmung 57
Höhenstufen 125, 126, 127, 128, 130
Holzeinschlag 85
Holzgewinnung 157, 159
Holzindustrie 89, 158, 160, 162, 169
Holznutzung 85, 174, 176
Holzproduktion 87, 89
Holzraubbau 86
Holztransport 157
Holzverschwendung 160
Holzversorgung 160
Holzvorräte 86
Holzwirtschaft 66, 85, 93
Holzzuwachs 86, 157
Homothermie 11
Horstgras 39, 46, 50, 54, 60
Hudson Bay Company 84
humide kühlgemäßigte Breiten 7
Humidität 100, 106
Humusanreicherung 47
Hydrationssprengung 21
Hydroelektrizität 93
hygrischen Kontinentalität 35

Igel 120
Iglu 110, 111, 112

immergrüne mediterrane Gewächse 9
Indianerstämme 47
Industrie 96
Inlandeis 98, 109
Inlandeismassen 101
Intensivtierhaltung 32
Interglaziale 19
Inuit (Eskimo) 11, 110, 117, 188, 190, 191, 194, 195, 197
Island 178, 179, 182, 185
Isländische Fischereiwirtschaft 186, 187
Isohygromene 49

Jagd 112
Jägerkulturen 110
Jahreszeiten 12, 120
Jahreszeiten, phänologische 120
Jahreszeitenklima 105
jahreszeitliche Aspektwechsel des Waldes 12
Jakuten 110
Japanische Lärche (Larix leptolepsis G.) 19
Jukagieren 110
jungsteinzeitliche Bauernkultur 25

Kabeljau 193
Kabeljaukriege 185
Kahlhiebe 86, 88
Kahlschläge 87, 88
Kajals 111
Kalkanreicherungshorizont 47, 50
Kalkaugen (Bjeloglaski) 47
Kalkfäden (Pseudomycelien) 47
Kältegrenze, agrarische 112
Kältehochs 57
Kältenebel 68
Kälteresistenz 58
Kälteruhe 34
Kältestreß 40
Kältewüste 34, 106
Kaltluftsee 68, 175
Kammeisbildung 21
Kanadischer Schild 166
Kaolinit 24
Karibu 191
Kartoffeln 92
Kaspisee 94
Kastanozem 50, 58
Käuferverhalten 120
Kausalprofil 119
Kernwüste 60, 62
Kiefer 17, 66, 76, 82, 124, 164
Kirschlorbeer (Prunus laurocerasus) 120
Kleine Eiszeit 109, 113, 181
Klimaänderung 89
Klimaoptimum, postglaziales 180
Klimazonen 3,4
Kodiakbär 81

223

Kohl 92
kolline Stufe 126, 127
Koniferen 149
Koniferenforste 147
Konsumeffizienz 55
kontinentale Eichenwaldgebiete 16
Kontinentaler Klimatyp 151
Kontinentalklima 67, 147, 150, 152
Kontinentalklimate der hohen Mittelbreiten 6
kontrahierte Vegetation 62
konventioneller Landbau 32
Konvergenz, antarktische 101
Kosaken 164
Krähenbeere (Empetrum nigrum) 74
Krautpolsterflur 54
Kreuzschnabel 81
Krotowinen 42
Krummholzkiefer 127
Krummholzpflanzen 131
Kryoklastik (Eisrinde) 108
Kryoturbation 107
kühlgemäßigte Laub- und Mischwaldzone 7
kühlgemäßigte Waldländer 8, 9
Kulanwildesel (Equus hemionus) 42
künstlichen Hochleistungssystemen 32
Kurzgrasprärie 46, 50
Kurzgrassteppe 49, 50
Küstensequoien (Sequoia sempervirens) 18

Landschaftseingriffe 167
Landschaftsgürtel 125
Landwirtschaft 66, 91, 92, 120
Langgrasprärie (tall-grass) 36, 43, 45
Langgrassteppe 39
Langtagsbedingungen 67, 92
Lappen 110, 189, 189
Lärche 74, 76, 78, 79, 125, 126, 127, 164
Lärche, dahurische (Larix dahurica) 78
Lärche, sibirische (Larix sibirica) 78
Larix (Lärche) 74
Latschenzone 125
Laubhölzer 125
Laubmischwald 124
Laubwald 124, 128
Laubwaldgrenze 125, 126, 128
Laubwaldgürtel der gemäßigten Zone 7
Laubwaldstufe 130
Lauftypen 41
Lebensbaum (Thuja occidentalis) 79
Lebensformtyp Läufer 41
Legföhre 125
Lemmingen 81
Lena-Projekt 93
Lentizellen 37
Lernprogramm 122
Lessivés 23
Lichtkonkurrenten 37
Linden (Tilia cordata) 79

Lößdecke 58
Lowlandprärie 45
Luchs 81
Luftschadstoffe 72, 78, 148
Lufttemperaturverteilung 105

Magnolie (Magnolia) 18
Mammutbaum (Sequoia sempervirens) 18
Marder 81
marine Ressourcen 114
maritimes Buchenwaldgebiet 16
Massenerhebung 35, 125
Massenerhebungs-Effekt 125
Massentierhaltung 32
Massenverluste 58
Mattenstufe 126, 127, 130, 131
Mattenzone 125
Meereis 102
Meereisgebiet 101
Meeresströmungen 187
Meliorationsmaßnahmen 61
Mennonite 92
Mensch-Natur-Bezug, geozonaler 1
Meridian 100∞ westlicher Länge 36
Metalle 95
Milchwirtschaft 91
Militärstützpunkte 115, 116
Mineralstoffaufnahme 14
Mineralstoffrückführung 14
Misch- und Laubwaldstufe 126, 127, 128, 130
Mischgrasprärie 45
Mischwald 122, 124, 128
Mischwaldstufe 130
mittelalterliche Rodungszeit 27
Mittelbreiten 103
Mittelbreiten, feuchte 5
Mittelbreiten, hohe 5, 6
Mittelbreiten, trockene 5
mitteleuropäische Schwarzerde 24
Mitternachtssonne 66
mixed-prairie 45
Moder 149
Modeschöpfer 120
Moltebeeren (Rubus chamaemorus) 74
Mongoloide 110
Monokulturen 32
montane Stufe 127
Moorböden 72, 91
Moore 76, 77, 89, 147, 163
Moorseen 71
Moortypen 77
Moosbeere (Oxycoccus palustris) 74
Moosglöckchen (Linnea borealis) 74
Mücken 95
Mückenplage 95
Mull 149
Murmeltiere 120, 127, 131
Mykorrhiza 82

Nachhaltigkeit 87
Nadelhölzer 125, 147, 149
Nadelschnittholz 161
Nadelwald 15, 124, 128
Nadelwaldgrenze 126, 128
Nadelwaldstufe 126, 127, 130
Nager 47
Nährstoffkreislauf 15
Nahrungswanderungen 46
Naturbelastungen 87
Naturkatastrophen 49
Naturverjüngung 38, 88
Naturwälder 20, 122
Nenzen 84
neolithische Revolution 25
Nerz 81
Nettoprimärproduktion 14, 80
neuartige Waldschäden 20
Niedermoor 77, 156
Niederschläge, saure 174
Niederungsmoor 163
Niederwaldwirtschaft 19
Niefrostboden 108
nivale Regime 11
nivale Stufe 127
Nördliche Roteiche (Quercus borealis)17
Nutzholzeinschlag 85
Nutzungspotential 132
Oak Savannah 43
Obst- und Weinstufe 126, 127, 128, 130
Ökologische Gefährdung 165
Ökosystem 82, 83
Ölpest 196
Ölverschmutzung 165
Ordnungsmuster, globale 3
originale Begegnung 118, 121
Orterde 71
Orthic Luvisols 23
Ortstein 71
Owragi 48
Ozeanischer Klimatyp 151

Packeisgrenze 101
Palmen 127
Palsenmoor 77
Pampa 35, 53, 55
Pampaproblem 56
Pampero 56
Papierherstellung 85
Papierindustrie 93

Papierproduktion 87, 158
Papierschnittholz 161
Parabraunerde 23
Parksteppe 43
Passatwüsten 62
PCB 197
Pelze 164

Pelztierfarm 66, 84
Pelztierjagd 84, 147
Periglazialbereich 107
Permafrost 72, 82, 100, 107, 109
Permafrostbereich 71
Permafrostboden 68, 69, 108
Permafrostgebiet 69, 72
Permafrostinseln 69
Permafrostrelief 68
Pfahlwurzeln 40
Pfahlwurzelsystem 54
Pflanzenpollen 78
Pfriemengräser 39
pH-Werte 149
Phaeozeme 24, 47
Phytomasse 40, 47, 80
Picea (Fichte) 74
Picea glauca 65
Picea mariana 74
picea abis (Fichte) 65
picea obovata (Fichte) 164
Pingo-(Aufeishügel) 175
Pingos 69
Pinguin 116
Pinie 9
Pinus (Kiefer) 74
Pinus cembra 19, 76, 125, 127
Pinus sibirica (Kiefer) 164
Pinus sylvestris (Kiefer) 66
Pionierbaumarten 124
Pivots 52
Plaggengewinnung 27
Plains 45
planare Stufe 127
Planton 114
Plattentektonik 180
Podgolezstufe 78
Podsol 24, 71, 72, 73, 76, 91, 148
Podsolböden 72, 147
Podsolierung 71
Polare Baumgrenze 100
Polarfront 57
Polargrenze 112
Polarklimat 100
Polarkreis 98, 178
Polarnacht 102, 103, 105, 188
Polartag 102, 103, 188
Pollendiagramm 26
Polsterwuchs 54
Polsterwuchsform 54
Polychlorierte Biphenyle (PCB) 197
Populus (Pappel) 74
Populus tremula 79
Populus tremuloides 79
PPN 14
Praeboreal 24
Prärie 34
Prärieboden (prairie soils) 47
Präriegebiet 45

Präriehunde (Cynomys) 47
Preiselbeere (Vaccinium vitis alba) 74
Primärproduktion 41, 47, 80
Prunus laurocerasus (Kirschlorbeer) 14
Pseudogleypodsole 72
Pseudotsuga menziesii 65
Pseudotsuga taxifolia 19
Puszta 34

Quercus roborum (Eiche) 79
Quercus robur (Stieleiche) 16

Ranches 50
Ranching 132
Rasengräser 39
Rasensodenhäuser 194
Raubbau 86, 89, 114
Rauschbeere (Vaccinium uliginosum) 74
Rebengrenze 125, 126, 128
Redwood 18
Regenfeldbau 48, 50
Regenschatten-Klima 125
Rehe 81
Rekretion 15
Reliefgenerationen 22
Reliefwüsten 60
Renaturierung 93
Renhaltung 88
Rentiere 85, 110, 190
Rentierhaltung 66, 109, 110, 113, 189, 190
Rentierwirtschaft 84
Rentierzucht 112
Riesenstauseen 166
Robben 109, 114, 116, 201
Robbenjagd 114, 193
Robbenschlagen 114
Rohhumus 71, 149
Rohhumusauflagen 148
Roteiche (Quercus borealis) 19
Rötelmäuse 81
Rudeltiere 57
Rumpfflächenlandschaften 22
Ryam 163

Saatkartoffelvermehrung 92
sagebrush 60
Saiga Antilope (Saiga tatarica) 42
Saksaul 62
Salix (Weide) 74
Salzböden 78
Salzeintrag 60
Salzkruste (Krustensolonchak) 61
Salzsümpfe 61
Salztonebene 61
Samen (Lappen) 66, 84, 110, 111, 189,
Sami 110, 189, 189, 190

Samojeden 110
Sauerklee (Oxalis acetosella) 74
Saure Ablagerungen 174
saurer Regen 177
Säureschübe 70
Säurestöße 174
Schadstoffausstoß 174
Schadstoffe 174
Schafweidewirtschaft 27
Schattenbaumarten 124
Schattenblümchen (Maiantheum bifolium) 74
Schelfeisgrenze 101
Schneegrenze 125, 126, 128
Schneeklimate 100
Schneeschmelze 103
Schneeschuhe 111
Schneestufe 126, 127, 128, 130, 131
Schneesturm 147
Schneiteln 27
Schnittholz 85
Schnittholzproduktion 87, 158
Schwarzbrache 48
Schwarzer Heilbutt 193
Schwarzerdböden 43
Schwarzerde-Steppe 38, 132
Schwarzerden 42, 91
Schwarzfichte (Picea glauca) 74
Schwarzmeersteppe 37
Schwebstofftransport 58
sea-floor-spreading 180
Seeotter 66, 84
Sekundärformation 56
Sekundärsukzession 51
Sekundärversalzung 49
Selven 126
Serosem 60
sheet erosion 133
shifting cultivation 27, 28
short-grass-prairie 49
Siegerländer Haubergwirtschaft 28
Sitkafichte (Picea sitcensis) 19, 65
Skipisten 125
Solifluktion 21, 69
Solonchake 61
Solonetz 61
sommerfeuchte Trockensteppen 57
sommergrüner Laubwald 14, 16
Sommertourismus 130
Sommerweizen 50
Sonderkulturen 130
Sonnenhöhe 103
Sphagnum 76, 77
Sproßmasse (standing death) 1
Stagnationsphasen 11
Stallfütterung 122
Standortdegradierung 48, 132
stationäre Viehaltung 50
Staubstürme 48, 57, 145
Stauniederschläge 53

Stausee 71, 174, 176
steady state 47
Stechpalme (Ilex aquifolium) 16, 120
Steinböcke 131
Steinringe 107, 108
Steppe 33, 34, 162
Steppen und Wüsten, winterkalte 7
Steppen- und Wüstenklimate, winterkalte 5
Steppenbrände 46
Steppenfauna 57
Steppenfilz 41
Steppengesellschaften 41
Steppeninseln 36, 37
Steppenklimate 5
Steppenläufer 41, 42
Steppenroller 41
Steppenschluchten 48
Stickstoffdüngung 88
Stieleiche 16, 17
Stipa Arten 39
Stipa-Gräser 58
Strahlungsbilanz 67, 104
Strahlungshaushalt 103
Strangmoore 69, 77, 163
Strauchflechten (Cetraria) 74
Streifenböden 107
Streuanlieferung 15
Streuentnahme 28
Streuzersetzung 15
strip farming 135
Stromerzeugung 93
Strukturböden 21
stubble mulching 136
subalpine Stufe 127
Subatlantikum 78
Subboreal 78
submontane Stufe 127
subnivale Stufe 127
Südbuchenwälder (Nothofagus) 15
Südostmonsun 57
Sukzession 82, 124

Tagebau 167
Tageslänge 102
Taiga 63, 75, 76, 79 ff, 147, 156, 164, 177
Takla-Makan 59 ff
Takyr-Solonchake 61
Talauenprärie 45

Talik 175
Tamarisken 62
Tanne 17, 74, 82, 124 f, 164
Tannenhäher 131
Tarim-Becken 60, 61
temperierte nemorale Zone 7, 9
temperierte Regenwälder 18
thermische Kontinentalität 35
Thermokarst 78, 196

Thermokarstseen 68, 69
Therophyten 60
Thuja (Thuja plicata) 65
Torf 89, 91
Torfhaus 110
Torfmoos (Sphagnen) 76
Torfnutzung 89
Torfvorkommen 89
Tourismus 66, 94, 115, 116, 178
Tragfähigkeit 132
Trampeltier 62
Trans-Alaska-Pipeline 196
Transpirationsverluste 54
Transsibirische Eisenbahn 164
Traubeneiche (Quercus petraea) 16
Treibeis 11, 101
Treibeisgrenze 101, 181
Trittbelastung 46
Trockene Mittelbreiten 132
Trockengrenze 34
Trockensteppe 36, 48, 132, 57
Trockenzeiten 48
Tropischer Regenwald 154, 155
Tschuktschen 110
Tsuga heterophylla 65
Tsuga mertensiana 65
Tulpenbaum (Liriodendron tuipifera) 18
Tundra 98, 100, 162
Tundrenklima 65, 100
Tungusen 110
Tussockgräser 56
Tussockgrasland 52, 53

Überbesatz 132
Überfischung 84, 114
Übergangsjahreszeiten 6
Überhältern (Samenbäumen) 88
Überjagung 195
Überlebenstrategien 60
Überschwemmungen 70
Uhu 81
Ulmen (Ulmus laevis) 79
Ulmenfall 27
Umweltbelange 89
Umweltbelastungen 96, 167, 190
Umweltbewußtsein 169
Umweltschäden 96, 174
Umweltschutz 201

Ur 21
Urwälder 20, 21

Vaccinium myrtillus (Heidelbeere) 74
Vegetationsgesellschaften 154, 156
Vegetationskegel 41
Vegetationsperiode 10, 125
Vegetationspunkt 46

Vegetationszeit 10, 14, 53, 125
Vegetationszonen 125
verbesserte Dreifelderwirtschaft 29
Verbiß 46
Verdunstung 107
Verfügungswissen 119
Verfügungswissen, geozonales 118
Vergleich, geographischer 119
Vergrusung 21
Verwitterungsprozesse 21
Vielfraß 81
Vogelbeere 124
Vollwüsten 58
Vollzirkulationen 11
Vorzeitformen 22

Wald-Exkursion 124
Wald-Sukzessionsstadien 156
Waldbrände 82, 176
Waldgewerbe 27
Waldgrenze 38, 79, 91, 125
Waldhochmoore 77
Waldinseln 37
Waldklimate 5, 9
Waldländer, kühlgemäßigte 7
Waldländer, kühlgemäßigten 9
Waldrodung 21, 27, 125
Waldschäden, neuartige 89
Waldsteppe 36, 56
Waldsteppenzone (Parklands) 43
Waldsterben 20, 89
Waldsümpfe 156
Waldtundra 63, 79, 162
Waldvernichtung 18
Waldweide 19, 28
Wale 109, 114
Walfang 114
Walroßzähne 113
Wandel, demographischer 180
Wanderfeldbau 27, 28
Wärmehaushalt 104
Wärmemangel 100
Wasserbilanz 10, 56
Wasserexport 94
Wasserführung 69 ff.
Wasserkraft 66
Wasserkraftnutzung 71
Wasserkraftprojekte 94
Wasserkraftwerk 169
Wassermangel 100, 134
Wassernutzung 93
Wasserstandsschwankung 69
Wasserüberleitungen 94
Wasserüberschuß 134
Weichblattpflanzen (malakophylle Xerophyten) 40
Weidegang, ganzjähriger 178
Weidenröschen (Epilobium angustifolium) 82
Weidewanderungen 521

Weidewert 55
Weidewirtschaft 48, 132
Weißfichte 65, 74
Weltholzhandel 86
Weltpark Antarktis 198
Westwinddrift 57
white oak (Quercus alba) 17
Wiederaufforstung 89
Wiese 130, 156
Wiesel 81
Wiesensteppe 39, 41
Wikinger 66, 113
Wikingersiedlungen 113
windchill 110
wintermilde Trockengebiete 52
Winterschlaf 81, 120
Wintersport 130
Winterweizen 50
Wisent 21
Wldhochmoore 163
Wldsteppe 162
Wolf 81
Wuchshöhe 48
Wurzelstockerke 46
Wurzelstockwerke 40
Wüste, polare 106
Wüsten 33 f
Wüstensteppe 36, 41
Wüstenzone 140, 142
Xerosole 60
Yermosole 61
Yermosolen 60
Zaubernuß (Hamamelis) 17
Zellstoffindustrie 93
Zelluloseherstellung 85
Zersetzung 175
Zersetzungsdauer 81
Ziesel 41
Zirbe 19, 76, 125, 127
Zirbelkiefern 76, 127, 131
Zitterpappel 74, 164
Zobel 81, 84
Zone, kühlgemäßigte 5, 9
Zoochorie 41
Zoomasse 81
Zuckerahorn 17, 79
Zugvögel 120
Zwergbusch 60
Zwergstrauch-Halbwüste 54
zyklonale Westwindklimate 6

Geographie und Schule

- **Die kompetente Fachzeitschrift für den Geographieunterricht in der S II und in den Abschlußklassen der S I**

- **Themenheftkonzeption: Beiträge zu aktuellen und relevanten Unterrichtsthemen – grundlegend – fachdidaktisch – unterrichtspraktisch**

- **Unterrichtsvorschläge mit zahlreichen kopierfähigen Materialien (Karten, Statistiken, Quellen, Arbeitsblättern, Diagrammen u. v. a. m.)**

- **GS-Magazin: bietet über das Heftthema hinausgehende Anregungen für Kursarbeiten, außerdem Literaturhinweise, Rezensionen, Tips u. a. m.**

Gerade der Geographieunterricht lebt von ständig neuen Materialien, aktuellen Zahlen, Daten und Berichten. „Geographie und Schule" bietet aktuelles Unterrichtsmaterial zu jeweils einem Themenkreis in zeitgemäßer Aufbereitung. Kurz: sechsmal im Jahr praxisnahe, wegweisende und erprobte Informationen für Ihre Unterrichtsgestaltung.

In den Themenheften werden grundlegende Sachinformationen, fachdidaktische Beiträge und zahlreiche kopierfertige Materialien zusammengestellt. Das GS-Magazin enthält neben direkt im Unterricht einsetzbaren Vorschlägen für Kursarbeiten weitere Informationen zu aktuellen Themen in der Rubrik GS-Extra. Der „Geographicus" hält in jedem Heft amüsant-kritische Anmerkungen zu einem Problem unserer Zeit bereit.

Das erfolgreiche Konzept von „Geographie und Schule" ermöglicht Ihnen einen modernen, zukunftsweisenden Unterricht und ist damit ganz auf Ihre Entlastung abgestimmt.

Der AULIS VERLAG für Lehrer

AULIS VERLAG DEUBNER & CO KG
Antwerpener Straße 6/12 · 50672 Köln